ツァラトゥストラはこう言った

フリードリヒ・ニーチェ
森　一郎 訳

JN036021

講談社学術文庫

目次

第一部

第二部

第三部

第四部・最終部

凡　例

・本訳書は、Friedrich Nietzsche, *Also sprach Zarathustra. Ein Buch für Alle und Keinen* (1883-85) の翻訳である。批判的学習版ニーチェ全集第四巻 (*Friedrich Nietzsche Sämtliche Werke. Kritische Studienausgabe*, Band 4, München: Deutscher Taschenbuch Verlag; Berlin / New York: Walter de Gruyter, 1980) 所収のテクストに拠って訳出した (「批判的学習版」と略記)。

・クレーナー・ポケット版 (Friedrich Nietzsche, *Also sprach Zarathustra. Ein Buch für Alle und Keinen* (Kröners Taschenausgabe, Band 75), Stuttgart: Alfred Kröner Verlag, 1988) も参照した (「クレーナー版」と略記)。

・カウフマンの英訳 (Friedrich Nietzsche, *Thus Spoke Zarathustra. A Book for All and None*, translated by Walter Kaufmann, New York: Modern Library, 1995) も参看した。訳出にさいしては既存の邦訳も大いに参考にさせていただいた (「訳者あとがき」を参照)。先人の訳業に謹んで御礼申し上げる。

・原文のダッシュ「—」は、訳文に再現するよう努めた (「——」)。感嘆符「！」は、日本語に再現することは控え目にし、その代わり、詠嘆をこめた訳文になるよう工夫した (たとえば、文末に「……だ。」を用いるなどしたため、「……だ。」の文末が若干多めになっている)。

・原文の強調（隔字体《ゲシュペルト》）は、訳文では傍点を付した。
・引用符は、読みやすさを考慮して、原文にないものを訳文に（「」で）付加した場合がある。
・訳注は、ごく簡単なものは、本文中に〔 〕内に書き添え、長めのものは、アスタリスク（＊）付きの通しの注番号を本文に付したうえで、巻末に一括して載せた。巻末一括注はおおむね解釈を含む補注であり、本文を通読するさいには飛ばしてもらってかまわない。逆に、巻末一括注から本文へ進められるよう、通し番号の次の〔 〕内に本書の頁付けを添えた。
・本書には、今日では差別的とされる表現が出てくる。できるだけ配慮した訳文にしたつもりだが、不十分なところが残っているかもしれない。ニーチェの問題提起の烈しさに改めて思いを致すとともに、読者の寛大なご理解を賜わりたいと思う。

ツァラトゥストラはこう言った

誰にも向いていて誰にも向かない本

フリードリヒ・ニーチェ著

第一部[*1]

ツァラトゥストラの序説*2

1*3

ツァラトゥストラは三十歳のとき、故郷を捨て故郷の湖を去り、山に入っていった。そこで彼はおのれの精神と孤独を満喫し、十年もの間、倦《う》むことがなかった。だが、ついに彼の心中に変化が起こり、――ある朝、曙《あけぼの》の光とともに起き、日向《ひなた》に出て、太陽にこう語りかけた。

「大いなる天体よ。あなたの光で照らされる者たちを、もしあなたが持たなかったとすれば、あなたの幸福とは何だろうか。

十年もの間、あなたは私のこの洞窟の上に昇ってくれた。私や、私の友の鷲と蛇がいなかったら、あなたは自分の光と進路に飽きてしまったことだろう。

しかし、私たちは毎朝あなたを待ち、あなたのあふれんばかりの光のおこぼれに与《あずか》っては、感謝の祈りを捧げてきた。

ほら、見てください。私は、ありあまる自分の知恵にもう飽き飽きしてしまった。蜜をあまりに集めすぎてしまった蜜蜂のように。私のおこぼれに与ろうとして差し伸べられる手が、私には必要だ。

私は惜しみなくあげたいし、頒《わ》かち与えたい。人間たちのあいだで賢者がもう一度愚かさを愉しみ、貧者がもう一度豊かさを愉しむようになるまで。

そのためには、私は深みへと降りてゆかねばならない。あなたが夕方になると海中に没し、下方の世界にまで光を恵むのと同じようにしてだ、豊かすぎる天体よ。

あなたのように、私も下山しなければならない。これから私がそこへ降りてゆこうとする当の人間たちは、それを没落と呼ぶ。

だから、私を祝福してください。大きすぎる幸福をも妬《ねた》みなしに眺めることのできる安らかな眼よ。

あふれ出ようとする盃《さかずき》を祝福してください。金色に輝く水がその盃から流れ出て、あなたの至福のかすかな照り映えを至るところに運んでゆくのを。

見ていてください。この盃はふたたび空《から》になろうとしている。そして、ツァラトゥストラはふたたび人間になろうとしている」。

――かくしてツァラトゥストラの没落は始まった。

2

ツァラトゥストラは一人で山を降りていき、誰にも会わなかった。しかし森の中に入り、気がつくと、目の前に一人の白髪の老人が立っていた。老人は聖なる庵《いおり》をあとにして、森に入り、根菜を探しているところだった。老人はツァラトゥストラにこう語りかけた。

「この放浪者には見おぼえがある。何年も前にここを通り過ぎていった。ツァラトゥストラという名前だった。しかし彼は変わった。

当時あなたは、あなたの灰を山に運んでいった。あなたは今日、あなたの火を谷に運んでいこうとするのか。あなたは放火者として罰せられることを恐れないのか。

そうだ、間違いなくこの人はツァラトゥストラだ。この人の眼は清らかで、口元に吐き気を漂わせてはいない。だから、この人の足取りは踊り手《ダンサー》のようではないか。

ツァラトゥストラは変わった。ツァラトゥストラは子どもになった。ツァラトゥストラは目覚めたのだ。あなたはこれから、眠っている人びとのところへ行って何をするつもりなのか。

あなたは、海の中で暮らすように、孤独の中で暮らした。潮《うしお》があなたの身を支えてきた。ああ、あなたは陸に上がろうとするのか。ああ、あなたはまた自分の身を自分で引きずろうとするのか」。

ツァラトゥストラは答えた。「私は人間を愛しているのです」。

「ほう」と聖者は言った。「では、なぜ私は森と荒野にやって来たのだろう。それは、私が人間をあまりに愛しすぎたからではなかったか。

私が今愛しているのは、神だ。人間を、私は愛さない。私にとって、人間はあまりに不完全な代物《しろもの》だ。人間を愛したりすれば、私は滅びるだろう」。

ツァラトゥストラは答えた。「どうして、愛するなどと言ってしまったのだろう。私は、人間に贈り物をしに行くのです」。

「人間には何も与えないことだ」と聖者は言った。「むしろ、彼らから何かを取り上げて、それを一緒に担ってやるがいい。――それが彼らに対する一番の親切だ。かりそめにも親切をする気があるのなら、だ。

もし彼らに与えたいと思うのなら、施し物以上のものを与えたりはしないことだ。そして、それを恵んでほしいと、彼らに物乞いをさせるがいい」。

「いいえ」とツァラトゥストラは答えた。「私は施し物を与えたりはしません。それほど私は貧しくありませんから」。

聖者はツァラトゥストラの言い分を聞いて笑い、こう言った。「それなら、彼らにあなたの宝を受け取らせてみるがいい。彼らは世捨て人を不信の眼で見ている。惜しみなく与えるためにわれわれがやって来るとは信じない。

われわれが町を歩く足音が、彼らには淋しすぎるのだ。日が昇るずっと前に、人が夜道を歩いてゆくのを、彼らは寝床で聞くと、きっとこう自問するだろう。「盗人《ぬすびと》め、どこへ行くつもりだ」と。

人間たちのところに行くのはやめて、森の中にとどまることだ。むしろ、動物たちのところに行くがいい。なぜあなたは私のようにしないのか。——熊たちの中の一頭の熊、鳥たちの中の一羽の鳥であろうとしないのか」。

「では、聖者は森の中で何をしているのですか」とツァラトゥストラは尋ねた。

聖者は答えた。「私は、歌を作っては歌う。歌を作るとき、私は笑い、泣き、呟《つぶや》く。そんなふうにして、私は神を讃えるのだ。

歌い、泣き、笑い、呟くことで、私は神を讃える。私の神を、だ。それにしても、あなたはわれわれにどんな贈り物をしてくれるのかね」。

この言葉を聞いたとき、ツァラトゥストラは聖者にあいさつして言った。「あなたにさしあげられる物など持ち合わせていません。あなたから何も取ったりしないよう、すみやかに立ち去らせてください」。——こうして、白髪の老人と壮年の男は、さながら二人の少年のように笑い、お互いにこにこして別れたのであった。

だが、ツァラトゥストラは、一人になると、心の中でこう言った。「いったいこれは、どうしたことだろう。この年老いた聖者は、森の中に住んでいて、まだ何も聞いていないのだ。神は死んだということを[*4]」。——

3

ツァラトゥストラが森からいちばん近くにある町に入ると、そこでは多くの民衆が市場に集まっていた。綱渡り師が見せ物をすると予告されていたからである。ツァラトゥストラは民衆に、こう語りかけた。

「私は君たちに、超人を教えよう。人間とは、克服されるべきものなのだ。人間を克服するために、君たちは何をしただろうか。

これまでの存在はみな、みずからを超えるものを創り出してきた。君たちは、この大いなる上げ潮に逆らう引き潮になろうとするのか。人間を克服するよりは、むしろ動物に逆戻りするほうがいいというのか。

人間からすれば、猿とは何だろう。笑いの種か、痛ましい恥辱の的だ。超人からすれば、人間とは、まさにそれと同じになるはずなのだ。笑いの種か、痛ましい恥辱の的に。

君たちは、虫けらから人間への道をたどってきた。だが、君たちの多くはまだ虫けらのままだ。かつて君たちは猿だった。今でも人間は、そこいらの猿よりも、よほど猿だ。

君たちの中の最も賢い者でも、せいぜい、植物と幽霊の支離滅裂な合いの子でしかない。私は君たちに、幽霊や植物になれと命じるだろうか。

いや、私は君たちに、超人を教えよう。

超人とは、大地の意味である。君たちの意志は、こう語るがよい。超人こそ大地の意味であれ、と。

私は君たちに求めたい、兄弟たちよ。大地にあくまで忠実であれ、そして、地上を超えた希望を君たちに語る者たちのことを信じるな、と。彼らは毒を盛る性質《たち》だ。本人たちがそれを知ろうが知るまいが、そうなのだ。

彼らは、生命《いのち》の軽蔑者だ、みずからに毒が回り、死んでいく者たちだ。大地は彼らにうんざりしている。とっとと出て行ってくれ、と。

かつては、神を冒瀆することが、最大の冒瀆だった。だが、神は死んだ。それとともに、神を冒瀆する者たちも死んだ。今や最も恐るべきことは、大地を冒瀆すること、究め尽くせないものの内臓を、大地の意味以上に尊ぶことだ。

かつて、魂は肉体に軽蔑のまなざしを向けた。当時は、肉体を軽蔑することが最高のことだった。――魂は肉体を、瘦《や》せて、見苦しい、飢《かつ》えたものにしようとした。かくして魂は、肉体と大地から逃れ去ることができると考えた。

そう、この魂のほうこそ、瘦せて、見苦しい、飢えたものだった。残酷なことをするのが、この魂の快楽だったのだ。

ところで、兄弟たちよ、聞かせてほしい。君たちの肉体が、君たちの魂のことをどう告げているかを。君たちの魂は、貧しく、汚《きたな》く、あわれな安逸ではないか。

まことに、人間は汚れた川である。汚れた川を受け入れても、不潔にならずにいられるためには、大海とならなければならない。

　ごらん、私は君たちに超人を教えよう。超人とは、君たちの大いなる軽蔑が没することのできる、この大海なのだ。

　君たちに体験できる最大のものとは何か。それは、大いなる軽蔑の時である。その時、君たちは自分の幸福にも吐き気を催すだろうし、自分の理性や徳に対しても同様だろう。

　その時、君たちはこう言うだろう。「私の幸福が何だというのか。そんなものは、貧しく、汚い、みじめな安逸にすぎない。私の幸福は、この世に生きるということ自体を是認すべきなのに」。

　その時、君たちはこう言うだろう。「私の理性が何だというのか。それは、ライオンが獲物を求めるように、知を激しく求めているだろうか。私の理性は、貧しく、汚い、あわれな安逸にすぎない」。

　その時、君たちはこう言うだろう。「私の徳が何だというのか。それが私を猛《たけ》り立たせたことはいまだにない。私は、自分の善、自分の悪に、どんなに飽き飽きしていることか。そんなものはみな、貧しく、汚い、あわれな安逸にすぎない」。

　その時、君たちはこう言うだろう。「私の正義が何だというのか。私はどう見ても、赤々と燃える炭火ではない。だが、正義の人とは、赤々と燃える炭火なのだ」。

　その時、君たちはこう言うだろう。「私の同情が何だというのか。同情とは、人間を愛する者がはりつけにされる十字架ではないのか。だが、私の同情は、私を十字架にかけたりはしない」。

君たちは、そう語ったことがあったか。そう叫んだことがあったか。ああ、君たちがそう叫ぶのを聞いてみたいものだ。

君たちの罪が、ではなく――君たちの満足感が、天に向かって叫んでいる。君たちの罪に巣くうケチ臭さそのものが、天に向かって叫んでいるのだ。

それにしても、君たちを舌でなめて焼き滅ぼすはずの稲妻は、どこにある？　君たちに植え付けられねばならなかった狂気は、どこにある？

そうだとも、私は君たちに超人を教えよう。超人こそ、この稲妻、この狂気なのだ」。

――

ツァラトゥストラがこう語り終えたとき、民衆の一人が言った。「綱渡り師についての前口上はもう充分聞いた。さあ今度は、綱渡りの芸当を見せてくれ」。民衆はそろってツァラトゥストラを笑った。だが、綱渡り師は、自分に声が掛けられたと思って、芸当に取りかかった。*5

4

そこでツァラトゥストラは、民衆を眺め、いぶかしく思った。そしてこう語った。

「人間とは、動物と超人との間をつなぐ一本の綱だ。――深淵のうえに懸かった一本の綱なのだ。

渡るのも危険、途中にいるのも危険、振り返って見るのも危険、身震いして立ち止まるのも危険である。

人間の偉大な点、それは、人間が橋であって目的ではないことである。人間の愛されるべき点、それは、人間が移行であり没落であることである。

私が愛するのは、没落する者として生きることしか知らない者たちである。彼らは、かなたへ移行する者だからである。

私が愛するのは、大いなる軽蔑者である。なぜなら、彼らは大いなる尊敬者であり、向こう岸へ向かっていくあこがれの矢だからである。

私が愛するのは、没落して犠牲となる理由を、星の向こうに探し求めはせず、いつの日か大地が超人のものとなるよう、大地のために犠牲となる者たちである。

私が愛するのは、認識のために生きる者、いつの日か超人が生まれるために認識しようとする者である。かくして彼はみずからの没落を欲するのである。

私が愛するのは、超人のために家を建て、超人に大地と動物と植物とを準備するために、せっせと働き、発案する者である。かくして彼は没落を欲するからである。

私が愛するのは、自分の徳を愛する者である。徳とは、没落への意志、あこがれの矢だからである。

私が愛するのは、一滴の精神も自分のために残しておかず、自分の徳の精神そのものになりきろうとする者である。かくして彼は精神となって橋を渡ってゆく。

私が愛するのは、自分の徳を自分の性癖や宿命にしてしまう者である。かくして彼は、徳のためになら生きようとするが、それ以上生きることはしない。

私が愛するのは、あまりに多くの徳をもとうとはしない者である。一つの徳は、二つの徳よりも、徳たりうる。なぜなら、徳はむしろ一つのほうが、宿命が引っかかる結び目となるからである。

私が愛するのは、気前のよい魂をもつ者である。彼は、感謝の念を抱こうとせず、返礼をしようともしない。彼はいつも惜しみなく与え、自分のために取っておこうとはしないからである。

私が愛するのは、さいころの目が運よく出ると、恥ずかしく思って、賭けで自分はずるをしたのだろうかと自問する者である。――彼は破滅を欲しているからである。

私が愛するのは、自分の行為に先立って黄金の言葉を投げかけ、自分が約束したより以上のことをつねに果たす者である。彼は没落を欲するからである。

私が愛するのは、将来の人びとを是認し、過去の人びとを救済する者である。彼は現在の人びとによって破滅しようとするからである。

私が愛するのは、神を愛するがゆえに、その神を懲らしめる者である。彼は神の怒りによって破滅せざるをえないからである。

私が愛するのは、傷つくことにおいても深い魂をもち、小さな体験一つで破滅することのできる者である。かくして彼は、進んで橋を渡ってゆく。

私が愛するのは、あふれんばかりの魂をそなえて、自分自身を忘れるほどであり、万物がその人の中にあるような者である。かくして、万物が彼の没落となる。

私が愛するのは、自由な精神と自由な心情をあわせ持つ者である。そんな彼の頭脳は、彼の心情の内臓にすぎないが、彼の心情は彼を没落へと駆り立てる。

私が愛するのは、人間たちに懸かった暗雲から一滴ずつ落ちてくる大粒の雨だれのような者たちである。彼らは、稲妻が来ることを告知し、告知者として破滅する。

そうだ、私は稲妻の告知者であり、雲から落ちてくる大粒の雨だれである。そして、この稲妻の名こそ、超人なのだ」。――

5

これらの言葉を語り終えたとき、ツァラトゥストラは民衆をふたたび眺めて、口をつぐんだ。「彼らはそこに立っている」と彼は心の中で言った。「そして笑っている。彼らには私の言うことが分からない。私の口にすることが彼らには耳障りなのだ。

まずは彼らの耳を打ち砕き、眼で聞くことを教えてやらなければならないのか。太鼓のようにドンドン音を鳴らし、悔い改めよと説教する者たちのようにがなり立てなければならないのか。それとも、つっかえつっかえ話す人のことしか彼らは信じないのか。

彼らには、彼らなりに誇りにしているものがある。彼らの誇らしさのゆえんを、彼らはいったい何と呼んでいるだろうか。教養と呼んでいる。それがあるから自分たちはヤギ飼いより偉いというわけだ。

だから彼らは、「軽蔑」という言葉を聞かされるのは好まない。では、私は彼らの誇りに訴えて語ることにしよう。

彼らに、最も軽蔑すべき者について話してやろう。つまり、最後の人間のことを」。

そこでツァラトゥストラは民衆に、こう語った。

「今や、人間がみずからの目標を定めるべき時となった。人間がみずからの最高の希望の芽を植えつけるべき時が来た。

人間の土壌は、それにはまだ十分豊かである。だがこの土壌は、いつの日か貧しくなり、痩《や》せてしまうだろう。高い木はもはやそこから生長できなくなるだろう。

ああ、人間があこがれの矢を、人間を超えて放つことがもはやなくなり、弓の弦《つる》がうなりをあげることを忘れてしまう時が来る。

君たちに言おう。舞踏する星を産むことができるためには、自分の内に混沌《カオス》をやどしていなければならない。そうだ。君たちは自分の内にまだ混沌をやどしている。

ああ、人間がもはやいかなる星も産まなくなる時が来る。ああ、自分自身をもはや軽蔑できない最も軽蔑すべき人間の時が来る。

ごらん、私は君たちに、最後の人間を描いてみせよう。

「何が愛だって？　何が創造だって？　何があこがれだって？　何が星だって？」——最後の人間はそう尋ねて、まばたきをする。

そのとき、大地は小さくなり、一切を小さくする最後の人間が、その上をぴょんぴょん跳びはねる。彼の種族は、地ノミ《じ》のように根絶しがたい。最後の人間は最も長生きする。

「われわれは幸福を発明した」——最後の人間はこう言って、まばたきをする。

彼らは、生きるのに苛酷な地方を見捨てる。暖かさが必要だからである。隣人をなお愛し、隣人に身をこすりつける。暖かさが必要だからである。

病気になることや、不信を抱くことは、彼らには罪深いことと見なされる。彼らは用心深くゆっくり歩く。石ころや人間につまずいて転んだりするのは、愚か者である。

少量の毒をときどき飲む。心地よい夢を見られるからである。そして最後には大量の毒を飲む。心地よい死を迎えるためにである。

彼らはよく働く。労働は娯楽だからである。だが、娯楽で疲れすぎないように気をつける。

彼らはもはや貧乏にも金持ちにもならない。どちらも億劫だからである。いまどき誰が支配する気になろうか。誰が服従する気になろうか。どちらも億劫なだけである。

牧人はいない。いるのは畜群だけだ。誰もが平等であろうとし、誰もがじっさい平等だ。そう感じない人は、進んで精神病院に入る。

「昔の世の中は狂っていた」——いちばん上等な連中はそう言って、まばたきをする。

彼らは賢く、出来事は何でも知っている。嘲笑の種が尽きることはない。喧嘩はするものの、すぐ仲直りする——さもないと胃によくないからである。

昼には昼の小さな愉しみがあり、夜には夜の小さな愉しみがある。だがいちばん大事にしているのは、健康である。

「われわれは幸福を発明した」——最後の人間はこう言って、まばたきをする」。——

ツァラトゥストラの最初の説教、人呼んで「序説」とも言うが、それはここで終わった。ここまで彼が語ったとき、民衆から絶叫と歓声が上がり、彼の説教をさえぎったからである。「その最後の人間を、われわれにくれ、おお、ツァラトゥストラよ」——と彼らは叫んだ——「われわれをその最後の人間にしてくれ。そうしたら、超人はおまえにくれてやるよ」。民衆は一斉に歓呼の声を上げ、舌を打ち鳴らした。だが、ツァラトゥストラは悲しんで、心の中でこう言った。

「彼らには私の言うことが分からない。私が何を口にしても、彼らは聞く耳をもたない。きっと私は、あまりに長く山に暮らして、あまりに長く小川のせせらぎや木々のざわめきに耳を澄ませていたのだろう。今、私は彼らに、ヤギ飼いのように語っている。

私の魂はゆるぎなく、午前の山のように明るい。しかし彼らは、私が冷たく、怖い冗談を飛ばす嘲《あざけ》り屋だと思っている。

今、彼らは私を見つめて、笑っている。笑いながら、彼らは私を憎んでもいる。彼らの笑いの中には氷がある」。

6

だがこのとき、すべての人を唖然とさせ、瞠目《どうもく》させるようなことが起こった。つまりこうである。ツァラトゥストラが語っている間、綱渡り師は芸当に取りかかっていた。彼は小さな戸口から歩み出て、二つの塔の間に張り渡された綱、すなわち市場にいる民衆の頭上に懸かった綱の上を進んでいった。綱渡り師がその途中の真ん中あたりまで来たとき、小さな戸口がもう一度開いて、色とりどりの衣装をまとった道化師とおぼしき若い男が飛び出してきて、前を行く綱渡り師のあとを急ぎ足で追いかけた。「さっさと進め、この足萎《な》えめ」と、こわい声で彼は叫んだ、「とっとと歩け、このナマケモノ、ヤミ屋、不景気面《づら》め。俺のかかとでくすぐられるなよ。この塔と塔の間で何してんだ。塔の中にいるほうがお似合いだぞ。閉じ込められていろ。おまえなんかより上手《じょうず》な人間の邪魔をする気か！」――一言ごとに男は綱渡り師に近づいていった。男がもう一歩というところまで来たとき、すべての人を唖然とさせ、瞠目させるような、恐るべきことが起こったのである。――男は悪魔のような叫び声を上げると、行く手をさえぎっている者を飛び越したのであった。すると、綱渡り師は、競争相手に打ち負かされたことを知るや、取り乱して綱から足を踏み外した。自分の棹《さお》を抛《ほう》り出し、その棹よりも早く、手足をくるくる回して地面に落ちてきた。市場にいた民衆は、嵐が吹き込んだ海のようなありさまだった。誰もが折り重なるようにして逃げ出した。綱渡り師の身体《からだ》が落ちてきたあたりは、一番ひどかった。

だがツァラトゥストラは、そこに立ち尽くしていた。彼の真横にその身体は落ちてきた。無残に打ちつけられ、打ち砕かれていたが、まだ死んではいなかった。ぐじゃぐじゃに潰れた身体にしばらくして意識が戻り、綱渡り師はツァラトゥストラが脇でひざまずいているのに気づいた。「あんたは俺に何かしてくれるのか?」と彼はようやく口を開いた。「俺には以前から分かっていた。悪魔が俺に足を引っかけてつまずかせるだろうと。あいつは俺を地獄へ引きずっていく。あんたはそれを阻《はば》んでくれるというのか?」

「私の名誉にかけて、あなたに言おう」とツァラトゥストラは答えた。「あなたが言っているようなものは何一つ存在しない。悪魔も地獄も存在しない。あなたの魂は、あなたの肉体よりもっと早く死ぬだろう。もう何も恐れるものはないのだ」。

男は不審な目付きで見上げた。「あんたの言うことが真実なら」と彼はやがて言った。「俺がいのちを落としても、失うものは何もない。俺は鞭《むち》打ちとわずかな餌《えさ》で踊りを仕込まれた動物でしかないのだから」。

「いや、ちがう」とツァラトゥストラは言った。「あなたは危険な職業を選んだ。それは少しも軽蔑すべきことではない。あなたは今、あなたの職業によって滅びる。それに報いて、私は私の手であなたを葬ってあげよう」。

ツァラトゥストラがそう告げたとき、死につつある者はもはや答えなかった。それでも彼は手を動かした。あたかもツァラトゥストラに感謝したくて手を求めているかのようであった。――

7

　そうこうするうちに、日が暮れて、市場は夕闇につつまれた。民衆は潮が引いたようにいなくなった。好奇心や恐怖心でさえ、やがて倦《う》み疲れるものだからである。だがツァラトゥストラは、死人の傍《かたわ》らの地べたに座り、考えに耽《ふけ》っていた。時が経つのも忘れて。ついに夜となり、一陣の冷たい風が、ひとりぼっちの身に吹きおろした。そこでツァラトゥストラは立ち上がり、心の中で言った。

「いやじつに、ツァラトゥストラは今日、豊漁に恵まれた。人間は誰一人捕《と》れなかったが、死体を一つ捕《つか》まえることができた。

　人間の生とは、無気味なものであり、相変わらず意味がない。道化師に一人出会うだけで、命取りとなるのだから。

　私は、人間たちに彼らの存在の意味を教えてやろう。その意味とは、超人だ。つまり人間という暗雲から発する稲妻だ。

　しかし私はまだ、彼らから遠いところにいる。私が思いを語っても、彼らの思いには届かない。私はまだ、人間たちにとって、道化と死体の中間である。

夜は暗く、ツァラトゥストラの道は暗い。さあ行こう、冷たく、硬くなった道連れよ。あなたを私の手で葬ってやれる場所へ運んでいってあげよう」。

8

心の中でそう言ってから、ツァラトゥストラは死体を背中にしょって、歩き出した。だが、まだ百歩も歩かないうちに、一人の男が忍び寄ってきて、彼の耳にささやいた。――誰かと思えば、声の主は、塔から出てきた道化師であった。「この町から出て行くがいい、さあ、ツァラトゥストラよ」と彼は言った。「ここには、おまえを憎む者が多すぎる。善の人、正義の人は、おまえを憎んでいるし、おまえを自分たちの敵、自分たちを侮蔑する者と呼んでいる。正しい信仰をもつ者たちは、おまえを憎んでいる。おまえを民衆の危険と呼んでいる。おまえが笑いものになったのは、おまえには幸せだった。そう、じっさいおまえは道化師のように語ったからな。死んだ犬を自分の仲間に加えたのは、おまえには幸せだった。おまえがそこまでへりくだったから、今日のところはなんとか助かったのだ。だから、この町からとっとと出て行くがいい――さもなければ、俺が明日、おまえを飛び越してやる。飛び越した者は生き残り、飛び越された者は死ぬのだ」。そう言い終えると、男は消えた。ツァラトゥストラは、暗い路地を通り抜けて、さらに歩いて行った。

町の門のところで、ツァラトゥストラは墓掘り人たちに会った。彼らは、松明《たいまつ》で彼の顔を照らし、ツァラトゥストラだと分かると、こっぴどくあざ笑った。「ツァラトゥストラが、死んだ犬を運んで行くぞ。こりゃいい、ツァラトゥストラが墓掘り人になったとさ。俺たちの手はきれいすぎて、死んだ犬の肉なんて触《さわ》れないからな。ツァラトゥストラは悪魔から食い物を盗むつもりか。それなら、どうぞ、ごちそうを召し上がれ。悪魔がツァラトゥストラよりも上手《うわて》の泥棒でなければいいがね。——悪魔は二人とも盗んで、二人とも取って食ってしまうよ」。彼らは、額を突き合わせて、どっと笑った。

ツァラトゥストラはこれには一言も答えず、自分の道を歩いて行った。二時間ほど歩いて、森と沼のほとりを通り過ぎたとき、腹を空《す》かせた狼の吠える声がしきりに聞こえたので、彼自身も空腹になってきた。[*6] そこで彼は、明かりのついている一軒家の前に立ち止まった。

「空腹が急に襲ってきた」とツァラトゥストラは言った。「強盗が急に襲ってくるように。森と沼に囲まれた場所で、夜更けに、私の空腹が襲ってきた。

私の空腹は、奇妙な気まぐれ屋だ。食事の時間が終わると、ようやくやって来る。今日は丸一日やって来なかった。いったいどこで道草していたのだろう」。

そう言いながらツァラトゥストラは家の戸口を叩いた。一人の老人が現われ、明かりを手にして、こう尋ねた。「誰だ、わが家に来て、私の眠りを台無しにする者は？」

「生きている者一人、死んでいる者一人です」とツァラトゥストラは言った。「食べ物と飲み物をください。昼間に飲み食いするのを忘れていました。飢えた者に食べ物を与える者は、自分の魂に元気を与える、ということわざもあります」。

老人はいったん去ると、またすぐ戻り、ツァラトゥストラにパンとぶどう酒を差し出した。「このあたりは、飢えている者にはろくでもない土地だ」と老人は言った。「だから私はここに住んでいる。動物も人間も私のところに来る、この世捨て人のところにな。それはそうと、あなたの道連れにも、飲み食いするように言いなさい。その者はあなたよりも疲れている」。ツァラトゥストラは答えた。「私の道連れは死んでいます。死人に言って聞かせるのは難しいでしょう」。「そんなことは、私には何の関係もない」と老人は機嫌悪そうに言った。「わが家の戸を叩く者は、私が差し出すものを食べなければならぬ。食べて、行くがいい、さらばだ」。――

ツァラトゥストラはその後、また二時間歩いた。続いている道と、星の光が頼りであった。彼は、夜道を歩くのには慣れていたし、物みな寝静まっているのを眺めるのが好きだったからである。やがて空が白みはじめると、ツァラトゥストラは、自分が森の奥に入り込んでいることに気づいた。それに、道はもう途絶えていた。そこで彼は、自分の頭の向かいにある空《うつ》ろな樹木の穴に、死者を置き入れ――狼から死者を守ろうとしたからである――、自分自身は、苔《こけ》の生えた地面に身を横たえた。そしてたちまち眠りに落ちた。肉体は疲れていたが、魂はゆるぎなく、安らかであった。

ツァラトゥストラは、長いこと眠った。彼の顔の上を、曙の光が通り過ぎていっただけでなく、午前も通り過ぎていった。しかし、やがて彼の眼が開いた。ツァラトゥストラは、静かな森をいぶかしく見渡し、自分の内心をいぶかしく見つめた。それから彼は、陸を突如発見した船乗りのように、急いで身を起こし、歓声を上げた。新しい真理を発見したからである。そこで彼は、心の中でこう言った。

9

「一条の光が私に射してきた。私に必要な道連れは、生きた人間だ。——死んで死体となり、私の行きたいところに一緒に運んでいける道連れではない。

そうではなく、私に必要なのは、生きた道連れだ。自分自身に従おうとするからこそ、私に従い——、私の行こうとするところについてくる道連れだ。

一条の光が私に射してきた。ツァラトゥストラが語るべき相手は、民衆ではなく、道連れなのだ。ツァラトゥストラは、畜群向けの牧人や番犬になってはならないのだ。

畜群の中から多くの者をおびき寄せ、連れ出すこと——そのために私は来た。畜群、つまり民衆に腹を立てさせてやろう。ツァラトゥストラは牧人に強盗呼ばわりされたい。

牧人と私は呼ぶが、彼らは自分たちのことを、善の人、正義の人と称している。牧人と私は呼ぶが、彼らは自分たちのことを、正しい信仰をもつ者と称している。

善の人、正義の人を見るがいい。彼らが最も憎んでいる者は誰か。彼らの重んじる価値を記した石板を壊す者、破る者、破壊する犯罪者だ。――だが、その者こそ創造者なのだ。

何であれ信仰をもつ者を見るがいい。彼らが最も憎んでいる者は誰か。彼らの重んじる価値を記した石板を壊す者、破る者、破壊する犯罪者だ。――だが、その者こそ創造者なのだ。

創造者が探しているのは、道連れであって、死体ではなく、畜群でも信者でもない。創造者が探しているのは、新しい価値を新しい石板に書き記す創造者仲間だ。

創造者が探しているのは、道連れであって、収穫者仲間だ。創造者のもとでは一切が豊かな実りを迎えるからである。だが、それを刈り取る百の鎌が、彼には欠けている。だから、彼は穂を引き散らかして腹を立てているのだ。

創造者が探しているのは、道連れであって、自分の鎌の研ぎ方を心得ている者たちだ。彼らは、善悪を軽蔑して殲滅する者と呼ばれるだろう。だが彼らは、実りを刈り取る収穫者であり、実りを祝う祝福者なのだ。

ツァラトゥストラが探しているのは、創造者仲間であり、収穫者仲間、祝福者仲間である。畜群や牧人や死体と何の係わりがあろうか。

だから、私の最初の道連れよ、さらばだ。私はあなたを空ろな樹木の穴に手厚く葬った。狼からあなたを手厚く守った。

だが、あなたとは別れよう。時は過ぎた。曙光と曙光とのあいだに、新しい真理が訪れた。

私は牧人にも墓掘り人にもなるべきではない。もう二度と民衆に語りかけることはないだろう。死者に話しかけるのも、これで最後だ。

創造者、収穫者、祝福者を、私は仲間にすることにしよう。そういう者たちに虹を見せてやろう。超人への階段を全部見せてやろう。

一人で棲む世捨て人に、私の歌を歌ってやろう。ついでに二人で棲む世捨て人にも、だ。*7 そして、聞いたこともないことを聞く耳をまだもっている人には、その人の心を私の幸福で重くしてやろう。

自分の目標をめざそう。わが道を行こう。ためらったりぐずぐずしたりしている連中は、飛び越してやろう。私の歩みが彼らの没落となるように、だ」。

10

ツァラトゥストラが心の中でこう言い終えたとき、太陽は正午を指していた。そこで彼は、探《さぐ》るようなまなざしを上空に向けた——鳥のするどい鳴き声が上方に聞こえたからである。すると、見よ。一羽の鷲が、大きな弧を描いて天空を舞っていた。そして、その鷲には一匹の蛇が絡みついていた。鷲の獲物ではなく、友のようであった。蛇は、鷲の首の周りに巻きついていたからである。

「あれは私の動物たちだ」とツァラトゥストラは言い、心から喜んだ。

「太陽の下の最も誇り高い動物と、太陽の下の最も賢い動物だ――彼らは探りを入れに出かけてきてくれた。

ツァラトゥストラがまだ生きているか、探ろうとしに来てくれた。本当の話、私はまだ生きているのか。

私の場合、人間のところにいるほうが、動物のところにいるよりも危険だ。ツァラトゥストラが行くのは、危険な道だ。どうか、私の動物が私を導いてくれますように」。

そう言い終えたとき、ツァラトゥストラは森の聖者に言われた言葉を思い出して、ため息をつき、心の中でこう言った。

「私は賢くありたい。根っから賢くありたい、私の蛇のように。

だが、それは叶わぬ願いだ。ならば、私の誇りにお願いしよう。私の賢さにいつも連れ添ってくれますように、と。

そして、いつか私の賢さが私を見放したら――ああ、賢さは飛び去ることを好むもの――そのときは、どうか、私の誇りが私の愚かさと天翔《あまが》けてくれますように」。

――かくしてツァラトゥストラの没落は始まった。

ツァラトゥストラは語る

三段階の変身

私は君たちに、精神が変身していく三段階を聞かせよう。いかにして精神がラクダとなり、ラクダがライオンとなり、最後にライオンが子どもとなるかを。*8

精神には、重いものがたくさん課せられる。精神が強靭で、忍耐強く、畏敬の念をそなえている場合には。精神の強靭さが、重いもの、いちばん重いものを求めるのである。

「重いのはどれだろう?」と忍耐強い精神は尋ねる。ラクダのようにひざまずいては、健気《けなげ》に荷物を積んでもらおうとする。

「いちばん重いのはどれだろう、英雄たちよ?」と忍耐強い精神は尋ねる。「それを背負って、自分の強靭さを愉しんでみたいから」と。

いちばん重いこととは、身を低くし、へりくだることで、自分の高慢さを痛めつけることではないのか。自分の愚かさを見せつけることで、自分の賢さをあざ笑うことではないのか。

それとも、自分の任務を全《まっと》うして勝利を祝うとき、その任務を辞することだろうか。高い山に登っては、誘惑を試みる者を試みに誘惑することだろうか。

それとも、認識のどんぐりや雑草を食べて暮らし、真理のために魂の飢えに苦しむことだろうか。

それとも、病を得ても、慰めてくれる人たちを追い返し、自分の望みを聞いてもくれない耳の聞こえない人たちを友とすることだろうか。

それとも、真理の水ならば汚れた水であろうと飛び込み、冷たい雨《あま》ガエルや熱い蝦蟇《がま》ガエルをはねのけたりしないことだろうか。

それとも、われわれを軽蔑する者たちを愛し、幽霊がわれわれを怖がらせようとするとき、その幽霊に手を差し出すことだろうか。

こうした最も重いものをすべて、忍耐強い精神はわが身に引き受ける。荷物を背負って砂漠へと急ぐラクダのように、精神はおのれの砂漠へと急ぐ。

だが、最も孤独な砂漠で、第二の変身が起こる。ここで精神は、ライオンとなり、自由を分捕《ぶんど》っておのれ自身の砂漠で主人になろうとする。

ここで精神は、自分の最後の主人を探し求める。その最後の主人である自分の最後の神を敵に回して、この巨大な竜《ドラゴン》を相手どって戦い、勝利を収めようとする。

精神がもはや主人とも神とも呼ぼうとしない、その巨大な竜とは何か。その巨大な竜の名は、「汝為すべし」である。だが、ライオンとなった精神は言う、「我欲す」と。「汝為すべし」は、黄金の生きた鱗《うろこ》を燦然と輝かせて、精神の行く手を阻《はば》む。その鱗の一枚一枚に、「汝為すべし」と記された金文字が輝いている。

千年もの価値が、この鱗には輝いている。それゆえ、あらゆる竜の中でも最強のこの竜は、こう言う、「事物の一切の価値――それが私の身に輝いている」と。

「一切の価値は、すでに創造されている。一切の創造された価値――それが私なのだ。そう、「我欲す」などもはや存在してはならないのだ」。そう竜は言う。

兄弟たちよ、精神の内にライオンが必要なのは、何のためだろうか。諦めと畏敬をそなえた重荷に耐える動物では、どうして十分ではないのだろうか。

新しい価値を創造すること――これは、ライオンにもまだできない。ただし、新しい創造への自由を創造すること――これなら、ライオンの力にできることである。

自由を創造し、義務に対しても聖なる否《ナイン》を創造すること、そのためには、兄弟たちよ、ライオンが必要なのだ。

新しい価値のための権利を奪取すること――これは、忍耐強く畏敬にみちた精神にとって、最も恐るべき奪取である。そう、それは精神にとって、掠奪することであり、掠奪獣のしわざである。

精神はかつて「汝為すべし」を、自分の最も神聖なものとして愛した。今や精神は、この最も神聖なもののうちにすら妄想や恣意を見出さざるをえない。だから、自分の愛するものから自由を掠奪するのである。この掠奪のためにこそ、ライオンが必要なのだ。

だが、兄弟たちよ、ライオンにもできなかったことが、どうして子どもにできるというのだろうか。掠奪するライオンがさらにどうして子どもにならなければならないのか。

子どもとは、無垢であり、忘却であり、新しい始まりであり、遊びであり、おのずと回る車輪であり、第一運動であり、聖なる然り《ヤー》を言うことである。

そうだ、創造という遊戯のためには、兄弟たちよ、聖なる然りを言うことが必要なのだ。今や精神はおのれの意志を欲し、世界を失った者はおのれの世界を勝ち取る。

私は君たちに、精神が変身していく三段階を聞かせた。いかにして精神がラクダとなり、ラクダがライオンとなり、最後にライオンが子どもとなるかを。――

ツァラトゥストラはこう言った。その当時ツァラトゥストラは、「まだら牛《うし》」という名の町に滞在していた。

徳の講座

ツァラトゥストラは、ある賢者がほめそやされているのを耳にした。その賢者は、睡眠や徳について語って聞かせるのが上手だという。賢者は非常に敬われており、そのため実入りもよく、若者たちはこぞって彼の講義を聞きに押しかけた。ツァラトゥストラはその賢者のところへ行き、居並ぶ若者たちに交じって教室の席に座った。すると賢者はこう言った。

「睡眠を敬い、睡眠を前にして恥じ入ることだ。これがいちばん大事なことだ。よく眠れずに夜更けに目を覚ましている連中とは付き合わないことだ。

泥棒にだって、睡眠を前にして恥じ入る気持ちはある。だから泥棒はいつも夜中にそっと忍び込む。恥知らずなのは、夜番の見張りだ。恥知らずにも角笛《つのぶえ》を携えている。

眠ることは、なかなか容易ならざるわざである。そのためにはまず、一日中起きていなければならない。

十回も、昼のうちに自分自身に打ち克たねばならない。そうすれば、心地良い疲労感が得られ、魂の麻薬となる。

十回も、繰り返し自分自身と和解しなければならない。自分に打ち克つのはつらいことだし、和解できていない者はよく眠れないからである。

十もの真理を、昼のうちに見つけなければならない。さもないと、夜更けに真理を探し求めるはめになり、魂は空腹を抱えたままである。

十回も、昼には笑って、快活でいなければならない。さもないと、夜になって胃が、この悲嘆の父が、君の邪魔をする。

知る人は少ないが、ぐっすり眠るにはすべての徳を兼ね備えていなければならない。私が偽証を語るだろうか。私が姦淫を犯すだろうか。隣人の下女をたまらなく欲しがるだろうか。こういったことはすべて、安眠とは折り合いが悪いのである。

　また、すべての徳を兼ね備えているとしても、もう一つ心得ていなければならないことがある。徳さえも然るべき時に眠りに就《つ》かせること、これである。徳どうしが、この上品なご婦人がたが、おたがい喧嘩しないようにだ。君をめぐって喧嘩になったら、君もとんだ災難だ。

　神や隣人と仲良くすることだ。それを安眠は求めるから。また、隣人のところの悪魔と仲良くすることもだ。さもないと、夜になると悪魔が君の回りをうろつく。

　お上《かみ》を敬い、服従することだ。たとえお上がねじ曲がっていようとも。それを安眠は求めるからだ。権力がねじ曲がった脚で闊歩するのを、どうすることができよう。

　羊を緑いっぱいの沃野に連れて行く者が、つねに最良の牧人と呼ばれるべきだ。安眠と折り合いがいいからである。

　私は、多くの名誉も大きな財産も欲しくない。脾臓に炎症を引き起こすからである。だが、よい評判とささやかな財産がないと、ぐっすり眠れない。

　ささやかな付き合いのほうが、悪い付き合いより、私には歓迎だ。とはいえ、然るべき時に行き来するのでなくてはならない。そのほうが、安眠と折り合いがいいからである。

心の貧しい人も私は大好きだ。睡眠を促進するからである。心の貧しい人は幸いだ。とりわけ、彼らの言い分をわれわれがいつも認めてやるのなら。

徳のある者には、こうして昼が過ぎていく。ところで、夜が来たら、私は眠りを呼びつけないように気をつける。眠りは呼びつけられるのが好きではない。眠りこそ、徳をつかさどる主人だからだ。

そうではなく、自分が昼のうちに行なったこと、考えたことを考える。雌牛《めうし》のように我慢強く反芻しながら、自分に尋ねる。それにしても、おまえが打ち克った十のものとは、どれとどれか。

また、十の和解とはどれとどれで、十の真理とはどれとどれで、私のこころをなごませた十の笑いとはどれとどれか。

そういったことに思いをめぐらし、四十の考えに揺り動かされていると、ふいに眠りが、あの呼びつけられざる者、徳をつかさどる主人が、私を襲う。

眠りが私のまぶたをそっと叩く。まぶたは重くなる。眠りが私の口もとにさわる。口は開いたままになる。

まことに、眠りは、あの最も愛すべき泥棒は、柔らかい足の裏をしてやって来る。そして、私の考えを盗みとる。この教室の椅子のように、私はぼうっと立ったままになる。

だがそうなると、もはや長く立ったままではいない。私はもう横になる」。——

ツァラトゥストラは、賢者がそう話すのを聞いて、心の中でひそかに笑った。聞きながら、彼に閃《ひらめ》くものがあったからである。そこでツァラトゥストラは心の中でこう語った。

「四十の考えを抱いているこの賢者は、私の見るところ、阿呆だ。しかし彼が睡眠に長《た》けているのは本当らしい。

この賢者の近くに住んでいる者は、それだけで幸せなのだ。そのような眠りは伝染する。分厚い壁を通り抜けて伝染する。

彼の講座にさえ、何かしら魔力が棲んでいる。若者たちが、この徳の説教者の講義を聞いたのはムダではなかった。

彼の知恵とは、安眠のために起きていよう、というものだ。そして、本当に生に何の意味もなく、無意味を選ぶほかないとすれば、これは私にとっても、最も選ぶに値する無意味というものだ。

今や私に明らかとなったことがある。かつてひとが徳の教師を探し求めたとき、真っ先に求めていたのは何だったのかが。ひとは安眠を求めたのであり、そのための麻薬のような徳を求めたのだ。

それらの講座で教えた名高いすべての賢者たちにとって、知恵とは、夢も見ないでぐっすり眠ることだった。彼らは、それよりましな生の意味を知らなかった。

今日でも、この徳の説教者に似ているが、しかしここまで正直とはかぎらない者たちが、おそらく何人もいる。だが時は過ぎた。彼らはもはや長くは立っていられない。彼らはもう横になる。

眠い人は幸いだ。まもなくうとうと居眠りし始めるはずだから」。――

ツァラトゥストラはこう言った。[*9]

背後世界論者

かつてはツァラトゥストラも、すべての背後世界論者と同じく、人間を超えた彼方《かなた》に妄想を馳せた。私には当時、世界とは、苦悩し苦悶しきった神のごときものがこしらえた作品だと思われた。

私には当時、世界とは夢であり、神の作りごとだと思われた。不満をかかえた神的な存在の眼前にただよう色とりどりの煙だと思われた。

善も悪も、快楽も苦悩も、自我も他我も――、創造者の眼前にただよう色とりどりの煙だと、私には思われた。創造者は自分から目をそらそうとし――、かくして世界を造り出したのだ、と。

苦悩する者にとって、自己の苦悩から目をそらし自己を喪失することは、うっとりと酔いしれる快楽である。かつて私には、世界とは、うっとりと酔いしれる快楽であり、自己喪失だと思われた。

この世界、永遠に不完全なこの世は、永遠の矛盾をうつした模写、しかも不完全な模写であり——、不完全な創造者にとって、うっとりと酔いしれる快楽である。——かつての私には、世界とはそのようなものだと思われた。

こんなふうにかつての私も、すべての背後世界論者と同じく、人間を超えた彼方に妄想を馳せた。それは本当に、人間を超えた彼方だったのだろうか。

いや、兄弟たちよ、私が造り出したこの神は、人間の作品であり精神錯乱であった。神という神がそうであったように、だ。

この神は人間であった。人間と自我の貧弱な一断片でしかなかった。私自身の灰と残り火から私にやって来たのだ、この幽霊は。だから、そうだ、彼方から私にやって来たのではないのだ。

何が起こったのだろう、兄弟たちよ。私は私自身を、つまり苦悩する私自身を克服した。私は私の灰を山に運んでいった。もっと明るい炎を私はあみ出した。すると、ほらごらん、幽霊は私から消えてなくなったのだ。

今の私、つまり快復した者であるこの私にとっては、そのような幽霊を信じたりしたら、苦悩となり苦悶となるだけだ。今の私にとって、そんなのは苦悩となり辱《はずかし》めとなるだけだ。だから私は、背後世界論者に向かって、こう言おう。

苦悩と無能力——それが、あらゆる背後世界を造り出したのだ。最も苦悩する者だけが身をもって知っている、あの幸福なつかのまの精神錯乱が。

一足飛びに、つまり決死の飛躍によって、究極のものに達しようとして疲れ果て、知らぬ間にみじめな疲労に襲われて、もはや二度と意志しなくなること、この徒労感が、神という神、ありとあらゆる背後世界を造り出したのだ。

たしかにそうなのだ、兄弟たちよ。肉体に絶望したのは、肉体であった――、混乱した精神の指で、究極の壁に触れようとしたのだ。

たしかにそうなのだ、兄弟たちよ。大地に絶望したのは、肉体であった――、存在の腹が自分に語りかける声を聞こうとしたのだ。

そこで肉体は、頭脳を使って、いや使ったのは頭脳ばかりではないが、究極の壁を突き抜けて――、「あの世」へ飛び移ろうとした。

だが「あの世」は、人間にはうまく隠されている。人間を脱した非人間的なあの世、天国という虚無は。存在の腹が人間に語るといっても、その声の主は人間をおいてほかにない。

そう、いかなる存在も、証明するのは難しく、語らせるのは難しい。言ってごらん、兄弟たちよ、万物の中で最も驚くべきものが、一番よく証明されているのではないか。

ほかでもない、この自我のことだ。自我の矛盾と混乱こそが、自分の存在について最も正直に語っている。創造し、意欲するこの自我、万物の尺度にして価値であり、価値づける主体であるこの自我が。

この最も正直な存在、自我は――肉体について語っている。詩を作り、熱狂し、折れた翼を羽ばたかせて飛ぶときでさえ、なお肉体を欲している。

この自我は、ますます正直に語ることを学んでいる。そのことを学べば学ぶほど、それだけいっそう自我は肉体と大地に対する賛辞を見出すことになる。

私の自我が私に教えてくれた新しい誇りを、私は人間に教えよう。もはや頭を天国などといった砂の中に突っ込んだりせず、頭を自由にのびのびと持して大地の頭とし、その頭で大地に意味を創造することを、だ。

新しい意志を、私は人間に教えよう。人間が盲目的に歩んできたこの道を意志し、是認することを。もはや、病人や死にゆく人のように、その道からそれて脇道をこっそり歩いたりしないことを、だ。

肉体と大地を軽蔑し、天国やら救済する血の滴《したた》りやらをあみ出したのは、病人や死にゆく人であった。だが、この甘美で陰鬱な毒をも、彼らは肉体や大地から取ってきたのだ。

彼らは自分のみじめさから脱走しようとした。しかし、星は彼らにはあまりに遠かった。そこで彼らはため息をついた。「ああ、別の存在と幸福のうちへこっそり忍び込めるような天国への道があってくれればいいのに」と。――そこで彼らは自分たちの抜け道と血なまぐさい飲み物をあみ出したのだ。

自分の肉体とこの大地を今や脱け出したと、彼らは妄想した、この忘恩の徒は。しかし、その脱出のさいの痙攣と歓喜は、誰のおかげであったか。自分の肉体とこの大地のおかげであった。

ツァラトゥストラは病人には優しい。そう、ツァラトゥストラは、彼ら流の慰めや忘恩に腹を立てたりはしない。彼らが、快復し克服しつつある者となり、もっと高次の肉体を造り上げますように。

ツァラトゥストラは、快復しつつある人にも腹を立てたりしない。彼が、自分の妄想に情愛のこもったまなざしを送り、真夜中に彼の神の墓のあたりをそっと忍び歩いても。しかし、彼の涙もいまだに病気であり、病んだ肉体であり続けているようだ。

詩を作り、神を求めてやまない人びとには、病める者たちが多いのがつねである。彼らは怒り狂って、認識者を憎み、徳の中でも最も若い、かの徳を憎悪する。その名は、正直。

彼らはいつも、暗黒の時代を懐かしそうに振り返る。たしかに当時、妄想と信仰とは別物だった。理性の疾走は神に似通っていたし、懐疑は罪であった。

これら神に似通った者たちを、私はあまりによく知っている。彼らは、自分たちのことを信じてもらいたいと思い、懐疑が罪であることを求めた。彼ら自身が何を一番信じているか、私には分かりすぎるほどよく分かる。

本当の話、背後世界でも、救済する血の滴りでもない。彼らも、肉体を一番信じている。彼ら自身の肉体が、彼らにとっての物自体なのである。

だがその肉体が、彼らの場合、病気に罹《かか》っている。だから彼らはどうにもいたたまれない。それゆえ彼らは、死の説教者に耳を傾けたり、自分で背後世界を説教したりする。

兄弟たちよ、むしろ健康な肉体の声に耳をすますことだ。より正直で、より純粋な声は、こちらのほうなのだから。

健康な肉体、完全でまっすぐな肉体は、より正直に、より純粋に語る。大地の意味について語る。

ツァラトゥストラはこう言った。[*10]

肉体の軽蔑者

肉体の軽蔑者に、私の言葉を聞かせよう。彼らに学び直してもらい、彼らの教えを変えてもらうためにではなく、彼らが自分自身の肉体にさよならを言い——要は、物言わぬようになってもらうために。

「ぼくは肉体《からだ》、そして魂《こころ》」。——子どもならそう言う。なのに、なぜわれわれは子どものように言ってはならないのか。

さらに、目覚めた者、知者はこう言う。私はまったくもって肉体であり、それ以外の何物でもない。魂とは、肉体に添えられた何かを表わす言葉にすぎない、と。

肉体とは、大いなる理性である。[*11] 一なる意味をもつ多数であり、戦争と平和であり、畜群と牧人である。

君のちっぽけな理性も、君の肉体の道具である。わが兄弟よ、君が「精神」と呼んでいるものは、君の大いなる理性のちっぽけな道具であり玩具である。

君は「私」と言い、自我という言葉を誇りにしている。だが、君が信頼しようとしない当のもののほうが、偉大なのだ――君の肉体、つまり君の大いなる理性がそれである。こちらの理性は、私とは言わないが、自我を働かせている。

感覚によって感じられるもの、精神によって認識されるものは、それ自体で完成した自己目的などではない。ところが、感覚と精神は君を説き伏せて、自分たちこそ万物を完成させる目的なのだと信じ込ませたがる。どちらも見栄っ張りだからだ。

感覚と精神は、道具であり玩具である。両者の背後になおひそんでいるのが、自己である。自己は、感覚を眼に用いて探しもするし、精神を耳に用いて聴きもする。

いつも聴き、いつも探しているのは、この自己である。自己は、比較し、強制し、征服し、破壊する。自己は支配し、自我の支配者でもある。

君の思想と感情の背後には、わが兄弟よ、強力な命令者が控えている。知られざる賢者が。――その名は自己。君の肉体のうちに、その賢者は住まう。肉体こそ彼なのだ。

君の肉体には、君の最良の知恵よりも多くの理性がある。肉体がまさにその最良の知恵を必要としているのは何のためか、いったい誰が知っているだろう。

君の自己は、君の自我を笑い飛ばし、自我の誇り高き飛躍を笑い飛ばす。「思想がこんなふうに飛んだり跳ねたりするのは、どうしたことだろう」と自己は言う。「私の目的に達するまでの回り道だ。私は、よちよち歩きの自我を導く歩行ひもであり、自我の抱くあれこれの概念を吹き込む者である」。

自己は自我に向かって言う、「ここで苦しみを感じなさい」。すると、自我は苦しみ、どうすればもう苦しまないようになるか、考えをめぐらす。——そのためにこそ、自我は考えないわけにいかなくなる。

自己は自我に向かって言う、「ここで喜びを感じなさい」。すると、自我は喜びを感じ、どうすればもっと喜びを感じられるか、考えをめぐらす。——そのためにこそ、自我は考えないわけにいかなくなる。

肉体の軽蔑者に、一つ言いたいことがある。彼らは軽蔑するが、それは、彼らが尊敬しているということだ。尊敬と軽蔑、価値と意志を創造したのは、何だろうか。

創造する自己が、尊敬と軽蔑を創造し、快と苦を創造したのだ。創造する肉体が、自分の意志で動く手として、精神を創造したのだ。

肉体の軽蔑者よ、君たちの愚かさや軽蔑という点でも、君たちは君たちの自己に役立っている。ずばり言おう、君たちの自己そのものが、死ぬことを欲し、生を見限って生に背を向けているのだ。

君たちの自己には、最も欲していることが——つまり自分自身を超えて創造することが、もはやできない。その最も欲していることを、熱烈にしたくてたまらないのだ。

だが、それをするにはもう遅すぎた——そこで、君たちの自己は没落を欲するのだ、肉体の軽蔑者よ。

君たちの自己は没落を欲している。だからこそ、君たちは肉体の軽蔑者になったのだ。君たちには、自分自身を超えて創造することがもはやできないからである。

だからこそ、今や君たちは生と大地を恨んでいるのだ。無意識の妬《ねた》みが君たちの軽蔑のやぶにらみの眼から覗いている。

私の道は君たちの道とは別だ、肉体の軽蔑者よ。君たちは超人への橋ではない！——

ツァラトゥストラはこう言った。

情熱にひそむ喜びと苦しみ

わが兄弟よ、君が徳を具えているなら、そしてそれが君の徳であるなら、君はその徳を誰とも共有していない。

なるほど、君はその徳に名前をつけて呼び、愛撫しようとする。君はその徳の耳をつまんで弄《もてあそ》んだり、楽しくふざけ合ったりしようとする。

でも、ごらん。君はその徳の名前を民衆と共有して、自分の徳を持ちながら民衆や畜群になり果ててしまったのだ。

むしろ、君はこう言ったほうがいい。「私の魂を苦悶させ、甘美にさせるもの、私の内臓の飢えでもあるもの、それは名状しがたく、名前をもたない」と。

君の徳は、馴れ馴れしい名前で呼ばれるにはあまりに高尚だ。君がその徳について語らねばならないとき、どもってしまうとしても恥ずかしく思うことはない。

どもりながら、こう言いなさい。「これこそ私の善だ。それを私は愛する。私はすっかり気に入っている。そんなふうにしてのみ私は善を欲する。

私はそれを、神の定めた掟としては欲しない。人びとの取り決めや必需品としては欲しない。地上を超えた楽園に向かう道しるべにはしたくない。

私が愛するのは、大地の徳だ。そこには利口さは少なく、万人向けの理性は一番少ない。

ところが、その徳が鳥となって、私の家に巣を作った。そこで、私はその鳥を愛し、抱きしめる。——鳥は今、私の家で黄金の卵を孵《かえ》そうとしている」。

こんなふうに、どもりながら君は君の徳を讃えるべきだ。

かつて君は、苦しみをひめた情熱を持ちこたえ、それを悪と呼んだ。しかし、今の君が具えているのは、もっぱら君の徳ばかりである。それらは、苦しみをひめた君の情熱から生まれたのである。

君はそれらの情熱に君の最高の目標を、心中深く刻み込んだ。苦しみをひめた情熱が、君の徳となり、情熱にひそむ喜びとなった。*12

そして、たとえ君が癇癪《かんしゃく》持ちの家系であろうと、色情狂の、狂信者の、復讐鬼の家系であろうと、

結局、君のすべての情熱は徳となり、君のすべての悪魔は天使となった。

かつて君は、君の地下室に野犬を飼っていた。だが結局、野犬は変身して鳥となり、可愛らしい歌手となった。

君は、君の毒を調合して君の香油を造り出した。君の悲哀という雌牛の乳を搾った。——その乳房から、今の君は甘い乳を飲んでいる。

そして今後はもう、君からは何の悪も生まれないだろう。君の徳どうしの張り合う戦いから生まれるのでないかぎりは。

わが兄弟よ、君が幸せ者なら、君はたった一つの徳を持つだけですむだろう。そうして君は、やすやすと橋を渡って行く。

徳をたくさん持つことは、素晴らしいことだが、重たい宿命である。砂漠に赴いて自死を遂げた者も少なくなかったが、それは、徳どうしの戦闘であり戦場であることに疲れ果てたからである。

わが兄弟よ、戦争や戦闘は悪なのか。だが、この悪は必然である。君の徳のあいだで妬みや不信や誹謗中傷が起こるのは必然である。

ごらん、君のどの徳も最高の地位を貪欲に求めているさまを。どの徳も、君の精神をそっ

くり自分の伝令に欲しがっている。怒り、憎しみ、愛における君の力をそっくり欲しがっている。

どの徳も他の徳に対して嫉妬心を燃やしている。そして、嫉妬心ほど恐ろしいものはない。徳も嫉妬心ゆえに滅びることがある。

嫉妬心の炎に包まれた者は、最後には、サソリのように、自分自身に向かって毒針を突き立てる。

ああ、わが兄弟よ、君は、徳が自分自身を罵《ののし》り、刺し殺すのを、まだ見たことがないのか。

人間とは、克服されなければならない何かである。だから、君は君の徳を愛すべきなのだ。――君は君の徳ゆえに滅びるであろうから。――

ツァラトゥストラはこう言った。

青ざめた犯罪者

法の下《もと》に生け贄《にえ》を捧げる裁判官よ、君たちは、生け贄の獣が首を縦に振らないうちは、殺さないつもりなのか。[*13] 見よ、青ざめた犯罪者はうなずいた。彼の眼から語っているのは、大いなる軽蔑だ。

「私の自我は、克服されるべきものなのだ。私の自我は、私にとって、人間に対する大いなる軽蔑なのだ」。彼の眼からそう語ってくるものがある。

彼は自分自身を裁いた。それは彼の最高の瞬間であった。この崇高な人を下劣さに逆戻りさせてはならない。

自分自身にそんなに苦しんでいる者に、救いはない。すみやかな死以外には。

裁判官よ、君たちが殺すのは、同情からであって、復讐からであってはならない。そして、殺すことによって、君たち自身が生を是認するよう努めることだ。

君たちが、君たちに殺される者と和解するというだけでは足りない。君たちの悲しみが、超人への愛であるべきなのだ。そうであってこそ君たちは、自分たちがなお生きていくことを是認できるというものだ。

君たちは「敵」と言うべきであって、「悪人」と言うべきではない。「病人」と言うべきであって、「悪党」と言うべきではない。「愚か者」と言うべきであって、「罪びと」と言うべきではない。

赤褐色の法服に身を包んだ裁判官よ、君がこれまで心の中で犯してきたことを洗いざらい吐き出したら、誰しも叫ぶことだろう、「この汚《きたな》らしい毒虫をつまみ出せ！」と。

しかし、心の中の思想と、実際の行為とは別物である。行為の残像《イメージ》も別物である。これら三つは、因果の鎖でつながれていない。

行為ではなく残像が、この青ざめた人間を青ざめさせたのだ。彼が行為を犯したとき、彼にはその行為を成し遂げるだけの力があった。だが行為がなされてしまうと、彼は行為の残像に耐えられなくなった。

それ以来ずっと、彼は自分のことを行為の犯人だと見なすようになった。私はこれを狂気と呼ぶ。例外が逆さまになって本質と化したのだ。

めんどりの周りに線を引くと、呪縛されて動けなくなるという。それと同じで、彼が自分で引いた線が、彼のあわれな理性を呪縛して動けなくさせた。――私はこれを、行為のあとの狂気と呼ぶ。

聞きなさい、裁判官よ。さらにもう一つの狂気がある。それは行為の前の狂気だ。そう、君たちは、この魂の奥底にそこまで深く入り込みはしなかったのだ。

赤褐色の法服に身を包んだ裁判官は言う、「それにしても、この犯罪者はどうして人殺しをしたのか。強盗をたくらんでのことだ」。しかし私は言ってやろう。彼の魂は血を欲したのであって、強盗をしようとしたのではない、と。ナイフの悦《よろこ》びを渇望したのだ。

だが、彼のあわれな理性は、この狂気を理解せず、彼を説き伏せて、こう言った。「血がどうだというのか。おまえはせめて強盗くらいやってのける気はないのか。仕返しができるというものだ」。

かくして彼は、自分のあわれな理性にじっと耳を傾けた。鉛《なまり》のように、理性の言葉は彼に重くのしかかった。——そこで彼は、人殺しをしたときに強盗をしたのだ。彼は、自分の狂気に恥じ入りたくはなかったのだ。

そうなると、鉛のような負い目が、彼にふたたび重くのしかかる。彼のあわれな理性は、ふたたびこわばり、麻痺し、重くなる。

彼が頭を揺さぶることさえできたなら、彼の重荷は転げ落ちたことだろう。しかし、この頭を誰が揺さぶるというのか。

こういった人間とは何だろうか。積もり積もった病気の塊《かたまり》である。病気という病気が、精神を通して世界に手を伸ばし、そこで獲物を捕まえようとするのだ。

こういった人間とは何だろうか。荒々しくもつれ合う蛇の群れだ。その蛇どもがおたがいじっとしていることはめったにない。——そこで勝手に抜け出し、外界の獲物を探すのだ。

このあわれな肉体を見るがいい。その肉体が何に悩み、何を欲しがっているか、それを、このあわれな魂は自分なりに解釈した。——殺人の快楽と、ナイフの悦びへの欲望だと解釈したのだ。

今日病気に罹《かか》っている者は、今日言うところの悪に襲われる。彼は、自分を苦しめているものによって、誰かを苦しめようとする。だが、別の時代には、別の善悪があった。

かつて、懐疑は悪であり、自己への意志は悪であった。当時、病人は異端者となり、魔女となった。異端者や魔女となった病人は、誰かを苦しめようとした。

だが、こういったことを君たちの耳は受け付けたがらない。自分たちの善人に害を及ぼす、と君たちは私に言う。だが、君たちの善人が私にとって何だろう。

君たちの善人にそなわる多くのものが、私に吐き気を催させる。そう、彼らの悪が、ではないのだ。それにしても、彼らが狂気にふれたなら、と願いたくなる。そう、この青ざめた犯罪者のように、狂気に駆られて破滅してもらいたいからだ。

そう、彼らの狂気が、真理とか信義とか正義と呼ばれたなら、と願いたくなる。だが、彼らが具えているのは、あまりに長生きし、あわれむべき安楽な生活を送れるだけの徳なのだ。

私は、川の流れに面した手すりだ。私を摑むことのできる者は、摑むがいい。だが、私は君たちの松葉杖ではない。――

ツァラトゥストラはこう言った。

読むことと書くこと

およそ書かれたもののなかで、私が愛するのは、血をもって書かれたものだけだ。血をもって書け。そうすれば君は、血こそ精神だということが身に沁みて分かるだろう。

他人の血を理解することは、容易にできることではない。私が憎むのは、ものぐさな読み散らかし屋だ。

読者のことを知っている者は、もはや読者のために何もしないだろう。読者がこんな調子であと百年も続けば——、精神それ自身が腐臭を発するだろう。

読むことを万人が習ってよい時代は、長い目で見れば、書くことばかりか、考えることをも腐敗させる。[*14]

かつて精神とは神であった。次いでそれは人間になった。今では賤民に成り下がった。

血で箴言を書く者は、読まれることを欲しない。暗唱されることを欲する。

山道を行くのにいちばんの近道は、山頂から山頂へまっすぐ進むことだ。しかしそのためには、長い脚をもっていなければならない。箴言は山頂であるべきだ。そして、箴言に語りかけられる者は、背の高い巨人であるべきなのだ。

山頂の空気は、稀薄で清浄だ。危険は近くにあり、精神は愉しい悪意に満ちている。みなおたがい気心の知れた仲だからである。

私は、妖精たちに取り囲まれたいと思う。勇気があるからだ。勇気は、幽霊を追い払い、自分のために妖精を創り出す。——勇気は、笑うことを欲する。

私の感じ方は、もはや君たちと一緒ではない。私が見下ろすこの雲、私が笑い飛ばすこの黒くて重いもの——まさにそれが、君たちにとってはどしゃ降りの暗雲なのだ。

君たちは、崇高な高みを欲しがるとき、上を見上げる。だが私の場合、下を見下ろす。なぜなら、私はもう高みにいるからだ。

君たちの誰が、笑いながら同時に高みにいられるだろうか。

最高の山頂に立つ者は、一切の悲劇と悲劇的まじめさを笑い飛ばす。*15

勇敢で、無頓着で、嘲笑的で、暴力的であれ。——知恵はわれわれにそう求める。知恵は女性であり、つねに戦士だけを愛する。*16

君たちは私に言う、「人生という重荷は耐えがたい」と。だが、君たちの午前に君たちなりの矜持があり、夕方には君たちなりの恭順があるとすれば、それは何のためか。

人生という重荷は耐えがたい。だが、そんなべたべた優しい態度はやめてくれ。われわれは揃って、重荷をうるわしく背負っていける雄ロバや雌ロバなのだ。

われわれに、ひとしずくの露を身にのせるだけで震えている薔薇のつぼみと相通ずるものなどあろうか。

たしかに、われわれは人生を愛している。だがそれは、人生に慣れっこになっているからではなく、愛することに慣れているからである。

愛の中には、つねに何かしらの狂気がある。しかし狂気の中にも、つねに何かしらの理性がある。

人生を愛しているこの私の目にも、蝶やシャボン玉、またそれと同類の人間が、いちばん幸福を知っているように見える。

軽やかで愚かで可愛らしく動き回りやすい、そういう小さな命たちがひらひら飛ぶのを見ると――、ツァラトゥストラは涙を誘われ、歌いたい気分になる。

私が神を信じるとすれば、踊ることを心得ている神だけだ。

私が私の悪魔を見たとき、そいつがまじめで、徹底していて、深くて、おごそかだということが分かった。それは重さの地霊であった。[*17]――それに引っ張られて、万物は落ちる。

怒りによってではなく、笑いによってこそ殺せるというもの。さあ、重さの地霊を笑殺しようではないか。

私は歩くことをおぼえた。以来私は、自分で好きに駆けめぐる。私は飛ぶことをおぼえた。以来私は、居場所を離れるとき、他人に突かれてはじめて動くのはいやになった。

私は今、身軽であり、私は今、飛んでいく。私は今、足下に私を見下ろす。今や私を通して、神らしきものが踊っている。

ツァラトゥストラはこう言った。

山に立つ樹

ツァラトゥストラは、ある若者が自分を避けているのを目にとめていた。ある夕方、ツァラトゥストラが一人で、「まだら牛」という名の町を取り囲む山の中を歩いていると、見よ、そこにこの若者がいるのを認めた。若者は一本の樹のそばに腰をおろし、その樹にもたれて、もの憂げなまなざしで谷のほうを眺めていた。ツァラトゥストラは、若者が寄りかかっている樹に近づいて手をかけ、こう言った。*18

「私がこの樹を両手で揺さぶろうとしても、私にはできない。

ところが、風は、私には見えないのに、樹を苦しめ、その風の吹くほうに曲げてしまう。われわれは、見えない手によってこっぴどく曲げられ、苦しめられるものだ」。

すると、若者はうろたえて、立ち上がって言った、「その声はツァラトゥストラだ。ぼくはこの人のことを考えていたところだった」。ツァラトゥストラは答えて言った。

「君はどうしてぎょっとしたのかな。――それにしても、人間には樹とどこか似たところがある。

人間は、高くて明るい上方に向かっていこうとすればするほど、それだけ力強く大地に根を張ろうとする。暗くて深い地下のほうへ――悪のほうへ」。

「そうだ、悪のほうへ！」と若者は叫んだ、「あなたはどうしてぼくの心を見抜くことができるのですか」。

ツァラトゥストラは微笑んで、言った、「いろんな心を見抜くには、まず自分でいろんな心をひねり出しておかなくてはね」。

「そうだ、悪のほうへ！」と若者はもう一度叫んだ。

「ツァラトゥストラ、あなたの言うことは真実です。ぼくは自分自身がもう信じられない。高みに向かっていこうとして以来、そうなのです。それに、誰もぼくのことを信じてくれない。——どうしてこうなってしまうのか。

ぼくは急激に変わってきている。今日のぼくは、昨日のぼくに逆らう。昇るとき、ぼくは階段を蹴飛ばして駈け上がる。——どの階段もぼくを赦してはくれない。

上に行けば、ぼくはいつも一人ぼっちだ。話しかけてくれる人など誰もいない。孤独の凍《い》てつく寒さに、ぼくは震え上がる。なのに、どうしてぼくは高みに向かっていこうとするのだろう。

ぼくの軽蔑とぼくのあこがれは、手を取り合って成長する。ぼくが高く昇れば昇るほど、その昇っている人をぼくは軽蔑する。なのに、どうして彼は高みに向かっていこうとするのだろう。

ぼくは、自分が昇ったり躓《つまず》いたりするのが恥ずかしくて仕方ない。自分がぜいぜい息を切らすのが愚かしくて仕方ない。空を飛ぶものが憎らしくて仕方ない。高みにいることがもういやになってしまった！」

ここで若者は口をつぐんだ。そこでツァラトゥストラは、二人のかたわらに立つ樹をしげしげと眺めて、こう言った。

「この樹は、この山中にさびしく立っている。人間や動物を超えて、高く成長した。それほどたとえこの樹が語ろうとしても、樹の言うことを聞いてくれる者は誰もいない。それほど高く成長したのだ。

今や樹は、待ちに待っている。――それにしても、何を待っているのか。樹は、雲の居場所のあまりに近くに住んでいる。樹が待っているのは、おそらく、稲妻に一撃されることなのだろう」。

ツァラトゥストラがこう言ったとき、若者は激しい身振りで叫んだ。「そうです、ツァラトゥストラ、あなたの言うことは真実です。ぼくは、高みに向かっていこうとしたとき、自分が没落することを求めていた。そしてあなたこそ、ぼくが待っていたその稲妻なのだ。ほら見てください、あなたがこの町に現われて以来、ぼくがどんなことになっているかを。あなたに対する嫉妬が、ぼくをボロボロに打ちのめしたのだ!」――若者はそう言い、さめざめと泣いた。ツァラトゥストラは若者を片手でそっと抱いて、連れ立って歩き出した。

しばらく一緒に歩いてから、ツァラトゥストラはこう語り始めた。

「私も胸が引き裂かれる思いだ。君の言葉よりも君の目のほうが、君の一切の危険をよく物語っている。

君はまだ自由ではない。君はまだ自由を追い求めている。追い求めるあまり君は寝不足となり、目がさえて眠れなくなってしまった。

君は自由な高みに向かっていこうとする。君の魂は、星を渇望している。だが、君の良からぬ衝動も自由を渇望している。

君の内なる野犬どもは自由を欲している。君の精神があらゆる牢獄を解き放とうとするとき、犬どもは地下室の中で嬉しそうに吠えている。

思うに、君はまだ囚人だ。自由を思い描くことに囚われたままだ。ああ、そのような囚人の魂は、利口になる一方で、悪賢くなり、劣悪になる。

自由になった精神も、なお身を清めなければならない。多くの牢獄と腐敗物が、その精神にもなお残っている。だから、その眼をなお清らかにしなければならない。

そう、私には君の危険が分かる。それでも、私の愛と希望にかけて、君にお願いする。君の愛と希望を投げ捨てないでくれ。

君はまだ、自分は高貴だと感じている。君に恨みを抱き、悪意あるまなざしを送ってくる他の人びとも、君は高貴だと感じている。高貴な者は、万人にとって邪魔者だということを知るがいい。

善人にとっても、高貴な者は邪魔者だ。彼らが高貴な者を善人と呼ぶ場合、そうすることで彼らは、高貴な者を脇道に逸らせようとしているのだ。

高貴な者は新しいものを創造し、新しい徳を創造しようとする。善人は古いものを欲し、古いものが墨守されることを欲する。

だが、高貴な者の危険は、善人になることではない。そうではなく、厚かましい奴《やつ》、冷笑家、無を塗りたくる者になることだ。

ああ、私の知っていた高貴な者たちのなかには、最高の希望を失った者もいた。すると彼らは、一切の高い希望を誹謗するようになった。

するとと彼らは、つかの間の快楽に厚かましくも生きるようになり、その日暮らし以上の目標を、もう掲げなくなった。

「精神だって情欲のうちだ」――そう彼らは言った。彼らの精神の翼はそこで折れた。すると精神は、這いずり回っては、汚らしく蝕《むしば》むようになった。

かつては、彼らだって英雄になろうとした。今となっては、好色家でしかない。彼らにとって、英雄は遺恨と恐怖の的なのだ。

それでも、私の愛と希望にかけて、君にお願いする。君の魂の内なる英雄を投げ捨てないでくれ。君の最高の希望を、聖なるものとして大事にしてほしいのだ」。

ツァラトゥストラはこう言った。

死の説教者

死の説教者たちがいる。そして、大地は、生きることをやめよと説教されてしかるべき者たちであふれている。

大地は、余計な者たちであふれている。生は、多くの、あまりにも多くの者たちによって、台無しにされている。彼らなど、「永遠の生」という言葉につられてこの世の生からおびき出されてしまえばいいのだ。

「黄色」と死の説教者たちは呼ばれている。あるいは「黒色」と。だが私は、彼らをもっと別の色で描いてみせよう。*19

彼らのなかには、恐るべき者どもがいる。彼らは、懐中に猛獣をしのばせている。彼らが選ぶものは、快楽か自虐のいずれかでしかない。しかも彼らの場合、快楽も自虐の一種、つまりわが身をズタズタに引き裂く喜びなのだ。

彼ら、この恐るべき者どもは、まだ人間にさえなっていない。彼らなど、生きることをやめよと説教するついでに、自分もあの世に行ってしまえばいいのだ。

彼らのなかには、魂の肺病病《や》みどもがいる。彼らは生まれるやいなや、もう死に始める。そして、倦み疲れて諦めることを説く教えにあこがれる。

彼らは死んでしまいたいと思っている。ならばわれわれは、彼らの意志を叶えてあげればよかろう。この死者どもを目覚めさせないよう、この生ける棺《ひつぎ》を損なったりしないよう、気をつけよう。

病人や老人や死体を見かけると、彼らはすぐこう言う、「だから、生きることは間違いなのだ」と。

だが、間違っているのは彼らの存在だけだ。この世に生きることの一面しか見ないから、そう思うだけのことだ。

厚手の憂鬱に身を包み、ささいな偶然でぽっくり死ねたなら、と熱望している。歯を食いしばって、死神をじっと待っている。

また、彼らのなかには、砂糖菓子に手を伸ばしては自分の子どもっぽさを嗤《わら》う者もいる。藁《わら》にも似た人生にすがり、藁にもすがって生きている自分を嗤うのだ。

彼らの知恵はこうである。「生き永らえるのは愚か者だ。だが、われわれはそういう愚か者なのだ。これぞまさしく人生における最も愚かなことだ」――

「人生は苦しみでしかない」――と、別の者たちは隠さずに言う。それなら、君たちが終わりを迎えるよう気を配るがいい。それなら、苦しみでしかない人生が終わりを迎えるよう気を配るがいい。

それゆえ、君たちの徳はこう教える。「汝自身を殺すべし。汝自身を盗むべし」――

「肉欲は罪だ」――と、死を説教する或る者たちは言う――「近寄らないようにしよう。子どもを産まないようにしよう」。

「産むのはしんどい」と、別の者たちは言う――「なのに、何のために産むのか。不幸な者たちが生まれるだけなのに」。彼らもまた死の説教者なのだ。

「同情が必要だ」――と、第三の者たちは言う――「私の持ち物を持っていってくれ。私の存在も持っていってくれ。その分だけ、私は生に束縛されなくなるからだ」。

彼らが心の底から同情者だというのなら、隣人の人生を厭わしいものにすればよいはずなのに。悪意をもつこと――それこそが正しい善意となるはずなのに。

しかるに、彼らは生から離れ去ろうとしている。ならば、他者に贈り物をして、その鎖でいよいよ固く他人を縛って、どうしようというのだ。――

そして、がむしゃらに働き、せわしない人生を送っている君たちよ。君たちも人生に倦み疲れているのではないか。君たちも、死の説教を聞き分けるのにおつりがくるほど熟しているのではないか。

君たちはみな、がむしゃらに働くのが好きだし、速くて、新しくて、見慣れぬものを好む。――君たちは、自分に我慢できない。君たちの勤勉とは逃避であり、自分自身を忘れてしまおうとする意志なのだ。

君たちが人生をもっと信じていたなら、瞬間に身を任せることはもっと少ないだろう。だが君たちは、待つに値する内容をみずからのうちに持ちあわせていない――だから、怠け者にすらなれないのだ。

至るところで、死を説教する者たちの声がする。そして、大地は、死を説教されてしかるべき者たちであふれている。

それとも、「永遠の生」だというのか。私には同じことだ。――彼らがとっととあの世に行ってくれさえすれば、だ。

ツァラトゥストラはこう言った。

戦争と戦士

われわれは、われわれの最良の敵から労《いた》わってもらいたくはない。また、われわれが心底愛する者たちからも労わってもらいたくない。だから、私が君たちに真理を語るのを許してくれ。

わが戦友たちよ。私は君たちを心底愛する。私は君たちと対等同格の者であるし、以前からそうだった。私は君たちの最良の敵でもある。だから、私が君たちに真理を語るのを許してくれ。

私には君たちの心中の憎しみや妬《ねた》みが分かる。君たちは、憎しみや妬みを知らないほど偉大ではない。だから、自分の憎しみや妬みを恥ずかしく思わないくらいには、偉大であってくれ。

君たちが認識の聖者ではありえないとしても、せめて認識の戦士であってほしい。認識の戦士とは、認識の聖者の道連れであり先駆けである。

兵士なら、たくさんいる。私が見たいのは、たくさんの戦士だ。彼らが一律に身につけているものを、ひとは「制服」と呼ぶ。彼らがその服に包み隠しているものまで、制服然とした一律のものでなければよいが。

君たちは、眼でいつも敵を探している者であるべきだ――君たちの敵を。君たちのなかには、一目惚《ひとめぼ》れならぬ一目憎悪で敵を察知する者もいる。

君たちは、自分の敵を探すべきであり、君たちの戦いを、自分の思想のために戦うべきなのだ。君たちの思想が敗北したとしても、思想上の君たちの正直さは、なお凱歌をあげるべきなのだ。

君たちが平和を愛するのなら、新たな戦争への手段として愛するのでなければならない。長期の平和よりも、むしろ短期の平和を愛するがいい。

私が君たちに勧めるのは、労働ではない。戦いだ。私が君たちに勧めるのは、平和ではない。勝利だ。君たちの労働は戦いであれ。君たちの平和は勝利であれ！

ひとは弓矢を所持してのみ、黙って静かに坐っていられる。さもないと、おしゃべりしては、けんかし始める。君たちの平和は勝利であれ！

善い目的は戦争さえも神聖にする、と君たちは言うのか。では、私は君たちに言おう。善い戦争はあらゆる目的を神聖にする、と[*20]。

戦争と勇気は、隣人愛よりも多くの大事業を成し遂げた。君たちの同情ではなく、勇敢さこそが、これまで不幸な人びとを救ったのだ。

善いとは何か、と君たちは尋ねる。勇敢であることが、善いことなのだ。少女たちには言わせておくがいい。「善いとは、可愛らしくて感動的なこと」と。

ひとは君たちのことを無情だと言う。だが、君たちの心情は本物だ。私は君たちの情愛に満ちた羞恥心が好きだ。君たちは自分の満ち潮を恥ずかしく思い、他の人びとは自分の引き潮を恥ずかしく思う。

君たちは醜いのか。ならば、よし、わが兄弟よ、醜い者の外套である崇高さを身にまとうがいい。

だが、君たちの魂が成長すると、今度は、気が大きくなって調子に乗り始める。君たちの崇高さのなかに、悪意が棲みつく。私には君たちのことが分かる。

悪意をもつ点で、気が大きくなって調子に乗った者と、弱虫とは一致する。だが、彼らはお互いを誤解している。私には君たちのことが分かる。

君たちがもつべきは、憎むべき敵だけであって、軽蔑すべき敵ではない。君たちは自分の敵を誇りとしなければならない。その場合、君たちの敵の成功は、君たちの成功でもある。

反抗――それは、奴隷の示す高貴さである。君たちの高貴さは、恭順だ。君たちの命令それ自体、一個の服従であれ！

善き戦士には、「汝為すべし」のほうが、「我欲す」よりも心地よく響く。君たちはまずもって、君たちの好きなものすべてによって命令されることをよしとすべきである。

君たちの抱く生への愛は、君たちの最高の希望への愛であれ。そして、君たちの最高の希望は、生の最高の思想であれ！

だが、君たちの最高の思想を、君たちは私から命令として聞くべきである――その思想とはこうだ。人間とは、克服されるべきものである。

かくして、君たちの恭順と戦いの生を生きるがいい。長生きすることに何の意味があろう。労われることを欲する戦士などいるだろうか。

私は君たちを労わらない。私は君たちを心底愛する、わが戦友たちよ。——

ツァラトゥストラはこう言った。

新しい偶像

今でも民族や畜群はまだどこかに残っているが、われわれのところにはない、わが兄弟よ。あるのは、国家である。

国家だって？　国家とは何か。よし、では注意してよく聞きなさい。今から君たちに、民族の死についての話をしよう。

国家とは、あらゆる冷ややかな怪物のなかで、最も冷ややかな怪物である。こいつはウソも冷ややかにつく。その口から、こんなウソが這い出てくる。「この私、国家こそ民族である」と。

それはウソだ！　かつて民族を創造し、民族の頭上に一個の信仰と一個の愛を掲げたのは、創造者たちであった。かくして彼らは、生に奉仕した。

今、多数者に落とし穴を仕掛け、それを国家と呼んでいるのは、殺戮者たちである。彼らは、落とし穴の上に、一個の剣と百の欲望を吊《つ》り下げる。

民族がまだ残っているところでは、民族は、国家の言うことなど聞かず、国家とは災いを呼ぶ不吉な目つきであり風習と掟に対する罪だとして憎む。

民族のしるしを、君たちに教えよう。いかなる民族も、善と悪に関する自分の言葉を語る。その言葉は、隣の民族には理解できない。民族は自分の言語を、風習と掟のうちで発明したのである[*21]。だが、国家は、善と悪に関するあらゆる言葉を弄して、ウソをつく。国家は何を語ろうと、ウソばかりつく——。国家が何を持っていようと、盗んだものばかりだ。国家においては、何もかもがニセモノだ。盗んだ歯で噛《か》む、この噛みつき屋は。内臓までもがニセモノだ。

善と悪に関する言葉の混乱。このしるしこそ国家のしるしだということを、君たちに教えよう。そう、死への意志をこのしるしは表わしているのだ。そうだ、死の説教者に目配せしているのだ。あまりにも多くの者たちが生まれてくる。余計な者たちのために国家は発明されたのだ。国家が、彼ら、あまりにも多くの者たちをどんなふうにおびき寄せるか、よく見るがいい！　国家が彼らをどんなふうに呑み込み、噛み砕き、反芻するかを、だ。

「地上に私よりも大きな生き物はいない。私は神の秩序をさし示す指である」――この怪獣はそう吼《ほ》える。こいつにひれ伏すのは、長い耳をもった動物や、近眼の者たちだけではないのだ。

ああ、君たち、大いなる魂にも、国家はその陰鬱なウソをささやく。ああ、国家は、気前よく身を差し出す豊かな心の持ち主を見抜いているのだ。

そう、君たち、古き神を倒した勝者よ、国家は君たちのことを見抜いているのだ。君たちは戦いで疲れ果てた。そこで今度は、君たちの疲労が新しい偶像の役に立つのだ。

英雄や名誉ある人びとを、国家は自分の周りにはべらせたいのだ、この新しい偶像は。疚《やま》しくない良心の日差しを浴びて、日向《ひなた》ぼっこがしたいのだ――この冷ややかな怪獣は。

君たちがこいつを崇拝するなら、この新しい偶像は君たちにあらゆるものを与えようとする。そうして国家は、君たちの徳の輝きと誇りにみちた眼差しを買いとるのだ。

国家は君たちをエサにして、あまりにも多くの者たちをおびき寄せようとするのだ。まったく、地獄へ道連れのような手品が考案されたものだ。死の馬が、神々しい名誉できらびやかに着飾って、カチャカチャ音を立ててお通りだ。

そうだ、多数者向けの死が発明され、その死が、われこそ命なりと自賛する。いやはや、どんな死の説教者にも願ったり叶ったりの奉仕というものだ。

国家と私が呼ぶところ、そこでは善人も悪人もみんなして毒を飲む。善人も悪人もみんなして自分自身を失うところ、それが国家である。万人がゆっくりと自殺し――その自殺が

「生命」と呼ばれるところ、それが国家である。

この余計な者たちをよく見るがいい。彼らは発明家の作品や賢者の宝物を盗む。彼らが教養と呼んでいるのは、この盗みのことだ――しかも、すべてが彼らの病気や災難となる始末だ。

この余計な者たちをよく見るがいい。彼らはつねに病気であり、胆汁を吐いては、それを新聞と呼んでいる。彼らは、おたがい貪《むさぼ》り喰らうが、消化できたためしがない。

この余計な者たちをよく見るがいい。彼らは富を手に入れるが、それでますます貧しくなる。彼らは権力を欲しがるが、まずは権力をつかむ鉄梃《かなてこ》であるカネをたくさん欲しがる――この無力な者たちは！

彼らがよじ登るのを見るがいい、このすばしこいサルどもが！　彼らはおたがい我先《われさき》にとよじ登り、おたがい蹴落とし合っては泥沼に沈んでいく。

彼らはみな王座に昇りつめようとする。それが彼らの狂気だ――あたかも幸福が王座に坐っているかのごとくに！　だが、王座に坐っているのは往々にして泥であったり――王座が往々にして泥の上に乗っていたりする。

思うに、彼らはみな狂人であり、よじ登るサルであり、熱し過ぎた者たちである。彼らの偶像、この冷ややかな怪物は、悪臭を放つ。彼ら、この偶像の奉仕者どもは、揃いも揃って悪臭を放つ。

わが兄弟よ、君たちは、彼らの欲望たらたらの口から発する臭気で窒息するつもりなのか。むしろ窓を打ち破って、野外に飛び出すがいい。

悪臭から逃れよ。余計な者たちの偶像崇拝から逃げ出すのだ。

悪臭から逃れよ。この人身御供《ひとみごくう》に立ちこめる濛気《もうき》から逃げ出すのだ。

大地は今なお、大いなる魂のために空け開かれている。一人ぼっちの者や二人ぼっちの者に絶好の、静かな海の香り吹き抜ける席が、まだたくさん空いている。

自由な生活が、大いなる魂のために空け開かれている。そう、わずかしか持たない者は、気に病むこともそれだけ少ない。清貧こそ讃えられるべきだ。

国家の終わるところ、そこにはじめて人間が、余計な者でない人間が始まる。そこに、必要な者たちの歌が、一回限りのかけがえのない歌が始まる。

国家の終わるところ――、その向こうを、ほら、よく見るがいい、わが兄弟よ。君たちには見えないか、あの虹、超人への橋が。――

ツァラトゥストラはこう言った。

市場のハエ

わが友よ、逃れなさい、君の孤独へ。[*22] 君は、偉人たちの騒音で耳が聞こえなくなり、小人《しょうじん》たちの毒針でさんざん刺されているではないか。

森や岩は、気品にみちた沈黙を保って君を迎えるすべを知っている。君の好きな、枝を大きく張ったあの樹に、ふたたび似たものとなるがいい。大海に張り出して、その樹は静かに聞き耳を立てている。

孤独が終わるところ、市場が始まる。そして、市場が始まるところ、偉大な俳優の騒音と毒バエのブンブンうなる羽音も始まる。

この世では、どんなに良いものでも、それをまず上演してみせる誰かがいなければ、何の役にも立たない。民衆はこの上演者のことを、偉人と呼ぶ。

創造的なものこそ偉大なのだということが、民衆にはほとんど分かっていない。だが民衆は、大仕掛けの上演者や俳優を残らずかぎつける感覚ならそなえている。

世界は、新しい価値の発明者の周りを回転する。――この回転は目には見えない。ところが、民衆と名声は、俳優の周りを回転する。それが世の成り行きである。

俳優には、才知《ガイスト》がある。だが、才知にそなわるべき良心は、ほとんどない。俳優が日ごろ信念としているのは、どうすれば人にいちばん強烈に信じてもらえるか――つまり自分のことを信じてもらえるか、だけなのだ。

俳優は、明日には新しい信念を抱き、明後日にはもっと新しい信念を抱く。民衆と同じく、すばしこい感覚と変わりやすい天気をそなえている。

動転させること——それが、俳優にとっては、証明することなのである。熱狂させること——それが、俳優にとっては、説得することなのである。しかも、俳優からすれば、血こそ最良の論拠にほかならない。

繊細な耳だけにすべり込む真理というものがある。だが、それを俳優は、無に等しいウソと呼ぶ。そう、彼が信じているのは、この世に大騒ぎをもたらす神々だけなのだ。

市場には、おごそかな道化師がいっぱいいる。——そして、民衆は彼らの偉人たちを自慢するのだ。民衆にとっては、偉人たちこそ時代の支配者なのである。

だが、時代は支配者をせき立てる。そこで、彼らは君をせき立てる。彼らは君からも、賛成《ヤー》なのか反対《ナイン》なのかを求める。痛ましいことだ。君は、賛否の二股かけてどっちつかずになりたいのか。

この有無を言わせずにせき立てる者に、嫉妬など無用だ、真理の愛好者よ。有無を言わせない者の腕に、真理が身を任せるということは決してないのだから。

この唐突な者たちから逃れて、君の安住の場所に戻るがいい。賛成か反対かをいきなり迫られるのは、市場においてだけだ。

深い井戸であれば必ず、体験するにはゆっくり時間がかかる。その井戸の底に落ちたのは何かを知るには、長いこと待たねばならない。

市場と名声から、偉大なものはみな離れ去ってゆく。市場と名声から、新しい価値の発明者は昔から離れて住んでいた。

わが友よ、逃れなさい、君の孤独へ。君は毒バエにさんざん刺されているではないか。逃れなさい、きびしい強風の吹くかなたへ。

逃れなさい、君の孤独へ。君の住んでいるところは、みすぼらしい小人たちにあまりに近すぎる。目に見えない彼らの復讐から逃れなさい。君にとって彼らとは、復讐以外の何物でもない。

彼らに向かって手を上げるのは、もうやめなさい。彼らは無数だし、ハエ叩きになるのは君の運命ではない。

このみすぼらしい小人たちは無数である。誇らしい建物が、雨露と雑草のせいだけで崩れ落ちることも少なくなかった。

君は、石でもないのに、多くのしずくを受けて、もう空《うつ》ろになってしまった。多くのしずくをさらに受ければ、砕けて粉々になってしまうだろう。

君は毒バエによって疲れ切っているではないか。百箇所も刺されて血を流しているではないか。なのに君は、誇りゆえに腹を立てようともしない。

ハエどもは、まったく無邪気に君の血を欲しがっている。血を欠いたその魂が、血を求めている。――それゆえハエどもは、まったく無邪気に刺すのだ。

だが、深さの人よ、君は、小さな傷にもあまりに深く悩む。そして、君の傷がまだ癒えていないのに、もう同じ毒虫が君の手の上を這い回った。

この意地汚い虫けらを殺すには、君はあまりに誇り高い。とはいえ、毒虫どものあらゆる不正に耐えることが君の不吉な運命とならぬよう、用心することだ。

彼らが賞賛のうなり声をブンブン上げて君の周りに群がることもある。厚かましさが彼らの賞賛である。彼らは君の皮膚と血に近寄ろうとする。

彼らは、神や悪魔におべっかを使うように、君におべっかを使う。彼らは、神や悪魔の前でめそめそ泣くように、君の前でめそめそ泣く。それがどうした！　彼らがおべっか使いで泣き虫だということ、ただそれだけのことだ。

彼らが君に親切なところを見せることもよくある。だが、それはいつも臆病者の利口さであった。そう、臆病者は利口なものだ。

彼らは狭い料簡で、君のことをあれこれ考える。――彼らにとって、君はつねに疑わしい存在なのだ。あれこれつくづく考えれば、何でも疑わしくなるものだ。

彼らは君の徳をことごとく咎《とが》めては、君のことを罰する。彼らが君を心から赦すのは――君が失敗したときだけである。

君は寛大で、公正な心の持ち主だから、「彼らが小さな存在だからといって、彼らに罪はない」と言う。だが彼らの狭い料簡は、こう考える、「偉大な存在はみな罪深い」と。

君が彼らに寛大であっても、彼らはやはり君に軽蔑されたと感じる。彼らは君の善行に対して、ひそかに嫌がらせをして君にお返しをする。

君の寡黙な誇りは、つねに彼らの趣味に反する。君があえて慎ましい態度に出て、虚栄心でも見せようものなら、彼らは小躍りして喜ぶ。

われわれが或る人間の何らかの点を見抜けば、彼のその点にわれわれは火をつけることにもなる。だから、小人には用心することだ。

君の前では、彼らは自分を小さく感じる。彼らの下劣さは、君に対してくすぶり、ほてり、目に見えない復讐となって燃え上がる。

君が彼らに近づくと、彼らは決まって押し黙り、吹き消された炎から煙が昇るように、彼らから力が抜けていく。その様子に君は気がつかなかったのか。

そう、わが友よ、君は君の隣人にとって、疚《やま》しい良心なのだ。というのも、彼らは君に値しないのだから。だから、彼らは君を憎み、君の血を吸いたがるのだ。

君の隣人は、つねに毒バエとなるだろう。君にそなわっている偉大なもの――それ自体が、彼らを有毒にし、いよいよハエらしくしないではおかない。

わが友よ、逃れなさい、君の孤独へ、そして、きびしい強風の吹くかなたへ。ハエ叩きになるのは君の運命ではない。――

ツァラトゥストラはこう言った。

純　潔

私は森を愛する。都会は住みにくい。都会には淫乱な者が多すぎる。

淫乱な女の夢の中に落ちるくらいなら、殺し屋の手の中に落ちるほうが、まだましではないか。

それに、そこいらの男たちをよく見てごらん。彼らの眼は語っている――われわれはこの地上で、女と寝ること以上に良いことを知らないのだ、と。

彼らの魂の底には、泥がある。なんと、彼らの泥には才知《ガイスト》すらそなわっている。ひどい話だ。

君たちがせめて動物として完全であったなら！　もっとも、動物なら無邪気さをそなえているはずだが。

君たちの官能を殺せ、と私は君たちに勧めるだろうか。私が君たちに勧めるのは、官能の無邪気さのほうである。

私は君たちに純潔を勧めるだろうか。純潔が徳である人も少しはいる。だが多くの人たちにとっては、ほとんど悪徳に近い。

その多くの人たちにも、慎《つつし》みというものはある。だが、彼らが何をしようと、そこから欲情という名のメス犬が妬ましそうに覗いている。

彼らの徳の高みに、また冷ややかな才知の内側にまで、このけだものとその欲求不満は追いかけてくる。

そして、欲情という名のメス犬は、肉のひとかけらをお預けにされる場合、何とお行儀よく才知のひとかけらを恵んでもらうすべを心得ていることか。

君たちは悲劇を愛するのか。また、胸のつぶれる思いがするものなら何でも好きなのか。だが私は、君たちのメス犬のことを疑わしく思う。

君たちの目つきはあまりに残忍だ。そして、悩んでいる者たちにみだらな秋波《しゅうは》を送る。君たちの情欲が変装して、同情と称しているだけではないか。

ならば、君たちにこのたとえを話してみせよう。自分に取り憑いた悪魔を追い出そうとして、かえって自分がブタの群れに突っ込んだ者が少なくなかった。

純潔を守るのがむずかしい者には、純潔をやめるよう勧めるべきなのだ。純潔が地獄への道――つまり魂の泥と淫乱への道――とならぬように。

私は汚《きたな》らしいことを語っているのだろうか。いや、こんなのはまだましなほうだ。

認識者が真理の水に飛び込むのを厭うのは、真理が汚らしいときではなく、真理が浅いときである。

なるほど、根っから純潔な人もいる。[*23] 彼らは、君たちより柔和だし、君たちより笑うのが好きで、大いに笑う。

彼らは純潔すら笑い飛ばし、こう尋ねる。「純潔が何だ。純潔なんて馬鹿げていないか。たしかに、この馬鹿げたものがわれわれのところにやって来たが、われわれのほうから出向いたわけではない。

われわれはこの客を好意で泊めてやった。すると、客はわが家に住みついた。――好きなだけ居すわるがいい！」

ツァラトゥストラはこう言った。

友

「一人のはずなのに、私の周りには、いつももう一人誰かいる」――孤独な世捨て人は、こう考える――「一かける一が――いつしか二になるから不思議だ」。

「私」は「私自身」を相手にして、いつも対話に熱中しすぎる。もう一人の相手として友がいてくれなかったら、どうして耐えられよう。

世捨て人にとって、友はいつも第三者だ。この第三者は、コルクの浮きだ。二者の対話が深みにはまるのを防いでくれる。

ああ、どんな世捨て人にもあまりに多くの深みがある。だから、世捨て人は友にあこがれ、友の高みにあこがれる。

われわれが他者をどう信じるかで、われわれ自身のどの点を信じたがっているかが、ばれてしまう。友に対するわれわれのあこがれは、われわれの秘密の漏洩《ろうえい》者である。

それに、友を愛するといっても、妬《ねた》みをやりすごすための手段にすぎない場合も多い。逆に、攻撃して敵をわざわざ作るのは、攻撃されやすい弱みを抱えているのを隠すためだという場合も多い。

「せめて私の敵になってくれ！」――真の畏敬はそう語る。友情をせがむのを潔《いさぎよ》しとしないからである。

友を持とうと思う者は、友のために戦うつもりがなければならない。そして、戦うためには、敵となりうるのでなければならない。

友のなかにも敵を見出し、これを敬うべきである。君は、友にぴったり寄り添いながら、友に乗り移らずにいることができるか。

友のなかにこそ、おのれの最良の敵をもつべきである。君の心がその友に最も接近するのは、君が友に反抗するときであるべきなのだ。

君は、友と裸の付き合いをしたいのか。友の前で君がありのままの自分をさらけ出すことが、彼の名誉になるというのか。むしろ彼は、そんな奴は悪魔にさらわれるがいいと思うだろう。

自分を大っぴらにさらけ出す者は、憤激の種《たね》となる。裸になることを恐れる理由が君たちには大ありだからだ。それこそ、君たちが神々だったら、身にまとう衣《ころも》を恥ずかしく思うのもよいだろうが。

君は、友のためなら、どんなに美しく着飾っても、やりすぎということはない。というのも、友にとって君は、超人への矢にして超人へのあこがれであるべきだからだ。

君は、友が眠りこけているところを見たことがあるか――友がどんなふうに寝ているかを窺《うかが》うために。それにしても、友のいつもの顔とは何だろう。それは、でこぼこのゆがんだ鏡に映った君自身の顔なのだ。

君は、友が眠りこけているところを見たことがあるか。友のあられもない寝姿に、愕然としなかったか。おお、わが友よ、人間とは克服されねばならない何かなのだ。

友とは、憶測と沈黙の達人であるべきなのだ。君は、一切を見てやろうと思ってはならない。君の友が起きて行なっていることが、君の夢にそっと現われる、というのでなくてはならない。

君の同情は、憶測であれ。君は、友が同情を欲しているかどうか、まず知ることだ。友は君のどこを愛しているだろうか。おそらく、まっすぐ見つめる眼と、永遠をとらえるまなざしであろう。

友に同情をおぼえるのなら、堅い殻《から》の下にしまっておくがいい。同情をかみしめようとすると、その堅い殻で歯が折れる、というのでなければならない。そうであってこそ、同情に繊細な甘みが出てくるというものだ。

君は、友にとって清浄な大気であり、孤独であり、パンであり、薬であるだろうか。自分で自分の鎖を解くことはできないのに、友にとっては鎖を解いてくれる救済者だという者も少なくない。

君は奴隷なのか。だとすれば、君は友にはなれない。君は僭主なのか。だとすれば、君は友を持つことができない。

女性のうちにはあまりにも長く奴隷と僭主が隠れひそんでいた。それゆえ、女性にはまだ友情を結ぶ能力がない。女性がわきまえているのは愛情だけである。

女性の愛情のうちには、自分が愛していない一切のものに対する不正と盲目がある。また、知的な女性の愛情のうちにも、光と並んで、不意を襲う稲妻や夜が依然としてある。

女性にはまだ友情を結ぶ能力がない。女性は相変わらず猫であり、鳥である。あるいは、どんなに頑張っても牛である。

女性にはまだ友情を結ぶ能力がない。では、どうだろう。男性諸君よ、君たちのうちいったい誰に、友情を結ぶ能力があるだろうか。

おお、男性諸君よ、君たちの魂の貧しさ、魂のケチ臭さときたら！　君たちが友に与える程度のものなら、私は私の敵に与えよう。だからといって、私は貧しくなってはいないつもりだ。

仲間同士の付き合いならある。あってほしいのは友情だ！

ツァラトゥストラはこう言った。*24

千の目標と一つの目標

ツァラトゥストラは、多くの国と多くの民族を見てきた。そして、多くの民族の善と悪を発見した。ツァラトゥストラは、善と悪を上回るほど大きな、地上における力を見出さなかった。

いかなる民族も、まずもって善悪の価値づけをしなければ、生きてゆけなかっただろう。だが、民族が存続しようとするなら、隣の民族と同じ価値づけをしてはならない。

ある民族にとっては善を意味するものが、他の民族にとっては嘲笑と恥辱を意味するということも多かった。それが私には分かった。こちらでは悪と呼ばれているものが、あちらでは深紅の栄誉で飾られているのを見出すことも多かった。

隣国どうしが理解し合うことは決してなかった。おたがい隣国の妄想と悪意を心から不思議に思うのがつねだった。

どの民族の頭上にも、何が善かを刻んだ石板が掲げられていた。ごらん、その石板は、何をその民族が克服してきたかを物語っている。ごらん、それは、その民族の力への意志から発せられた声なのだ。[*25]

その民族が困難だと見なすものこそ、称賛すべきものなのである。なくてはならぬものでありかつ困難なもの、それが善と呼ばれる。そして、どんな苦難からも解放してくれるもの、まれなもの、最も困難なもの――それが聖なるものとして讃えられる。

民族に支配と勝利と栄光をもたらすもの、隣国にとって恐怖と嫉妬になるもの、それが民族にとって高みであり第一のものであり、一切の事物の尺度にして意味と見なされる。

そう、わが兄弟よ、ある民族の苦難、国土、天空、隣国が君にまず分かっていれば、その民族が克己《こっき》のすえに得た掟を君は言い当てられるだろうし、なぜその民族がこのはしごでおのれの希望するところに登ってゆくかを言い当てられるだろう。

「君はつねに一等になり、他者よりも抜きん出なければならない。君の嫉妬深い魂は、友以外の誰も愛してはならない」――この掟が、ギリシア人の魂を震えさせた。[*26] かくしてギリシア人は、偉大さへと通じる細道を歩んだ。

「真実を語り、弓矢のわざをよく心得なさい」――私の名前の由って来たる民族〔つまりペルシア人〕にとって、これが好ましく、かつ困難なことだと思われた。ツァラトゥストラという名前も、好ましく、かつ困難なものの謂《い》いである。

「父母を敬い、誠心誠意、父母の言うとおりにしなさい」。この克己の石板を、別の民族〔つまりユダヤ人〕は、頭上に掲げ、それによって力強く、永遠《とわ》になった。

「忠誠を尽くし、忠誠のためには悪しき危険な物事にも名誉と血を賭けなさい」――また別の民族〔つまりゲルマン人〕は、こうみずからに諭《さと》して、みずからを制御した。かくしてこの民族は、みずからを制御して、大いなる希望を重々しく心に抱いた。

そう、人間は、その善悪の一切をみずからに与えたのである。そう、人間は善悪を受け取ったのでも、見出したのでもない。善悪が天の声として彼らに降ってきたのでもない。

人間が自己保存のために、はじめて価値を事物に置き入れたのである。――人間が事物にはじめて意味を、人間ならではの意味を創造したのだ。だから彼は「人間《メンシュ》」と呼ばれる。つまりこの語は、価値づける者という意味である。

価値づけるとは、創造することである。よく聞きなさい、君たち創造者よ。価値づけること自体、価値づけられたどんな物事にも勝る宝であり宝石である。

価値づけることによってはじめて価値が存在する。価値づけることがなければ、存在という名の胡桃《くるみ》は空《うつ》ろであろう。よく聞きなさい、君たち創造者よ。

価値の変転――とは、創造者の変転なのである。創造者であらざるをえない者は、虚無化しないではおかない。

はじめは民族が創造者であったが、のちにようやく個人がこれに代わった。そう、個人という観念自体、ごく最近の産物である。

かつては多くの民族が、善を刻んだ石板をみずからの頭上に掲げた。支配しようとする愛と服従しようとする愛が、一緒になってそのような石板を創造したのである。

畜群の味わう喜びは、自我の味わう喜びよりも古い。また、良心に疚《やま》しいところがないのが畜群だということである以上、良心に疚しいところがあるのは自我だということにならざるをえない。

そう、ずる賢くて愛情を欠く自我は、多数者の利益のうちに自己の利益を求めようとする。自我とは、畜群の起源ではなく、畜群の末路なのである。

善と悪を創造したのは、いつでも、愛する者たち、創造者たちであった。愛の炎と怒りの炎が、あらゆる徳の名において燃えさかっている。

ツァラトゥストラは、多くの国と多くの民族を見てきた。しかし、愛する者たちが作り出した産物を上回るほど大きな、地上における力を見出さなかった。つまり、その名は「善」と「悪」である。

そう、善を称賛し悪を非難する力は、怪物のように巨大である。さあ、兄弟たちよ、この怪物を制御するのは誰だろうか。この動物の千の首に枷《かせ》をはめるのは誰か、言ってごらん。

千の目標がこれまで存在した。千の民族が存在したからである。千の首にはめる枷だけがまだない。一つの目標がない。人類はまだ目標をもっていない。

だが、わが兄弟よ、言ってごらん。人類に目標がまだないなら、そこにまだないのは人類そのものではないのか。[*27]——

ツァラトゥストラはこう言った。

隣人愛

君たちは隣人の周りに殺到し、そのことを愛という美名で言い表わす。はっきり言おう。君たちが隣人を愛するのは、自分自身を愛するのが下手くそだからだ。

君たちは自分自身から逃げ出して、隣人のもとへ赴いているだけなのに、それを徳と自称したがっている。だが、私には君たちの「無私」の何たるかが透けて見える。

「汝」という呼び名は「我」よりも古い。「汝」は聖なる呼び名であったが、「我」はまだそうではない。だから、人間は隣人のもとへ殺到するのだ。

私は君たちに隣人愛を勧めるだろうか。いや、むしろ私が君たちに勧めるのは、隣人から逃れること、そして遠人を愛することだ。

隣人への愛より高次なのが、遠人への愛、未来の人への愛である。人間への愛より高次なのが、事象への愛、幽霊への愛である。

兄弟よ、君の前方を走るこの幽霊は、君より美しい。なぜ君は、その幽霊に君の骨肉を与えないのか。なのに君は怖がって、君の隣人のもとへ走ってゆく。

君たちは、自分自身に我慢しきれず、自分自身を愛するのも中途半端だ。そこで君たちは、隣人を誘惑して愛にまみれさせ、隣人の誤謬で自分に金メッキをかけようとする。

君たちが、ありとあらゆる隣人とそのまた隣人に我慢しきれなくなればいいのに、と私は思う。そうすれば君たちは、自分自身を友とし、友の満ちあふれる心を創造しないわけにはいかなくなるのに。

君たちは、自分のことを善人と言いたいとき、証人になってくれる人を招き入れる。そして、その人を誘惑して君のことを善人だと思わせてから、自分は善人だと思い込む。

ウソつきとは、自分の知っていることに反して語る者だけではない。自分は知らないのに、それに反して語る者こそウソつきなのだ。だから、隣人との交際で君たち自身のことを語るとき、君たちは自分ばかりか隣人にもウソをついているのである。

だから、おどけ者はこう語る。「人間と付き合うと、性格というものが腐ってきます。性格というものがない場合はとくにそうです」。

自分を探すために隣人のところへ行く者もいれば、自分を見失いたくて隣人のところへ行く者もいる。君たちは、自分自身を愛するのが下手くそだから、みずから孤独を牢獄にしてしまうのである。

君たちの隣人への愛のツケを支払わされるのは、遠くにいる人たちだ。君たちが五人も集まれば、六人目の人が決まって犠牲の羊とならざるをえない。

私は君たちの祝祭も好きではない。そこにはあまりに多くの俳優がいたし、観客もしばしば俳優のようにふるまった。

私が君たちに教えるのは、隣人ではなく、友だ。友こそ、君たちにとって、大地の祝祭、超人の予感であれ。

私が君たちに教えるのは、友であり、友の満ちあふれる心だ。だが、満ちあふれる心によって愛されたいと思うなら、スポンジになることを心得なくてはならない。

私は君たちに、友を教えよう。そのうちで世界が完成するような、善の器《うつわ》たる友を。――完成した世界を贈り物としてあげてしまうことを常とする、創造者たる友を。

彼の前で世界が繰り広げられたとおりに、世界は彼の前でふたたび円環にまとめ上げられる。悪による善の生成として、偶然からの目的の生成として。

最も遠くにある未来が、君の今日の原因となるべきだ。君の友のうちに、君は超人を見出し、君の原因として愛するべきなのだ。

わが兄弟たちよ、私が君たちに勧めるのは、最も近い者への愛、つまり隣人愛ではない。私が勧めるのは、最も遠い者への愛、つまり遠人愛だ。

ツァラトゥストラはこう言った。

創造者の道

わが兄弟よ、君は、孤独になることへ向かおうとするのか。自分自身に至る道を探し求めようとするのか。もう少しだけ足を止めて、私の言うことを聞きなさい。

「探し求める者は、道に迷いやすい。孤独になることはすべて罪だ」。そう畜群は言う。そして君は、長いこと畜群の仲間であった。

畜群の声は、君の内でも響き続けるだろう。そして君が「私はもはや君たちと同じ良心をもっていない」と言うとしても、そこには悲嘆と苦痛があるだろう。

ごらん、この苦痛それ自体を産み出したのも、同じ良心なのだ。この良心の残り火が、君の憂愁にやどってまだ光っているのだ。

しかし、君が君の憂愁の道を進もうとするのは、それが君自身に至る道だからなのか。それなら、君がそれにふさわしい権利と力を具えていることを見せてくれ。

君は、新しい力であり新しい権利であるだろうか。第一運動だろうか。おのずと回る車輪だろうか。君は星までも、君の周りを回転するようにさせられるだろうか。

ああ、高みを求める欲望の何とおびただしいことか。野心家たちの痙攣の何とおびただしいことか。君が欲望に駆られた野心家でないことを見せてくれ。

ああ、ふいごのようなことしかしない大思想の何とおびただしいことか。ふいごは、風を送って膨らませては、ますます空虚にする。

君は、自分は自由人だと言うのか。私が聞きたいのは、君を司《つかさど》っている思想であって、君が軛《くびき》から逃れたということではない。

そもそも君は、軛から逃れることを許された者なのか。自分の従順ぶりを投げ捨てたとき、自分の最後の価値まで投げ捨てた者が少なくない。

何からの自由だというのか。それがツァラトゥストラに何の関わりがあろうか。しかし、君は曇りなき眼で私に告げるべきだ、何への自由なのかを。

君は、君の善と悪を、みずからに与えることができるだろうか。そして、君の意志を一個の法のように頭上に掲げることができるだろうか。君は、君の法でみずからを裁き、みずからに報いを与える者となることができるだろうか。

自分の法で裁き、報いを与える自分自身とだけ一緒にいる一人ぼっちの状態は、恐ろしい。かくして、一個の星が荒涼たる空間に放り出され、凍《い》てつく息を吸うしかない一人ぼっちの状態に置かれるのである。

今日のところはまだ、君は多数者に苦しめられている、単独者の君よ。今日のところはまだ、君は君の勇気と希望を失っていない。

しかし、いつの日か君は孤独に倦《う》み疲れるだろう。いつの日か君の誇りは背中を丸め、君の勇気はギシギシ音を立てるだろう。いつの日か君は「私は一人ぼっちだ」と叫ぶだろう。

いつの日か君は君の高みをもはや仰ぎ見なくなり、君の低さをあまりに近くに認めるだろう。君の崇高さそのものが、幽霊のように君を怖がらせるだろう。いつの日か君は「一切は間違いだ」と叫ぶだろう。

孤独な者を殺してしまおうとする感情というものがある。それがうまくいかなければ、当の感情のほうが死ななければならなくなるのだ。だが君は、殺し屋になれるだろうか。

わが兄弟よ、君はもう「軽蔑」という言葉を知っているか。そして、君を軽蔑する者たちに対して公正であろうとする君の公正さの苦悶を知っているか。

君は、多数の者たちに、君を見そこなっていたことを思い知らせる。だから、彼らは君のことを心底恨んでいる。君は彼らに近づきながら、彼らを素通りしていった。だから、彼らは君のことを決して許さない。

君は、彼らを越えてゆく。だが、君が高く登れば登るほど、妬みの眼からは、君は小さく見える。しかし、天翔《あまが》ける者ほど憎まれる者もいない。

「君たちが私に対してどうして公正であろうとするだろうか」——と君は言わざるをえない——「私は君たちの不正を、私に割り当てられた部分として選びとろう」と。

彼らは不正と汚物を、孤独な者に向かって投げつける。しかしだからといって、わが兄弟よ、君が星になろうとするなら、彼らを照らしてやる光を惜しんではならない。

また、善の人、正義の人には、用心することだ。彼らは、自分自身の徳を自分で発明する人びとを、十字架につけたがる。——彼らは孤独な者を憎む。

聖なる単純さを取り柄とする人びとにも、用心することだ。彼らにとっては、単純でないものすべてが、聖ならざるものだから。彼らは火遊びをするのも好きだ。――火あぶり用の薪《まき》の山に嬉しそうに火をつける。

また、君の愛の発作にも用心することだ。孤独な人は、通りすがりの人に無防備にもすぐ手を差し出してしまう。

たいがいの人には、手を差し出すのではなく、前足だけ出してみせるがいい。そして私は、君の前足には獣のとがった爪がついていることを望む。

だが、君にお目にかかれそうな最悪の敵は、つねに君自身であろう。君自身が洞窟や森の中で君を待ち伏せしているのである。

孤独な人よ、君は君自身に至る道を進んでいくのだ。しかも、君の道は、君の傍らを通り過ぎ、君の七つの悪魔の傍らを通り過ぎるのだ。

君は君自身にとって、異端者となり、魔女となり、占い師となり、阿呆となり、懐疑家となり、俗世まみれの人となり、悪党となるだろう。

君は、君自身の炎でみずからを焼き滅ぼそうとしなければならない。君がまずもって灰にならなければ、どうして君は新しい人となることを望めるだろうか。

孤独な人よ、君は創造者の道を進んでいく。君は、君の七つの悪魔から一つの神を創造しようとするのだ。

孤独な人よ、君は愛する者の道を進んでいく。君は君自身を愛し、だからこそ君自身を軽蔑する。愛する者ならではの軽蔑の仕方で。

愛する者は、創造しようとする。なぜなら、軽蔑するからだ。自分の愛したものを軽蔑せざるをえない者でなかったら、愛について何が分かるというのか。

君の愛をたずさえ、君の創造をたずさえて、君の孤独へ進んでいきなさい、わが兄弟よ。あとになってようやく、公正さが足を引きずって君のあとをついてくるだろう。

私の涙をたずさえて、君の孤独へ進んでいきなさい、わが兄弟よ。私が愛するのは、自分自身を超えて創造しようとし、そうして破滅する者なのだ。——

ツァラトゥストラはこう言った。

老いた女と若い女

「あなたはどうしてそんなに人目をはばかって薄明かりを忍び足で行くのですか、ツァラトゥストラ。そのマントの下に用心深く隠し持っているのは何ですか。

あなたに贈られた宝物ですか。それとも、あなたが生ませた子どもですか。それとも、悪人の友であるあなた自身が、泥棒の道を行くところですか」。——

その通りだ、わが兄弟よ、とツァラトゥストラは言った。これは、私に贈られた宝物だ。

私が持ち歩いているのは、一つの小さな真理なのだ。

だがそれは、赤ん坊のように手に負えない。私が口を抑えていないと、わめき出そうとするありさまだ。

私が今日、日の沈む頃、道を一人で歩いていると、ある老婆に出会った。老婆は私の心にこう語りかけた。

「ツァラトゥストラは、女の私たちにもたくさんのことを語ってくれた。でも、女については何も語ってくれていない」。

そこで私は答えた。「女については、男たちにだけ聞かせるべきだろう」。

「私にも、女について聞かせておくれ」と老婆は言った。「私はもう年寄りだし、すぐ忘れてしまうから、気にすることはない」。

そこで私は、老婆の求めに応じて、次のように語ってやった。

女における一切は、謎だ。だが、女における一切には、たった一つの答えがある。つまりそれは、妊娠だ。

男は、女にとって手段にすぎない。つまり、目的はつねに子どもである。では、男にとって、女とは何であろうか。

真の男は、二つのものを求める。危険と遊びである。それゆえ男は、最も危険な遊び道具として女を求める。

男は、戦いのために教育されるべきであり、女は、戦士の休養のために教育されるべきである。その他の一切は、たわごとにすぎない。

あまりにも甘い果実——を戦士は好まない。だから、戦士は女を好む。どんなに甘い女でも、やはり苦いものだ。

女には、男のことよりも子どものことのほうが、よく分かる。それでいて男は、女よりも子どもに近い。

真の男には、子どもが隠れている。その子どもが遊びたがるのだ。さあ、女性たちよ、男の中にいる子どもを見つけてごらん。

女は、遊び道具であれ。清らかでいきな玩具であれ。まだ存在していない世界にそなわる徳の輝きを放つ、宝石のようであれ。

君たちの愛情の中で、星の光が輝きを放つように。君たちの希望が、「私は超人を産みたい」というものであるように。

君たちの愛情の中に、勇敢さがあるように。君たちは愛情をたずさえて、君たちに畏怖の念を起こさせる男に襲いかかるがいい！

君たちの愛情の中に、君たちの名誉があるように。女はふつう、名誉のことは心得ていない。しかし、相手から愛される以上に自分から愛し、愛において誰にもひけをとらないこと、これを君たちの名誉としなさい。

女が愛するとき、男は女を恐れるがいい。そこでは、女はいかなる犠牲も辞さないから。その他のどんなことも、女には何の価値もない。

女が憎むとき、男は女を恐れるがいい。というのも、男の場合、心底邪悪であるにすぎないが、女の場合、心底劣悪だからである。

女がいちばん憎むのは誰か。——鉄が磁石にこう言った。「私はあなたをいちばん憎む。なぜなら、あなたには引く力があるのに、自分に引き寄せるほど強くはないから」。

男の幸福は、我欲す、である。女の幸福は、彼欲す、である。

「ほら、今まさに世界は完全になった」——どんな女も、愛情のかぎりを尽くして服従するとき、そう考える。

そして女は、服従することで、自分の表面に見合う深みを見出さなければならない。女の心情は、表面であり、浅い湖沼の波ざわめく水面《みなも》である。

だが男の心情は、深い。彼の奔流は、地下水脈を滔々《とうとう》と流れる。女は、男の力を感じとるが、摑みとることはない。——

私がそう言ったのに対して、老婆はこう応じた。「ツァラトゥストラは、ずいぶんお世辞を言ってくれたものだ。とくに年頃の娘たちには、願ったり叶《かな》ったりの話だ。

ツァラトゥストラは女のことをろくに知らないくせに、女に関してもっともなことを言うのは、不思議なことだ。女にはどんなことが起こってもおかしくないから、さもありなんというものだが。

では、お礼に、小さな真理を一つさしあげよう。この私も年を重ねて、そういうことができるようになったようだ。

布にくるんで、口を抑えなさいよ。さもないと、わめき出すよ、この小さな真理は」。

「女よ、あなたの小さな真理とやらをいただこう」と私は言った。すると、老婆はこう言った。

「女性のところへ行くのなら、鞭《むち》を忘れないように」[*28]。——

ツァラトゥストラはこう言った。

毒ヘビにかまれる

ある日のこと、暑かったので、ツァラトゥストラは、いちじくの木蔭で昼寝をし、顔を腕でおおっていた。すると、一匹の毒ヘビがやって来て、彼の首をかんだ。ツァラトゥストラは、痛いと叫び声を上げた。顔から腕を離し、彼はヘビを見つめた。ツァラトゥストラの眼だと分かったヘビは、ぎこちなく向きを変え、退散しようとした。「逃げてはダメだ」とツァラトゥストラは言った。「おまえは私からまだ感謝を受け取っていないのだから。よい時に起こしてくれた、ありがとう。私の前途はまだ長い」。「あなたの前途はもう短い」と毒ヘビは悲しげに言った。「私の毒はあなたを殺す」。ツァラトゥストラは微笑んだ。「竜がヘビの毒にやられて死んだためしがあるだろうか」――と彼は言った。「それはそうと、おまえの毒を取り戻すがいい。それを私に贈り物するほど、おまえは裕福ではない」。そこで毒ヘビは、あらためてツァラトゥストラの首にからみつき、傷口を吸った。

この話を、ツァラトゥストラがあるとき弟子たちに聞かせると、弟子たちは尋ねた。「それで、さてツァラトゥストラよ、あなたの噺《はなし》の教訓《モラール》やいかに?」ツァラトゥストラはそれにこう答えた。

善の人、正義の人は私のことを、道徳《モラール》を滅ぼす者と呼ぶ。私の噺は道徳的ではない。

ところで、君たちに敵がいるとして、その敵の悪に対して、善で報いるな。そんなことをしたら、敵に恥ずかしい思いをさせることになるからだ。かえって、敵が善いことをしてくれたことを証明してやることだ。

恥ずかしい思いをさせるくらいなら、腹を立てるほうがまだましだ。また、君たちが呪詛《じゅそ》を浴びせられたとき、君たちが祝福しようとするのは私には気に入らない。少しくらい呪詛を浴びせ返してやったほうがいい。

自分に大きな不正を加えられたら、さっそく五つの小さな不正をお返ししてやるがいい。たった一人に不正が加えられるのを見せつけられるなんて、ゾッとする。

君たちはもう知っているか、不正も分配されれば、半ば正義となることを。だから、不正を担うことができる者は、不正を引き受けるべきだ。

小さな復讐は、何も復讐しないよりも人間的である。[*29] それに、刑罰が違反者にとって権利であり名誉であるというのでもなければ、君たちの刑罰も私は好きではない。自分は正しいと言い張るよりは、不正だと認めるほうが高貴である。ことに自分が正しい場合はそうである。ただし、そうするだけの豊かさをそなえていなくてはならない。

君たちの冷たい正義が、私は好きではない。君たちの裁判官の眼から、首斬り役人とその冷たい刃物がいつも覗いている。

言ってごらん。見る目をもった愛であるような正義は、どこにあるか。

あらゆる刑罰のみならず、あらゆる罪をも担うような愛を、あみ出してほしい。

万人を無罪とし、裁く者のみは有罪とするような正義を、あみ出してほしい。

君たちは、さらにこのことも聞きたいか。根本から正しくありたいと思う者にとっては、ウソもまた人間的友愛になるということを。

だが、どうして私が根本から正しくありたいと思うだろうか。どうして私が各人に当人のものを与えることなどできようか。私の場合、各人に私のものを与えるだけで満足だ。

最後に、兄弟たちよ、およそ世捨て人には不正を加えないよう、用心することだ。世捨て人に、どうして忘れることができようか。どうして復讐することができようか。

世捨て人は、深い井戸のようだ。石を投げ込むことは、たやすい。だが、石が底まで沈んだら、誰がそれをふたたび引き上げようとするだろうか。

世捨て人を侮辱しないよう、用心することだ。だが、そうしてしまったら、いっそのこと命を奪ってやるがいい。

ツァラトゥストラはこう言った。

子どもと結婚

兄弟よ、君だけに訊いてみたいことがある。私はこの質問を、水深を測る鉛《なまり》のように、君の魂に投げ入れる。君の魂がどれほど深いか、知りたいのだ。

君は若く、子どもと結婚を欲している。そこで訊かせてもらいたいのだが、君は子どもを欲することが許されている人間なのか。

君は勝利者、自己克服者、官能の命令者、君の徳の主人なのか。そう私は訊きたい。それとも君の願望から、動物が、つまりやむにやまれぬ必要が語っているのか。それとも孤独が、か。それとも君自身との不和が、か。

私の願いは、君の勝利と自由が子どもにあこがれを抱くことだ。君は、君の勝利と解放のために、生きた記念碑を築くべきなのである。

君は、みずからを超えて築くべきである。だがまずは、君自身の身心をまっすぐに築いてもらわなくてはならない。

たんに生み殖やしていくだけでなく、生み高めていくべきなのだ。そのために結婚の園を役立てるがいい。

より高次の肉体を、君は創造すべきである。第一運動を、おのずと回る車輪を――、一個の創造者を、君は創造すべきである。

結婚と私が呼ぶのは、創造した者にまさる一者を、二人して創造しようとする共同意志のことである。そのような意志を意志する者としてお互いどうし抱き合う畏敬の念のことを、私は結婚と呼ぶ。

これが、君の結婚の意味と真理であれ。だが、あまりにも多くの者たち、この余計な者たちが結婚と呼んでいるもの――、それを私は何と呼ぼうか。

ああ、この二人しての魂の貧困！　ああ、この二人しての魂の不潔！　ああ、この二人しての憐れむべき安楽！

こうした一切を彼らは結婚と呼び、そしてこう言うのだ。われらの結婚は天国で結ばれている、と。

ところで、余計な者たちのこの天国とやらが、私は好きではない。いや、天国の網にひっかかったこの動物どもが、私は好きではない。

自分で結び合わせたわけでもないものを祝福するために、足を引きずってやってくる神など、あっちに行ってくれ。

そういった結婚のことを笑ってくれるな。どれだけの子どもたちが、自分の両親のことで泣いて当然であることか。

ある男は、いかにも立派で、大地の意味となるほどに成熟しているように見えた。だが、彼の妻を見たとき、大地は無意味な者たちの住み処《すか》かと私は思った。

まったく、一人の聖者が一羽のガチョウとつがいになっているのを見て、大地も痙攣して震えおののけ、と私は思った。

ある男は、英雄のように真理を追い求めて出かけて行ったが、けっきょく彼が手に入れたのは、化粧をしたかわいらしいウソであった。彼はそれをわが結婚と呼ぶ。

ある男は、他人《ひと》を寄せつけず、つれなくて、選《え》り好みが激しかった。だが彼は一挙に、他人との付き合いを金輪際ぶち壊しにした。彼はそれをわが結婚と呼ぶ。

ある男が探していたのは、天使の美徳をそなえた侍女だった。だが彼は一挙に、ある女の侍女に成り下がった。そのうえ今度は、彼自身が天使になる必要に迫られているという。

誰でも、買い物をするときは慎重に選ぶものだ。みな抜け目のない目つきで買う。だが、どんなに抜け目のない者でも、自分の妻を買うときは袋入りのまま確かめずに買う。

数多くの短期の愚行——それが、君たちのあいだでは恋愛と呼ばれる。そして君たちの結婚は、数多くの短期の愚行を終わらせ、たった一つの愚昧《ぐまい》が長期にわたって続く。

女に対する君たち男の愛と、男に対する女の愛。ああ、それは、悩める隠れた神々に対する同情であってほしいものだ。しかしたいていは、二匹の動物が腹のうちをさぐり合っているだけだ。

他方、君たちの最良の愛でさえ、恍惚となっていかれた比喩であり、苦痛に満ちた灼熱であるにすぎない。それは、君たちを照らして、いっそう高次の道へ導く松明《たいまつ》であるべきなのに。

いつか君たちは、君たちを超えて愛すべきなのだ。だからまず、愛することを学ぶことだ。それゆえ君たちは、君たちの愛の苦い杯《さかずき》を飲まなければならない。

最良の愛の杯のなかにも苦さというものはある。だからそれは、超人へのあこがれをもたらし、君たち創造者に渇きをもたらす。

創造者に渇きを、超人へのあこがれの矢をもたらすこと。*30 兄弟よ、君の結婚への意志は、そういうものであるか。

そのような意志であるような結婚を、聖なるものと呼ぼう。——

ツァラトゥストラはこう言った。

自由な死

多くの者はあまりに遅く死に、少数の者はあまりに早く死ぬ。「ふさわしい時に死ね」という教えは、いまだ奇異に響く。

ふさわしい時に死ね。これがツァラトゥストラの教えである。

もとより、ふさわしい時に生きていない者が、ふさわしい時に死ぬなどあろうはずがない。そんな人間は生まれてこなければよかったのだ。――私は余計な者たちにそう忠告する。

だが、余計な者たちも、死ぬということになればもったいぶる。どんなに空《うつ》ろな胡桃《くるみ》も、割られるときはパチンと大きな音を立てる。

誰もが死を重大視する。だが、死はまだ祝祭にはなっていない。人間はまだ、最高に美しい祝祭を執り行なうすべを会得してこなかった。

完成をもたらす死を、私は描いてみせよう。生きている者たちの棘《とげ》となり誓いとなるような死を。

完成をもたらす者は、希望を抱き誓約を交わす者たちに囲まれ、勝利に満ちて、おのれの死を死ぬのだ。

そのように死ぬことを、われわれは学ぶべきだった。そのように死ぬ者が、生きている者に宣誓を執り行なうことがなければ、祝祭などあろうはずもなかったのだ。

そのように死ぬのが最善である。だが次善は、戦いのさなかに死んで、大いなる魂を気前よくあげてしまうことである。

それにしても、戦っている者にとっても勝者にとっても、いとわしいのは、君たちのニタニタ笑う死神だ。そいつは、盗人のように忍び足で近づき――それでいて主人のように偉そうに訪れる。

私の死を、私は君たちに讃えよう。それは、私が欲するからこそ私にやって来る、自由な死だ。

では、私はいつ欲するのだろうか。――目標と後継者をもつ者は、目標と後継者のためにふさわしい時にこそ、死を欲する。

そして、目標と後継者に対する畏敬からして、彼はもう生の聖域をひからびた花輪で飾ったりはしないだろう。

そう、私は、あの縄をなう者たちのような真似はしたくない。彼らは、縄を長くこしらえようとして、自分はどんどん後ろのほうに下がっていく。

自分で真理や勝利をつかんだはずが、老けこんでもう手遅れの者も少なくない。歯のない口には、もはやどんな真理も味わう権利がない。

そして、名声を博そうとする者は誰でも、時が来たら名誉に別れを告げ、かの困難な術を習わなければならない、ふさわしい時に――逝くことを。

自分がいちばんおいしくなったとき、食われるに任せることは止めなければならない。長く愛されたいと思う者は、このことを知っている。

もとより、酸っぱいリンゴというのもある。秋の最後の日まで待つのが、彼らの運命なのだ。彼らの場合、熟するのと、黄色くなるのと、しわが寄るのとが同時に来る。

心情が最初に老いる者もいれば、精神が最初に老いる者もいる。若いのに老けている者も、少数いる。でも、遅くなって若さをつかめば、その若さは長持ちする。

人生がうまくいかない者も少なくない。毒虫に奥の芯までかじられているのだ。そういう人は、死がその分うまくいくことを心がけるとよいだろう。

いつまでも甘くならない者も少なくない。夏にもう腐ってしまったのだ。枝にしがみついているのは、当人の臆病ゆえである。

多くの、あまりに多くの者が生き、あまりに長生きして、枝にぶら下がっている。腐って虫に食われたそいつらを残らず木からふるい落とす嵐が、来てほしいものだ。

すみやかな死を説く説教者が、来てほしいものだ。その者こそ、生命の樹を襲い、揺さぶる嵐となるだろうに。だが、私に聞こえるのは、ゆっくりした死を説き、「地上的なもの」の一切を我慢しろと説教する声ばかりだ。

ああ、君たちは、地上的なものを我慢しろと説教するのか。その地上的なもののほうこそ、君たちにもう我慢しかねているのだ、君たち悪口たらたら屋よ。

そう、あのヘブライ人《びと》は、あまりに早く死んだ。ゆっくりした死を説く説教者たちが崇めているあの男は。彼があまりに早く死んだことが、多くの者たちにとって、以来、わざわいとなった。

あの男は、ヘブライ人の涙と憂鬱しか、まだ知らなかった。それと、善の人、正義の人が抱く憎悪しか、知らなかった——ヘブライ人イエスは。そこで、死へのあこがれが彼を襲ったのだ。

彼が荒野にとどまり、善の人、正義の人など遠ざけていればよかったのだ。そうすれば、おそらく彼は、生きることを学び、大地を愛することを学んだことだろう。――それに加えて、笑うことも、だ。

わが兄弟よ、私の言うことを信じなさい。彼はあまりに早く死んだ。彼が私の歳まで生きたなら、自分で自分の教えを撤回したことだろう。彼には、撤回するだけの高貴さがあったのだから。

だが、彼はまだ未熟であった。青年は、未熟ながら愛し、未熟ながら人間も大地も憎む。青年は、心も精神の翼もまだ縛られていて重たい。

ところが、壮年《おとな》の中には、青年よりも、たくさんの子どもが住んでおり、憂鬱は少ない。おとなは死と生をいっそう心得ているからだ。

死に対して自由であり、死に際して自由であること。もはや然り《ヤー》を言うべき時でない場合には、聖なる否《ナイン》を言う者であること。おとなは、そんなふうに死と生を心得ている。

君たちの死が、人間と大地を冒瀆することにならないようにしなさい、わが友よ。このことを私は、君たちの魂に満つる蜜に、切に期待する。

君たちが死ぬときにも、君たちの精神と徳は、大地を染める夕焼けのように輝くべきなのだ。そうでなければ、君たちの死は失敗なのだ。

だから私自身も、友である君たちが私のゆえに大地をもっと愛することになるように、死にたいと思う。私を生んでくれたものの中で安らぎが得られるように、大地に帰ってゆきたいと思う。

そう、ツァラトゥストラは目標をつかんだ。彼は自分のボールを投げた。君たちは、今や、私の目標の後継者なのだ。私は君たちに、黄金のボールを投げ渡そう。

私は、君たちが黄金のボールを投げるところを、何よりも見たいのだ。だから、私はもう少しだけ地上にとどまろう。そのことを大目に見てくれ。[*31]

ツァラトゥストラはこう言った。

惜しみなく与える徳

1

ツァラトゥストラは、町に別れを告げた。「まだら牛」という名のその町が、彼は気に入っていた。——別れの時、多くの者たちがついてきた。彼らは、ツァラトゥストラの弟子を名乗り、ツァラトゥストラに従った者たちであった。そうして、一行が十字路にさしかかったとき、ツァラトゥストラは彼らに、ここからはもう一人で行きたい、自分は一人で行くことを好む者だから、と言った。すると弟子たちは、お別れにと、彼に一本の杖を渡した。その金色《こんじき》の取っ手には、ヘビが太陽に巻きついていた。ツァラトゥストラは、その杖を喜んで、地面におろした。それから、弟子たちに向かってこう言った。

それにしても、金が最高の価値になったのは、どうしてだろうね。それは、金が普通のものではなく、役に立つものでもなく、光り輝いて、しかもその輝きが優しいからだ。金は、いつもみずからを惜しみなく与えている。

さながら最高の徳の写しだからこそ、金は最高の価値となった。惜しみなく与える者のまなざしは、金のように光り輝く。金色の輝きは、月と太陽の間に和平を結ぶ。

最高の徳は、普通のものではなく、役に立つものでもなく、光り輝いて、しかもその輝きは優しい。惜しみなく与える徳こそ、最高の徳にほかならない。

そう、私は見抜いている、兄弟たちよ。君たちは、私と同じように、惜しみなく与える徳を手に入れようと努めている。君たちに、猫や狼と何の共通するところがあろうか。

みずから犠牲となり、贈り物となること、これが君たちの渇望するところである。だからこそ、君たちは富という富を君たちの魂の中に積みたいという渇望をおぼえる。

飽くことを知らず、君たちの魂は、宝物や宝石を手に入れようと努める。なぜなら、君たちの徳は、気前よくあげてしまうことを欲し、飽くことを知らないのだから。

君たちは、万物を力ずくで自分の近くに引き寄せ、自分の中に引き入れる。万物が、君たちの泉から流れ返して、君たちの愛の贈り物となって迸《ほとばし》り出るために。

そう、そのような惜しみなく与える愛は、一切の価値を奪い取る者とならなければならない。だが、私はこの我欲を、健康で神聖なものと呼ぼう。

それとは違う我欲もある。あまりにも貧しく、腹を空かせて、いつも盗み取ろうとしたがる我欲である。あの、病人の我欲であり、病める我欲である。

この我欲は、泥棒の目付きで、光り輝く一切のものを眺める。貪欲な空腹に駆られて、食べ物をたっぷり持っている者をじろじろ見る。惜しみなく与える者たちの食卓のまわりを、いつも忍び歩く。

そのような欲望が物語っているのは、病気であり、目に見えない退化である。この我欲の泥棒めいた貪欲が語っているのは、その肉体が病気だということだ。

兄弟たちよ、言ってごらん。われわれが劣悪なもの、いちばん劣悪なものと見なしているのは、何だろうか。それは、退化ではないか。――そして、惜しみなく与える魂が欠けている場合、われわれはつねにそこには退化があると推測する。

われわれの進む道は、上方に向かう。種を超え出て、超 - 種へと向かう。だが、「一切は私のために」と語る退化した感覚は、われわれにはおぞましい。

われわれの感覚は、上方に飛んでゆく。つまり、感覚とはわれわれの肉体のたとえであり、上昇することのたとえなのである。あれこれの徳の名前も、そうした上昇することのたとえなのである。

かくして肉体は、歴史を貫いて進む。生成し、戦う肉体である。では精神とは——肉体にとって何であろうか。肉体の戦闘と勝利を告げる伝令であり、盟友であり、反響である。

善や悪といった名前はすべて、たとえにすぎない。そうした言葉は、語るのではなく、目配せするのみである。それについて知識を得ようとする者は、愚か者だ。

兄弟たちよ、君たちの精神が、たとえの形で語ろうとするその時その時を、心して待つがよい。そこに君たちの徳の根源がある。

そこでは、君たちの肉体は高められ、復活をとげている。肉体はその歓喜によって、精神を恍惚とさせ、かくして精神は創造者となり、評価者となり、愛する者となり、万物の慈善者となる。

君たちの心情が、奔流のように、広々とみなぎり、沸き立って、近くに住む者たちにとって祝福にして危険となるとき、そこに君たちの徳の根源がある。

君たちが毀誉褒貶《きよほうへん》を超えて高められ、君たちの意志が、愛する者の意志となって、万物に命令しようとするとき、そこに君たちの徳の根源がある。

君たちが快適な暮らしと柔らかいベッドを軽蔑し、女々しいものをかぎりなく遠ざけて眠ることができるとき、そこに君たちの徳の根源がある。

君たちがただ一つの意志を意志する者となり、あらゆる困窮《ノート》のこの転回《ヴェンデ》を必然《ノートヴェンディッヒカイト》と呼ぶとき、そこに君たちの徳の根源がある。

そう、君たちの徳こそが、新しい善と悪となるのだ。そう、それは深い音を立てる新しいざわめきであり、新しい源泉から発せられる声なのだ。

この新しい徳は、力である。それは支配する思想であり、それを取り巻くのが賢い魂である。金色の太陽であり、それを取り巻くのが認識のヘビである。

2

ここで、ツァラトゥストラはしばらく無言のまま愛情をこめて弟子たちを見つめた。それから、彼はまた語り続けた。――だが、彼の声は変わっていた[*32]。

大地にあくまで忠実であってくれ、兄弟たちよ、君たちの徳の力をたずさえて。君たちの惜しみなく与える愛と、君たちの認識は、大地の意味に仕えるものであれ。それが、私が君たちに願うところであり、冀《こいねが》うところなのだ。

君たちの愛と認識を、地上から飛び立たせるな。羽ばたいて、永遠の壁に翼を打ちつけるな。ああ、いつもあまりに多くの飛び去った徳があった。

私にならって、飛び去った徳を大地に連れ戻せ。――そう、肉体と生命に。その徳によって大地にその意味が、人間の意味というものが与えられるためにもだ。

精神も徳も、これまで百度も飛び去っては、失敗してきた。ああ、われわれの肉体には、こうした妄想と失敗が、今なおいっぱい住みついている。妄想と失敗がそこで肉体と意志になったのだ。

精神も徳も、これまで百度も試みては、道を誤った。そうだ、人間とは一つの実験だった。ああ、多くの無知と誤謬がわれわれに取り憑いて肉体になったのだ。

何千年も伝えられてきた理性ばかりか──理性にひそむ狂気も、われわれに取り憑いて噴き出した。後継者であるとは、危険なことだ。

われわれは、偶然という名の巨人と戦って一進一退を繰り返している。全人類をこれまで支配してきたのは、依然として無意味であり、「意味なし」であった。

君たちの徳と精神が、大地の意味に仕えるものであれ、兄弟たちよ。そして、一切の価値が、君たちによって新しく定められるものとなれ。そのために、君たちは戦う者となるべきなのだ。そのために、君たちは創造する者となるべきなのだ。

肉体は、知ることでみずからを浄《きよ》める。肉体は、知をもって試みては、みずからを高める。認識者にとっては、一切の衝動が神聖なものとなる。高められた者にとっては、魂は愉快なものとなる。

医者よ、みずからを助けなさい。そうすれば、君の病人もまた助けることになる。自分で自分を癒《いや》す人を目《ま》の当たりにすることが、病人にとっての最良の助けであれ。

誰もまだ通ったことのない千の道がある。千の健康と、生命の隠れ小島がある。人間も、人間の大地も、なお汲み尽くされず、いまだ発見されずにいる。

孤独な君たちよ、目を覚まし、よく聞きなさい。将来のほうから、ひそやかな羽音を立てて、風が吹いてくる。鋭敏な耳には吉報が届く。

君たち、今日の孤独者、離脱者よ、君たちはいつか一個の民族となるべきだ。君たちはお互いどうし選び出し合って、そこから一個の選ばれた民族が生じるべきなのだ。――そしてその民族から、超人が。

そう、大地そのものが快復の場所となるべきなのだ。大地のまわりにはすでに新しい香りが漂い、救いをもたらす者がやって来る――そして新しい希望が！

3

ツァラトゥストラは、こう語り終えると、沈黙した。最後の言葉をまだ語り切っていない人のようだった。しばらく彼は、手にした杖をいぶかしげにゆすった。ついに彼はこう言った。――だが、彼の声は変わっていた。

これから私は一人で行く、弟子たちよ。君たちも、ここからは一人で行きなさい。それが私の願いだ。

そう、君たちに勧めたい。私から離れ去り、ツァラトゥストラから身を守ることだ。もっとよいのは、彼を恥ずかしく思うことだ。おそらく彼は君たちを欺《あざむ》いたのだ。

認識の人は、敵を愛するだけでなく、友を憎むこともできるのでなければならない。

いつまでもただの弟子でいるのは、師に報いるのが下手だということだ。なのに、君たちはなぜ、私の花冠をむしり取ろうとしないのか。

　君たちは私のことを尊敬している。だが、いつの日か君たちの尊敬が崩れ落ちたら、どうする？　彫像が倒れてきて圧《お》し潰されないよう、用心することだ。

　私はツァラトゥストラのことを信じます、と君たちは言うのか。だが、ツァラトゥストラがいったい何だと言うのか。君たちは私の信者だ。だが、およそ信者など、いったい何だと言うのか。

　君たちは、まだ君たち自身を探し求めてこなかった。そこで、私を探し出したというわけだ。信者がやっていることはみなこれだ。つまり、およそ信仰などその程度のものだ。

　私が今、君たちに求めるのは、私のことを忘れ、君たち自身を見出せ、ということだ。そして、君たちがそろって私のことを知らないと言ったとき、そのときはじめて私は君たちのところに戻ってこよう。

　そう、兄弟たちよ、そのとき私は、別の目をして、私のことを忘れた者たちを訪ねるだろう。そのとき私は、別の愛をたずさえて、君たちを愛するだろう。[*33]

　そして、いつかまた君たちは私の友となり、ただ一つの希望をもつ子となることだろう。そのとき私は、三度目に君たちのもとを訪れるだろう。君たちと大いなる正午をともに祝うために。

　大いなる正午とは、人間が、動物から超人へ進む道の中間にあって、夕べにさしかかった道をおのれの最高の希望として祝う時である。というのも、それは新しい朝を迎えるための道だからである。

そのとき、没落する者はみずからを祝福するだろう。自分が、かなたへと移行する者となることを。彼の認識の太陽は、正午を指し、頭上の中天に懸かるだろう。

「すべての神々は死んだ。今やわれわれは、超人が生まれることを欲する」。――これが、いつか大いなる正午に、われわれの遺志となるように！――

ツァラトゥストラはこう言った。

第二部

「――そして、君たちがそろって私のことを知らないと言ったとき、そのときはじめて私は君たちのところに戻ってこよう。
そう、兄弟たちよ、そのとき私は、別の目をして、私のことを忘れた者たちを訪ねるだろう。そのとき私は、別の愛をたずさえて、君たちを愛するだろう。」

『ツァラトゥストラ』第一部「惜しみなく与える徳」

鏡をもった子ども

それから、ツァラトゥストラはふたたび山へ入り、彼の孤独な洞窟に戻って、人の世から引きこもった。種まく人が種をまき終えたかのように、待ちながら。だが、彼の魂は大いにあせり、愛する者たちを求めてやまない思いに満たされた。というのも、ツァラトゥストラには、彼らに与えるべきものがまだたくさんあったからである。愛すればこそ、開いた手を閉じ、惜しみなく与える者でありながら、羞恥の念を失わないこと、けだし、このことほど困難なことはない。

かくして、この孤独な者に歳月は過ぎていった。やがて彼の知恵は増し、満ちあふれて彼に苦痛を与えるほどになった。

ある朝、彼は、曙の光より早く目覚め、寝床でしばらく思いにふけり、ついに心の中でこう言った。

「それにしても、夢の中であんなに驚いて、目を覚ましたのは、どうしたことだろう。鏡をたずさえた一人の子どもが、私に歩み寄ってきたのではなかったか。

「おお、ツァラトゥストラよ」――と子どもは私に言った――「鏡に映った自分を見てごらん」。

そこで鏡を覗いたとき、私は叫び声を上げた。心はひどく動揺していた。というのも、私がそこに見たのは、自分自身ではなくて、ゆがんだ顔で嘲笑している悪魔の姿だったからである。

そう、私にはこの夢のお告げが分かりすぎるほどよく分かる。私の教えが危険に陥って、雑草が小麦を名乗ろうとしているのだ。

私の敵が強大になり、私の教えの肖像をゆがめてしまったために、私の最愛の者たちが、私のあげた贈り物を恥じずにはいられないのだ。

私の友たちは失われた。私の失われた者たちを探し出すべき時が来たのだ！」——

この言葉とともにツァラトゥストラは飛び起きた。だがそれは、不安に襲われて青息吐息といった様子ではなく、むしろ、霊感に見舞われた予見者や歌い手のようであった。ツァラトゥストラの鷲と蛇は、驚き怪しんで、彼に目をやった。というのも、ツァラトゥストラの顔には、曙の光のように、到来しつつある幸福が照り映えていたからである。[*1]

それにしても、私に何が起こったのか、わが動物たちよ。——とツァラトゥストラは言った。私は変わったのではないか。至福が、暴風のように私に到来したのではないか。

私の幸福は愚か者だし、愚かなことを語るだろう。まだ若すぎるからである。——だから、私の幸福をがまんしておくれ。

私は、私の幸福によって傷つき、痛みを抱えている。およそ悩める者たちがみな、今の私にとっては医者となってくれるはずだ。

私の友たちのところへ、私はふたたび降りていってよいのだ。私の敵のところへも、だ。

ツァラトゥストラは、ふたたび語り、惜しみなく与え、愛する者たちに最愛の親切を行なってよいのだ。

私の性急な愛は、奔流となってあふれ出て、下方に下る。昇っては沈む。寡黙な山並みと、苦痛を孕んだ雷雨から、私の魂は轟音を立てて渓谷に響き渡る。

私はあまりにも長く、あこがれを抱いて遠くを眺めていた。あまりにも長く、孤独の仲間であった。そのため私は、沈黙するすべを忘れてしまった。

私はすっかり口そのものと化した。高い岩間から迸《ほとばし》り落ちる小川のざわめきと化した。私は、私の語りを渓谷の底に落下させたい。

私の愛の奔流が、通路とも言えぬ狭き場所に落ちかかることもあろう。だが、奔流ならば、どうして海に至る通路をついに見つけないことがあろうか。

たしかに、私のうちには湖がある。世捨て人のように恬淡《てんたん》自足した湖がある。だが、私の愛の奔流は、その湖水を引きさらって下ってゆく――海へと！

新しい道を私は進んでゆく。新しい語りが私に到来する。すべての創造者と同じく、私は古い語り口には飽きてしまった。私の精神はもう、くたびれた靴を履いて歩きたくはない。

私どんな語りも、私には進むのが遅すぎる。――疾風《はやて》よ、私はお前の馬車に飛び乗ろう。私の悪意で、お前をも鞭打って疾駆させてやろう。

叫び声や歓呼のように、私は広い海を越えて進んでいこう。私の友たちが滞在している、至福の島を見出すまで。――

友たちに混じって、私の敵たちもいるはずだ。だが、話しかけられさえすれば誰であろうと、どんなに私はその人を愛することか。私の敵たちでさえ、私の至福の一部なのだ。

私が、私の最も荒々しい馬に跨《またが》ろうとするとき、私をいつもいちばん助けて乗せてくれるのは、私の槍だ。これは、私の足にいつも仕えてくれる従者なのだ。――

この槍を、私は敵に向かって投げつける。槍をついに投げつけられるということを、どんなに私は敵に感謝することか。

私の雨雲は、張りつめて大きくなりすぎた。稲妻が高笑いする合間に、私は雨霰《あられ》を地上に降り注がせてやろう。

そのとき、私の胸は巨大に脹《ふく》らむだろう。胸から吐き出される疾風《はやて》は、山を越えて猛烈に吹き渡るだろう。そうすれば、胸も軽くなるというものだ。

そう、私の幸福と私の自由は、疾風のように現われるのだ。すると私の敵たちは、彼らの頭上で悪魔が荒れ狂っているのかと思うだろう。

いや、君たちも、私の荒々しい知恵のために仰天している、わが友よ。おそらく君たちは、私の敵と一緒に逃げ出そうというのだろう。

ああ、牧人の鳴らす笛でおびき寄せ、君たちを連れ戻すことが、私にできたなら。ああ、知恵という名の私の雌ライオンが、情愛こまやかに咆《ほ》えることを教わったなら。だって、彼女と私はもう多くのことをおたがい学んできたのだから。

私の荒々しい知恵は、孤独な山の中で身ごもった。ごつごつした岩の上で、彼女は仔を産んだ。一番下の仔を。

今や彼女は、荒涼たる砂漠を狂おしく駆けめぐり、柔らかな草地を探しに探している——わが年増の荒々しい知恵は！

君たちの心の柔らかな草地の上に、わが友よ——君たちの愛の上に、彼女はその最愛の仔をそっと寝かせたいのだ。

ツァラトゥストラはこう言った。

至福の島にて

イチジクの実が、木から落ちる。甘くておいしい実だ。落ちるとき、その赤い皮が裂ける。私は、熟れたイチジクを落とす北風だ。

イチジクのように、私の説く教えは君たちのもとに、ふと落ちる、わが友たちよ。その果汁を飲み、その甘い肉をすするがよい。あたりは秋、澄んだ空、昼下がり。

ごらん、われわれの周りは、何とまあ充実していることか。あふれこぼれる豊かさから、はるかに広がる海を見渡すのは、すばらしい。

かつてひとは、はるかに広がる海を眺めて、神、と言った。しかし今、私は君たちに、超人、と言うことを教えた。

神とは一つの推測である。だが私としては、君たちの推測が、君たちの創造する意志の及ぶ範囲をはみ出ないものであってほしい。

君たちに、神とやらを創造することができようか。――だったら、神々については一切、沈黙することだ。しかし、超人を創造することなら、君たちにもできるかもしれない。

それができるのは、おそらく君たち自身ではないだろう、わが兄弟たちよ。しかし、君たち自身を作り変えて、超人の父祖や祖先になることならできよう。そしてそれこそが、君たちの最善の創造にほかならないのだ。――

神とは一つの推測である。だが私としては、君たちの推測が、思考可能性の限界に収まるものであってほしい。

君たちに、神とやらを思考することができようか。ならば、君たちにとって真理への意志[*2]は、万物を、人間に考えることのできるもの、人間に見ることのできるもの、人間に感じることのできるものに転化させる、ということであれ。君たちは、君たち自身の感覚を終わりまで考え抜くべきなのだ。

君たちが世界と呼んできたものが、君たちによってはじめて創造されるべきなのである。君たちの理性、君たちのイメージ、君たちの意志、君たちの愛が、世界そのものとなるべきなのだ。そう、君たちにとって幸せなことにだ、君たち認識者よ。

この希望なくして、どうして君たちは人生に耐えることを望もうか、君たち認識者よ。君たちの生まれ落ちた場所が、理解しがたいものであってはならず、不条理なものであってもならない。

ところで、わが友たちよ、君たちに私の胸の内をすっかり明かして言おう。かりに神々が存在するとすれば、どうして私は自分が神でないことに我慢できようか。それゆえ、神々は存在しない。

なるほど、この結論を引き出したのは私だ。しかし今度は、その結論のほうが私を引っぱってゆく。――

神とは一つの推測である。だが、この推測のもたらす一切の苦悶を舐《な》めて、死なずにすむ者がいるだろうか。創造者からその信念を奪い、鷲からその天高く飛翔する力を奪ってよいだろうか。

神とは、まっすぐなものを片っ端から曲げ、静止したものを一斉に回転させる思想である。えっ？　時は過ぎ行くのみ、滅びやすいものはみな嘘にすぎない、だって？

そんなことを考えたら、人体《からだ》がくるくる回ってめまいがしてくるし、おまけに胃は嘔吐を催す。そのようなことを推測するのは、そう、めまいの病気だと私は言いたい。

悪であり、人間憎悪だと私は言いたい。一なるもの、全なるもの、不動のもの、自足したもの、滅びることのないものを云々するこうした一切の思想は、だ。

およそ滅びることのないもの――なんて、すべて比喩にすぎないのだ。詩人はウソをつきすぎる。[*3]

だが、時間と生成については、最上の比喩が語られるべきである。そうした比喩は、およそ滅びやすいこの世の讃美であり、是認であるべきなのだ。

創造すること――これは、苦悩からの大いなる救いであり、人生を軽やかにすることである。だが、創造者が生まれるためには、それ自体、苦悩と多くの変身が必要である。

それどころか、多くの死の苦渋が、君たちの人生に混じっていなければならない、君たち創造者よ。かくして君たちは、およそ滅びやすいこの世の弁護者、是認者となる。

創造者自身が子どもとして新しく生まれてくるためには、彼自身も妊婦となり、産みの苦しみであろうとするのでなければならない。

そう、百の魂を経めぐって、私はわが道を歩んできた。百のゆりかごと陣痛をくぐり抜けてきた。すでに何度となく別離を経験してきたし、胸の張り裂けるような最期の時を幾つも知っている。

だが、それを欲しているのは、私の創造する意志、私の運命なのである。あるいは、もっと率直に君たちに言えば、そのような運命をこそ――私の意志は欲するのである。

およそ感じるものすべてが、私のうちで悩み苦しんでおり、牢獄につながれている。だが、私の意欲はつねに、解放者として、喜びをもたらす者として、私にやって来る。

意志することは、解放する。これこそが、意志と自由についての真の教えである。――ツァラトゥストラが君たちに教えるのは、このことである。

もはや意志しない、もはや評価しない、もはや創造しない、とは！　ああ、この大いなる疲労が、私にいつまでも近づかずにいてほしい。

認識するときにも、私が感じているのは、私の意志にひそむ生殖欲と生成欲のみである。私の認識のうちに無垢なものがあるとすれば、それが生じるのは、生殖への意志が認識のうちにあるからなのである。

神や神々とは縁を切りたい、という気に私をさせたのは、この意志である。いったい何を創造することができようか。神々が――存在するのだとしたら！

だが、それは私をつねに新たに駆り立てて人間に向かわせる、私の熱烈な創造の意志は。かくして、それはハンマーを駆り立てて石材に向かわせる。

ああ、君たち人間よ、石材の中にはイメージが、私のとっておきのイメージが眠っているのだ。ああ、それが最も硬くて最も醜い石材の中に眠っていなくてはならないとは！

今や私のハンマーは、このイメージが眠りに就《つ》かされている牢獄に、残酷な乱打を浴びせる。石材から破片が飛び散る。それが私に何の関わりがあろう。

私はこの仕事を成し遂げたい。というのも、ある影が私に訪れたからだ。――万物のうちで最も静かで最も軽やかなものが、先ごろ私に訪れたのだ。

超人の美しさが、影のように私に訪れた。ああ、わが兄弟よ、今の私に何の関わりがあろう――神々など[*4]！――

ツァラトゥストラはこう言った。

同情者たち＊5

友たちよ、君たちの友であるこの私に、嘲《あざけ》りの言葉が聞こえてきた。「ツァラトゥストラを見てごらん。あの男が私たちのあいだを行くさまといったら、動物のあいだを行くみたいじゃないか」。

それなら、むしろこう言ったほうがよい、「認識者が人間のあいだを行くとき、人間は動物も同然となる」と。

もっと言えば、認識者からすれば、人間そのものが、赤い頬をした動物なのだ。

では、人間の頬が赤くなったのはどうしてだろう。恥ずかしい思いを頻繁にしなければならなかったからではないか。

おお、友たちよ。認識者はこう語る。恥ずかしい、ああ恥ずかしい――これぞ人間の歴史なのだ、と。

だから、高貴な人は、恥をかかせないようにと自分に命じる。悩み苦しむ人を目のあたりにするときはいつも、恥じ入るようにと自分に命じる。

そう、私は、同情することで幸せになれる憐れみ深い者たちが好きではない。彼らは恥というものを知らなすぎる。

同情しないわけにはいかないとしても、同情しているとは言われたくない。同情してしまうときでも、遠くからするほうがました。

自分だと悟られないうちに、顔を隠して逃げ出すほうがましだ。君たちにもそうするよう求めたい、友たちよ。

運命が私を、君たちのように悩みのない人たちにいつもめぐり合わせてくれますように。希望と食事と蜂蜜を私と分かち合うことのできる人たちに！

そう、私も、悩んでいる人にあれこれ善いことをした。だが、もっと善いことをしたと思えたのは、いつも、私自身もっと善く喜ぶことを学んだときだった。

人間が存在して以来、人間は喜ぶことがあまりに少なかった。兄弟たちよ、ひとえにこれこそ、われわれの原罪なのだ。

われわれ自身がもっと善く喜ぶことを学べば、他人《ひと》を苦しめたり、苦しめることを考え出したりすることは、いちばん善く忘れられることだろう。

それゆえ私は、苦しんでいる人を助けた自分の手を洗う。それゆえ私は、自分の魂までも拭《ふ》き清める。

というのも、苦しんでいる人が苦しんでいるのを私が見たことを、当人の恥ずかしさを思えばこそ、私としては恥ずかしく思ったからだ。そのうえ私は、彼を助けたとき、彼の誇りをひどく傷つけたからだ。

大きな恩恵は、感謝のしようがない。かえって復讐したくなる。小さな親切は、忘れられないと、呵責《かしゃく》の虫となって内心を苛《さいな》む。

「受け取るときは、そっけなく受け取ることだ。受け取ってあげることで、誉《ほ》め称《たた》えてやることだ」。——お返しする贈り物を持っていない者たちに、私はそう忠告する。

とはいえ、私は惜しみなく与える者だ。友として、友たちに喜んで贈り与える。だが、見知らぬ人や貧しい人には、私の木に実っている果物を、自分で摘み取ってもらえばよい。その分、恥をかかせなくてすむだろう。

だが、乞食には、残らずいなくなってもらったほうがよい。そう、乞食には、与えるのも癪《しゃく》に障《さわ》るし、与えないのも癪《やま》に障る。

また、罪を犯して良心に疚しさを覚えている者も、同様だ。私の言うことを信じなさい、友たちよ。良心の呵責に悩まされると、他人も責め苛むようになる。

だが、最悪なのは、ちっぽけな考えだ。そう、ちっぽけな考えを抱くくらいなら、悪事をはたらくほうがまだましだ。

なるほど、君たちは言う、「小さな悪意を愉しめば、大きな悪事を少なからず節約できる」と。だがこの場合、節約しようなどと思わないほうがいい。

悪事は、潰瘍《かいよう》のようなものだ。かゆくてかきむしると、破れて膿《うみ》が出てくる——悪事は正直者だ。

「見よ、私は病気だ」――と悪事は言う。これが悪事の正直さだ。

だが、ちっぽけな考えは、キノコに似ている。這い回り、身をかがめては、どこにも見当たらなくなり――ついには、ちっぽけなキノコに全身がやられて朽ち、枯れてしまう。

だが、悪魔に取り憑かれた者には、こう耳打ちしてやろう。「君の悪魔を育てて大きくしてやったほうがよい。君のような者にも偉大さへの道はまだ一つ残っているのだ」――

ああ、兄弟たちよ。われわれは誰のことでも分かりすぎるほど分かるのだ。少なからぬ人たちのことがわれわれには透けて見えてしまう。しかし、透けて見えるからといって、その人を通り抜けることはわれわれにもなかなかできない。

人間と一緒に暮らすことが難しいのは、黙っていることが難しいからである。

われわれが最も理不尽な態度をとっている相手とは、われわれの気に食わない者たちではない。われわれの関心をまったく惹かない者たちである。

ところで、君の友だちに、悩んでいる者がいるなら、当人の悩みにとって安らぎの場所になってやることだ。それも、硬いベッド、野戦用の寝床になってやることだ。そうすれば、君は彼のいちばん役に立つ存在になるだろう。

友が君に何か嫌なことをしたら、こう言ってやるがいい。「君が私にしたことを、私は赦す。だが、君が君自身にしたこと――を赦すことが、どうして私にできようか」。

すべての大いなる愛は、そう語る。それは、赦しも同情も克服している愛だ。

みずからの心情は抑えるべきだ。なにしろ、心情を赴くままにさせれば、頭脳もさっさとどこかへ行ってしまうから。

ああ、同情者が犯したほどの大いなる愚行が、この世のどこにあっただろうか。同情者の愚行以上に苦しみを作り出したものが、この世にあるだろうか。

愛すると言いながら、同情を超えた高みをいまだに持ちあわせていないすべての者に、わざわいあれ。

悪魔がかつて私にこう言った。「神にだって神なりの地獄がある。それは人間への愛だ」。

ついこのあいだも、私は悪魔がこう言うのを聞いた。「神は死んだ。人間に同情したおかげで、神は死んだのだ」[*6]――

だから、同情には警戒したほうがいい。同情から、重苦しい雲が人間に押し寄せてくる。そう、私には天気予報の心得があるのだ。

この言葉もおぼえておくがいい。すべての大いなる愛は、あらゆる同情を超えている。というのも、大いなる愛は、愛する対象をも――創造しようと欲するからだ。

「私は私の愛のために、私自身を捧げる。しかも、私と同じく、私の隣人をも」――すべての創造者はそう語る。

つまり、すべての創造者は苛酷である。――

ツァラトゥストラはこう言った。

司祭たち

あるとき、ツァラトゥストラは弟子たちに合図して、こう語った。

「ここにいるのは、司祭たちだ。彼らは私の敵だが、ここは、彼らをしずかにやり過ごすことだ。剣は収めたままとしよう。

彼らの中にも、英雄はいる。彼らの多くは、あまりに苦悩しすぎた。——だから、他の人びとを苦悩させたがるのだ。

彼らはろくでもない敵だ。彼らの謙遜ほど、復讐心に満ちたものはない。それで、彼らに触れた者は、すぐ汚《けが》れる。

だが私は、彼らと血のつながりがある。だから私は、彼らの血によっても敬意を表されることを欲するのだ」。——

ツァラトゥストラたちが彼らの傍らを通り過ぎたとき、ツァラトゥストラは苦痛に襲われた。しばし苦痛と戦ったのち、ツァラトゥストラはこう語り始めた。——

司祭たちを私はいたましく思う。彼らは私の趣味にも反している。とはいえ、趣味云々は、私が人間たちのもとに来て以来、私にとって最も些細なことだ。

私は、彼らと同じ苦悩を抱えていたし、今でも抱えている。*7 思うに、彼らは囚人であり、奴隷なのだ。彼らが救い主と呼んでいる者こそ、彼らに足枷《あしかせ》をはめた当人にほかならない。——偽りの価値にして虚妄の言葉という足枷を！　ああ、彼らをその救い主からさらに救済してやる者は、誰かいないのか。

かつて、大海が彼らを引っさらったとき、彼らは或る島に上陸できたと信じた。ところが、島と思えたのは、見よ、一個の眠る怪物だったのだ。

偽りの価値にして虚妄の言葉、それは、死すべき人間たちにとって、最悪の怪物である。——そこには、不吉な宿命が長いあいだ眠り、待ち構えている。

しかし、ついに不吉な運命がやって来る。怪物は目覚め、自分の上に小屋を建てていた者を喰らい、呑み込む。

おお、この司祭たちが建てた小屋をよく見るがいい。彼らは、甘い匂いのするその洞窟を、教会と呼んでいる。

このまやかしの光、このうっとうしい空気ときたら。ここでは、魂がその高みに向かって——飛ぶことは、許されないのだ。

それどころか、彼らの信仰は、こう命じる。「ひざまずいて階段をのぼりなさい。罪びとたちよ」。

そう、羞恥心と敬虔さゆえにねじ曲がった彼らの眼を見るくらいなら、恥知らずな連中を見るほうが、まだましだ。

そんな洞窟や、贖罪の階段を創ったのは誰だ。清純な天空を仰いでは恥じ入り、身を隠そうとした者たちではないか。

建物が崩れ、その天井越しに清純な天空がふたたび顔を覗かせて、崩れた壁沿いに茂る草や赤いケシの花を照らすとき、そのときはじめて――私はふたたびこの神の聖域に心惹かれる者となろう。

彼らは、彼らと反対のことを言い、彼らに苦痛を与えるものを、神と呼んだ。そう、彼らの信仰には、英雄めいたものが多々あったのだ。

しかも、彼らが神を愛する仕方たるや、人間を十字架につけることによって以外にはありえなかったほどだ。

彼らは、屍《しかばね》として生きようと思って、黒衣で屍同然のわが身をおおった。彼らの説教からも、死体置場のいやな臭いがする。

また、彼らの近くに住む者は、ヒキガエルが甘い憂鬱な歌を歌う声が聞こえてくる、黒い池のそばに住んでいるような心地がしてくる。

彼らがもっとましな歌を歌ってくれなければ、私は彼らの救い主を信じる気になれない。彼らが救い主の弟子だというのなら、もっと救われているように見えるのでなければならないのに！

私は、彼らが裸でいるのを見てみたい。なにしろ、罪の贖《あがな》いを説教する資格があるのは、美しさだけだからだ。この包《くる》み覆われた悲哀に、誰を説得することができようか。

そう、彼らの救済者たちも、自由の国、つまり自由の第七天国から来たわけではなかった。そう、救済者たちも、認識のじゅうたんを一度も踏みしめたことはなかった。

この救済者たちの知性《ガイスト》は、隙間だらけだった。そこで彼らは、どの隙間にも妄想を詰め込んだ。彼らの知性の隙間を埋め、贖ってくれるもののことを、彼らは神と呼んだ。

同情におぼれて、彼らの知性は溺死した。同情の嵩《かさ》が増して、あふれんばかりに膨れ上がったとき、その水面に浮き上がってきたのは、いつも大いなる愚行だった。

彼らは、叫びながら熱心に畜群を追い立て、小道へ駆り立てた。あたかも、未来に通じる道は、小道一つしかないかのように。そう、この羊飼いたちも、まだ羊並みだったのだ。

この羊飼いたちの知性はちっぽけだったが、魂は広々としていた。だが、兄弟たちよ、これまで最も広々としていた魂ですら、何とちっぽけな土地でしかなかったことか。

彼らは、彼らが歩んだ道に、血のしるしを刻んだ。そして、血によって真理は証明される、と彼らの愚劣は教えた。

だが血は、真理の証人としては、最も劣悪だ。血は、どんなに純粋な教えにも毒を混ぜて、妄想に変え、心からの憎悪に変えてしまう。

誰かが、自分の教えのために、火をくぐったとして——、それで何が証明されたというのか。そう、自分の炎から自分の教えが生じてくるというほうが望ましいのに！

蒸し暑い心と、冷え冷えした頭。両者が出会うと、「救い主」という颱風《たいふう》が起こる。

そう、民衆が「救い主」と呼んでいる、この狂喜乱舞させる颱風よりも、もっと偉大な者たち、高位の生まれの者たちが、かつて存在したのだ。

どんな救済者よりも偉大な者たちからさえ、わが兄弟よ、君たちは救済されなければならない。いやしくも君たちが、自由への道を見出そうとするのであれば。

超人は、まだ一度も存在したことがない。私は、最も偉大な人間も、最も卑小な人間も、どちらも裸のすがたを見た。——

彼らはまだ、あまりに似通っている。そう、私が見たところでは、最も偉大な人間も——あまりに人間的だった。


ツァラトゥストラはこう言った。

有徳者たち

たるんで居眠りしている心に語ってきかせるには、轟《とどろ》いては天に閃《ひらめ》く花火よろしく、雷《かみなり》と稲妻で驚かしてやらなければならない。

だが、美〔の女神〕の声は、ささやくように語る。その声は、明敏このうえない魂の中にだけ、忍び込んでくる。

今日、私の楯《たて》は、かすかに震え、笑った。それは、美の聖なる笑いであり、震えである。有徳者たちよ、今日、私の美は、君たちのことを笑ったのだ。しかも美の声は、私にこう聞こえた。「あの人たちは、まだ――支払いを受けとるつもりなのね」。

君たちは、まだ支払いを受けとるつもりなのか、有徳者たちよ。徳に対しては見返りを、地上の生に対しては天国の生を、君たちの今日に対しては永遠を、受けとるつもりなのか。

いや、報酬勘定係などいはしないのだと私が説くと、君たちは私に腹を立てるのか。そう、私は君たちに、徳はそれ自体で元が取れている、とすら言わない。

ああ、私の悲しみとは、物事の根底に、見返りと罰というウソが持ち込まれたことだ――、おまけに君たちの魂の根底にまで、そういうウソが持ち込まれたということだ、有徳者たちよ。

だが、私の言葉は、イノシシの鼻のように、君たちの魂の根底を根掘り葉掘りしないではおかない。私は君たちから、犂《すき》の刃と呼ばれたい。

君たちの根底にひそむ一切の秘密が露見するはずである。そして、君たちが掘り返され、打ち砕かれて、白日の下《もと》に晒《さら》されるとき、君たちのウソは、君たちの真実から分離されて、除去されるだろう。

なにしろ、君たちの真実はこうだからだ。君たちは潔癖すぎて、復讐、罰、報い、報復といった汚れた言葉には耐えられないのだ。

君たちは、君たちの徳を愛している。母親がわが子を愛するように。だが、母親がみずからの愛の支払いを受けとろうとするなどという話は、聞いたためしがない。

君たちの徳は、君たちの最愛の自己である。円環をなす渇望が、君たちの中にある。自分自身にふたたび到り着こうとして、どの円環も必死に身をくねらせ、よじる。

それに、君たちの徳が成し遂げるどんなわざも、消えゆく星に似ている。その光は、いまだ途上にあって、旅を続けている。——そして、もはや途上にあるのをやめるなどということはないのだ。

それゆえ、君たちの徳のわざが成し遂げられたとしても、君たちの徳の光はいまだ途上にある。徳のわざはやがて忘れ去られ、死に絶えるかもしれないが、その光線はなお生きて、旅をしている。

君たちの徳は、君たちの自己であって、よそものではないし、内部を覆い隠す表皮などではない。これぞ、君たちの魂の根底からの真実なのだ、有徳者たちよ。[*8]——

だが、鞭で打たれて身もだえすることこそが、徳だと思っている者たちも、たしかにいる。そして、君たちは、そういう者たちの悲鳴にあまりに耳を傾けすぎたようだ。

また、自分たちの悪徳が怠《なま》けることを、徳と称している者たちもいる。彼らの憎しみや、やっかみが手足を伸ばして休み始めると、彼らの「正義」とやらが目を覚まし、寝ぼけ眼《まなこ》をこする。

また、下方へ引っ張られている者たちもいる。引っ張っているのは、彼らの悪魔だ。だが、奈落へ落ちれば落ちるほど、彼らの眼はますますらんらんと輝き、彼らの神を求める欲望はいよいよ燃え上がる。

ああ、彼らの悲鳴も、君たちの耳に殺到したのだ、有徳者よ。「私がそれではないもの、それこそが神であり、徳なのだ」という悲鳴が。

また、石を積んで下方へ降りていく荷車のように、足取り重くギイギイ音を立てる者たちもいる。彼らは、威厳や徳について大いに語り――、彼らのブレーキを徳と称するのだ。

また、居間時計のようにネジを巻いてもらった者たちもいる。彼らはチクタクやっては、チクタクやることを――徳と呼んでもらいたがる。

まったく、面白い連中だ。私は、そういう時計に気づくと、嘲笑を浴びせることでネジを巻いてやる。すると、彼らは唸《うな》り声まで聴かせてくれるほどだ。

また、一握りほどの正義を誇りとし、その正義のためにありとあらゆるものに対して悪事を働く者たちもいる。世界が彼らの不正のために溺死してしまうくらいに。

ああ、彼らの口から出てくる「徳」という言葉の、なんといかがわしいことか。彼らが「私は正しい《ゲレヒト》」と言うと、決まってそれは「私は復讐した《ゲレヒト》」と聞こえるほどだ。

彼らは彼らの徳で、敵の眼をえぐり出そうとする。彼らが自分を高めるのは、他人を貶《おとし》めるためだけなのだ。

さらにまた、自分たちの沼地に腰をおろし、蘆《あし》の蔭からこう語る者たちもいる。「徳――それは、沼地にじっと腰をおろしていることだ。

われわれは誰にも咬みつかないし、咬みつこうとする者をよける。われわれはどんなことでも、人から与えられた意見しか持たない」。

さらにまた、身ぶりを愛して、徳とは身ぶりの一種なのだと考える者たちもいる。彼らの膝は、つねに慇懃《いんぎん》に曲げられ、彼らの手は、徳を褒《ほ》めそやす。だが、彼らの心は、その何たるかを知らない。

さらにまた、「徳が必要だ」と言うことを、徳だと思い込んでいる者たちもいる。だが、彼らは本当のところ、警察が必要だと信じているにすぎない。

また、人間のうちに高貴さを見ることができない者も、少なくない。彼らは、人間の低劣さを近くでじろじろ見ることを、徳と称している。悪意のまなざしを、徳と呼んでいるわけだ。また、高揚させられ鼓舞されたいと願い、そういったことを徳と称している者もいれば、仰天してひっくり返されたいと願い——、それも徳だと称する者もいる。

こんなふうに、ほとんど誰もが、自分は徳の分け前に与《あずか》っていると信じている。少なくとも「善」と「悪」のことを自分は弁《わきま》えていると、誰しも思いたがる。

とはいえ、これらすべてのウソつきや道化たちのもとにツァラトゥストラが来たのは、何も、「徳について君たちが何を知っていようか。何を知ることができようか」と言うためではない。——

そうではなく、わが友よ、君たちが、道化やウソつきたちに教えられてきた古い言葉に飽き飽きするように、だ。

ように、なのだ。

「報い」、「報復」、「罰」、「復讐の正義」といった言葉に飽き飽きするように、——「ある行為が善といえるのは、その行為が無私だからだ」などと言うことに飽き飽きする

ああ、わが友よ、母親が子のうちにあるように、君たちの自己が行為のうちにあれ。これが、徳についての君たちの言葉であってほしい。

そう、私は君たちから、百の古い言葉と、君たちの徳の最愛の玩具を奪ったようだ。そこで君たちは、子どもが腹を立てるように、私に腹を立てている。

子どもたちは海辺で遊んでいた。——そこに波が来て、彼らの玩具をさらって海に沈めてしまった。子どもたちは泣く。

だが、同じ波が彼らに新しい玩具を運んでくるだろう。そして、色とりどりの新しい貝殻を彼らの前にばら撒くだろう。

子どもたちは慰められることだろう。そして、子どもと同様、君たちも慰めを手に入れるだろう、わが友よ——、色とりどりの新しい貝殻を、だ。——

ツァラトゥストラはこう言った。

汚い奴ら

生は快楽の泉である。だが、汚《きたな》い奴ら*9がよってたかって飲むと、どんな泉も毒で汚《けが》されてしまう。

清らかなものなら何でも、私は好きだ。だが、不潔な者どものニタニタ笑う口と彼らの渇きを見るのは、好きではない。

彼らは、そのまなざしを泉の中に投げ入れた。すると、彼らの憎々しい薄笑いが、泉からフツフツ湧き起こってくるのが見える。

彼らは、みだらな欲望という毒で、聖なる水を汚した。そして、その汚《きたな》らしい夢を快楽と呼んだとき、彼らは、その快楽という言葉をも毒で汚したのである。

彼らがそのジメジメした心臓を火に近づけると、炎は不機嫌になる。汚い奴らが火に近づくと、火の精自身がうんざりしてモヤモヤ立ち昇ってくる。

彼らが手に取るや、果実は甘ったるくなり、熟しすぎて爛《ただ》れてしまう。彼らが目をやるや、果樹はそのあおりで実を落とし、こずえは立ち枯れてしまう。

生に愛想を尽かした者の多くは、じつは、汚い奴らに愛想を尽かしただけであった。彼らは、泉や炎や果実を、汚い奴らと分かち合いたくはなかったのだ。

砂漠に赴いて、猛獣たちと同じ渇きを苦しんだ者の多くは、汚らしいラクダ曳《ひ》き夫《ふ》に交じって水甕《みずがめ》に群がりたくなかっただけのことだ。

一個の殺戮者のように、また果樹畑一帯を襲う霰《あられ》のように、襲来した者の多くは、汚い奴らの喉《のど》に足を突っ込んで、息をふさごうとしただけのことだ。

生それ自体が敵を必要とし、死と磔《はりつけ》を必要とすることを知ったからといって、それが、私の喉にいつもつかえる異物となったわけではない――

そうではなく、私はあるとき、こう尋ねて、自分の問いにあやうく窒息しかかったことがある。「えっ、生は、汚い奴らをも必要とするのか。

毒で汚れた泉が必要なのか。ぷんぷん臭う火が、汚れにまみれた夢が、生という名のパンを這い回るうじ虫が、必要なのか」と。

わが憎しみではなく、わが吐き気が、生をがつがつ貪《むさぼ》っては私を蝕《むしば》んだのだ。汚い奴らにも知能《ガイスト》がたっぷりそなわっているのを見出したとき、ああ、私は知能というものにほとほと嫌気《いやけ》が差したものだ。

支配者たちにも、私は背を向けた。彼らが今日、何をもって支配と呼んでいるかを知ったときのことだ。つまり、支配とは、口八丁であくどい取引商売をして権力を手に入れることにすぎない――、汚い奴らを相手どっての、だ。

私は、さまざまな民族のもとで、言葉の通じない者として、耳を塞いだまま暮らした。口八丁であくどい取引商売をして権力を手に入れる彼らのやり方には、無縁でありたかったからだ。

私は、鼻をつまんでは、昨日と今日を毎日毎日やり過ごし、気落ちしながら生きてきた。そう、毎日の出来事を伝えるニュースには、物を書く汚い奴らのくさい臭いがするものだ。耳も聞こえず、目も見えず、口もきけない不自由者のように、私は長らく生きてきた。権力を手にした汚い奴ら、物を書く汚い奴ら、快楽を貪る汚い奴らと一緒に暮らしたくはなかったからだ。

私の精神は、用心しながら、階段をとぼとぼ昇っていった。めっけもののような快楽にありついては、それを慰めにしてしのいだ。目の見えない者が杖にすがって忍び歩くように、生きてきたということだ。

それなのに、何が私に起こったのだろう。私は、吐き気からどうやって救われたのだろう。私の眼を、誰が若返らせてくれたのだろう。私はどうやって高山へ飛んでいけたのだろう。ここではもはや、汚い奴らが泉に群がっていないから不思議だ。

私の吐き気そのものが、私に翼を与え、水源をさぐり当てる勘をさずけてくれたのか。そう、私は、山頂へ飛んでいかなければならなかった。快楽の泉をふたたび見つけるためには、だ。

おお、わが兄弟よ、私はついに泉を見出したのだ。ここ山頂では、快楽の泉がこんこんと湧いている！　そして、ここには生がある。その清らかな水を、汚い奴らがよってたかって飲むことはないのだ。

激しすぎるくらいの勢いで、お前は湧き出してくる、快楽の泉よ。お前は、私のグラスを満たそうとして、グラスの水をぶちまけてしまうこともよくある。

もっと慎み深くお前に近づくことを、私はまだまだ学ばなければならない。わが心は、お前をいっそう求めて、あまりに激しく湧き出す――

わが心の上には、わが夏の日が燃えさかっている。つかのまの、暑く、憂鬱な、有頂天の、わが夏の日が。わが夏の心がお前の冷たさに、どんなにあこがれていることか。

のろのろして進みの遅かったわが春の悲哀も、やっと過ぎた。六月のわが一片《ひとひら》の雪に混じっていた悪意も、過ぎていった。私は、すっかり夏となり、夏の真昼となった。

山頂の夏には、冷たい水源と、至福の静けさがある。おお、来たれ、わが友よ、静けさがいっそう至福となるように。

これこそ、われらが高山にして故郷《ふるさと》なのだから。われわれの住むこの場所は、あらゆる不潔な者どもと彼らの渇きにとっては、あまりに高く、あまりに険《けわ》しい。

わが友よ、ほかでもない、君たちの清らかなまなざしを、私の快楽の泉に投げ入れなさい。だからといって、どうして泉が濁るはずがあろうか。泉はその清らかさで、君たちを笑って迎えてくれるはずだ。

未来という樹の上に、われわれは巣を作る。鷲は、われわれ孤独な者たちに、くちばしにくわえた食べ物を運んでくれるはずだ。

そう、その食べ物は、不潔な者どもがよってたかってありつける代物ではない。彼らは、それこそ火を喰らったかと思って、口をやけどするのがオチだ。

そう、われわれがここに用意しているのは、不潔な者どもに向いた棲《す》み処《か》などではない。われわれの幸福は、彼らの肉体や精神にとって、凍てつく洞窟のようなものだろう。

われわれは、上空に吹く強風のように、彼らの上方で暮らしたい。鷲の隣人、雪の隣人、太陽の隣人として。それが強風の生き方だ。

そして、いつか私は、風のように、彼らのいるところに吹き込み、わが精神で彼らの精神の息の根を止めてやろう。私の未来がそう欲している。

そう、ツァラトゥストラは、すべての低地にとっての一陣の強風だ。彼の敵、ならびに、唾《つば》や痰《たん》を吐く者たちに、彼はこう忠告する。「風に向かって唾を吐かないよう、気をつけるがいい」。

ツァラトゥストラはこう言った。

毒ぐもタランチュラ

ごらん、これが毒ぐもタランチュラの巣穴だ。君はそれをじかに見たいというのか。ここに、くもの巣が張っている。触《さわ》ってごらん、巣が震えるのが分かるだろう。

おっ、のこのこ出てきた、ようこそ、タランチュラ。お前の背中には、黒い三角の紋章が鎮座している。お前の魂には何が鎮座しているかも、私にはお見通しだ。

お前の魂に鎮座しているのは、復讐心だ。[*10] お前に咬まれると、黒いかさぶたができる。お前の毒は、復讐心を植え付けては、魂を狂わせ、くるくる踊らせるのだ。

私が君たちにこう話しているのは、たとえ話だ。魂を狂わせ、くるくる踊らせる、君たち平等の説教者よ。君たちこそ、毒ぐもタランチュラ、つまり隠れた復讐心の持ち主だ。ならば私は、君たちの隠れ場所を明るみに出してやろう。私が高みからの哄笑を君たちの顔面に浴びせかけるのは、そのためだ。

私が君たちのくもの巣を破り散らすのも、そのためだ。君たちを激怒させて、ウソで固めた巣穴からおびき出しては、君たちの好きな「正義」とやらの背後から、復讐心を躍り出させてやろうというのだ。

というのも、人間が復讐心から解放されること、これこそが私にとって、最高の希望の橋であり、長期の悪天候のあとの虹だからである。

だが、タランチュラどもが願っているのは、もちろん別物である。「われわれの復讐心という悪天候が世界中に広がること、これこそが、われわれが正義と呼ぶものにほかならない」——彼らはお互いこう語り合う。

「われわれと同じでないすべての者たちに、復讐と罵倒を浴びせよう」——タランチュラどもは心を合わせてそう誓い合う。

「そして、「平等への意志」──これがそのまま、今後は、徳を表わす名称となるべきだ。権力を握っているすべての者たちに反対して、われわれは叫び声を上げよう！」

君たち平等の説教者よ、無力さを抱え込んだ僭主的狂気が、「平等」を求めて、君たちの口から、そう叫んでいるのだ。君たちのとっておきの秘密である僭主的欲情が、徳の言葉に包《くる》まって、そう変装しているのだ。

痛手を負ったうぬぼれ、抑えつけられた嫉妬、おそらくは君たちの父親のうぬぼれや嫉妬であったもの、それらが、復讐の炎となり狂気となって、君たちからほとばしり出てくるのだ。

父親が語らずじまいだったものが、息子の代になって語り始める。父親の秘密がむき出しになって息子に赤裸々に現われるのは、よく見かける。

彼ら平等の説教者は、感激屋に似ている。だが、彼らを興奮させているのは、真心ではなく、──復讐心なのだ。彼らが冷静沈着になるとすれば、彼らを冷静沈着にさせているのは、知性ではなく、嫉妬なのだ。

彼らの嫉妬心は、彼らに、思想家の小道を歩ませたりもする。彼らの嫉妬心がそうさせている証拠に、──彼らはいつも行き過ぎてしまう。あげくには、疲れ果てて雪道で行き倒れになるほかなくなる。

彼らの不平不満の声から聞こえてくるのは、復讐心の声音《こわね》だ。彼らの賛辞賛嘆には、人を傷つける底意がある。そして、人を裁く立場に立つことが、彼らには至福と思えるのだ。

だが、わが友よ、私は君たちにこう勧めよう。人を罰しようとする衝動の強い者など、誰一人信用しないことだ。

彼らは、素姓の怪しい性悪《しょうわる》の連中だからだ。彼らの顔からは、首斬り役人と捜査犬が覗いている。

自分たちの正義をくどくど説いている者など、誰一人信用しないことだ。そう、彼らの魂に欠けているのは、蜜の甘さの人間味ばかりではない。

彼らが「善の人、正義の人」を自称しているとしても、ゆめ忘れないことだ。彼らがパリサイ人となるのに欠けているのは――権力だけだということを。

わが友よ、私のことを、混同して取り違えたりしないでほしい。

生についての私の教えと似たものを説く者たちがいる。そういう者たちが同時に、平等の説教者、つまりタランチュラなのだ。

この毒ぐもときたら、巣穴に鎮座して生に背を向けているくせに、生の味方をして褒めそやそうとする。彼らはそれで人を傷つけようという魂胆なのだ。

彼らはそれで誰を傷つけようというのか。現に権力を握っている者たちを、である。なにしろ、権力者のあいだでは、死の説教がまだ大手を振ってまかり通っているからである。

そうでなかったら、タランチュラどもは、別の教えを説いたことだろう。かつて、世界を最も言葉巧みに罵《のの》り、異端者を火あぶりにしたのも、同じく彼らであった。

私は、この平等の説教者たちと混同されて取り違えられたくはない。というのも、正義は私にはこう語るからである、「人間は平等ではない」と。

そして、人間は平等になるべきでもないのだ。私がそう語るのでなかったら、私の超人への愛とは、いったい何だろうか。

人間は、大小合わせて百千もの橋を渡って、未来へと押し寄せてゆくべきである。そして、人間のあいだに、ますます多くの戦いと不平等が成り立つべきなのである。そう私に語らせるのは、わが大いなる愛なのだ。

人間は、敵対し合って、さまざまな幻影の発明者となるべきである。そうした幻影を携えて、お互いどうし最高の戦いをなお戦うべきなのだ。

善と悪、富と貧、尊と卑といった価値語のすべては、武器であるべきである。生が幾度となく自己自身を克服しなければならないことを示す、戦《いくさ》の目印であるべきなのだ。

生それ自身が、柱を建て階段を築いては、高みへ昇っていこうとする。生は、はるか遠くを眺めて、至福の美しさをもつものに向かおうとする。——だからこそ、生は高みを必要とするのだ。

そして、高みを必要とするから、生は階段をいくつも必要とし、階段とそれを昇る者たちとの矛盾葛藤を必要とするのだ。生は上昇しようとし、上昇しながら自己を克服しようとする。

それにしても、見てごらん。わが友よ。ここ、タランチュラの巣穴があるところに、古い寺院の廃墟が、そびえ立っている。——目をよく凝らして見てごらん。

そう、かつてここに、みずからの思想を石造りで高々と築き上げた者がいた。そして彼は、最高の賢者と同じように、あらゆる生の秘密を知り尽くしたのだ。

美の中にも、戦いと不平等があり、力と優位を求める戦いがあること、このことを、彼はここでわれわれに、このうえなく明瞭なたとえで教えてくれている。

ここでは、丸天井とアーチの支柱とが、組み合いながら、なんと神々しく張り合っていることか。それらは、なんとみごとに光と影をなしてお互いしのぎを削っていることか。神々しくしのぎを削るものどうしで。——

わが友よ、われわれも、そのように、しかとみごとに敵となって競い合うことにしよう。神々しく、敵対し合って、しのぎを削ることとしよう。——

あっ、痛い！　宿敵タランチュラが、わが身を咬んだ。神々しく、しかとみごとに、私の指を咬んだ。

「罰と正義はなされねばならぬ」——タランチュラはそう考える、「こいつが敵意を讃える歌を歌ったことをムダにしないためにも、だ」。

毒ぐもは、まさに復讐を遂げたのだ。こりゃ参った！　やつは復讐心で私の魂まで狂わせ、くるくる踊らせようとするのだから。

わが友よ、私がくるくる踊らないように、私をこの円柱に固く縛りつけてくれ。復讐欲の渦巻きになるくらいなら、円柱を背負った聖者になるほうがまだましだ。

そう、ツァラトゥストラは、つむじ風でも竜巻でもない。踊り手ではあっても、タランテラ踊りの踊り手では断じてないのだ。——

ツァラトゥストラはこう言った。

有名な識者たち

君たちは民衆に奉仕し、民衆の迷信に奉仕してきた、有名な識者の皆さんよ。——真理に、ではなく。また、だからこそ君たちは敬意を表《ひょう》されたのだった。

また、だから君たちの不信仰も、角が立たずにすんだ。不信仰といっても、機智をひけらかして民衆に近づく回り道のごときものだったからである。主人は、自分の奴隷がふざけたことをやらかしても、大目に見て、面白がるものである。

ところが、狼が犬たちに憎まれているように、民衆に憎まれている者がいる。その人こそ、自由精神であり、束縛の敵であり、崇拝しない者であり、森に住む者である。

そういう人物をその隠れ家から狩り出すこと——これがつねに民衆の「正義感」とやらであった。その人を相変わらず狩り立てるのは、最も鋭い牙《きば》をもった民衆の犬である。

「というのも、民衆のいるところ、そこにこそ真理はあるからだ。さがし求める者には、わざわいあれ」——昔から、そう叫ばれてきた。

君たちは、民衆を崇敬しては、弁護しようとした。しかもそれを「真理への意志」と呼んだ、有名な識者たちよ。

また、君たちの心は、いつも自分にこう言いきかせた、「私は民衆の出だ。神の声の出所もそこにあった」。

君たちは、ロバのように頑固で利口であった。いつも民衆の代弁者だったからには。

民衆と懇《ねんご》ろになろうとした権力者の多くが、自分の馬車の前に、もう一頭つないだのは、——有名な識者という、小さなロバだった。

有名な識者たちよ、君たちがかぶっているライオンの毛皮を、もういい加減、そっくり脱いだらどうかと、私は思うのだが。

色とりどりの模様をした猛獣の毛皮と、研究者、探究者、征服者のたてがみを脱ぎ捨てたらどうか。

ああ、君たちの「誠実さ」が信じられるようになるためには、まずは、君たちの崇敬の意志を粉砕してもらわなければならない。

誠実な人——と私が呼ぶのは、神々を失《な》くした砂漠に行き、みずからの崇敬の念を粉砕した人のことである。

黄色い砂の広がる中、ぎらつく太陽の光に焼かれ、彼の眼は物欲しげに、水がこんこんと湧き、生き物が濃い木蔭に安らう憩《いこ》いの島を求めて、さまよう。

だが、彼の渇きは、安逸をむさぼるそうしたものたちの仲間となるよう、彼を口説き落とすには至らない。オアシスのあるところ、偶像も祀《まつ》ってあるからだ。

腹を空《す》かせ、猛々しく、孤独に、神を失くして、砂漠を行くこと、これをライオンの意志はみずから欲する。

奴隷の幸福から解放され、神々とか礼拝とかいったしがらみを脱し、怖いもの知らずで、他人《ひと》からは怖がられ、偉大に、孤独に生きること、これが誠実な者の意志なのだ。

昔から、砂漠には、誠実な者たち、自由精神が住んでいた。彼らこそ砂漠の主《ぬし》だった。ところが、都会に住んでいるのは、エサをたらふく喰った有名な識者たち——荷車を牽《ひ》く役畜《えきちく》どもである。

彼らがロバとなっていつも牽いているのは——、民衆を乗せた荷車だ。

私は、だからといって彼らに腹を立てているのではない。彼らはしょせん馬車用具をつけた従者にすぎない。いくら黄金の馬具でピカピカ輝こうとも、そうである。

彼らが、よき召使として称賛に値することも、しばしばあった。というのも、徳はこう語るから。「やむをえず召使となるのなら、君の奉仕がいちばん役に立つような主人を探しなさい」と。

「君が従者となることによって、君の主人の精神と徳が成長すべきなのである。そうすれば、主人の精神と徳とともに、君自身も成長するはずだ」と。

そう、民衆の従者たる有名な識者たちよ。君たち自身が、民衆の精神と徳とともに成長しを言おう。——また民衆も、君たちによって成長したのだ。君たちの名誉のために私はこのことを言おう。

しかし、君たちはやはり、君たちの徳の点であくまで民衆であり、愚鈍な眼をした民衆にとどまる——精神の何たるかを知らない民衆に、だ。

精神とは、みずからの生命《いのち》に斬り込む生命のことである。[*11] この生命は、自分が苦悶することで、自分自身の知を増すのだ。——君たちはまだこのことを知らない。

また、精神の幸福とは、油を塗られ、涙で清められて犠牲獣となること、このことにほかならない。——君たちはまだこのことを知らない。

また、盲目になった者が、盲目だからこそ手さぐりで探し求めること、このこと自体が、その人がかつて見入った太陽の力を、なお証ししているはずなのだ。——君たちはまだこのことを知らない。

また、認識する者は山でもって、築くことを学ぶべきなのだ。精神が山を動かす程度では足りない。——君たちはまだこのことを知らない。

君たちが知っているのは、精神の散らす火花だけだ。火花を飛び出させる金敷《かなしき》のほうは、見ていない。精神とはこの金敷のことなのに。それに、精神が打ちつけるハンマーの残酷さも見ていないのだ。

そう、君たちは、精神の矜持を知らないのだ。ところで、精神の謙遜がひとたび語ろうとしたら、君たちは、その謙遜にはもっと我慢がならないことだろう。

また、君たちは、君たちの精神を雪の穴の中に投げ込むことが一度もできなかった。それができるほど十分に熱くはなかったからだ。だから、君たちは、精神の冷たさゆえの恍惚も知らない。

なのに、君たちは、何事につけて、精神と馴れ馴れしくしすぎる。そして、知恵を弄《もてあそ》んでは、へぼ詩人向けの救貧院や病院をせっせとこしらえる。

君たちは、鷲ではない。だから君たちは、精神を襲う戦慄の幸福も経験したことがない。だいいち、鳥でもない身で、没根拠の深淵に巣をかけるべきではない。

私からすれば、君たちは生温《なまぬる》い。だが、深い認識はどれも、冷たく流れる川である。精神の内奥の泉は、氷のように冷たい。熱い手をした熱い行為者にとっては、それが清涼な慰めとなる。

有名な識者たちよ、君たちは厳《いか》めしく直立不動で突っ立っている。――強い風も強い意志も、君たちには馬耳東風だ。

烈しい風を受けて、帆が丸々と脹《ふく》らみ、震えて、海を渡ってゆくところを、君たちは見たことがないのか。

その帆のように、精神の烈しい風を受けて震えながら、私の知恵は、海を渡ってゆく――わが荒々しい知恵は。

だが、民衆の従者たる有名な識者たちよ、君たちに、どうして私と一緒に行くことができようか。――

ツァラトゥストラはこう言った。

夜の歌*12

夜だ。今、ほとばしる泉はみな、声を高めて語る。そして、私の魂も、ほとばしる泉なのだ。

夜だ。今、愛する者たちの歌はみな、ようやく目覚める。そして、私の魂も、愛する者の歌なのだ。

鎮められていないもの、鎮められようのないものが、私のうちにあり、それが声を上げようとする。愛を求めてやまない欲望が、私のうちにあり、それ自身が愛の言葉を語ろうとする。

私は光なのだ。ああ、私が夜であったなら。なのに、光を身にまとい、光に包まれていること、これこそが私の孤独にほかならない。

ああ、私が夜の闇であったなら。だとしたら私は、どんなに光の乳房を吸おうとしたことだろうか。

そして、私は君たちさえ祝福しようとしたことだろう、蛍のように光り輝く満天の星屑たちよ。——そして、君たちの光の贈り物で幸せいっぱいになったことだろう。

なのに、私は自分自身の光のうちを生きている。私は自分からあふれ出る炎を、自分でまた飲み込み、取り戻すだけだ。

私は、受け取る者の幸福というものを知らない。また、しばしば夢見たものだ。受け取るよりも、盗むほうがずっと幸せにちがいない、と。

私の手は、たえず惜しみなく与えるばかりで、休むことを知らない。これが私の貧しさだ。私が目にするのは、贈り物を期待している眼ばかり、あこがれて照り輝いている夜ばかり。これが私の妬《ねた》みだ。

おお、惜しみなく与える者につきものの不幸。おお、わが太陽の日蝕。おお、がつがつ欲望することへのがつがつした欲望。おお、満ち足りているときにたまらなくおぼえる飢え。

あの者たちは私から受け取ってばかりだ。だが、私は彼らの魂にも触れるだろうか。与えることと受け取ることの間には、裂け目がある。そして、最も小さな裂け目こそ、橋渡しするのが最も難しい。*13

私の美しさから、私の飢えが生じる。私は、私によって照らされる者たちに、苦痛を与えてやりたい。私が惜しみなく与えたものを、奪ってやりたい。——そんなふうに、私は悪意に飢える。

手がもう差し伸ばされているときにも、手を引っ込めてやりたい。落下しつつもなおためらう滝のように、ためらいながら。——そんなふうに、私は悪意に飢える。

そういった復讐をつらつら考え出すのも、私の充実ゆえだ。そういった悪だくみが湧き起こるのも、私の孤独ゆえだ。

惜しみなく与えるときにおぼえる私の幸福は、惜しみなく与えているうちに逝ってしまった。私の徳は、あまりに充実しているために、自分自身に飽きてしまったのだ。

いつも惜しみなく与えている者の危険は、恥を忘れてしまうことだ。いつも分け与えている者は、分け与えているだけで、手にも心にも、たこができる。

私の眼は、施しを乞う者が恥を忍んでいるのを前にしても、もはや涙をこぼしたりしない。私の手は、施しをたっぷり受けた人の手が震えているのに気づくには、あまりに硬くなってしまった。

私の眼の涙、私の心のうぶ毛は、どこへ行ったのか。おお、惜しみなく与える者につきものの孤独。おお、光を放つ者につきものの寡黙。

多くの太陽が、荒涼たる空間を、弧を描いて進む。太陽は、光をたずさえて、漆黒のものすべてに語りかける——が、私には沈黙するばかり。

おお、これこそ、光り輝くものに対する光の敵意にほかならない。光は無慈悲にみずからの軌道を進むばかりなのだ。

光り輝くものには、不当にも、心の底から反発し、ほかの太陽に対しては冷酷に——そんなふうに、どんな太陽も進むのだ。

嵐のように、太陽たちはみずからの軌道を飛んでいく。それが太陽の運行というものだ。みずからの仮借なき意志に従う。それが太陽の冷たさなのだ。

おお、漆黒のものたち、夜の闇たちよ、君たちだけが、光り輝くものから、暖かみを造り出すのだ。おお、君たちだけが、光の乳房から、活力の元となる乳を飲むのだ。

ああ、私の周りは、氷だらけだ。私の手は、氷の冷たさで、やけどをするほどだ。ああ、私のうちには渇きがあり、それが君たちの渇きに恋いこがれる。

夜だ。ああ、私が光でなければならないとは。そして、夜の闇を求める渇きであり、孤独であるとは。

夜だ。今、私の願いは、泉のように、私から湧き上がる——語りたくてうずうずしている。

夜だ。ほとばしる泉はみな、声を高めて語る。そして、私の魂も、ほとばしる泉なのだ。

夜だ。今、愛する者たちの歌はみな、ようやく目覚める。そして、私の魂も、愛する者の歌なのだ。——

ツァラトゥストラはこう歌った。

舞踏の歌

　ある夕方、ツァラトゥストラは、弟子を引き連れて、森を通って行った。泉を探していると、ふと、緑の草地に出た。木々と茂みに囲まれた、静かな場所であった。そこでは、少女たちが、仲良く踊っていた。少女たちは、ツァラトゥストラだと分かると、踊りをやめた。そこで、ツァラトゥストラは、親しそうな態度で少女たちに近づき、次のように言った。

「踊りをやめないでほしい、可愛らしい少女たちよ。こわい目をしたおじさんが君たちのお遊戯を台無しにしに来たのではなく、少女の敵が来たわけでもないのだから。

　悪魔を前にしたら、私だって神の味方だ。もっとも、私の言う悪魔とは、重さの地霊のことだが。軽やかに踊る君たちの神々しい踊りに、どうして私が敵意を抱くはずがあろうか。美しいくるぶしを持った少女の足に、敵意など抱くはずがない。

　なるほど、私は、暗い木々におおわれた夜の森だ。しかし、わが暗闇をこわがらない者は、わが鬱蒼とした糸杉の下の斜面いっぱいにバラが咲いているのも見つけるだろう。

　またその人はおそらく、少女たちにいちばん人気の、小さな愛の神様《キューピッド》も見つけるだろう。泉の隣に寝そべって静かに目を閉じているところを。

　そう、日の明るいうちから、この神様は寝入ってしまったのだ、のらくら者なことよ。きっと蝶を追い回して疲れたのだろう。

美しい踊り子たちよ、私がこの小さな神様を少し叱っても、怒らないでほしい。彼は大声を上げて泣くだろう――だが、彼の場合、泣いているところも微笑《ほほえ》ましい。目に涙を浮かべて、君たちに、一緒に一曲踊っておくれと頼むことだろう。ならば、この私が、彼の踊りのために歌を一曲歌ってみせよう。

重さの地霊を嘲《あざけ》り、笑い飛ばす舞踏の歌を、だ。この重さの地霊こそ、私の最高かつ最強の悪魔、人呼んで「この世の主」なのだから」。――

そして、キューピッドと少女たちが一緒に踊ったときにツァラトゥストラが歌ったのが、次の歌である。*14

おお、生よ、私はついこのあいだ、君の眼を覗き込んだ。すると、私は、底知れぬ深みにはまり込んでいくように思われた。

しかし、君は黄金の釣り針で、私を引き上げてくれた。私が君のことを底知れぬ深みと呼んだとき、君は嘲るように笑った。

「魚が言い出しそうなことを言うのね」と君は言った。「魚は、自分が底まで行けないとき、底知れないと言うのよ。

でも、私は移り気なだけ。荒っぽくて、どこをとっても一人の女で、徳のあるほうじゃない。

あなたたち男性は、生は「深遠」だとか、「忠実」、「永遠」、「神秘的」だとか言いますけどね。

でもそれは、あなたたちが殿方自身の徳を、いつも私たちに贈ってくれるだけの話。――やっぱり、徳の高い方々は違うわねえ」。

そう言って彼女は笑った、この信用ならない女は。だから私は、彼女が自分のことを悪く言うときは、彼女の言うことも、彼女の笑いも、まったく信用しない。

私が、わが荒々しい知恵と二人きりで話しているとき、知恵は怒《おこ》って私にこう言った。「あなたは意志し、欲求し、愛する。ただそれだけなのに、あなたは生のことを讃えるのね」。

あやうく私は意地の悪い返事をして、怒っている相手に真実を言ってしまうところだった。じっさい、自分の知恵に向かって「真実を言う」こと以上に、意地の悪い返事はありえない。

私たち三人の関係は、じつはこうだからだ。私が心底愛しているのは、生だけだ。――それも、私が生のことを憎んでいるときにこそ、いちばん愛している。

私が知恵に好意を寄せていて、寄せすぎることもしばしばなのも、知恵が生のことをひどく思い起こさせるからなのだ。

知恵は、生と同じ眼をしていて、同じように笑い、同じ黄金の釣り竿《ざお》まで持っている。二人のすがたがそっくりだからといって、私にどうすることができようか。

かつて生に、「いったい知恵ってどんな女《ひと》なの？」と尋ねられたとき、――私は熱中してこう答えた。「知恵か、そうだねえ。

われわれは知恵を渇くほど求めて、飽くことを知らない。ヴェール越しに覗いてみる。網を使ってサッと捕まえようとする。

彼女は美しいのだろうか。私には分からない。しかし、どんなに年とった鯉《こい》でも、彼女をエサにすれば、おびき寄せることができる。

彼女は移り気で、強情だ。彼女が唇をかみ、髪を逆さに櫛《くし》でとかしているのを、私はしばしば見た。

おそらくは意地の悪い、偽りの女《ひと》なのだろう。どこをとっても一個の女《おんな》なのだ。しかし、彼女が自分のことを悪く言うときほど、彼女がわれわれを誘惑するときはない」。

生に向かって私がこう言ったとき、彼女は意地悪く笑って、目を閉じた。「あなたは誰のことを言っているの？」と彼女は言った。「きっと私のことね。

あなたの言っていることがかりに正しいとしても、――そんなことを私に面と向かって言うなんて。さあ、今度こそ、あなたの知恵のことをおっしゃいなさいよ」。

やれやれ。君はふたたび目を開けた、わが最愛のひと、生よ。私はふたたび底知れぬ深みにはまり込んでいくように思われた。――

ツァラトゥストラはこう歌った。だが、踊りが終わり、少女たちが立ち去ってしまうと、彼は悲しみに襲われた。

「日はとっくに沈んだ」と彼はついに言った。「草地は露をおび、森からは冷たい風が吹いてくる。

見知らぬものが私を取り囲み、考え深げなまなざしを向けている。何たることだ。お前はまだ生きているのか、ツァラトゥストラよ。

なぜ、何のために、何によって、どこへ、どこで、どのように。まだ生きているのは愚かなことではないのか。——

ああ、わが友よ、私の口を借りて、そう問いを発するのは、夕暮れなのだ。私の悲しみを許してほしい。

夕暮れになった。夕暮れになったことを、許してほしい[*15]」。

ツァラトゥストラはこう言った。

墓の歌

「あそこに、墓の島がある、寡黙な島が。あそこには、わが青春の墓標もある。生の常緑の花環《はなわ》を供えに、私はそこに行こう」。

そう心に決めて、私は海を渡って行った。——

おお、わが青春の夢とまぼろしよ。おお、すべての愛のきらめきよ。神的な瞬間よ。お前たちはどうして、そんなに早く死んでしまったのか。私は今日、わが死者たちを偲《しの》ぶように、お前たちを偲ぶ。

わが最愛の死者たちよ、お前たちから甘い香りが漂ってくる。心を弛《ゆる》め、涙を催させる香りが。そう、その香りは、一人ぼっちの船乗りの心を揺さぶり、弛める。

私は依然として、最も豊かで、最も羨《うらや》ましがられる人間だ。——最も孤独なこの私が、だ。というのも、私はお前たちをかつて持っていたし、お前たちは私を今なお持っているからだ。私のほかの誰に、そのようなバラ色のりんごが木から落ちてくるというのだろう。

最愛の者たちよ、私は依然として、お前たちの愛を相続する継承者にして、お前たちの愛を育《はぐく》む土壌なのだ。お前たちを追憶するために、色とりどりの野生の徳いっぱいの花を咲かせている。

ああ、異郷の優しき奇蹟よ、われわれは、ずっと仲良しであるように造られていたのだ。お前たちは、おずおずした鳥のように、私と私の欲望に近づいてきたのではない。——いや、信頼している者として、信頼している者に近づいてきたのだ。

そうだ、お前たちは、私と同じように、忠実に、また永遠に心優しく造られていた。私は今や、お前たちのことを、お前たちの不実に応じて呼ばなければならない、神的なきらめき、神的な瞬間よ。それ以外の呼び名を私は知らない。

そう、お前たちは、あまりに早く死んでしまった、逃亡者よ。しかし、お前たちが私から逃げたのでも、私がお前たちから逃げたのでもない。われわれのどちらにも、不実だったという責めはない。

私を殺すために、ひとはお前たちを絞め殺したのだ。わが希望の歌をさえずってくれた鳥たちよ。そうだ、最愛の者たちよ、お前たちを狙って、いつも悪意の矢が放たれた――わが胸を射抜くために、だ。

そして、矢は的中した。お前たちはいつも私の真心そのものだったのに。私が所有するとともに、私を所有するお前たちよ。だからこそ、お前たちは若くして、あまりにも早く死ななければならなかったのだ。

私が所有していた最も傷つきやすいものを狙って、ひとは矢を放った。お前たちの皮膚は、うぶ毛のように華奢《きやしや》だった。もっと言えば、微笑のようだった。微笑は、視線を浴びるだけで死んでしまうからだ。

ところで、私の敵に私はこう言いたい。君たちが私に行なったことに比べれば、どんな人殺しもたいしたことではない。

どんな人殺しよりも、もっと邪悪なことを、君たちは私に行なった。取り戻しようのないものを、君たちは私から奪った。――そう私は君たちに言う、わが敵よ。

なにしろ、君たちは、わが青春の幻影と最愛の奇蹟を殺したのだから。君たちは、私の遊び仲間だった至福の霊を、私から奪ったのだ。至福の霊の追憶に、私はこの花環を捧げる。

ついでにこの呪いをも。

君たちに対するこの呪いを、だ、私の敵よ。君たちは、わが永遠なるものを、短命にしてしまったのだから。ちょうど、寒い夜には、妙なる調べも潰されてしまうように、だ。神的なまなざしがキラリとわずかに光るか光らないかのうちに——、まさに一瞬だった。

かつて幸せな時代に、私の純粋さはこう言った。「どんな存在も、私にとって神的となるべきだ」と。

すると、君たちは、汚《きたな》らしい幽霊を連れて、私を襲った。ああ、今となっては、あの幸せな時代はどこへ逃げていったのか。

「どんな日々も、私にとって聖なるものとなるべきだ」——かつてわが青春の知恵はそう言った。そう、これぞ愉しい知恵の言葉というものだ。

ところが、君たち敵は、私から、私の夜という夜を盗み、それを売り払って、不眠の苦悶に変えてしまった。ああ、あの愉しい知恵はいったいどこへ逃げていったのか。

かつて私は、幸福な鳥占いの吉兆を熱烈に探し求めた。すると、君たちは、いまいましいフクロウの化け物を連れてきて、私の行く手を遮《さえぎ》った。ああ、私の優しい熱望はどこへ逃げていったのか。

かつて私は、どんな吐き気も催すまいと誓った。すると、君たちは、私の近しい人や隣人を、膿んだおできに変えてしまった。ああ、私の最も高貴な誓いは、どこへ逃げていったのか。

目も見えなくなるほど一途《いちず》に、かつて私は幸福な道を歩んだ。すると、君たちは、目の見えない者の伝《つた》う路上に、汚物を投げた。そうなると今度は、目の見えない者が昔から歩んできた道が、当人に吐き気を催させた。

また、私が自分の最も困難なことをなし、みずからが克服したことの勝利を祝うとき、君たちは、私を最も愛してくれている人びとにこう叫ばせる。私が彼らを最も痛い目に遭《あ》わせているのだ、と。

そう、これが君たちのいつものやり方だった。私の最上のハチミツと、私の最上のミツバチの勤勉さを、君たちは台無しにした。

私が慈善を示すと、それをいいことに、君たちはいつも、厚かましさこのうえない乞食どもを送ってよこした。私が同情を示すと、そのまわりに君たちはいつも、救いがたき恥知らずどもを群がらせた。そうして君たちは、私の徳に痛手を負わせ、自信を喪失させた。

さらに、私が私の最も聖なるものを犠牲に捧げると、君たちの「信心深さ」は、もっと脂《あぶら》ぎった供え物を、すばやくその横に置いた。その結果、君たちの脂は、濛々《もうもう》と湯気を発して、私の最も聖なるものを窒息させた。

また、かつて私は、まだ踊ったことのない舞踏《ダンス》を踊ろうとした。つまり、どんな天も飛び越えて踊ろうとした。すると君たちは、私の最愛の歌手を口説いて言いなりにした。

すると歌手は、身の毛もよだつ陰気な調べを歌い始めた。ああ、陰鬱な角笛《つのぶえ》が鳴り響くように、彼はブーブー歌い出して私に聞かせた。

人殺しの歌手よ、悪意の武器よ、無邪気このうえない人よ。私にはすでに、最上の舞踏《ダンス》を踊る用意ができていた。そのとき君は、君の歌声でわが恍惚を殺したのだ。

私は、踊りながらでないと、最高の事物の比喩を語ることができない。——今となっては、私の最高の比喩は、語られずに、私の四肢に残ったままだ。

私の最高の希望は、語られないまま、救われないままとなった。そして、わが青春の夢と慰めはすべて死んだのだ。

どうして私はそれに耐えられたのだろう。どうして私はそのような痛手に耐え抜き、それを克服したのだろう。どうしてわが魂はこの墓からふたたび蘇ったのだろう。

そうだ、傷を負わせることのできないもの、葬り去ることのできないものが、私の内にある。岩盤すら破砕するものが。その名は、私の意志[*16]。それは、黙々と変わることなく幾年月《いくとしつき》も歩み続ける。

私の足で踏みしめながら、私の昔ながらの意志は、その道程を進んでいく。その志は堅く、不死身だ。

私の場合、踵《かかと》だけが不死身なのだ。最も我慢づよい者、踵よ、お前はなお健在で、変わりがない。相変わらずお前は、どんな墓をも破って出てきた。

お前のなかに、わが青春の救われなかった部分も生き続けている。生として、青春として、お前はここで、希望を抱きつつ、黄色い墓石のうえに座している。

そうだ、お前は今なお、どんな墓も打ち砕く破壊者なのだ。私の意志よ、万歳！　そして、墓のあるところにのみ、復活はある。——

ツァラトゥストラはこう歌った。

自己克服

最高の賢者たちよ、君たちを駆り立て、発情させるものを、君たちは「真理への意志」[*17]と呼ぶのか。

一切の存在者を思考可能なものにしようとする意志——君たちの意志を、私ならそう呼んでみせよう。

君たちは、一切の存在者をまずもって、思考可能なものに変えようとする。それというのも、君たちは、存在者がはじめから思考可能であるかどうかに疑いを抱き、相当の不信をもっているからだ。

ところが、一切の存在者は君たちに従い、屈すべし、というのが、君たちの意志の一つなのだ。存在者は滑らかなものとなるべし、精神に服従して、精神を忠実に反映する鏡となるべし、というわけである。

最高の賢者たちよ、これがそっくり君たちの意志であり、つまりは、力への意志なのだ。君たちが善悪について語ったり、あれこれの価値評価について語ったりするときでも、そうである。

君たちはさらに、自分が恭《うやうや》しくその前にひざまずけるような世界を創造しようとする。それが君たちの最後の希望にして陶酔だからである。

もちろん、賢くない者たちもいる。彼ら民衆は――、河の流れのようなものである。その河に浮かんだ小舟は、前へ前へと進む。その小舟に鎮座して乗っているのは、覆面をつけたあれこれの価値評価である。

君たちは、生成という名の河に、君たちの意志と君たちの価値を乗せた。民衆が善だとか悪だとかと信じているものから、古くからの力への意志が洩れ聞こえてくる。

そのようなお客たちをこの小舟に乗せ、お客たちにきらびやかな飾りと誇らしい名前をさずけたのは、君たち最高の賢者たちであり――、つまり君たちと、君たちの支配する意志にほかならない。

今や、河の流れは君たちの小舟を前へ前へと進めてゆく。河はその小舟を運んでいかざるをえない。砕けた波がしぶきをあげ、怒《いか》って船の竜骨《キール》に異議を唱えようとも、大したことはないのだ。

最高の賢者たちよ、君たちの危険は、河の流れではなく、君たちの善悪が終わりを迎えることでもない。そうではなく、かの意志それ自身、つまり力への意志、――尽きることなく産み出す生の意志こそが、君たちの危険なのだ。

だが、善悪についての私の言葉を分かってもらうために、生についての、そして生きとし生けるもののあり方についての、私の言葉を君たちにもっと聞かせてあげよう。

私は、生あるものを追跡していった。生あるもののあり方を知るために、どんなに広大な道も、どんなに狭い小道も辿っていった。

さらに、生あるものが口を閉ざしたときには、私は、百面もの鏡に映して、生あるもののまなざしを捉え、その目が語るのを聞こうとした。すると、その目が語るのを聞いた。

ところで、生あるものしか見出されなかったとき、私に聞こえてきたのは決まって、従順なものの言い分であった。生きとし生けるものは、服従を事とするのである。

そして第二に聞こえてきたのは、自分自身に服従できないものは他者から命令される、ということである。生あるもののあり方とは、そういうものである。

さて、私に聞こえてきた第三のことは、命令することは服従することよりも難しい、ということである。しかもそれは、命令する者は服従する者たち全員の重荷を担わされ、その重みに押しつぶされやすいから、というだけではない。——

どんな命令の中にも、試みと賭けがある、と私には思われた。そして、命令するときには、生あるものはつねに、自分自身をそれに賭けているのである。

それればかりではない。自分自身に命令するときにも、生あるものは、みずからの命令に対する償《つぐな》いをせずにはすまされない。自分自身の掟を裁き、その仕返しをし、その犠牲者とならざるをえない。

それにしても、どうしてそうなってしまうのか。そう私は自問した。生あるものを説き伏せて、服従したり、命令したり、命令しながら従順ぶりを発揮したりさせているのは、何者なのか。

最高の賢者たちよ、私の言うことをよく聞くがいい。私が、生それ自身の心中深くに入り込み、その心の根元《ねもと》にまで達しているかどうか、真剣に見きわめるがいい。

生あるものが見出されるところ、そこに私が見出したのは、力への意志であった。そして、召使として仕えるものの意志にも、支配者になろうとする意志があった。

強者に召使として仕えるようにと、弱者を説き伏せているのは、自分よりもっと弱い者に対して支配者になろうとする、弱者の意志なのである。弱者といえども、この喜びだけは欠かすことができない。

より小さなものは、より大きなものに身を捧げることで、最も小さなものに対して喜びと力を味わう。それと同じように、最も大きなものでさえ、身を捧げるのであり、力を味わうためには――いのちを賭けるのである。

これこそが、最も大きなものの献身というものである。つまり、冒険、危険、死を賭けての賭博がそれである。

犠牲と奉仕と愛のまなざしのあるところ、そこにも、支配者になろうとする意志がある。抜け道をこっそり通って、弱者は強者の城内に忍び込み、強者の心の中にまでもぐり込んで

——力を盗む。

　生みずからが私に、こう秘密を語ってくれた。「ほら」と生は言った、「私はね、いつも自分自身を克服しなければならないものなの」。

「あなたたちはそれを、生殖への意志とか、目的への衝動とか、より高いもの、より遠いもの、より複雑なものへの衝動と呼んでいますけどね。でも、それってみんな、たった一つの秘密にすぎないの。

　この一つのことを諦めるくらいなら、いっそ滅んでしまったほうがまし。そう、没落と落葉のあるところ、ほら、生はみずからを犠牲にする——力のためには、ね。

　この私、生とは、戦いであり、生成、目的であり、目的どうしの矛盾葛藤であり、そうでしかありえない。私のこの意志を言い当てる人なら、それがどんなに曲がりくねった道を歩まなければならないかも、言い当てることでしょう。

　私が何を創造しようとも、そしてそれをどんなに愛そうとも、——たちまち私は、それに敵対し自分の愛に敵対する者とならずにはいられない。そう私の意志は欲するのです。

　そして、認識者のあなただって、私の意志が歩んでいる小道であり足跡にすぎない。そう、私の力への意志は、あなたの真理への意志を足としても歩いているのです。

「生きんとする意志」[*18]という言葉を放って、真理を射抜こうとした者は、もちろん真理には命中しなかった。そんな意志など——存在しないのです。

　だって、生きていないなら、意志することもありえないし、現に生きているものが、生きることをさらに意志することが、どうしてできるでしょう。

生のあるところ、そこにのみ意志もあるのです。でもそれは、生への意志ではなく、——あなたには教えましょう——力への意志なのです。

生きているものにとって、生それ自身よりも高く評価されるものはたくさんある。けれども、評価することそれ自身から語り出しているのは——、力への意志なのです！」——

かつて生は、こう私に教えてくれた。ここから私は、君たち最高の賢者たちよ、君たちの心の謎も解いてみせよう。

そう、私は君たちにこう言おう。滅びることのない善悪——など存在しない。善悪は、おのれ自身からして、おのれを繰り返し克服しなければならない。

君たち価値評価者よ、君たちは、お得意の価値やら善悪やらを表わす言葉やらを用いて、威力を発揮している。そしてそれは、君たちのひめやかな愛であり、君たちの魂からあふれ出てくる輝きであり震えなのだ。

だが、君たちの定めた価値から、いっそう大きな威力や、新たな克服が育ってきている。そのせいで卵にひびが入り、卵の殻が割れる。

善悪に関する一個の創造者でなければならない者は、そう、まずもって一個の殺戮者でなければならず、価値を破壊するのでなければならない。

だから、最高の悪意には最高の善意がそなわっている。だがこの最高の善意こそ、創造的な善意にほかならない。——

最高の賢者たちよ、たとえひどいことであっても、このことを語ることにしよう。言わないで黙っているよりはましだ。どんな真理も、黙秘していると有毒になる。

何もかも壊れてしまえばよいのだ、われわれの真理に触れて壊れ——やすいものなどは。建てるべき家は、まだまだ少なからずあるのだ。

ツァラトゥストラはこう言った。

崇高な人[*19]

私の海の底は、静かである。そこにいたずら屋の怪物がひそんでいるなどと、誰に見通せるだろうか。

私の深みは、微動だにしない。しかしそこは、海中を泳ぎ回るなぞなぞと哄笑で輝いている。

私は今日、一人の崇高な人を見かけた。おごそかな人、知的贖罪者を[*20]。おお、わが魂は、彼の醜さのために、どんなに大笑いしたことか。

息を一身に吸い込むかのように、胸を大きく張って、その崇高な人は、そこに立っていた。寡黙に。

狩りでつかまえた獲物のような、醜い真理をいくつかぶら提《さ》げ、あちこち引き裂かれた服を着ていた。多くのいばらもくっ付いていたが——、バラの花は見当たらなかった。

彼は、笑うことをまだ学んでいなかった。美も学んでいなかった。認識の森から、この狩人《かりゆうど》は、陰気な顔をして帰ってきた。

野獣たちとの戦いから、彼は帰還した。だが、彼のまじめさからは、いまだに一匹の野獣が目を光らせている。——いまだ克服されざる野獣が。

飛びかかろうとするトラのように、彼は相変わらずそこに立っている。しかし私は、こういう緊張した魂が好きではない。こういう引きこもったものたちはどれも、私の趣味には合わない。

友よ、君たちは私に言うだろう。趣味や味覚については争っても仕方ない、と。しかし、およそ生きるとは、趣味や味覚をめぐって争うことなのだ。

趣味とは、秤《はか》りの分銅であると同時に、秤り皿であり、かつ秤り手である。およそ生きとし生けるもので、分銅と秤り皿と秤り手をめぐる争いに無縁で生きようとするものは、ただではすまない。

この崇高な人が、自分の崇高さに飽き飽きしたとき、そのときはじめて、彼の美しさが始まることだろう。——またそのときはじめて、私は彼を味わい、おいしいと思うだろう。

彼が自分自身にそっぽを向くときはじめて、彼は自分の影を飛び越すだろう。——そして、そう、自分の太陽に飛び込んでゆくだろう。

彼はあまりにも長いこと影の中にすわっていた。知的贖罪者の頬は、青白くなった。今にも飢え死にしかねないほど、彼は待ちこがれていた。

彼の眼には軽蔑の色が浮かんでおり、彼の口もとには吐き気が隠れている。なるほど彼は今、休息をとっているが、その休息はまだ日光を浴びていない。

雄牛のように彼はやるべきだったのだ。彼の幸福は、大地の匂いがするべきであって、大地を軽蔑する匂いがするべきではなかった。

白い雄牛のような彼の姿を、私は見てみたい。彼が鼻息荒く、うなりながら、犂《すき》を牽《ひ》いてゆくさまを。彼のうなり声は、およそ地上的なものを讃える歌であるべきなのだ。

彼の顔つきはまだ暗い。手の影が彼にかかっている。彼の眼も影に蔽われたままで、よく見えない。

彼の行ない自身が、いまだに彼を蔽う影となっている。手が、行ない手たる行為者本人を蔽って暗くしている。彼は、自分の行ないを、いまだ克服できていない。

なるほど、彼のうなじは雄牛のようで、私は好きだ。しかし私は、彼が天使のような眼をしているのも見てみたい。

彼は、英雄であろうとする意志も忘れなければならない。たんに崇高であるばかりでなく、高みに達した人となるべきなのだ。――〔天上の元素〕エーテル自身が、彼を高みに引き上げて、意志を忘れた者とすべきなのだ。

彼は怪獣を退治し、謎を解いた。だが本当は彼は、怪獣も謎も救済すべきだったのだ。それらが変身して、天上の子どもと化すようにすべきだったのだ。

彼の認識はまだ微笑することを学んでいない。嫉妬心を忘れることも学んでいない。彼の奔流のような激情はまだ、美のうちでしずまるには至っていない。

そう、彼の欲望は、満たされることで沈黙し、沈み込むのではなく、美にふれてそうなるべきなのだ。優美とは、気宇壮大な者の気前のよさにこそ似つかわしい。

英雄は、腕を頭の上に置いて憩《いこ》うべきであった。かくして彼は、みずからの憩いすらも克服すべきであった。

しかし、ほかでもなく、英雄にとって、美しいもの《ヽヽヽ》は万物の中で最も困難である。どんなに熱烈な意志によっても、美しいものは獲得不可能である。

ほんの少し多いか、ほんの少し少ないか。まさにそれこそが、ここでは大いに重要なのであり、ここでは最も重要なのである。

筋肉の力を抜いて弛《ゆる》ませ、意志に備わった馬具を外してしまうこと、これが、君たち崇高な人たちすべてにとっては、至難のわざなのだ。

力が慈しみ深くなり、目に見えるものに降り下ってくるとき、そのような下降を私は美と呼ぶ。

そして、力強い君よ、ほかならぬ君に、私はまさしく美を求めたい。君の善意が、君の究極の自己制圧となるように。

私は、君にはどんな悪も成し遂げられると思う。だからこそ私は、君に善を求めたいのだ。

そう、私はしばしば弱虫どもを笑った。連中は、手足が麻痺しているだけなのに、自分は善良だと信じている。

君は、円柱の美徳を手本にして努力すべきなのだ。円柱は上に行けば行くほど、ますます美しく華奢《きゃしゃ》となり、それでいて内部は堅固となり、持ちこたえる力を増してゆく。

そうだ、崇高な君よ、いつかは君も美しくなるべきだ。そして、君自身の美を鏡に当てて見るべきなのだ。

そのとき、君の魂は、神的な欲求に襲われて戦慄をおぼえるだろう。そして、君の虚栄心の中に、崇拝の念が起こってくることだろう。

これがすなわち、魂の秘密なのである。魂が英雄に見捨てられたときにはじめて、夢の中で魂に近づいてくるものこそ——超‐英雄にほかならない。

ツァラトゥストラはこう言った。

教養の国

あまりに遠く、私は未来へ飛翔していった。私は恐怖に襲われた。あたりを見渡すと、ごらん、同時代人は誰もいなくなり、純然たる時間だけが私の同時代人となった。

そこで私は引き返し、自分の国へ戻った。——急ぎに急いで。かくして私は、君たち現代人のもとへ帰ってきた。教養の国へと。[*21]

私は今度こそはじめて、君たちを求める眼と善意の欲望を持ち合わせていた。そう、あこがれを心に抱いてやって来た。

なのに、私に何が起こったのか。私は不安におののく一方で、——笑わずにはいられなかったのだ。私の眼は、これほど色とりどりに塗りたくった模様を見たことがなかった。

私は笑いに笑ったが、そうかと思うと、足の震えは収まらず、心臓も震える始末だった。「こりゃ、ありとあらゆるペンキ桶の故郷《ふるさと》だな」——と私は言った。

顔や手足には、落書き模様が五十も描かれている。君たちがそんな恰好で坐っているのには、驚き呆れるほかない、現代人よ。

五十もの鏡が、君たちのまわりに取り揃えられ、君たちの多彩な装いのおべっかを言い、その真似をする。

そう、君たち現代人は、君たち自身の顔にまさる仮面をつけることができるはずもない。いったい誰に君たちのことを——見破ることができようか。

過去の文字を所狭しと入れ墨のように書き込み、その文字の上に新しい文字やしるしを重ね書きする。その結果、君たちはどんな暗号解読者からもうまく隠れるに至った。

神のような腎臓検視者でも、君たちに腎臓があるとは信じられないだろう。君たちは、紙に顔料《がんりょう》を塗って膠《にかわ》で固めた継ぎはぎ人形のようなものだ。

あらゆる時代や民族が、君たちのヴェール越しに、色とりどりに覗いている。あらゆる風習と信仰が、君たちの身ぶり越しに、色とりどりに語っている。

君たちからヴェールとマントと化粧と身ぶりを剝ぎとったら、そこに現われるのは、鳥をおどすために畑に突っ立っている案山子《かかし》くらいなものだ。

そう、私自身、君たちが化粧もせずに裸のままでいる様子を一目見るや、おどされた鳥も同然となった。骸骨《がいこつ》が私に色目を使ったとき、私は一目散に逃げた。

冥界に降り下って、過去の亡霊たちにまじって、日雇い人として働くほうが、まだましだ。——君たちに比べれば、冥界の者たちのほうが、まだ肉付きはよく、張りもある。

そう、これこそが、はらわたを搔《か》きむしられるように辛い、わが苦しみなのだ。君たち現代人が裸でいるのにも、衣装をまとっているのにも耐えられないことが、だ。

未来に待ち受けている無気味なものの一切も、過去に鳥たちを飛び去らせた数々の恐ろしいものも、君たちの「現実」とやらに比べれば、じつに親しみがあり懐かしさもある。

というのも、君たちはこう語るからである。「われわれこそ、まったく現実的な人間だ。信仰も迷信も持ち合わせていない」と。そう君たちは胸を張るのだが――、ああ、その肝腎の胸を持ち合わせていないありさまだ。

そうとも、君たちにどうして信じることができようか、色とりどりに塗りたくられた者たちよ、――君たちは、かつて信じられたすべてのものを模写した油絵にすぎない。

君たちは、信仰そのものの否定を地で行く者であり、一切の思想の脱臼である。信ずるに足りない者と、私は君たちのことを呼ぼう。現実的な者たちよ。

あらゆる時代が、君たちの精神のなかで、反論し合っておしゃべりしている。どんな時代の夢も饒舌も、君たちの覚醒状態よりはまだしも現実的であった。

君たちは不毛だ。子を産むということができない。それが、君たちに信仰が欠けている理由だ。しかし、創造せずにはいられなかった者は、予言めいた夢や星のお告げもつねに持っていたし――、信仰を信じていたものだ。――

君たちは半開きの門であり、そのわきでは墓掘り人が待ち構えている。そして、君たちの現実とはこうだ。「一切は滅びるに値する」。

ああ、君たち不毛な者たちよ、君たちの恰好ときたらどうだ。肋骨のあたりの肉が落ちて、痩せこけているではないか。おそらく君たちのなかにも、そのことを自分で見抜いていた者が少なくない。

彼らは言った。「私が眠っているとき、どうやら神さまがやって来て、私からこっそり何かを失敬していったようだ。そう、女がそこから作り出されるはずの肋骨を。

私の肋骨が貧弱なのは不思議なことだ」。そう語る現代人は、案外少なくない。

そうだ、君たち現代人は、私にはお笑い草だ。とりわけ、君たちが自分自身を不思議に思うのは、愚の骨頂だ。

君たちが不思議がることを私が笑えなくなり、君たちのどんぶりから気色悪いものをお裾分けしてもらって飲まなくてはならなくなったとしたら、悲しいことだ。

ならば私は、君たちのことをもっと軽く受け流すことにしよう。私は重いものを担わなければならないのだから。甲虫《こうちゅう》や羽虫《はむし》が私の小荷物の上にとまったとしても、大したことはない。

そう、そんなことを重く受け止めるべきではない。大いなる疲労が君たち現代人から私にやって来るはずがないのだ。——

ああ、私は、私のあこがれをたずさえて、では、どこへ登っていけばいいのだろうか。私は山という山を登り、そこから眺めて、父の国、母の国を探し求める。

だが、故郷はどこにも見つからなかった。私はどんな町にも安らぎを見出せず、どんな門からも出立《しゅったつ》する者なのだ。

つい先ほど私が心惹かれもした現代人は、私にとって異郷のもの、嘲笑の的となった。私は父の国、母の国を追われる身となった。

かくして私が愛するのは、私の子どもたちの国だけとなった。いまだ発見されざるその国は、はるか彼方の海上にある。私は私の帆に命ずる、その国を探せ、探せと。

私の子どもたちによって、私は自分が自分の父の子であることの償《つぐな》いをしたい。すべての未来によって――この今現在を償いたいのだ。

ツァラトゥストラはこう言った。

純粋無垢の認識

昨夜、月が昇ったとき、私は、月が太陽を出産しようとしている、と妄想した。それほど月はふっくらと、身ごもったように、地平のうえに懸かっていた。

しかし月は、妊娠したと見せかけて私を欺《あざむ》いたのだ。月には女性がいると信じられてきたが、私としてはむしろ、男性がいると信じたくなる。

もちろん、夜な夜なさすらうこの内気な夢想家は、男らしいわけでもない。そう、疚《やま》しい良心を抱いて、彼は屋根の上を渡り歩いている。

なにしろ月は、淫《みだ》らで、嫉妬深い、この生臭坊主は。大地に淫らな思いを抱き、恋人たちのあらゆる歓びを欲しがっている。

いやまったく、私は、屋根の上を歩くこの雄ネコが好きではない。半開きの窓のあたりを忍び歩くものは全部、反吐《へど》が出るほど嫌いだ。

信心深く、寡黙に、彼は星々のじゅうたんの上を歩き回る。――だが、拍車の音をカシャカシャ鳴らすこともなく、そっと歩く男のどんな足音も、私は好きではない。

正直者はみな足音を立てて歩く。しかし、雌ネコは床の上をこっそり忍び足で歩く。ほら、月はネコのようにこっそりやって来る、不正直者らしく。――

私はこのたとえを、君たち感傷屋の偽善者に贈ろう、自称「純粋な認識者」よ。私なら、君たちをこう呼ぼう――淫らな者たち、と。

君たちだって、大地と地上的なものを愛している。私には君たちのことが見抜けるのだ。――しかし、君たちの愛は、恥ずかしさと疚しい良心を抱えている。――君たちは月に似ているのだ。

君たちの精神は、そそのかされて、地上的なものを軽蔑するようになった。しかし、君たちの内臓まで、そそのかされたわけではない。君たちのからだの中で、内臓がいちばん強力な部分なのだ。

すると今度は、君たちの精神は、自分が内臓の言うとおりになっているのを腑甲斐なく思い、自分自身を恥じては、人目を忍ぶ道、ウソ偽りの道を行く。

「これこそが、私にとって最高のことだ」――と、君たちのウソつきの精神は自分に言い聞かせる――「欲望を忘れて生を観ずること、そしてベロを垂らしてエサを欲しがる犬には似ないことが」。

「観ずることで幸福になること、意志を殺し、我欲が発情して手を伸ばすのを禁じることが。——全身は冷たく、灰色になり、眼だけが月のようにとろんと酔っぱらって舌なめずりをすることが、だ」。

「これこそが、私にとって最愛のことだ」——と、このたぶらかされた精神は、自分をたぶらかして言う——「月が大地を愛するように、大地を愛すること、そして、大地の美しさをひたすら眼だけで愛撫することが」。

「そして、事物から何も求めず、無を欲すること、これを私は、万物を観ずる純粋無垢の認識、と呼ぼう。私が欲するのは、百の眼を持った鏡のように万物の前に身を横たえることだけだ」。

おお、君たち感傷屋の偽善者、淫らな者たちよ。君たちには、欲望の無邪気さというものが欠けている。だからこそ君たちは、欲望を誹謗中傷するのだ。

そう、君たちが大地を愛するのは、創造者、生殖者、生成を喜ぶ者だからではない。

無邪気さはどこにあるのか。生殖への意志があるところにある。そして、みずからを超えて創造しようとする者こそ、最も純粋な意志の持ち主なのだ。

美はどこにあるのか。私が意志のかぎりを尽くして意志せざるをえないところにある。像がたんなる像に終わらないように、私が愛し、没落しようとするところにある。

愛することと、没落すること、この二つは、永遠の昔から、打てば響く仲だ。愛そうとする意志、それは、喜んで死のうとすることだ。君たち臆病者に、私はそう言おう。

ところが、君たちの去勢された横目遣いは、「観照」を自称しようというのだ。臆病な眼つきで触れることのできるものを「美」と命名すべきだというのだ。おお、高貴な名称を汚す者たちよ。

しかし、君たち純粋無垢の者たち、純粋な認識者よ、君たちは決して産むことがない。それが君たちの呪いとなることだろう。たとえ君たちが、ふっくらと、身ごもったように地平のうえに懸かっているとしても、だ。

そう、君たちは高貴な言葉を使って、口から出まかせを喋っている。それが君たちの心からあふれてくるものだと、われわれに信じ込ませるつもりか、ウソつきどもよ。

ところで、私の言葉は、倹《つま》しく、蔑《さげす》まれた、腰の低い言葉だ。君たちが食事をしているとき、食卓の下に落ちたものを、私は喜んで拾う。

私の言葉で、私はいつもながら――偽善者たちに真理を語ることができるのだ。そうだ、私の拾った魚の骨、貝殻、棘《とげ》のある葉っぱは――偽善者たちの鼻をくすぐるはずだ。

君たちと、君たちの食事の周りには、いつも悪い空気がある。それどころか、君たちの淫らな思想、君たちのウソ偽りと隠し事が、その空気のなかにこもっている。

まずもって、君たち自身を信じる勇気をもつことだ。――君たち自身と君たちの内臓を、だ。自分自身を信じない者は、必ずウソをつく。

君たち「純粋な人」よ、君たちが自分自身の顔を覆っているのは、ある神の仮面だ。神の仮面の中に、身の毛もよだつ生き物が這い込んで、とぐろを巻いているのだ。

そう、君たちはごまかし屋だ、自称「観照者」よ。ツァラトゥストラもかつて、君たちの神的な外面《そとづら》に、愚かにも騙《だま》されていた。その外面にとぐろを巻いたヘビが詰まっているのを、見抜くことができなかった。

君たち、純粋な認識者よ、かつて私は、君たちの遊びの中に、神のごとき魂が遊んでいるのを見出せると妄想した。かつて私は、君たちの芸術ほど優れた芸術はないと妄想した。遠くから眺めていた私は、ヘビの汚物と悪臭に気づかなかった。そこに狡猾なトカゲが淫らに這い回っていたことも、見えなかった。

しかし私は、君たちの近くにやって来た。朝日が私に射して来た。――その朝日が今や、君たちにも射して来つつある。――月夜の情事はもう終わったのだ。

ほら、向こうをごらん。月は情事の現場を取り押さえられ、青ざめて立ち尽くしている――朝焼けの光を浴びて。

なにしろ、燃える太陽がもう昇って来つつあるのだから。――大地に対する太陽の愛が、やって来つつあるのだ。太陽の愛はみな無邪気そのものであり、創造者の欲望である。

ほら、向こうをごらん。太陽がもどかしそうに海の上に昇ってゆくのが見える。君たちは、太陽の愛の渇きと熱い息吹《いぶき》を感じないのか。

太陽は海を吸い、その深みをみずからの高みへ吸い上げようとする。そのとき、波立つ海の欲望は、千の乳房を持ち上げる。

海は、太陽の渇きによって口づけされ、吸われることを欲する。海は、大気となり、高みとなり、光の進む小道となり、それ自身光となることを欲する。

そう、私は、太陽のように、生を愛し、すべての深い海を愛する。

これこそ私が認識と呼ぶものだ。[*22] すべての深みは持ち上げられるべきだ——私の高みにまで！

ツァラトゥストラはこう言った。

学者

私が横になって眠っていると、羊が一匹やって来て、私の頭にあったキヅタの草冠をむしって食べた。——ムシャムシャ言いながら、羊はこう付け加えた。「ツァラトゥストラはもう学者ではない」。

そう言って羊は、ふてぶてしく尊大にその場を去った。見ていた子どもが、私にそう語ってくれた。

子どもたちが遊んでいるこの場所に横になるのが、私は好きだ。崩れた壁のそば、アザミの花や赤いケシの花が咲いているあいだに。

子どもたちにとって、私はいまだに学者である。アザミの花や赤いケシの花にとっても、そうである。彼らは無邪気だ。何か悪さをするときでさえ、無邪気だ。

だが、羊たちにとっては、私はもう学者ではない。私の運命がそう欲したのだ——ありがたいことだ。

じっさい、真実はこうなのだ。私は学者の家から引っ越した。そのうえ、出がけにドアをぴしゃりと閉めてやった。[*23]

私はあまりに長い間、腹をすかせて彼らのテーブルに就《つ》いていた。彼らと違って、私は彼らのくるみ割りのような認識の作業に耐えるようには躾《しつ》けられていなかった。

私が愛するのは、自由と、新鮮な大地にひろがる空気だ。彼らの威厳や名声のうえに眠るくらいなら、牛の体皮のうえに眠るほうがましだ。

私は自分の思想に過熱して、身を焼かれる思いだ。息をつけなくなることもしばしばだ。そこで私は、ホコリだらけの部屋から、外に出て行かなくてはならない。

ところが、彼らは、冷ややかな日蔭に冷ややかに坐っている。彼らは万事につけて傍観者にとどまろうとする。太陽が照りつける石段に坐ることは、用心して避ける。

彼らは、口をポカンと開けて路上に立ち、通行人をまじまじと見つめる者たちのようだ。そんなふうに彼らは待って、他人が考え出した思想をまじまじと見つめている。

彼らが手でつかみかかると、その他人の思想は、小麦の粉袋のように、周りにホコリを立てる。不本意だと言いたげに。しかし、そのホコリがもともとは、夏の畑に実ったライ麦、つまり黄金《こがね》色の歓喜であったことなど、誰一人思いも寄らない。

彼らが賢者を装うと、彼らのちっぽけな箴言やら真理やらに、私はゾッとして悪寒を催す。彼らの知恵はしばしば、沼地から湧き上がるかのようなムッとする臭いがする。そう、彼らの知恵からカエルの鳴き声も聞こえてくるようになって久しい。

彼らは手慣れたものだ。利口な指づかいを見せる。彼らの複雑巧妙さのもとで、私の単純素朴さに何が望めようか。彼らの指は、糸のどんな通し方も結び方も編み方も心得ている。

彼らは時計仕掛けだ。ぜんまいを正しく巻くことを気にかけてやりさえすればいい。そうして彼らは、精神の肢《あし》をすっぽり包む靴下をこしらえてみせるのだ。そうすれば彼らは、間違うことなく時を刻み、慎み深い物音を立てる。

彼らの働きぶりは、製粉機そっくりだ。ドスンドスンとせわしなく作動する。穀粒《こくりゅう》を彼らに投げ込んでやりさえすればいい。――穀粒を細かく挽《ひ》いて白い粉末にすることは、彼らの得意とするところだ。

彼らはお互い手の内を知り尽くしていて、お互いあまり信用していない。ちっぽけなずる賢さにはじつに長《た》けていて、逃げ足の遅い知の獲物がひっかかるのを待ち構えている――巣を張って待ち構えるクモのように。

彼らがいつも用心深く毒を調合するのを、私は見た。その場合いつも指にガラスの手袋をはめていた。

いかさまのサイコロを振って賭けをするのも、彼らは得意だ。彼らが賭け事に熱中するあまり汗をびっしょりかいているのを、私は見た。

私と彼らは、よそ者どうしだ。そして、彼らの徳は、彼らのウソ偽りやいかさまのサイコロより、なおいっそう私の趣味に反する。

私が彼らと同じ家に住んでいたころ、私の部屋は彼らの頭上にあった。そのことで私は彼らの恨みを買った。

彼らは、自分たちの頭上で誰かの歩き回る足音が聞こえるのが、まったく気に入らない。そこで彼らは、自分たちの頭と私との間に、木や土やゴミを置いてふさいだ。

かくして彼らは、私の足音が響くのを抑えようとした。それ以来、私は、どんなに学識のある学者からも、からきし耳を傾けてもらえなくなった。

彼らは、人間のあらゆる欠陥や弱さを、自分たちと私との間に置いてふさいだ。――彼らの家では、これを「防音床《ゆか》」と呼ぶ。

にもかかわらず、私は、私の思想をたずさえて、彼らの頭上を超然と歩き回っている。私が私自身の欠陥を踏みしめて歩こうとしたとしても、それでも私は彼らの上にいることだろうし、彼らの頭上にいることだろう。

というのも、人間は平等ではないからだ。そう正義は語る。そして、私が欲することを、彼らは欲することが許されないのだ。

ツァラトゥストラはこう言った。

詩人

「肉体というものが私によく分かるようになって以来」――とツァラトゥストラは弟子の一人に言った――「私にとって精神はせいぜい、いわば精神どまりとなった。およそ「滅びることのないもの」などもすべて――比喩にすぎないのだ」。

「前にも、あなたがそう言われるのを聞きました」と弟子は答えた。「そのときあなたは、こう付け加えられました、「詩人はウソをつきすぎる」と。[*24]それにしても、詩人はウソをつきすぎるとあなたが言われるのは、なぜですか」。

「なぜかって?」とツァラトゥストラは言った。「君は、なぜかと尋ねる。私は、なぜかと訊かれてすぐ答えられるたぐいの人間ではない。

私の体験はいったい昨日のことだったのか。もうずいぶん昔のことだ、私が自分の考えの理由を体験したのは。

自分のあれこれの理由まで肌身離さず持っていようとすれば、私は、記憶をいっぱい詰め込んだ樽《たる》になるしかなくなるのではないか。

自分自身の考えを忘れずに保つだけでも、もう私には荷が重すぎる。それに、飛び去っていく鳥も少なくない。

逆に、見知らぬ鳥が、私のハト小屋にふと飛び込んでくることも、時にはある。その闖入《ちんにゅう》者は、私が手で撫でると、身を震わす。

それにしても、ツァラトゥストラがかつて君に、何と言ったたって？　詩人はウソをつきすぎる、だって？――そういうツァラトゥストラだって、詩人の端くれなのだ。

ところで、その場合ツァラトゥストラは真実を語ったと、君は信じるのか。そう信じるのはなぜか[*25]」。

弟子は答えた、「私は、ツァラトゥストラのことを信じていますから」。だが、ツァラトゥストラは首を横に振って、微笑んだ。

「信じる者は救われると言うが、私は信仰によっては救われない」と彼は言った。「とりわけ、私が信仰の対象とされたりすれば。

しかし、誰かが大真面目に、詩人はウソをつきすぎる、と言ったとすれば、それはもっともなことだ。――われわれはウソをつきすぎるのだ。

われわれは、知識にもあまりに乏しいし、学ぶのも下手くそだ。だから、すぐウソをつくはめになる。

われわれ詩人のなかで、自分の作ったワインに混ぜ物をしなかった者が、いるだろうか。われわれの酒蔵では、毒物の混入が行なわれたことも少なくない。「名状しがたいことが、そこで成し遂げられた」ことも少なくない。

　われわれは知識に乏しいから、知性《こころ》の貧しい者はわれわれには大歓迎だ。若い女であれば、なおのことだ。

　また、老いた女たちが毎晩語り合っているお話だって、われわれの欲してやまないところだ。われわれ自身は、それを「永遠に女性的なもの」と持てはやしている。

　ひとかどのことを学んだりすれば塞がれて通れなくなる、知に至る特別の秘密の通路があるとでもいうように、われわれは民衆とその「知恵」を信じている。

　詩人はみな、こうも信じている。草むらの中や人里離れた山腹《さんぷく》に寝転んで、耳をそばだてれば、天空と大地のあいだに存在するものごとをそれなりに見聞《けんぶん》できるのだ、と。

　心優しい感動に襲われると、詩人はいつもこう思うのだ。自分は自然自身に愛されているのだ、と。

　自然が、彼らの耳元に忍び寄り、秘め事やら愛の褒めちぎり言葉やらをささやいてくるのだ、と。彼らはそれを鼻にかけては、死すべき万人どもに吹聴するのだ。

　ああ、天空と大地のあいだには、詩人だけがそれを夕ネにうっとり夢見心地《ごこち》になれる、じつに多くのものごとがあるのだ。

　とりわけ天上には、たっぷりある。というのも、神々というのはみな詩人の比喩であり、詩人の捏造だからだ。

　そう、つねに「われわれは引き上げ」られる――つまり雲の国へだ。われわれは雲の上に、われわれが脱いだ色とりどりのぬけがらを置いては、それを神々とか超人とかと呼んでいる。――

じっさいそれらは、雲の台座に乗っかるほど軽いのだ。――神々とか超人とかは全部そうだ。

ああ、「足らざるところのあるもの」が、完璧に「出来事」となるべきだなんて、どれもこれも私にはうんざりだ。ああ、私は詩人にホトホトうんざりした」。[*26]

ツァラトゥストラがこう言ったとき、弟子は彼に腹が立った。だが、弟子は黙っていた。ツァラトゥストラも沈黙した。彼の眼は内面に向けられていた。まるで、はるか遠くを見ているかのようであった。しばらくして、彼はため息をつき、大きく息を吸った。

「私は、今日ならびにそれ以前に属している者だ」と、そのとき彼は言った。「だが、私の中には何かが棲んでいて、それは明日ならびに明後日《あさって》ならびに未来のいつの日かに属している。

私は詩人にはうんざりした。古い詩人にも新しい詩人にもだ。彼らはみな表面的であり、浅い海にすぎない。

彼らは十分深くまで考えなかった。だから彼らの感情は、海底にまで達しなかった。

情欲を少々と、退屈を少々。彼らがどんなに考えても、所詮そんなところだった。

彼らが竪琴《たてごと》を奏でても、その響きは私にはどれも、幽霊の呼吸の音か、衣《きぬ》ずれの音にしか聞こえない。情熱的な音調とはどういうものかについて、彼らにこれまで何が分かっていただろうか。

私からすれば、彼らは十分清潔でもない。彼らは、深く見せかけようとして自分の河川の水をそっくり濁らせてしまう。

そこで彼らは、好んで宥和者《ゆうわ》を装う。だが思うに、彼らは結局、仲立ち屋、混ぜっ返し屋でしかない。中途半端で不潔な者たちでしかないのだ。――

ああ、私は私の網を彼らの海に投げ込んで、活きのいい魚を捕《と》ろうとした。だが、私が引き上げたのはいつも、古い神の石頭だった。

そんなふうに海は、飢えた者に石を与えた。おそらく詩人たち自身も、海から生まれたのだろう。

たしかに、詩人の中には真珠が見つかる。だからこそ、いよいよもって彼ら自身は、硬い殻に覆われた海の生き物然としてくる。彼らは、魂がない代わりに、しょっぱい粘液でべとついていることが多い。

彼らはその虚栄心も、海から学んだ。海こそは、孔雀《くじゃく》の中の孔雀ではないのか。

海は、どんなに醜い水牛の前でも、長い尾を広げてみせる。銀と絹で飾られた扇子状の羽根を、飽きもせず広げる。

水牛は、ムッとしてこれを眺めている。彼の魂は、砂に近い。藪《やぶ》にはもっと近い。だが、いちばん近いのは、沼だ。

水牛にとって、美が、海が、孔雀の飾りが、何であろうか。この比喩を、私は詩人に贈りたい。

そう、彼らの精神自体が、孔雀の中の孔雀だ。虚栄の海なのだ。

詩人の精神は、観客が欲しいのだ。それが水牛だろうが、べつに構わないのだ。——

だが、こうした精神に、私はうんざりした。私には見える。こうした精神が自分自身に次第にうんざりしてくるのが。

私は見た。詩人が早くも変化をとげ、自分自身にまなざしを向けるのを。

知的贖罪者がやって来るのを、私は見た。彼らは詩人から成長したのだ」。

ツァラトゥストラはこう言った。

大いなる出来事

海に——ツァラトゥストラのいる至福の島から遠くないところに——島が一つ浮かんでいる。その島では火山がたえず煙を上げている。この島について、民衆は、なかでもとくに老婆たちは、こう語っている。その島は、冥界の門の手前に置かれた岩の塊のようなものだ。

つまり、火山の内部を抜けて下方に通じる細道を降りていくと、この冥界の門に行き当たるのだ、と。

さて、ツァラトゥストラが至福の島に滞在していた頃、たまたま船が一隻《せき》やってきて、山から噴煙の上がっているこの島に錨《いかり》を降ろした。乗組員たちは、ウサギ狩りをするために、上陸した。正午近くに、船長と船員たちがふたたび集合したとき、彼らは突然、一人の男が空から自分たちのほうにやって来るのを見た。そして声がこう語るのをはっきり聞いた。「時が来た、いよいよその時が来た！」と。その姿が、彼らのこのうえなく近くまでやって来たとき――影のように急いで通り過ぎては、火山のある方角へ飛んでいったが――、彼らは、それがツァラトゥストラだということを認めて、びっくり仰天した。彼らは、船長一人を除いて全員、ツァラトゥストラを見たことがあったし、民衆と同じく、愛と畏れが相半ばする思いで、彼のことを愛していたからである。

「見るがいい」と年老いた航海士は叫んだ。「ツァラトゥストラが地獄へ行くところだ！」

――

これら船乗りたちが火の島に上陸していたのと同じとき、ツァラトゥストラの姿が消えたという噂が広まった。人びとに尋ねられた彼の友人たちは、こう説明した。ツァラトゥストラは夜、どこへ旅するとも告げずに、船で出かけていった、と。

かくして動揺が起こった。三日後には船乗りたちの例の話が加わって、動揺は大きくなった。――そこで、民衆は口々に、ツァラトゥストラは悪魔にさらわれたのだろう、と言った。彼の弟子たちは、この風評を聞いて、笑った。弟子の一人は、こう言ったほどである。「むしろ悪魔がツァラトゥストラにさらわれたというのなら、まだ話は分かるが」と。だが、心の底では彼らはみなひどく心配し、ツァラトゥストラのことを待ちわびていた。だから、五日目にツァラトゥストラが弟子たちのもとに現われたとき、彼らの喜びは大きかった。

ツァラトゥストラは、火の犬と対話してきたのだと言った。彼はこう物語った。

「大地は」と彼は言った。「皮膚をもっている。そしてこの皮膚は、さまざまな病気にかかっている。この病気の一つには、たとえば、「人間」という名前がついている。

この病気の他の一つには、「火の犬」という名前がついている。この犬に関して、人びとはウソいつわりを垂れ流しては、みずからを欺《あざむ》いてきた。

この秘密を見きわめてやろうと思って、私は海を渡って行った。そして私は、ありのままの真実を見てとった。そう、首からつま先までの赤裸々な真相を、だ。

火の犬がどういった代物であるか、今や私には分かった。それとともに、爆発と転覆を企《たくら》む悪魔どもの正体も分かった。奴らを怖がっているのは、老婆たちだけではない。

「火の犬よ、出てきなさい、地下の隠れ家《が》から！」と私は叫んだ。「そして、その隠れ家がどこまで深いか、白状するがいい。おまえが鼻で息をして噴き上げているもの、それはどこから来たものか。

おまえは海水をたっぷり飲んでいるな。おまえのしょっぱい雄弁が、その証拠だ。たしかに、地下深くに棲む犬にしては、地表から養分をばかにとりすぎているぞ。

おまえはせいぜい、大地の腹話術師だ。そう私は見ている。そして、爆発と転覆を企む悪魔どもが語る演説を聞くたびに、奴らがおまえとそっくりであることに気づいた。しょっぱくて、ウソつきで、薄っぺらだ。

おまえたちは、吠え立てては火山灰を噴いてあたりを暗くするのが上手《じょうず》だ。おまえたちは極上の大ボラ吹きで、泥を熱くして煮え立たせるすべをとことん心得ている。

おまえたちのいるところ、その近くは決まって泥まみれだ。そして、スポンジ状のもの、穴ぼこだらけのもの、ギュウギュウ詰めのものが、必ず山ほどある。そういったものが自由になりたがっている。

『自由』と、おまえたちはみな、さも嬉しそうに吠え立てる。だが、その自由をめぐって咆哮《ほうこう》と煙がたくさん上がるや、たちまち私には、『大いなる出来事』というものがすっかり信じられなくなる。

私の言うことを信じなさい、地獄の喧噪屋《けんそうや》なる友よ。最も大いなる出来事――それはじつのところ、われわれの最も騒がしい時ではなく、われわれの最も静かな時なのだ。

新しい喧噪の発明者ではなく、新しい価値の発明者の周りを、世界は回転する。音もなく静かに、世界は回転する。

せめて認めるがいい。おまえの喧噪と煙がおさまったとき、どのみち大したことは起こらなかった、と。一つの都市がミイラとなり、一つの柱像《ちゅうぞう》が泥の中に転がったとしても、それが何だというのか。

さらに私は、柱像の転覆者たちに、こう言ってやろう。塩を海の中に投げ込み、柱像を泥の中に投げ込むことほど、愚かなことはないだろう、と。

おまえたちの軽蔑の泥の中に、柱像は転がった。だが、その軽蔑からしぶとく甦って生きし た美がふたたび育ってくること、これぞ柱像の法則にほかならない。

今や柱像は、以前にもまして神々しい顔つきで立ち上がる。その苦悩は人びとを惹きつけてやまない。そう、柱像は、おまえたち転覆者に感謝しさえすることだろう。打ち倒してくれてありがとう、と。

国王や教会、その他もろもろの、年老いて徳の衰えたものすべてに、私はこう勧めよう。――打ち倒されるがいいと。そうすれば、君たちはしぶとく甦り、君たちに――徳は戻ってくるのだから、と」。――

私は火の犬に向かって、そう語った。向こうは私の言うことを不機嫌にさえぎって、こう質問してきた。「教会だと？ 教会とはいったい何だ？」

「教会か」と私は答えた。「教会とは、一種の国家だ。しかも一番ウソつきの国家だ。とはいえ、黙っているがいい、偽善の犬よ。おまえは、おまえの同類を知りすぎるほど知っているはずだ。

おまえ自身と同じく国家も、偽善の犬だ。おまえと同じく国家も、煙と咆哮を上げて語りたがる。――おまえと同じく国家も、事物の腹から語っていると人びとに信じ込ませるために、だ。

　というのも、国家というのは徹底的に、地上における最も重要な動物であろうとするからだ。人びとも国家がそういうものだと信じている」。

　私がそう言ったとき、火の犬は、嫉妬のあまり猛《たけ》り狂った。「何だと？」とそいつは叫んだ。「地上における最も重要な動物だと？　人びとも国家がそういうものだと信じているだと？」　火の犬の喉《のど》から、おびただしい湯気とゾッとする声が洩れてきたので、私は相手が怒りと嫉妬のあまり窒息するのではないかと思った。

　そいつはやっと落ち着き、喘《あえ》ぎ声は和らいだ。相手が静かになるや、私は笑いながらこう言った。

「腹を立てたな、火の犬よ。ということは、おまえに関して私が言ったことは当たりだということだ。

　私の言ったことが当たりだとはっきりさせるために、別の火の犬の話を聞かせてやろう。その犬は、本当に大地の心臓から語るのだ。

　その犬の息は、黄金を吐き、黄金の雨を降らせる。彼の心臓がそう欲するのだ。彼にとって、灰とか煙とか熱い粘液など、もうどうでもいい。

　彼から飛び出してくる笑いたるや、空に広がる色とりどりの雲のようだ。おまえのように喉を鳴らし、ツバを吐き、はらわたに憤怒《ふんぬ》をたぎらせるのは、彼は嫌いなのだ。

　黄金、それに笑い――これを、彼は大地の心臓から取り出す。というのも、よくおぼえておくがいい——大地の心臓は黄金でできているからだ！」
火の犬は、そう聞かされると、もう私の言うことをとても聞いていられなくなった。恥ずかしそうにしっぽを巻いて、声を低めてワンワンと唸《うな》り、自分の洞穴《ほらあな》にもぐり込んでしまった」。——

ツァラトゥストラはそう物語った。だが、弟子たちは彼の話をほとんど聞いていなかった。船乗りたちについて、ウサギ狩りについて、空を飛んでいった男について、ツァラトゥストラに話したくてたまらなかったのである。

「そのことを、私はどう考えればいいのか」とツァラトゥストラは言った。「では、私は幽霊なのか。

いや、それはきっと私の影だったのだ。君たちはおそらくもう、放浪者とその影について、いくらか聞いたことがあるだろう。

たしかなことは、私の影が長くなりすぎないようにしておかねばならないということだ。——さもないと、影は私の評判を傷つけるだろう」。

そしてもう一度、ツァラトゥストラは首を横に振って、いぶかしんだ。「そのことを、私はどう考えればいいのか」と、彼はもう一度言った。

「いったいなぜその幽霊は「時が来た、いよいよその時が来た！」[*27]と叫んだのか。いったい何が始まる——時がいよいよ来たというのだろう？」——

ツァラトゥストラはこう言った。

占い師

「——そして私は、大いなる悲哀が人びとを襲うのを見た。最も優れた者たちでさえ、自分の仕事に嫌気《いやけ》が差すようになった。ある教えが生じてきた。ある信念がそれと並んで広がった。「一切は空しい。一切は同じことだ。一切はすでにあったことだ！」

そして、丘という丘から、こうこだまする声が聞こえてきた。「一切は空しい。一切は同じことだ。一切はすでにあったことだ！」

なるほど、われわれには収穫があった。だが、実ったものがことごとく腐り、茶色くなってしまったのはなぜか。邪悪な月から、昨夜、何が地上に降ってきたのか。

一切の労働はムダであった。われわれのワインは毒となり、邪悪なまなざしが、われわれの畑も心も焼き焦がして、砂漠にしてしまった。

われわれはみな、干からびてしまった。火がわれわれに降りかかっても、われわれは灰のように埃《ほこり》を立てるばかり。——そう、われわれには火も飽き飽きするほどだ。

どの泉も涸《か》れてしまった。海も後ずさりして引いていった。地面は、どこを向いても裂けようとしている。だが、地底に呑み込まれるほど深くはない。

「ああ、溺死することのできる海は、どこに残っているのか」と、われわれの嘆きの声が聞こえる——浅い沼を越えて響き渡る。

そう、死ぬことさえ、われわれはもう面倒くさくなった。今は目を開けて、生きながらえることにしよう。墓穴の中で！——」

ツァラトゥストラは、占い師がこう語るのを聞いた。占い師の予言は、ツァラトゥストラの心に響き、ツァラトゥストラの様子を一変させた。彼は悲哀に沈み、もの憂げに歩き回った。その様子は、あたかも、占い師が語ってみせた人びとのようであった。

「そう」——と、ツァラトゥストラは弟子たちに言った——「もう少ししたら、こういう長い黄昏《たそがれ》がやって来る。ああ、私はそこから私の光をどう救い出せばいいのか。

この悲哀の中で私の光が窒息してしまわなければよいのだが。じつにその光は、もっと遠い世界を照らし、最も遠い夜をも照らす光となるべきなのに」。

こんなふうに心から憂えながら、ツァラトゥストラは歩き回った。そして、三日間、飲み物も食べ物もとらず、休もうとせず、言葉も失った。とうとう彼は深い眠りに落ちた。*28 弟子たちは、徹夜で彼に付き添い、様子を見守った。ツァラトゥストラが目覚め、ふたたび語り、憂愁から快復することを、心配しながら待っていた。

ツァラトゥストラは、目を覚ましたとき、次のように語った。だが彼の声は、はるか遠くから弟子たちのもとに聞こえてくるかのようであった。

「私が見た夢を話すから、どうか聞いてほしい、君たち友よ。そして、夢の意味を解くのを助けてほしいのだ。

この夢は、私にとって、依然として謎だ。その意味は、夢のうちに隠され、捕われていて、夢から抜け出て自由に羽ばたくにはまだ至っていない。

夢の中で、私は一切の生を拒絶した。私は、夜警の墓守となった。人寂しい山上の死の城に、その墓はあった。

山上のその墓所で私は、棺《ひつぎ》の見張りをしていた。カビ臭い地下の納骨所には、死神《しにがみ》の勝利のしるしが、所狭しと並んでいた。ガラス製の棺からは、打ち負かされた生が、私をじっと見つめていた。

永遠にあずかるはずの物たちが、埃にまみれて漂わせる臭いを、私は吸い込んだ。私の魂は、鬱陶《うっとう》しく埃まみれになって横たわった。あんなところで、いったい誰が自分の魂にも風を通すことができようか。

真夜中の明るさが、いつも私の周りにいた。孤独が私の傍らにうずくまっていた。そして第三に、私の女友だちの中でいちばん性悪の、死の静寂が、喉をかき鳴らしていた。

私はカギを携えていた。あらゆるカギの中で最もさびついたカギだった。あらゆる門の中で最もギイギイ言う門を、そのカギで開けるすべを私は心得ていた。

その門の扉が動き出すとき、怒りに駆られてわめき散らす鳥の叫び声のような大音声《だいおんじょう》が、長い地下通路に響き渡った。陰険な鳴き声を立てるこの鳥は、目覚めさせられるのがいやだったのだ。

だが、その音も消え去り、また静かになると、あたりはもっと恐ろしげとなり、胸を締めつけられるかのようであった。私はたった一人、この悪意にみちた沈黙のなかにじっと坐っていた。

そんなふうに、時が忍び足で過ぎていった。もっとも、時がまだ存在するとしての話だが。そんなことが私に分かるはずもない。だが、ついに私を目覚めさせることが起こった。三度、門を叩く音がした。雷のようにドンドンドンと。地下の納骨所じゅうにその音が、三度大きくこだました。私は門のほうに向かった。

アルパ！　と私は叫んだ。自分の灰を山に運んでいったのは誰か。アルパ！　アルパ！自分の灰を山に運んでいったのは誰か。

私はカギを押し込み、懸命に門を動かそうとした。だが、扉は指一本のすき間ほども開かなかった。

すると、一陣の突風が吹いて、扉を一気にこじ開けた。口笛を吹くように、切り裂くような鋭い音を立てて、突風は漆黒《しっこく》の棺を一つこちらに投げてよこした。

ごうごうぴゅうぴゅうと、けたたましい音を立てて、棺はパックリ開いた。そこから、千々《ちぢ》に乱れ飛ぶ高笑いがどっと吐き出された。

千ほどの異様な形相《ぎょうそう》をした赤ん坊、天使、フクロウ、道化《どうけ》、赤ん坊ほどの大きさのチョウどもが、笑い、嘲《あざけ》り、私に向かって突進してきた。

その恐ろしさに、私は身の毛がよだった。私は倒れ込んだ。そして恐怖のあまり、これまで叫んだことのない大声で絶叫した。

すると私は、自分の絶叫で目を覚ました。――そして、我に返った。――」

ツァラトゥストラは夢をこう物語った。そして黙った。というのも、彼は夢の意味がまだ分かっていなかったからである。すると、彼が最も愛していた弟子が、やにわに立ち上がり、ツァラトゥストラの手を握って、こう言った。

「あなたの生き方そのものが、この夢の意味を解いてくれます、おお、ツァラトゥストラよ。

あなた自身が、ぴゅうぴゅうとけたたましい音を立てる突風となって、死の城の門をこじ開けたのではないでしょうか。

あなた自身が、生ならではの絢爛たる悪意や異形《いぎょう》の天使のいっぱい詰まった棺なのではないでしょうか。

そう、千々に乱れ飛ぶ子どもの高笑いに似て、ツァラトゥストラは、どんな霊安所にも入り込んでは、夜警の墓守を笑い飛ばし、陰鬱なカギをカチャカチャ言わせるそのほかの連中を笑い飛ばすのです。

あなたは持ち前の高笑いで、彼らを畏怖させ、打ち倒すことでしょう。卒倒したり目覚めたりしたことは、彼らに対するあなたの力を証明することでしょう。そして、長い黄昏と死の倦怠がやって来ても、私たちの空であなたが沈んでしまうことはないでしょう。あなたは生の代弁者なのですから。

新しい星々と新しい壮麗な夜を、あなたは私たちに見せてくれた。そう、あなたは笑いそのものを、きらびやかな天幕のように、私たちの頭上に張り渡してくれたのです。

今や、子どもの笑いが、棺の中からたえず湧き起こることでしょう。今となっては、一陣の強風が、どんな死の倦怠にも勝利して吹き続けることでしょう。あなた自身が、その勝利の保証人にして占い師になってくれるからには、です。

そう、あなたが夢に見たのは、彼ら自身、つまりあなたの敵たちだったのです。それは、あなたの最も重苦しい夢でした。

しかし、あなたが彼らから目覚めて、自分に帰ったように、彼ら自身も自分から目覚めて――あなたのところにやって来るはずなのです！――」

弟子はそう語った。すると、他の弟子もみなツァラトゥストラの周りに集まってきて、ツァラトゥストラの手を握った。そして彼らは、ツァラトゥストラに、ベッドと悲哀から離れて自分たちのところに戻ってきてほしい、と説得した。だがツァラトゥストラは、寝床で身を起こして、よそよそしい目つきをしていた。長い異国暮らしから帰ってきた者のように、彼は弟子たちを眺め、彼らの顔つきを窺《うかが》っていた。それでもツァラトゥストラは、彼らの言うことが呑み込めなかった。だが、弟子たちが彼を起こして自分の足で立たせてやると、見よ、ツァラトゥストラの眼は突如として変わった。彼は、起こったことの一切を理解し、ひげを撫でて、力強い声で言った。

「よし、このことはもう済んだ。では、弟子たちよ、ここは一つ、饗宴の支度《したく》をしてくれ。すぐにだ。それで悪い夢の償《つぐな》いとすることにしよう。

では、あの占い師を私のそばに坐らせ、飲み食いをさせてやろう。そう、彼が溺れ死にできる海がまだあることを、彼に教えてやりたいのだ」。

ツァラトゥストラはこう言った。それから、夢占いの役を演じてみせた弟子の顔を、長いこと見つめて、首を横に振った。——

救い

ある日、ツァラトゥストラが大きな橋を渡ってゆくと、障碍をもった物乞いたちが、彼を取り囲んだ。そして、一人のせむしの男がツァラトゥストラにこう語った。

「ほら、ツァラトゥストラ、民衆もあんたから学んで、あんたの教えを信じるようになった。しかし民衆があんたをすっかり信じるためには、もう一つだけ必要なことがある——俺たち障害者をこのさい心服させてくれないとね。ここには選《え》り抜きの優良品が揃っている。そう、絶好のお誂《あつら》え向きだ。あんたは、目の見えない者を治すこともできるし、歩けない者を走れるようにすることもできる。背中に余分なものが付いている者から、そのこぶを取ってやることもできるだろうよ。——障害者たちにツァラトゥストラの言うことを信じさせるには、思うに、これが正しいやり方というものだ！」

しかしツァラトゥストラは、そう語った男にこう答えた。「せむしからそのこぶを取ると、せむしの才気《ガイスト》も奪ってしまう。——これが民衆の教えだ。それに、目の見えない者の目が治ると、この世に起こっているあまりに多くのロクでもないことを見るはめになる。だから彼は、目を治してくれた者を呪う。また、歩けない者を走れるようにする者は、相手に最大の損害を加えることになる。というのも、走り始めたとたんに、当人の悪徳も一緒に駆け回るから。——これが障害者にまつわる民衆の教えだ。それに、ツァラトゥストラが民衆から学んでどうしていけないのか、民衆がツァラトゥストラから学んでいるのなら。

人間たちのもとで暮らしてこのかた、私が見てきたものは、まったく取るに足りないものばかりだ。「この人には目がない。あの人には耳がない。三番目の人には足がない。ほかにも、舌を、鼻を、頭を失くした者たちがいる」。

もっとひどいもの、じつにイヤなものを、私はたくさん見てきたし、今でも見ている。それらをいちいち語る気にはなれないが、そのいくつかについては黙っていたくない。すなわち、すべてが欠けているのに、一点だけはあり余るほど具えている人間がいる。——一個の巨大な眼《まなこ》、または一個の巨大な口、または一個の巨大な胃袋、またはそのほかの巨大な何かであって、それ以外の何ものでもない人間たちのことだ。――私はそういった連中のことを、逆さまの障碍者と呼ぶ。

私が孤独な山中からやって来て、はじめてこの橋を渡ったとき、私はわが眼を疑った。何度も見直して、ついに私は言った。「これは一個の耳だ。人間の大きさをした耳だ」。仔細に眺めると、おや、耳の下で何かが動いている。かわいそうなくらい、ちっぽけでみすぼらしくかぼそい何かが。本当の話、恐ろしく巨大な耳が、ちっぽけでやせっぽちの柄《え》のうえに載っている。――その柄こそ、人間だった！　虫メガネを使って調べると、妬ましそうにこちらを窺《うかが》う、ちっぽけな顔も認めることができた。脹《は》れぼったい魂が、その柄におまけのようにぶら下がってもいた。なのに、民衆は私に言った。この大きな耳は、ただの人間ではない、偉大な人間であり、天才なのだと。しかし私は、民衆が偉大な人間について語ったときは、彼らをおよそ信じなかった。――すべてに関してあまりに少なく持ち、たった一点に関してあり余るほど持つ者は、逆さまの障碍者だという私の信念は、変わらなかった」[*29]。

ツァラトゥストラが、せむしの男と、彼を代理スピーカーとする者たちに、こう語り終えたとき、彼はめっきり不機嫌な面持ちで、弟子たちのほうを向いて、こう言った。

「そう、わが友たちよ、私は人間たちのあいだを歩いていると、人の恰好をした切れ切れの断片やらバラバラの手足やらのあいだを歩いている気がしてくる。

人間の四肢がズタズタにされて、戦場や畜殺場のように散乱しているのを眺めるのは、私の眼には、恐ろしい光景だ。

私の眼が現在から過去へ逃れても、同じ光景が広がるばかり。切れ切れの断片やらバラバラの手足やらゾッとする偶然やら――だが、人間は一人もいない。

地上における現在と過去――ああ、わが友たちよ――これこそ、私にはいちばん耐えがたいことなのだ。私が来たるべきものの予見者でなかったら、私は生きていくことができないだろう。

予見者、意志する者、創造者、未来そのもの、未来への橋――ひいては、ああ、この橋にたたずむいわば障碍者。それらすべてであるのが、私ツァラトゥストラだ。

君たちもしばしば自分に尋ねた。「われわれにとって、ツァラトゥストラとは何者なのか。われわれは彼をどう呼ぶべきなのか」。そして、私自身と同じく、君たちも、答えるために自分にこう尋ねた。

彼は約束する者なのか。それとも成就《じょうじゅ》する者なのか。征服者なのか。それとも後継者なのか。実りの秋なのか。それとも種まき前に土を掘り返す犂《すき》の刃なのか。医者なのか。それとも快復した者なのか。

彼は詩人なのか。それとも嘘をつかない者なのか。自由をもたらす解放者なのか。それとも飼い馴らす調教者なのか。善人なのか。それとも悪人なのか。

私が人間たちのあいだを歩くとき、その人間たちとは、未来の断片なのだ。その未来が、私には見える。

そして、断片であり謎でありゾッとする偶然であるものを、取り集めてひとまとまりにすること、これこそ私が成し遂げたいと思っていることのすべてだ。

人間が詩人でもあり謎解き屋でもあり偶然の救済者でもあるのでなければ、人間でいることに、どうして私は耐えられようか。

過ぎ去ったものを救済し、すべての「そうあった」を「そう私が欲したのだ」に造り変えること――そうであってこそ、私はこれを救いと呼びたい。

意志――と、解放者にして喜びをもたらすものは、そう呼ばれる。私は君たちにこう教えた、わが友よ。ところで、加えてこのことも学ぶがいい。意志そのものが、いまだに囚人なのだということを。

意志するとは、解放することである。しかし、解放者をもいまだに鎖につないでいるものがある。その呼び名は何か。

「そうあった」。意志が歯ぎしりして口惜《くや》しがり、孤絶の悲嘆に襲われるゆえんは、そう呼ばれる。すでに為されたことに対しては無力だから――、意志は、過ぎ去ったものすべてに関して、悪しき傍観者でしかない。

意志は、遡って意志することができない。意志は、時間を打ち破ることができないこと、時間の欲望を打ち破ることができないこと――このことが、意志にとっては、孤絶の悲嘆の種なのだ。

意志することは、解放する。意志は、おのれの悲嘆を免れ、おのれの牢獄をあざ笑うために、どんなことをみずから考え出すだろうか。

ああ、どんな囚人もバカげた考えに取り憑かれるものだ。囚われた意志が、自分自身を救おうとして思いつく考えも、バカげている。

時間は逆戻りしないこと、これが意志の憤懣《ふんまん》の種である。「そうあったもの」――意志がいくら転がそうとしても、びくともしない石の名前は、これである。

そうして意志は、憤懣と不機嫌に駆られて、あれこれの石を転がしては、自分ほどには憤懣や不機嫌を感じないものに対して、復讐をする。

かくて、解放者であるはずの意志が、苦痛を与える者となった。そして意志は、感受性をもつすべてのものに対して、自分が遡って意志することはできないことの復讐をする。

これが、いやこれのみが、復讐というものである。時間に対する、そして時間の「そうあった」に対する、意志の反感、これぞ復讐にほかならない。

そう、われわれの意志の内《うち》には、大バカ者が棲んでいる。そして、この大バカ者が学習して精神を身につけたことが、およそ人間的なものすべてにとって呪いとなった。

復讐の精神、これこそが、わが友たちよ、人間がこれまで考えに考えて得た極上の成果だった。そして、苦悩のあるところ、いつでも罰がある、ということになった。

というのも、「罰」とは、復讐自身がそう名乗るところだからである。復讐は、ウソ偽りの言葉で、良心に疚《やま》しいところなどないと見せかけるのだ。

そして、意志する者自身のなかに、遡って意志することができないという苦悩があるから、――かくて、意志すること自体が、そして生きることすべてが――罰だということになってしまった。

今や、精神の上に、雲また雲が押し合いへし合いして垂れ込めて、ついには、狂気がこう説教し始めた。「一切は過ぎ去る、だから一切は過ぎ去るに値するのだ」。

「時間の神クロノスは、わが子たちを食い殺さざるをえない。時間のこの掟はそれ自身、正義なのだ」。狂気はこう説教した。

「万物は、正義と罰という道徳的秩序に従って成り立っている。おお、万物の流転からの救いや、『存在』という名の罰からの救いなど、どこにもありはしない」。狂気はこう説教した。

「永遠の正義が存在するのなら、救いなどありえない。ああ、『そうあった』という石は、いくら転がそうとしても、びくともしない。だから、どんな罰も永遠であらざるをえないのだ」。狂気はこう説教した。

「いかなる行ないも、無に帰することはありえない。処罰したからといって、どうあがいても、為されなかったことにはできないのだ。これが、これこそが、『存在』という名の罰の、永遠であるゆえんにほかならない。つまり、この世に生きていること自体、これまた永遠に行ないであり負い目であるほかないということが、だ」。

「意志がついにはおのれ自身を救済し、意志することが意志しないことへと変ずるのでなければ、そうなる――」。だが、兄弟たちよ、狂気の歌うこのでたらめな作り話なら、君たちもとうに知っているはずだ。

私が君たちに「意志とは創造者なのだ」と教えたとき、私は君たちを、このでたらめな作り話が歌われる圏外へと脱出させた。

すべての「そうあった」は、切れ切れの断片であり、一個の謎であり、ゾッとする偶然である。――創造する意志が、これに付け加えて、「しかし、そう私が欲したのだ」と言うまでは。

――創造する意志が、これに付け加えて、「しかし、そう私は今、欲するのだ。そう私はこれからも欲するだろう」と言うまでは。

だが、意志はまだそう言ってはいない。いつになったらそうなるのか。意志は自分自身の愚かさをまだ脱却してはいない。

意志はまだ自分自身を救う者、自分自身に喜びをもたらす者となっていない。意志は、復讐の精神と、あらゆる切歯扼腕《せっしやくわん》を忘れてはいない。

時間との和解を、つまりどんな和解よりも高次の和解を、意志に教えた者はこれまでいなかった。

どんな和解よりも高次の和解を、意志は欲しなければならない。意志とは、力への意志なのだから。――しかし、どうしたら意志にそれができるのだろうか。遡って意志することを意志に教えた者は、まだ誰もいないというのに」。

——だが、話がここまで来たとき、ツァラトゥストラは突然、話すのを止めた。その様子は、最悪の事態に見舞われて戦慄をおぼえた者そっくりだった。戦慄に襲われた眼つきで、彼は弟子たちを見やった。彼の眼は、弟子たちの考えていることや、その背後にある考えを、矢のように鋭く射し貫いた。だが、ほどなくすると彼は笑いを取り戻し、なだめるような口調でこう言った。

「人間たちと一緒に暮らすのは難しい。なぜなら、黙っていることが難しいからだ。とりわけ、おしゃべりな者にとっては、ね」。——

ツァラトゥストラはこう言った。ところで、せむしの男は、ツァラトゥストラたちの話に聞き入っていたが、そのあいだ顔を隠していた。ツァラトゥストラが笑うのを聞いたとき、せむしの男は、好奇心にみちた目を上げ、ゆっくりこう言った。

「それにしても、ツァラトゥストラは、俺たちに対して話すのと、弟子たちに対して話すのとで、なぜ違った話し方をするのだろう」。

ツァラトゥストラは答えた。「何の不思議があろうか。相手の背中にこぶがある場合は、自分も背中にこぶを付けて話したって問題ないはずだ」。

「ふーん」と、せむしの男は言った。「では、弟子たちが相手なら、あけっぴろげに話したって問題ないはずだろう。

なのに、ツァラトゥストラは、弟子たちに対して、なぜ違った話し方をするのだろう——自分自身に対して話すのとは」。——

賢い世渡り法

頂上ではない、恐ろしいのは斜面のほうだ。

斜面に立つと、まなざしは足下に落ちてゆき、手は頭上を摑もうとする。上に下に、心は引き裂かれ、めまいに襲われる。

ああ、友よ、君たちは、私の心にも引き裂かれた意志があるのを察してくれるだろうか。私の斜面にして私の危険であるのは、あべこべなのだ。私のまなざしは高みをめざして頂上へと落ちてゆき、私の手は支えを求めて深みにすがろうとする――深淵を拠りどころとするかのように。

私の意志は、人間をかすがいにして安定する。鎖で私は自分を人間にくくりつける。なぜなら、私は上方へ、超人のほうへと、身を引き裂かれているからだ。というのも、私のもう一方の意志が、そう欲するからである。

人間のあいだで暮らすとき、私は、あたかも人間のことを知らないかのように目を塞いでいる。何のためにか。確固としたものへの人間の信頼を、私の手がすっかり失うことにならないために、である。

私は、君たち人間のことを知らない。この暗闇が、慰めとなって、いつも私を包んでくれる。

私は、ごろつきどもがうろつき回る街の門のそばに坐って、こう尋ねる。私をだまそうとする者は誰かいないか、と。

私の第一の賢い世渡り法は、こうである。私は、人にだまされるままになり、だます人に用心などしない。*30

ああ、人間に用心などしていたら、人間が私のボールを引きとめる錨《いかり》にどうしてなりえようか。私は上方へ、いともやすやすと引きさらわれてしまうではないか。

私の運命をつかさどる摂理は、こうである。私は用心してはならない。

また、人間のあいだで喉の渇きに苦しみたくない者は、どんなコップからも飲むことを学ばなくてはならない。人間のあいだで清らかなままでありたい者は、汚い水でも身を洗うことができなくてはならない。

また私は、自分を慰めるために、しばしばこう言った。「よし、それでよし、わが心よ、お前は不幸な目に遭《あ》ったが、それをお前の――幸福として味わうがいい」。

さて、私の第二の賢い世渡り法は、こうである。私は、誇り高い人よりも、虚栄心の強い人のほうを大事にする。

傷ついた虚栄心は、一切の悲劇の母ではないか。ところが、誇りが傷ついた場合は、おそらく、誇りよりも善き何かが生じてくる。

人生が善き見世物となるには、人生という芝居が善く演じられなくてはならない。しかしそのためには、善き俳優が必要である。

虚栄心の強い人は、みな善き俳優だと私は思う。彼らは、自分たちが観客に楽しんでもらいたいと思って演技する。――彼らの精神はすべて、この意志のもとにある。

彼らは舞台に昇り、大見得を切る。私は、彼らの近くで人生を見物させてもらうのが好きだ。――憂鬱を癒《いや》してくれるから。

それゆえ私は、虚栄心の強い人を大事にする。なにしろ彼らは、私にとって医者であり、私の憂鬱にとって医者であり、人間という名の役者芝居に、私がつかまって離れないようにしてくれるからである。

それに、虚栄心の強い人がどこまで遠慮深いかは、何人《なんぴと》も究めがたいほどだ。私は、虚栄心の強い人を、その遠慮深さゆえに好ましく思うし、彼に同情をおぼえる。

彼は、君たちから教わって、自信を手に入れたいと思っている。君たちのまなざしを糧《かて》として彼は暮らしている。君たちが拍手して送ってくれる称賛を、彼らは貪《むさぼ》り食う。

君たちがウソをついて彼を褒めそやせば、彼はウソでも信じる。というのも、心の奥底で彼はこう溜《た》め息をつくからである、「この私が何者だというのか」。

自分自身のことを知らずにいることこそ、真の徳だとすれば、虚栄心の強い人が、自分の遠慮深さのことを知らずにいるのも、真の徳というものだろう。――

さて、私の第三の賢い世渡り法は、こうである。私は、悪人たちを眺めるのが楽しくてならない。君たちが彼らを怖がろうと、全然気にならない。

灼熱の太陽の生んだ不思議、トラや椰子《やし》やガラガラヘビといった奇蹟の数々を見るのが、楽しくてならない。

人間のあいだにも、灼熱の太陽の生んだ素晴らしい子どもたちがおり、悪にかけては驚嘆に値する者たちがたくさんいる。

なるほど、最も賢い君たちでさえ、私にはそれほど賢いとは全然思えなかったように、人間の邪悪さも、評判ほどではないと私は思った。

また、私はしばしば頭を横に振って尋ねた。ガラガラヘビよ、なぜ君たちはまだガラガラ音を立てているのか、と。

そう、悪にだって、まだ未来というものがあるのだ。それに、いちばん暑い南国は、人間にはまだ発見されていない。

せいぜい身の周り十二尺《シュー》の生後三ヵ月しか経たない坊やが、今ではもう、あれもこれも極悪中の極悪だと言いふらされているありさまだ。だが、もっと大きい竜が、いつかこの世にやって来るだろう。

というのも、超人がやって来るには、それに見合った竜が、つまり超‐竜がやって来なくてはならないからだ。そのためには、たくさんの灼熱の太陽が、鬱蒼とした原生林にもっと照りつけなくてはならないのだ。

まずもって、君たちのヤマネコがトラに変身しなければならず、君たちの毒ガエルがワニに変身しなければならない。というのも、よき猟師は、よき獲物がいなければ成り立たないからだ。

そう、善の人、正義の人よ、君たちには、お笑い草がいっぱいある。とりわけ、これまで「悪魔」と呼ばれてきたものに対して君たちが抱く恐れは、お笑い草だ。

君たちの魂をもってしては、偉大なものとはおよそ縁が遠い。だから、超人がやって来て善意を示しても、君たちは恐ろしがるだけだろう。

また、賢者、知者の君たちは、燃える太陽のような知恵をこわがって、スタコラ逃げ出すことだろう。超人なら、その知恵を裸身に浴びて、日光浴を楽しむというのに。

私が目撃したことのある最高の人間たちよ、君たちに対する私の疑いと、私のひそかな笑いは、こうである。私の察するところ、君たちは私の超人を――悪魔と呼ぶことだろう。

ああ、こういった最高の人びとや最善の人びとにも、私は飽き飽きした。彼らの「高み」を超え出て、その上方へ、遠く、超人にまで達したいと願った。

こうした最善の人びとが裸でいるのを見たとき、私は身の毛がよだった。そのとき、私の背中に生《は》えたものがあった。はるか遠くの未来へ飛んでいくための翼であった。

これまでどの彫刻家が造形したよりも、もっと遠い未来へ、もっともっと南の国へ。神々が、どんな衣をまとうことも恥ずかしく思う彼方へ、だ。

だが、隣人、同胞よ、君たちを見る場合、私は君たちに仮装してもらいたい。美しく着飾って、虚栄を張り、「善の人、正義の人」たるにふさわしく。――

そして、私自身も、仮装して、君たちのあいだに坐っていよう。——君たちも私も、お互いどうし姿を見誤るように。つまりそれが、私の最後の賢い世渡り法なのだ。

ツァラトゥストラはこう言った。

最も静かな時

私の身に何が起こったのか、わが友よ。君たちの見ている前で、私は取り乱し、追い立てられ、しぶしぶ言いなりになって、出ていこうとしている——ああ、君たちを捨てて、出ていこうとしているのだ。

そうだ、ツァラトゥストラはもう一度、おのれの孤独に戻らなくてはならない。だが今回このクマは、自分の洞窟に帰っていくのが気乗りしないありさまだ。

私の身に何が起こったのか。私に命ずるのは誰か。——ああ、私の怒れる女主人《いか》が、そう欲し、私に話しかけてきたのだ。私はもう君たちに、その女《ひと》の名前を明かしたことがあっただろうか。

昨日の晩、私の最も静かな時が、私に話しかけてきた。そう、これが私の恐るべき女主人の名前である。

事の次第はこうだ。——なにしろ、私は君たちにすべてを話しておかなくてはならないのだから。突如立ち去っていく者に、君たちが頑《かたく》なに心を閉ざすことのないように。

君たちは、眠りに就《つ》く者を襲う戦慄のことを知っているか。——眠りに就く者は、足のつま先まで戦慄に襲われる。足元の大地は崩れ落ち、夢が始まるからである。

たとえて言えば、そういうことになる。昨日、最も静かな時間に、私の足元の大地は崩れ落ち、夢が始まった。

時計の針は進み、私の生の時計は息をついだ——、そのような静けさを、私は周りに聞いたことがなかった。私の心臓もおののくほどだった。

そのとき、声なき声が私にささやいた。「あなたにはそれが分かっているね、ツァラトゥストラよ」。——

私は、このささやきを聞いて、恐ろしさのあまり、叫び声をあげた。私の顔から血の気が引いていった。だが、私は黙っていた。

するともう一度、声なき声が私にささやいた。「あなたにはそれが分かっているね、ツァラトゥストラよ、なのに、あなたはそれを言わないのだ」。——

ついに私は、反抗する者のように答えた。「そう、私にはそれが分かっている。でも、私はそれを言いたくないのです！」

するとふたたび、声なき声は私にささやいた。「あなたは、そうしたくないというのか。それが真実であるとでも？　あなたの反抗心を隠れ蓑《みの》にしてはならない！」――

私は子どものように泣き、震えて言った。「ああ、私だってそうしたかった。でも、私にどうしてそれができましょう。それだけは勘弁してください。それは私の力を超えているのですから！」

するとふたたび、声なき声は私にささやいた。「あなたのことなど関係ないのだ、ツァラトゥストラよ。あなたの言葉を語り、そして砕けるがいい！」――

私は答えた。「ええっ、それは私の言葉なのですか。この私がいったい何者だと？　私は、もっとふさわしい者が現われるのを待っています。私など、その者に比べれば、砕けるにも値しません」。

するとふたたび、声なき声は私にささやいた。「あなたのことなど関係ないのだ。あなたはまだ謙遜が足りないようだね。謙遜はとびきり頑丈な皮をもっているものだ」。――

私は答えた。「私の謙遜の皮はもう、どんなものにも耐えてきました。私は、私の山を下りて、ふもとに住んでいます。私の山頂がどんなに高いところにあるか、私に教えてくれた人は、まだ誰もいません。でも私は、私の谷間ならよく知っています」。

するとふたたび、声なき声は私にささやいた。「おお、ツァラトゥストラよ、山を動かすほどの者は、谷間や低地をも動かすものだ」。――

私は答えた。「私の言葉は、まだ山を動かしたことがありません。私が語ったことは、人間には到達しなかった。なるほど私は人間たちのほうに行きましたが、彼らのもとにはまだ到着しなかったのです」。

するとふたたび、声なき声は私にささやいた。「そのことについてあなたに何が分かろうか。露が草に降りるのは、夜がいちばん寝静まったときなのだ」。——

私は答えた。「私が自分の道を見出して、歩んでいったとき、人間たちは私をあざ笑った。本当を言うと、そのとき私の足は震えていたのです。

彼らは私に言いました。おまえは道を忘れた。今度は歩き方も忘れたのか、と」。

するとふたたび、声なき声は私にささやいた。「彼らの嘲笑が何だというのか。あなたは、服従することを忘れた者なのだから、今やあなたは命令すべきなのだ。

万人に最も必要とされているのは誰か、あなたは知らないのか。偉大なことを命令する者だ。

偉大なことを成し遂げるのは、難しい。だが、もっと難しいのは、偉大なことを命令することだ。

あなたの何がいちばん許しがたいかと言えば、力を持っているのに支配しようとしないところだ」。——

私は答えた。「およそ命令するのに必要なライオンの雄叫《おたけ》びが、私には欠けています」。

するとふたたび、ささやくような声が聞こえてきた。「最も静かな言葉こそが、嵐をもたらす。ハトの足どりでやって来る思想こそが、世界を導く。[*31]

おお、ツァラトゥストラよ、あなたは来たるべきものの影として行きなさい。そうすれば、あなたは命令するだろうし、命令しつつ先駆けとなることだろう」。——

私は答えた。「私は恥ずかしくて」。

するとふたたび、声なき声は私にささやいた。「あなたは子どもになって、恥を捨てなくてはならない。

青春の誇りが、まだあなたには残っている。あなたは遅れて青年になった。だが、子どもになろうとする者は、おのれの青春をも克服しなければならない」。——

私は長いこと物思いに沈み、身を震わせた。だが、私が最後に言ったことは、私が最初に言ったことと同じだった。「私はそうしたくないのです」。

すると、私の周りに笑いが起こった。ああ、この笑いが、どんなに私のはらわたを掻《か》きむしり、心臓を切り裂いたことだろう。

最後に、その声は私にささやいた。「おお、ツァラトゥストラよ、あなたの果実は熟れた。しかしあなたは、あなたの果実にふさわしいほど熟れていないのだ。

だからあなたは、ふたたび孤独に戻らなければならない。あなたはもっと熟れた者となるべきなのだから」。——

ふたたび笑いが起こり、遠ざかっていった。その後、私の周りは静かになり、静寂は倍になったかのようだった。私は床《ゆか》に突っ伏した。汗が全身から吹き出した。

——さて、君たちは一切を聞いた。私がなぜ私の孤独に帰らなければならないかも聞いた。私は君たちに何一つ隠さなかった、わが友よ。

だが、君たちは私から、このことも聞いた。どんな人間よりもなおいっそう黙秘している者――黙秘しようとしている者――は誰かを。

ああ、わが友よ、私には君たちにもっと言うべきことがあるのに。私には君たちにもっと与えるべきものがあるのに。なぜ私はそれを与えないのか。私がケチだからか。――

ツァラトゥストラがこう言い終わったとき、激しい苦痛が彼を襲った。友人たちとの別離が近づいたからである。それで彼は声をあげて泣いた。誰も彼を慰めるすべを知らなかった。その夜、彼は友人たちをあとに残して、一人で立ち去った。

第三部

「君たちは、崇高な高みを欲しがるとき、上を見上げる。だが私の場合、下を見下ろす。なぜなら、私はもう高みにいるからだ。

君たちの誰が、笑いながら同時に高みにいられるだろうか。

最高の山頂に立つ者は、一切の悲劇と悲劇的まじめさを笑い飛ばす。」[*1]

『ツァラトゥストラ』第一部「読むことと書くこと」

放浪者

真夜中であった。ツァラトゥストラは、島の尾根を越えてゆく道を選んだ。翌朝早く、山の向こう側の海岸に着くためにである。そこで彼は船に乗ろうと思ったからである。その海岸には、停泊するのにお誂《あつら》え向きの瀬があって、異国の船も頻繁に錨《いかり》を降ろしていた。そうした船に乗せてもらって、至福の島から海を渡って外国に行こうとする者も少なくなかった。さて、ツァラトゥストラは、山を登っていく道すがら、若いとき以来、何度も一人旅をしたことを思い起こし、どれほど多くの山と尾根と頂上をこれまで自分は登ってきたことだろう、と思った。

私は放浪者であり、登山者だ、と彼は心の中で言った。私は平地が好きではない。私は、長いこと腰を落ち着けていられない性分のようだ。

今後、どんな運命や体験が私に訪れようとも、——それも放浪となり、山登りとなることだろう。われわれは結局、自分自身を体験するだけなのだ。

私に訪れてくるものが偶然であってもよい時期は、もう過ぎた。今なお私に降りかかってきてよさそうなもの、それは、すでに私自身であったものでなくて何だろうか。

それが戻ってくるだけだ、結局私のもとに戻ってくる——私自身の自己が。それも、長らく異郷にあって一切の事物や偶然に混じって散らばっていた部分が。

そして、もう一つ私は知っている。私は今、私の最後の山頂を前にして立っている。これこそ、とっくの昔から私のために取っておかれた山頂だ。ああ、私の最も険しい道を登らなくてはならない。ああ、私の最も孤独な旅が始まった。

しかし、私のような種類の人間は、こういう時が来るのを免れない。その時は、彼にこう告げる。「今こそおまえは、偉大さの待ち受けるおまえの道をゆくのだ。絶頂と深淵——今やそれが結ばれて一つになった。

おまえは、偉大さの待ち受けるおまえの道をゆく。これまでおまえの最後の危険と呼ばれていたものが、今やおまえの最後の避難所となった。

おまえは、偉大さの待ち受けるおまえの道をゆく。おまえのうしろにはもはや道はないということが、今やおまえの最良の勇気とならねばならない。

おまえは、偉大さの待ち受けるおまえの道をゆく。ここでは、誰にもおまえのあとを追って行かせるべきではない。おまえの足自身が、おまえのうしろの道をきれいに消し去った。その道のあとに掲げられている文字は、「不可能」。

そして、もはやおまえにどんな梯子《はしご》も見つからないとすれば、おまえはおまえ自身の頭を踏み越えてでも登ることができなくてはならない。そうでなくて、どうして上へ登っていこうというのだ。

おまえ自身の頭を踏み越えて、おまえ自身の心を踏みつけにしてでも、だ。おまえの最も温和なものすら、今や、おまえの最も苛酷なものとならねばならない。

自分をいつも労《いた》わってばかりいる者は、しまいには労わりすぎて病弱になる。苛酷を事とする者こそ、讃えられるべきだ。私が讃える国は――乳と蜜の流れる国などではない。多くを見てとるためには、自分を度外視することを学ぶことが必要である。――この苛酷さが、どんな登山者にも必要である。

認識者でありながら、でしゃばって何でも見たがる者が、万物の表層以上のものを、どうして見てとれるというのか。

おお、ツァラトゥストラよ、おまえは万物の根底と奥底を見抜こうと欲した。だからおまえはもう自分自身を越えて登ってゆかなければならない。――上へ、上方へ。ついには、おまえの星すら、おまえの下に見えるようになるまで！」*2

その通りだ。私自身を見下ろし、私の星をも見下ろすこと、そうなったあかつきにこそ、私の山頂と呼んでよかろう。これこそが、私の最後の山頂として、私になお残されていたものなのだ。――

ツァラトゥストラは、山を登りながら、心の中でこう言った。苛酷な箴言でみずからの心を慰めながら。というのも、彼の心は、かつてないほど傷ついていたからである。山の背の頂上に辿り着いたとき、見よ、そこには、向こう側の海が眼前に広々と開けていた。彼は長い間、黙ってじっと立ち尽くしていた。山頂の夜はひんやりとして、空気は澄み、空には星が光っていた。

私には自分の運命がよく分かった、とついに彼は悲しみをこめて言った。さあ、覚悟はできた。今まさに、私の最後の孤独が始まった。

ああ、私の下に広がる、この漆黒の悲哀の海よ。ああ、この身ごもって不機嫌な夜よ。ああ、運命と海よ。私は今や、おまえたちのもとへ降りてゆかなくてはならない。

私の一番高い山を、私は前にしている。私の最も長い放浪を、前にしている。だから私はこれから、かつて降りたことがないほど深く降りてゆかなくてはならない。

——かつて降りたことがないほど深く、苦痛の中へ。苦痛のどす黒い上げ潮《しお》の中へと、だ。私の運命がそう欲するのだ。さあ、覚悟はできた。

一番高い山はどこからやって来るのか。かつて私はそう尋ねた。そのとき私は、その山は海からやって来ることを学んだ。

その証拠は、山の岩石に刻まれている。頂上の岩壁に刻まれている。最も深いものが高くなって、最も高いものに成ったのだ。——

ツァラトゥストラは、山の頂《いただ》きでそう言った。頂きには冷気が漂っていた。さて、彼が海の近くまで来て、最後にたった一人、絶壁の下に佇《たたず》んだとき、彼は、旅半ばの疲れに浸りつつ、これまでになくあこがれに満たされていた。

今、一切はまだ眠っている、と彼は言った。海も眠っている。海は寝ぼけ眼で、私のほうをいぶかしそうに見ている。

しかし、海の息吹《いぶき》は暖かだ。それを私は感じる。そして、海が夢を見ていることも、私は感じる。海は、夢を見ながら、かたい寝床の上で身をくねらせている。

聞くがいい、聞くがいい。海が、悪いことを思い出して呻《うめ》いているさまを。それとも、悪いことを予感して、なのか。

ああ、私は、おまえと一緒に悲しんでいる。暗闇の怪物よ。おまえのことを思うと、私は自分が恨《うら》めしい。

ああ、私の手はそれほど力強くはなかったのだ。そう、私はおまえを悪い夢から救ってやりたくてならないのに。――

ツァラトゥストラはこう言うと、自分に苦笑して憂鬱に笑った。「まさか、ツァラトゥストラよ」と彼は言った。「おまえは海にまで慰めの歌を歌ってあげるつもりなのか。

ああ、情愛の深いお馬鹿さんのツァラトゥストラよ、お人好しの昂《こう》じたのぼせ上がり屋よ。しかし、おまえはいつもそうだった。どんな恐ろしいものにも、おまえはいつも、なれなれしく近づいていった。

どんな怪物をも、おまえは撫《な》でて可愛がろうとした。暖かい息がかすかに洩れ聞こえさえすれば、前足に柔らかい房毛《ふさげ》が少し生《は》えてさえいれば――、すぐにおまえは、喜んでそれを愛し、おびき寄せようとした。

愛は、最も孤独な者にとっての危険だ。生きていさえすればどんなものに対しても抱く愛というのは、だ。そう、この愛に秘められた私の馬鹿げた謙遜ぶりは、お笑い草というほかない！」――

ツァラトゥストラはそう言って、もう一度笑った。すると彼は、自分が残してきた友人たちのことを思い起こし――、そして、思い起こしたことで彼らに悪いことをしてしまったかのように、思い起こした自分に腹を立てた。かと思うと、笑っていた者は、すぐに泣き出した。――ツァラトゥストラは、怒りとあこがれに襲われて、激しく泣いたのである。

幻影と謎

1

ツァラトゥストラが船に乗っているぞ、と船乗りたちのあいだで評判になったとき――というのも、ツァラトゥストラと同じく至福の島から船に乗り込んだ男が一人いたからである――、大いなる好奇心と期待が湧き起こった。だがツァラトゥストラは、二日間黙ったまま、悲しみに沈んで、冷ややかに耳を閉ざしていた。だから、見られても聞かれても反応しなかった。だが二日目の夕方、彼はふたたび耳を開いた。まだ黙ったままではあったが。というのも、遠くから来て、さらに遠くへ行こうとするこの船の上では、奇異なことや危険なことがたくさん聞けたからである。それに、ツァラトゥストラは、遠くに旅をし、危険を顧みずに生きるのが好きなすべての者たちの友であった。すると、ごらん。ひとの話に聞き入っているうちに、ついに彼自身の舌はゆるみ、心中に張りつめていた氷が割れた。——そこで、彼はこう語り始めた。[*3]

　君たちは、大胆不敵に探求する者、あえて試みる者だ。いつも巧みに帆を張って、恐るべき大海へと乗り出してゆく。——

　君たちは、謎に酔いしれる者、薄明かりを好む者だ。君たちの魂は、笛の音《ね》とともに、どんな幻惑の深淵にも誘われてゆく。

　——というのも、君たちは、行く手に通じる糸を、臆病な手つきで手繰《たぐ》ろうとはしないからだ。君たちは、推測できそうなところでは、推論するのを嫌うからだ。——

　そういう君たちにだけ、私は、自分が見た謎を物語ろう——最も孤独な者が見た幻影を。

　——

　ついこのあいだ、私は、屍《しかばね》の色をした黄昏《たそがれ》の中を陰気に歩いていた。——陰気に、無愛想に、唇を固く結んで。私にとって、沈んだのはその日の太陽だけではなかった。

小石が一面に転がる小道が、反抗的に、悪意に満ちて、孤独に続いていた。草も灌木《かんぼく》もさっぱり生えていない小道。その山道が、私の足の反抗心に踏みつけにされて、歯ぎしりして口惜《くや》しがった。

小石がガタゴト蔑《さげす》むような音を立てる道を、口を閉ざして歩み、足を滑らせる石を踏みつぶしながら、私の足は、ひたすら上へ登っていった。

上へ。――私の足を下へ引っぱり、奈落の底に引きずり降ろす地霊に逆らって。この重さの地霊こそ、私の悪魔にして宿敵にほかならない。

上へ。――地霊が私の上に乗っていたにもかかわらず。そいつは、半ば小びと、半ばモグラだ。自分の足は萎え、他人《ひと》の足も萎えさせる。その魔物が、鉛《なまり》のように重たい思想を、私の耳に注ぎ入れ、私の脳髄にポタポタ滴《したた》らせた。

「おお、ツァラトゥストラよ」と、地霊は蔑むように一音一音区切ってささやいた。「知恵の石よ、おまえはおまえの身を高く投げた。だが、どんなに高く投げられた石も必ず――落ちるのだ。

おお、ツァラトゥストラよ、知恵の石、星をも打ち落とす投石器の石よ。おまえはおまえ自身を高々と投げた。――だが、どんなに高く投げられた石も――必ず落ちるのだ。

自分自身のところに落ちてきて、みずから石打ちの刑に処せられる定めだ。おお、ツァラトゥストラよ、おまえはたしかに遠くまで石を投げた――だが、その石はふたたび落ちて、おまえ自身に降りかかることになるのだ」。

こう言って、小びとは沈黙した。そのまま長い時間が経った。彼の沈黙は私を圧迫した。そんなふうに二人でいるのは、一人でいるよりも、じつに孤独なものだ。

私は登りに登った。夢を見、考えた。――だが、何もかもが私を圧迫した。私は病人のようだった。拷問のような病苦に苛《さいな》まれ、疲れ切って眠りに落ちたはずが、もっとひどい悪夢にうなされてふたたび目覚める病人のようだった。――

だが、私の中には何かがある。これを私は、勇気と呼ぶ。それがこれまで、私のどんな意気地なさをも打ち殺してくれた。この勇気がついに私に、立ち止まって語るように命じた。

「小びとよ、おまえか、それとも私か、だ」。――

そう、勇気は最も優れた殺し屋だ――攻めてかかる勇気は。というのも、攻めてかかるときには、いつも行進曲が鳴り響いてくるからだ。

人間は最も勇気ある動物だ。それによって人間はあらゆる動物に打ち克ってきた。行進曲を鳴り響かせて、人間はあらゆる苦痛にすら打ち克ってきた。しかも、人間の味わう苦痛ほど深い苦痛はない。

勇気は、深淵を覗き込んだときのめまいをも打ち殺す。それに、どこにいようと人間は深淵に佇《たたず》んでいるのではないか。見ること自体――深淵を見ることではないか。

勇気は最も優れた殺し屋だ。勇気は、同情をも打ち殺す。同情ほど底なしの深淵はない。人間は、生を深く覗き込めば覗き込むほど、それだけ苦悩を深く覗き込むことにもなる。

勇気は最も優れた殺し屋だ。攻めてかかる勇気は、死さえ打ち殺す。というのも、勇気はこう語るからだ。「これが生きるということだったのか。よし、ならばもう一度！」

こう鬨《とき》の声が上がるや、行進曲がさかんに響き渡る。耳のある者は、聞くがよい。——

2

「止まれ、小びとよ」と私は言った。「私か、それとも、おまえか、だ。しかし、われわれ二人のうちで、強いのは私のほうだ——。おまえは私の深淵の思想を知らない。この思想に——おまえは耐えられないはずだ」——

すると急に、私の身は軽くなった。小びとが私の肩から飛び降りたからだ。好奇心の強い奴《やっ》め。私の目の前にあった石に、そいつはチョコンと座った。われわれが立ち止まった場所には、ちょうど門があり、そこから道が続いていた。

「この、門に続く道を見るがいい、小びとよ」と私は続けて言った。「この道には二つの顔がある。二つの道がここで交わっている。どちらの道も、果てまで歩んだ者はまだ誰もいない。

こちらの長い道を戻っていくと、一方の永遠が続いている。そして、あちらの長い道を進んでいくと——そこに、もう一方の永遠がある。

この二つの道は、矛盾する。おたがい面罵《めんば》し合う。——そしてここで、この門のところの道で、両者は交わっている。門の上の方には、名前がこう記されている、「瞬間」と。

ところで、この道のどちらかを進んで行く者があったとする――どこまでもどこまでも遠くへ進んで行ったとする。その場合、小びとよ、おまえはこの二つの道が永遠に矛盾したままだと思うか」。――

「どこまでもまっすぐというのは、すべてウソだ」と、小びとは軽蔑したようにつぶやいた。「真理というのは、どれも曲線なのだ。時間それ自体が、一個の円環なのだ」。

「重さの地霊よ」と、私は腹を立てて言った。「そう安易に考えるな。さもなければ、今しゃがんでいるその場所に、おまえを置き去りにするぞ。自分では歩けないくせに。――おまえを高いところに運んできたのは、この私だぞ」。

「見よ！」と私は続けて言った、「この瞬間を。瞬間という名のこの門から、ひとすじの永遠の道が後方に果てしなく続いている。われわれの背後には永遠が控えている。

およそどんな物事も、生じうることはみなすでに一度、この道を通ったはずではないか。およそどんな物事も、起こりうることはみなすでに一度、起こり、為され、通り過ぎたはずではないか。

すべてがすでに現にあったとすれば、小びとよ、おまえはこの瞬間をどう思うか。この門もまた、すでに――現にあったはずではないか。

こんなふうに、ほぼすべての物事は結び合わされていて、この瞬間は、これからやって来るすべての物事を引き連れているのではないか。それゆえ――自分自身をも。

というのも、およそどんな物事も、生じうるものはみな、この前方の長い道をも――もう一度走らなければならないからだ。――

そして、月光を浴びてのろのろ這っているこのクモ、この月光そのもの、門のところで永遠の物事についてしきりにささやき合っている私とおまえ――われわれもみな、すでに現にあったはずではないか。

――そして、ふたたびやって来て、われわれの前のあのもう一つの前方の道を、身の毛もよだつこの長い道を、走らなければならないのではないか。――われわれは永遠に回帰しなければならないのではないか。――」

私はこう語った。声をますます低くして。というのも、私は、私自身の考えとその背後にある考えに、恐怖をおぼえたからだ。すると突然、近くで犬が一匹吠えるのが聞こえた。

かつてこんなふうに犬が吠えるのを聞いたことがあったな、と私は昔に思いを馳せた。そうだ、私が子どもの頃、遠い昔の子ども時代に。

――そのとき、こんなふうに犬が吠えるのを聞いた。見ると、その犬は、毛を逆立て、頭を持ち上げ、身を震わせていた。犬でも幽霊の存在を信じるという、真夜中の静寂のきわみに。

――そこで私は、その犬がかわいそうになった。ちょうど満月が、死の沈黙の中で、家の上に懸かっていた。まん丸に白熱した月は、そのときじっと動かず――平らな屋根の上に静かに昇っていた。まるで、よその家《うち》の上に昇っているように。――

それで、犬はそのとき、ギクリとした。犬というのは盗人《ぬすびと》や幽霊の存在を信じるから。ふたたび犬が吠えるのを聞いたとき、私はまたしてもその犬がかわいそうになった。

おや？　小びとはどこへ行った？　門は？　クモは？　しきりにささやいていた声は？　私は夢でも見ていたのか。目が覚めたのか。突如として私は、荒涼たる断崖のあいだに立っていた。一人で、殺伐として、殺伐きわまりない月光を浴びて。

だが、そこに一人の人間が横たわっていた！　そこには、そう、あの犬が、飛び跳ね、毛を逆立て、クンクン鳴いていた。――犬は、私が来るのを見るや――、そこでふたたび吠え、そこで鳴き叫んだ。――かつて犬がこんなふうに助けを求めて鳴き叫ぶのを聞いたことがあったな。

だが、そう、私が見たのは、これまで見たことのない代物だった。若い牧人《まきびと》が、身をくねらせ、喉《のど》を詰まらせ、ピクピク動いて、顔をゆがめて苦しんでいるのを、私は見た。その男の口からは、黒くて重たいヘビが一匹垂れ下がっていた。

これほど多くの吐き気と蒼白の恐怖が、人の顔に浮かんでいるのを見たことはなかった。その男は眠っていたのだろう。そこにヘビがやって来て、男の喉に這入《はい》り込み――しかと噛《か》みついたのだ。

私は手でヘビを摑んで、引きに引いた。――ムダだった。手で引っ張っても、ヘビは男の喉から離れなかった。そこで、ありったけの声で叫んだ。「噛むんだ、噛みつくんだ！

頭を噛み切れ！　噛み切るんだ」――ありったけの声で叫んだ。私の恐怖が、私の憎しみが、私の吐き気が、私のあわれみが、良きにつけ悪しきにつけ私のすべてが、一つの絶叫となってほとばしった。――

私の周りで話を聞いている大胆不敵な君たちよ。探求する者、あえて試みる者、巧みに帆を張って、究め尽くされていない大海へ乗り出してゆく者、謎を好む君たちよ。

さあ、あのとき私が見た謎を解いてほしい。最も孤独な者の幻影を解いてみせてくれ。

あれは一つの幻影、一つの予見であった。――私があのとき見たのは、何のたとえだろうか。いつかやって来なければならないのは、誰なのか。

ヘビが喉に這入り込んだ牧人とは、誰なのか。最も重たくて最も黒いものが一切合財、喉に這入り込むことになる人間とは、誰なのか。

――さて、牧人は、私が大声でそうしろと言ったとおりに、嚙んだ。良心の曇りもなく、思い切り嚙んだ！　彼はヘビの頭を遠くへ吐き出し――、そして飛び起きた。――

もはや牧人でも、人間でもなかった。――一個の変身した者、光に包まれた者となって、笑った。かつて地上で、彼ほど高笑いした人間はいなかった。*4

おお、わが兄弟たちよ。私は、いかなる人間の笑いでもない笑いを聞いた。――今や、一つの渇望が、決して鎮まることのない一つのあこがれが、私の心を蝕《むしば》む。

この笑いを求める私のあこがれが、私の心を蝕む。おお、どうして私は生きることに耐えられるだろうか。だからといって、今死ぬことにどうして耐えられようか。――

ツァラトゥストラはこう言った。

不本意な幸福

そのような謎と苦渋を胸に抱いて、ツァラトゥストラは海を渡っていった。至福の島を去り、友人たちから離れて、旅に出て四日経ったとき、彼はすべての苦痛を克服した。——勝利に満ち、しかと足を踏みしめて、彼はふたたび自分の運命の上に立っていた。そのときツァラトゥストラは、欣喜雀躍《きんきじゃくやく》する自分の良心に向かって、こう語った。[*5]

私はふたたび一人になった。そして一人でありたいと思う。清らかな天空と広々とした海だけが、道連れだ。そしてまた、午後が私を包んでくれる。

かつて私が最初に私の友人たちを見出したのも、午後だった。二度目もそうだった。——午後には、すべての光がひっそりと静まる。

幸福に満ちて天空と大地のあいだをなお進んでゆく天体は、しばしの宿りのために、明るい魂をも求める。幸福を前にして、すべての光は今、ひっそりと静まっている。

おお、私の生の午後よ。かつて私の幸福も、しばしの宿りを求めて、谷に下りていった。そこに見出されたのは、客人を歓待する、あの開かれた魂たちだった。

おお、私の生の午後よ。私は、ただ一つのものを求めて、あらゆるものを投げ出した。私の思想が生き生きと植え付けられ、私の最高の希望に朝の光が射すという、この一事を求めてだ。

かつて創造者は、自分の希望の子どもとなるべき道連れを探した。すると、ごらん、創造者は、まず自分自身で道連れを創造するのでなければ、それを見出すことなどおぼつかないことが分かった。

こうして私は、私の子どもたちのほうへと行きつ戻りつしながら、自分の仕事の真っただ中にいる。自分の子どもたちのために、ツァラトゥストラは自分自身を完成させなければならない。

というのも、ひとが心底愛することができるのは、自分の子どもと仕事だけだからだ。そして、自分自身への大いなる愛があるとすれば、その自己愛は、妊娠した徴候なのである。私にはそのことが分かった。

私の子どもたちは、最初の春を迎えて、まだ若葉を出したところだ。おたがい寄り添って立ち、風に吹かれて一緒に揺れている。私の庭の最良の土壌に生えた若木たちだ。

そうだ、そのような木々が相並んで立つところ、そこに至福の島はあるのだ。

だが、いつの日か私は、それらの木々を掘り出して、一本一本ひとり立ちさせたい。どの木も、孤独と反抗と用心を学ぶように。

どの木も成長して、ごつごつ節くれ立って、うねうね曲がり、しなやかな強靱さをそなえて、海に面して立ち続けてもらわなくてはならない。不屈の生命を照らす生ける灯台となって。

嵐が吹きおろして、海の波濤《はとう》に突進していき、山並みの鼻先が海に突き出して、水を啜《すす》るところ、そこに、どの木もいつかは、昼も夜も見張り番として立ち続けなければならない。みずからを吟味し、認識するために。

どの木も認識され、吟味されなければならない。私と同じ種族かどうか、――長期の意志を思い通りにできるか、語るときにも寡黙であるか、与えながらも奪うことができるほど譲歩できるかどうか、を。――

――私の道連れとなり、ツァラトゥストラとともに創造し、ともに祝祭を挙げる者になれるか――、万物がいっそう完全完璧となるために、私の意志を私の石板に書いてくれる者になれるか、を。

そして、それぞれの木と、それに似たもののために、私自身がみずからを完成させなければならない。だからこそ私は今、私の幸福を回避して、あらゆる不幸に身を差し出すのだ。――私自身の最後の吟味と認識のために。

そう、私の立ち去るべき時だったのだ。放浪者の影と、最も長い束の間と、最も静かな時――そのすべてが私にこう語ってきた、「いよいよその時が来た！」と。

風がカギ穴からこちらに吹き込んで、「来い！」と言った。扉はずる賢くこちらにパッと開いて、「行け！」と言った。

だが、私は、私の子どもへの愛にとらわれて、とどまっていた。このわなを仕掛けたのは、渇望だった。愛への渇望ゆえに、私は自分の子どもの獲物となり、彼らにほだされて自分を失うところだった。

渇望——これは私にとってもう、自分を失ったということである。私は君たちを、つまり私の子どもたちを持っているのだから。そのように持っていれば、一切は安全なはずだし、渇望など何もないはずなのだ。

さて、私の愛の太陽は、私の頭上でかんかん照りつけ、ツァラトゥストラの内部は熟してジュースとなった。——翳《かげ》りや疑いは私から飛び去っていった。

私は、もう冬の寒さがほしくてたまらなくなっている。「おお、冬の寒さで私がふたたびパチンと音を立ててギシギシ軋《きし》むくらいがいいのに」と、私はため息をついた。——すると、氷混じりの霧が私の内から立ち昇ってきた。

私の過去が、墓を破って出てきた。生きながら葬られた少なからぬ苦痛が、目を覚ました。——苦痛は、死装束に包《くる》まれて、眠りこけていただけだった。

そうして、その一切がしるしと化して私に呼びかけてきた、「時が来た！」と。——だが私は——耳を貸さなかった。するとついには、私の深淵が振動し始め、私の思想が私に嚙みついてきた。

おお、深淵の思想よ、おまえは私の思想のはずなのに。いつになったら私は、おまえが地の底を掘る音が聞こえても、もはや身震いしないほどの強さを見つけられるのか。

おまえが地の底を掘る音が聞こえると、私の心臓はドクドク鼓動して喉元まで突き上げてくるほどだ。おまえの沈黙すら、私の首を絞めつけるつもりだ、深淵なる沈黙者よ。

出てこい、とおまえに呼びかける気概が、私にはまだなかった。おまえを――携えているだけで、私にはもう精一杯だった。私はまだ、ライオンがはしゃぎ回って悪ふざけをするがごとき奔放さを極めるほど強くはなかった。

私はずっと、おまえの重みだけでもう十分恐ろしかった。だが、いつか私はもっと強くなって、ライオンの声で、出てこい、とおまえに呼びかけなければならない。

私が自分を克服して、それを勝ちとったあかつきには、私はさらに自分自身を克服して、いっそう偉大なものを勝ちとることにしよう。そして、一個の勝利が私の完成の封印とならねばならない！――

それにしても、私はまだ、不確かな大海の上を進んでいる。偶然が、なめらかな舌をもった偶然が、私にペラペラおべっかを言う。私の前を見ても、後ろを見ても――果てしなく、終わりは一向に見えない。

私の最後の戦いの時は、まだ来ていなかった。――それとも、今まさに来ているのだろうか。そう、悪だくみたっぷりの美をたたえた生の大海が、私を取り囲んで、私をじっとみつめている！

おお、私の生の午後よ。おお、夕暮れ前の幸福よ。おお、沖に浮かぶ港よ。おお、不確かさの内なる平和よ。おまえたちすべてに、私はどんなに不信を抱いていることか。

そう、おまえたちの悪だくみたっぷりの美に、私は不信を抱かずにはいられない。恋するあまり、ビロードずくめの微笑に不信を抱く男に、私は似ている。

嫉妬深いその男は、好きだからこそ冷酷な仕打ちをして、最愛の女《ひと》を追い返す。――それと似て、私はこの至福の時を追い返すのだ。

至福の時よ、あっちへ行ってくれ。おまえといると私に訪れるその幸福が、私には不本意なのだ。――私の最も深い苦痛を、望むところだと、私はここで待っている。――おまえの出る幕ではなかったのだ。

至福の時よ、あっちへ行ってくれ。むしろ、向こうで――私の子どもたちのところに宿りを見つけるがいい。急ぐのだ。日が暮れないうちに、私の幸福を運んでいって彼らを祝福してやってくれ。

おや、もう夕暮れが近づいた。日が沈んでゆく。過ぎ去ってゆく――私の幸福も！――

ツァラトゥストラはこう言った。彼は一晩中、自分の不幸を待っていた。だが、待ってもムダだった。夜はいつまでも明るく、静かだった。幸福自体も、彼の身にいよいよ親しく迫ってきた。とうとう朝方になって、ツァラトゥストラは自分の心に向かって笑い、嘲《あざけ》って言った。「幸福が私を追いかけてくる。どうしてかと言えば、私が女の尻を追いかけないからだ。そのこころは、幸福も女だということだ」。

日の出前

おお、私の上に広がる天空よ。[*6] あなたは清らかで深い。光の深淵よ。あなたを眺めると、私は神々しい欲望に駆られて身震いする。

わが身を投げてあなたの高みに没すること――それが、私の深みなのだ。わが身を隠してあなたの清らかさに没すること――それが、私の無垢なのだ。

神はその美しさゆえに隠れる。そのようにあなたは星たちを秘め隠している。あなたは黙して語らない。そのようにしてこそ、あなたはみずからの知恵を私に告げる。

立ち騒ぐ海の上で、あなたは今日、押し黙って私の前に立ち現われた。あなたの愛とあなたの恥じらいが、私の立ち騒ぐ魂に打ち明け話をする。

あなたは美しく私のもとにやって来た、美しさに身を隠しつつ。あなたは押し黙って私に話しかける、あなたの知恵を打ち明けつつ。

おお、あなたの魂の恥じらいのすべてを、この私がどうして察知しないだろうか。太陽が昇る前に、あなたは最も孤独なこの私を訪れてくれた。

私たちは旧知の仲だ。悲嘆も恐怖も理由も、私たちに共通だ。太陽まで、私たちには共通だ。

私たちは語り合うことはしない。なぜなら、私たちはあまりに多くを知っているからだ。——私たちは、お互い何も言わず向かい合っている。私たちは、微笑み合ってお互いの知識を伝え合う。

あなたは、私の火にとって、光ではないだろうか。あなたは、私の思慮にとって、魂の兄《きょう》妹《だい》ではないだろうか。

私たちはすべてを、ともに学んだ。私たちはみずからを超えて自分自身のほうへ上昇し、雲一つないところで微笑むことを、ともに学んだ。——

——雲一つないところで、晴朗な眼で、何マイルも離れた遠くから、見下ろしながら微笑む、ということを学んだ。そのとき私たちの下方では、強制とか目的とか負債が、雨のように濛々《もうもう》と立ちこめていた。

私が一人で旅をしていたとき、迷路のような夜道で、私の魂は誰に飢えていただろうか。山を登ったとき、私は山の上で、あなた以外の誰を探しただろうか。

私が旅をしたり山を登ったりすることはどれも、不器用な人間の苦しまぎれの一策でしかなかった。——私の意志はそっくり、あくまで飛ぶことを、つまりあなたに向かって飛び込んでいくことだけを欲するのだ。

私は、流れる雲やその他、あなたを汚《けが》すものの一切を憎む。それ以上に憎い相手などいるものか。私自身の憎しみも、私は憎む。なぜなら、それもあなたを汚すからだ。

流れる雲が、私には憎たらしい。こっそり忍び寄るこの泥棒ネコめが。やつらはあなたと私から、私たちに共通するものを盗む。――途轍もない無際限の肯定《ヤー》と承諾《アーメン》の発話を。この程々《ほどほど》にとどめて混ぜっ返す者たちが、つまり流れ雲どもが、私たちには憎たらしい。中途半端で生半可なそいつらは、祝福することも、心底呪うことも知らない。

快晴の天空よ、あなたが流れ雲どもに汚されるのを見るくらいなら、むしろ垂れ込めた曇天の下で樽の中に坐っているほうが、むしろ天空と縁もゆかりもない深淵に坐っているほうが、まだましだ。

しばしば私は、ギザギザのノコギリ状で金色に光る電光を針金にして、流れ雲どもを留め付けてやりたくてたまらなくなった。雷様よろしく、やつらの太鼓腹を叩いてゴロゴロ打ち鳴らすために。――

――腹を立てたティンパニ奏者のように、打ち鳴らしてやりたい。なぜなら、やつらはあなたの肯定《ヤー》と承諾《アーメン》を、私から奪うからだ。私の上に広がる天空よ、清らかに澄みきったあなた、光の深淵よ――なぜなら、やつらは私の肯定《ヤー》と承諾《アーメン》を、あなたから奪うからだ。

こんな用心深く疑《うたぐ》り深い、ネコかぶりの落ち着きなんかに比べれば、喧《やかま》しい雷鳴と豪雨の呪いのほうが、まだましだからだ。それに、人間たちのあいだでも、私がいちばん嫌いなのは、誰であれ、抜き足差し足で歩く者、中途半端で生半可な者、疑り深く躊躇する流れ雲どもだ。

また、「祝福できない者は、呪うことを学ぶべきだ」――こういう朗《ほが》らかな教えが、朗らかな空から、私に降ってきた。この星は、真っ暗な夜にも、私の空に輝いている。

とはいえ、私は、一個の祝福する者、肯定《ヤー》を言う者なのだ。あなたが私の周りにいてくれさえすれば、だ、清らかに澄みきったあなた、光の深淵よ——どんな深淵のうちにも、私は、わが祝福する肯定の言葉を運び入れる。

私は、祝福する者、肯定《ヤー》を言う者となった。そのための格闘を長いあいだ続け、私は一個の格闘家となった。いつか両手を自由にしてやり、その手で祝福するために。

ところで、私の祝福とはこうだ。万物の上に、万物自身の天空として懸かること、万物を円状に包む穹窿《きゅうりゅう》、万物の紺碧《こんぺき》の鐘、永遠に安らかな確かさとして懸かること、これだ。そのように祝福する者こそ、幸いなり！

というのも、万物は、永遠という泉で、また善悪の彼岸で、洗礼を受けているからだ。善悪など、しょせん中間の影、湿っぽい憂愁、流れ雲にすぎない。

そう、私がこう説くのは、祝福であって、冒瀆ではない。「万物の上に懸かるのは、偶然という名の天空、無邪気という名の天空、出鱈目という名の天空、有頂天という名の天空だ」と。

「出鱈目《でたらめ》に」——これこそが、世界で最も古い貴族の位《くらい》である。その位を私は万物に取り戻してやった。私は万物を、目的に縛られた奴隷状態から救ってやった。

そういう自由と、天空の明朗快活さを、私はさながら紺碧の鐘となって、万物の上に張り渡した。万物を超越し、貫通する——ことを欲する「永遠の意志」などありはしない、と私が説いたときに。

そういう有頂天と、そういう悪ふざけを、私は、かの意志の代わりに置き据えた。「どう見てもありえないことが一つある――理性ですべてが説明できるということ、これだ」と私が説いたときに。

なるほど、ほんのわずかな理性、星から星にまき散らされた一粒の知恵――そういうパン種なら、万物に混入されている。悪ふざけのために、知恵は万物に混入されているのだ。

ほんのわずかな知恵なら、これはもう可能である。だが、私が万物のうちに見出した幸福な確かさとは、万物はむしろ偶然という両足で――踊るのを好む、ということだ。

おお、私の上に広がる天空よ、清らかで高貴なあなたよ。永遠の理性という名のクモなどいないし、そのクモが仕掛ける網の目など存在しないということ、これこそあなたの清らかさにほかならない。――

――つまり、あなたとは、神々しい偶然がダンスを踊る広間であり、神々しい者たちがサイコロ投げに興じる神々のテーブルだということが、だ。――

なのに、あなたは赤面するのか。口に出すのははばかられることを、私は口にしたのか。私は、あなたを祝福しようとして、あなたを冒瀆してしまったのか。

それとも、二人きりでいるのが恥ずかしくて、あなたは赤面したのか。――あなたは私に、黙って立ち去れ、と言うのか。なぜなら、もう――日《ターク》が昇るから、と。

世界は深い――、これまで昼《ターク》が考えも及ばなかったほど深い。[*7] どんなことも白日の下に晒《さら》して語ってよいというわけではない。もう日が昇る。さあ、私たちは別れよう。

おお、私の上に広がる天空よ、あなたは恥ずかしがって、顔を火照《ほて》らせる。おお、日の出前の私の幸福よ。日が昇る。さあ、私たちは別れよう。――

ツァラトゥストラはこう言った。

卑小にする徳

1

ツァラトゥストラは、ふたたび陸地を踏みしめたが、自分の山中の洞窟にはまっすぐ向かわなかった。道すがらあちこち訪ね、あれこれ様子を窺《うかが》っては、自分のことを戯れにこう言った、「ほら、うねうね曲がりくねって流れた末に、水源に戻っていく川をごらん」。というのも、自分の知らない間に、人間の身にどんなことが起こったか、見聞きしたいと思ったからである。人間が大きくなったか、小さくなったか、確かめたかったのだ。するとあるとき彼は、新しい家々が建ち並んでいるのを目にした。いぶかしんで、彼はこう言った。

「こんな家を建てて、どんな意味があるのだろう。そう、これは偉大な精神が自分をかたどって打ち建てたものではない。

頭のわるい子どもが、おもちゃ箱から取り出したのだろうか。別の子どもが、おもちゃ箱に戻してくれるといいのに。

おもちゃのような小さな部屋ばかり。大のおとなに出たり入ったりできるものか。絹切れの人形のために作られた家のようだ。それとも、つまみ食いをしたりされたりしてはじゃれ合うネコたちの家なのだろうか」。

ツァラトゥストラはたたずんで、考えにふけった。やがて彼は、暗然としてこう言った。

「何もかもが小さくなってしまった。

どこを向いても、見えるのは、低い門ばかり。私のような者にも、なんとか通れそうだが――、身をかがめなくてはならない[*8]。

おお、私がもはや身をかがめなくてすむ私の故郷《ふるさと》に、いつ帰れるのだろうか――ちっぽけなものたちを前にして、もはや身をかがめなくてすむところに、だ」――ツァラトゥストラはため息をつき、遠くを見つめた。――

同じ日、彼は、卑小にする徳について次のように説いた。

2

私はこういう民衆のあいだを、眼を豁然《かつぜん》と見開いたまま通り抜けてゆく。彼らには、私のことが許せない。私が彼らの徳を羨《うらや》ましがらないからである。

彼らは私に嚙《か》みついてくる。なぜなら、私は彼らに言ってやるからだ、ちっぽけな人間にはちっぽけな徳が必要なのだ、と。――そして、ちっぽけな人間がいることの必要性自体、私には容易に呑み込めないからだ。

私はここでは、よその農場にまぎれ込んだ雄鶏《おんどり》のようだ。雌鶏《めんどり》たちにも嚙みつかれるありさまだ。だからといって私は、そういう雌鶏たちを悪く思ったりしない。

私は、雌鶏たちに対して、ちっぽけな不快事に対してと同じく、慇懃《いんぎん》にふるまう。ちっぽけなことに対してとげとげしくふるまうのは、ハリネズミの知恵どまりだろう。

彼らは夜になると火を囲んで坐り、私のことについて皆で語り合う。――彼らは私のことについて語るが、じつは誰も――私のことを考えてなどいないのだ。

これこそ、私が学んだ新しい静けさだ。私をめぐっての喧噪《けんそう》は、私の思想にマントをすっぽりかぶせて覆ってしまう。

彼らはたがいに騒ぎ立てる。「この陰鬱な雲は、われわれに何をしようというのか。疫病《えきびょう》をわれわれに運んでくることのないよう、気をつけよう」。

つい最近も、ある女が、私に近づこうとするわが子を引きとめた。「子どもたちを向こうに連れていってちょうだい」と女は叫んだ、「あんな目付きをされたら、子どもたちの心が焦《こ》がされてしまうわ」。

私が語ると、彼らは咳払《せき》いをする。彼らの考えでは、咳払いをすることは、強風に対する異議申し立てなのだ。――彼らには、私の幸福が巻き起こす嵐が、ちっとも分からないのだ。

「われわれには、ツァラトゥストラを相手にしている時間《ひま》などない」――そう彼らは文句を言う。だが、ツァラトゥストラを相手にしている「時間などない」という、そんな時間にいったい何の意味があろうか。

また、彼らが私を褒《ほ》めたたえるときでも、彼らのくれた栄誉の上に寝そべって眠ることが、私にどうしてできようか。彼らの賞賛は、私からすれば、棘《とげ》つきのベルトだ。外しても引っかき傷が疼《うず》く。

私は彼らのもとで、こんなことも学んだ。賞賛する人は、それで何かのお返しをするかのように見せかける。だがほんとうは、もっと贈り物を貰《もら》いたがっているのだ。

賞賛したり誘惑したりする彼らの曲調が気に入っているかどうか、私の足に聞いてみるがいい。そう、そんな野暮なリズムで拍子をとる歌に合わせては、私の足は踊ることもじっとすることもできない。

彼らは、私を賞賛し、誘惑して、ちっぽけな徳におびき寄せようとする。ちっぽけな幸福のリズムに合わせて踊るようにと、彼らは私の足をなんとか説き伏せたがる。

私はこういう民衆のあいだを、眼を豁然と見開いたまま通り抜けてゆく。彼らは小さくなった。そしてますます小さくなってゆく。——そうなったのは、彼らの説く幸福と徳の教えのおかげである。

なにしろ彼らは、徳に関しても慎み深い。——安逸を欲するからである。安逸と折り合いがいいのは、慎み深い徳だけである。

なるほど、彼らも彼らなりに、一歩一歩前進してゆくことを心得ている。だが私からすれば、彼らは足を引きずってやっと歩いているだけだ。——道を急ぐ者には、ぶつかって邪魔になるばかりだ。

彼らの中には、前進しながら、こわばった首を回して後ろを振り返る者も少なくない。私は走っていて、そういう邪魔者に体当たりしても、べつに気にしない。

足と目がウソをつくのはよくないし、おたがいウソをとがめ合うのもよくない。それにしても、ちっぽけな人間たちのあいだには、ウソつきが多すぎる。

彼らの中には、自分の意志を持つ者もいるが、大多数は、他人の意志で動いているだけだ。彼らの中には、本物もいるが、大多数は、へたくそな俳優だ。

彼らの中には、知らず識らずに俳優になった者もいれば、意志に反して俳優になった者もいる。——本物はいつだってまれだし、とりわけ本物の俳優はまれである。

ここには、大の男は少ない。だから、女性が男性化するのだ。というのも、大の男といえる者にしか、女性の内なる女性を——救うことはできないからである。

また、彼らの中に私が見出した偽善のうち、最悪だったのはこれである。命令する者までもが、奉仕する者の徳を見せかけて善人ぶっている始末だ。

「私は奉仕する、君は奉仕する、われわれは奉仕する」[*9]——ここでは支配者たちまでもが偽善ぶって、こんなお祈りをする。——第一の主人が、第一の召使どまりだなんて、ひどい話だ。

ああ、私の眼は好奇心に満ちて、彼らの偽善的なふるまいの中にまで入り込んで、内部を窺った。すると、日の当たるガラス窓のあたりをブンブン飛び回りながら彼らの浸る、ハエの幸福の何たるかが、すべてお見通しとなった。

善意があるだけ、それだけ弱さがあることが分かった。正義と同情があるだけ、それだけ弱さがあるのだ。

彼らはおたがいどうし、まるくて、まともで、親切だ。それは、砂粒がおたがいどうし、まるくて、まともで、親切なのと同じだ。

慎み深く、ちっぽけな幸福を抱きしめること——これを、彼らは「従順さ」[*10]と呼ぶ。それでいて彼らはもう、別のちっぽけな幸福を横目で盗み見る。

彼らが根っから一番欲しているのは、たった一つの単純なこと、つまり、誰からも苦痛を被《こうむ》らないことである。だから、誰に対しても先回りして親切を施してやるのだ。

だが、それは臆病というものだ。たとえ「徳」と呼ばれているにしても。——

そういうちっぽけな人間が、たまに荒っぽい調子でしゃべるときでも、私にはそれが彼らのかすれ声にしか聞こえない。——風通しがいいと彼らの声はかすれてしまうのだ。

彼らは利口だし、彼らの徳には利口な指が具わっている。だが彼らには、拳《こぶし》というものが欠けている。彼らの指は、拳を握りしめるということができない。

彼らにすれば、徳とは、慎み深くさせるもの、飼い馴らされたものにするもの、である。そのおかげで彼らは、狼を犬に変え、人間自身を人間の最良の家畜に変えた。

「われわれは、われわれの椅子を中央に置いた」——と彼らはニヤリと笑って私に言う——、「命がけで戦う剣士からも、満足したブタからも、等しくかけ離れたところにいる」。

だがそれは——凡庸というものだ。たとえ中庸と呼ばれているにしても。——

3

私は、こういう民衆のあいだを、言葉をたくさん撒《ま》きながら通り抜けてゆく。だが、彼らはそれを拾得することも保存することもできない。

彼らは、私が、快楽や悪徳のことを悪しざまに言うために来たのではないことを、不思議がっている。そう、私は、スリには警戒せよと言うために来たわけでもない。

彼らの利口さに磨きをかけ、いっそう鋭利なものにする用意など私にはないことを、彼らは不思議がっている。筆記用の石板に石筆《せきひつ》でガリガリ書き込むときの音みたいに不快な声でわめく小賢しい連中が、まだ足りないとでも言うように。

また私が、「君たちの中にいるすべての臆病な悪魔どもに、わざわいあれ。やたらメソメソ泣き、両手を合わせて祈りたがる悪魔どもめ！」と叫ぶと、彼らはこう叫ぶ、「ツァラトゥストラは、神を失くした不敬の輩だ！」

とりわけ、君たちに従順さを説く教師たちはそう叫ぶ――。まさしくそういう説教者の耳もとで私は叫んでやりたい、「その通り、この私こそツァラトゥストラ、神を失くした者にほかならない」と。

この従順さの説教者ときたら。ちっぽけで、病的で、かさぶたのあるところ、どこにでも彼らはシラミのように這い回る。私が吐き気に襲われなかったら、彼らをブチブチ潰してやるところだ。

よし、私のこの説教を、彼らの耳に聞かせてやろう。この私がツァラトゥストラ、神を失くした者だ。「私以上に神を失くした者がいるだろうか。いたら、その指導を喜んで受けてやろう」と言う者だ。

この私がツァラトゥストラ、神を失くした者だ。私の仲間はどこにいる？　自分にみずから意志を与え、一切の従順さをわが身から振り払う者は、みな私の仲間だ。

この私がツァラトゥストラ、神を失くした者だ。私はどんな偶然も私の鍋に入れて煮る。偶然がよく煮えるまで待ってから、私は、よく来てくれたと偶然を歓迎し、私の食べ物として遇する。

そう、高飛車な主人顔《づら》をして私のもとにやって来た偶然も、少なくなかったが、私の意志は、それにもまして威厳ある態度に出た。——すると、偶然はひざまずいて哀願してきた。——

——自分は一夜の宿を求めて、あなたのお情けにすがっているのです、と媚《こ》びへつらって、くどくどと哀願してきた。「おお、ツァラトゥストラよ、ごらんなさい、友が友のところにやって来ているだけなのです」と。——

それにしても、私は何をしゃべっているのだろう。ここには、私の耳を持っている者など誰もいないのに。ならば、ここを出て、せいぜい風に向かって叫ぶことにしよう。

君たちは、ますます小さくなってゆく。ちっぽけな人間よ。君たちは、ポロポロくずれ落ちてゆく、安逸に生きる者たちよ。君たちは今、滅びつつある。——

——君たちの多くのちっぽけな徳によって、君たちの多くのちっぽけな怠慢によって、君たちの多くのちっぽけな従順さによって、滅びつつあるのだ。

君たちの土壌は、あまりに大事にしすぎ、あまりに譲歩しすぎるのだ。木は、大きく成長するためには、堅固な岩の周りに堅固な根を張ろうとするものなのに。

君たちが怠っていることも、人類の未来全体の織物を織りなすものとなる。君たちの虚無すら、クモの巣の一つとなり、未来の血を吸って生きるクモ一匹となる。

ちっぽけな徳を具えた君たちよ、君たちの拾得の仕方は、こっそり盗むやり口そっくりだ。悪党たちのあいだですら重んじられている名誉は、こう語る、「こっそり盗んでよいのは、力ずくで奪うことができないときだけだ」と。

「おのずと与えられる」――これもまた、従順さの教えである。だが私は君たちに言おう、安逸に生きる者たちよ、「おのずと奪われるのであり、君たちからもどんどん奪われることだろう」と。

ああ、君たちは、中途半端な意欲など一切合財投げ捨てて、無為にであれ、行為にであれ、きっぱり決意すればよかったのに。

ああ、君たちが私の言葉を理解してくれたらよかったのに。「君たちが意志することを、とにかく行なうがいい。――しかしまずは、意志することのできる者になるがいい」。

「君たちと同じように君たちの隣人を、とにかく愛するがいい。――しかしまずは、自分自身を愛する者になるがいい。――

――大いなる愛をもって愛する者、大いなる軽蔑をもって愛する者になるがいい」。――私ツァラトゥストラ、神を失くした者はこう語る。――

それにしても、私は何をしゃべっているのだろう。ここには、私の耳を持っている者など誰もいないのに。ここに私が来るには、時はまだ早すぎたのだ。

これら民衆のあいだでは、私は私自身の先駆けであるほかない。暗い路地に響き渡るわが雄鶏の鳴き声でしかない。

とはいえ、彼らの時はやって来る。そして、私の時もやって来る。時々刻々と彼らはいよいよ小さくなり、貧しくなり、不毛になる。――あわれな雑草よ、あわれな土壌よ。

そして、もうすぐ彼らは、干からびた草木や草原さながらの恰好で立ち尽くすことだろう。そう、自分自身に倦《う》み疲れて——、水を求めるよりも、むしろ火が欲しくてたまらなくなるだろう。

おお、祝福された稲妻の時よ。おお、正午になる前の秘密よ。——いつの日か私は彼らを、燃え広がる火、炎の舌をもつ告知者にしてやろう。——

——いつの日か彼らも、炎の舌で告知することだろう、「ついに来た、大いなる正午が近づいた！」と。

ツァラトゥストラはこう言った。

オリーブ山にて

冬が私の家にやって来て、ろくでもないお客として居すわっている。私の両手は、このお客の友情たっぷりの握手のおかげで、真っ青になった。

私は、このろくでもないお客を尊敬しているが、なるべく一人で腰かけていてもらいたいと思う。なるべく彼から離れたいと思う。スタコラ走れば、彼から逃げ切れそうだ。

走っているうちに、私の足にぬくもりが戻り、私の思想にもぬくもりが戻ってくる。めざすは、風の吹きつけないところ、――わがオリーブ山の陽だまりへ。

そこに行って、私の厳《いか》めしいお客を笑ってやろう。しかし彼には感謝もしている。彼がやって来ると、ハエどもは一掃されるし、多くの雑音は止んで静かになるから。

なにしろ、蚊が一匹ブーンと唸《うな》れば、ましてや二匹揃って唸ったりすれば、彼には我慢がならない。彼は、路地すら人っ子一人いなくさせてしまう。月明かりまでもが、恐ろしがる始末だ。

彼はむごいお客だ。――でも私は彼を尊敬している。甘やかされた者たちのように、赤々と燃える太鼓腹のストーブを偶像視して拝んだりするものか。

偶像を崇拝するくらいなら、歯をガチガチ言わせて、少々凍《こご》えるほうがまだましだ。――それが私の流儀というもの。とりわけ、発情して赤々と燃え、湯気まで出している鬱陶《うっとう》しい偶像には、どれも腹が立つ。

夏よりも冬のほうが、私の場合、好きなものを余計好きになる。冬が私の家にやって来て居すわってこのかた、私は自分の敵のことも、いよいよ晴れ晴れと大いに嗤《わら》う。

そう、私は、たとえベッドで這いつくばっても、大いに嗤う。――すると、こっそり這い込んできた私の幸福までもが笑い、悪ふざけをする。私のいつわりの夢すら、笑い出すほどだ。

私が――這いつくばる者、だって？　私は人生で一度として、権力者の前で這いつくばってへつらったおぼえはない。私がこれまでウソをついたとすれば、それは愛から出たウソだ。だから、冬の寒々としたベッドの中でも私の心は楽しいのだ。

倹《つま》しいベッドは、豪華なベッド以上に、私を暖めてくれる。というのも、私は私の貧しさに、嫉妬をおぼえるほど恋い焦《こ》がれているからだ。冬になると、この恋人は、私にこのうえなく貞淑になる。

ちょっとした悪意で、私の毎日は始まる。私は冷水浴をして冬を嗤ってやる。この厳めしいご近所さんは、それを見て不満げにぶつぶつ言っている。

小さいロウソクを点《とも》して冬をくすぐるおふざけも、私は好きだ。すると彼はとうとう、朝の青空が灰色の曇天から脱け出して顔を覗かせるのを、許してくれるのだ。

なにしろ、私は朝にはとりわけ意地悪になる。早朝、井戸のつるべがカチャカチャ鳴り、薄暗い路地で馬が暖かい鼻息を洩らしていななくとき——、

そのとき私は、しびれを切らして待ちわびる、空がついに明け初《そ》めるその時を。雪のように白いヒゲをたくわえた冬空、白髪の老人がやって来るのを。——

——冬空、この寡黙な老人は、太陽のことさえ黙って語らないのが常だ。

私は冬空から、長らくの明るい沈黙を学んだのだろうか。それとも、彼が私からそれを学んだのだろうか。それとも、われわれのどちらも、それを独自に発明したのか。

善きことの起源はいずれも千差万別である。——気まぐれな善きこともすべて、嬉々として存在に飛び込んでくる。気まぐれな善きことの起こるのが、たった——一回限りというこ

とがどうしてあろうか。

長らくの沈黙も、気まぐれな善きことの一つである。冬空のように、丸い眼をした明るい顔で覗き込むこと――、

――冬空のように、自分の太陽のことも、太陽のような不屈の意志のことも、黙って語らないこと、そう、この技術とこの冬の気まぐれを、私はたっぷり学んだのだ。

沈黙によって自分の本心を漏らすことのないよう、私の沈黙は心得ている。これぞ、私の最も好きな悪意と技術にほかならない。

言葉とサイコロ投げでガタゴト音を立てて、私は謹厳な見張りどもをまんまと出し抜く。私の意志と目的は、この厳めしい監視人どもの眼という眼を、スルリと抜け出なくてはいけない。

誰にも私の奥底と究極の意志を見破られることのないように、――私はそのためにこそ、長らくの明るい沈黙を発明したのだ。

利口な人間なら、私はたくさん見てきた。彼らは自分の顔をヴェールで覆い、水面《みなも》を濁らせて水底《みなそこ》を隠していた。誰にも内面と奥底を見透かされないようにと。

だが、そういう利口者たちのところに、もっと利口で、クルミ割りの巧みな懐疑家が、ちょうどやって来た。彼は、利口者たちがいちばん奥深くに隠していた魚を、さっさと釣り上げてしまった。

明るくて、実直で、透明な人びと――そういう者たちこそ、私に言わせれば、最も利口な

沈黙者なのだ。彼らの奥底は非常に深いので、水がどんなに澄んでいてもその底は――露見するということがない。――

雪のように白いヒゲをたくわえた無言の冬空よ、私の頭上に広がる、丸い眼をした白髪の老人よ、おお、わが魂とその気まぐれにも比すべき天上の比喩よ。

私は、黄金を呑み込んだ者のように、身を隠さなければならないのではないか。――わが魂を切り裂いて中身を取り出そうとする者が出ないように。

私は、竹馬に乗って歩かなければならないのではないか。私の長い脚が人目につかなくなるように。――私の周りに群がる嫉妬深い男どもや、苦悩好きの魔女どもの目につくことのないように。

煤《すす》だらけで、ぬくぬくした部屋にこもり、使い古され、緑青《ろくしょう》がかった、不機嫌たらたらのそういった魂ども――彼らの嫉妬が、私の幸福にどうして我慢できるだろうか。

だから、私は彼らには、私の山頂の氷と冬の世界だけを見せてやろう。私の山がありとあらゆる太陽のベルトを身に巻きつけているのは見せないでおこう。

彼らは、私の冬の嵐がピューピュー吹きすさぶのを聞くだけである。あこがれに満ちて、ずっしりと重く、熱をおびた南風のように、私が暖かい海を越えて吹き渡る様子を、彼らが聞くことはない。

彼らは、私が不運や偶然に見舞われるのを、憐れんでくれもする。――だが、私の返事はこうである。「偶然が私のところに来るのを邪魔しないでくれ。偶然は、赤ん坊のように無邪気なのだ」。

私が、あれこれの不運、冬の困苦、白クマの帽子、雪空用の外套を私の幸福の周りにまとわせなかったら、彼らは、私の幸福にどうして我慢できるだろうか。

――私が、彼らの同情すらも憐れんでやるのでなかったら、だ。これら嫉妬深い男ども、苦悩好きの魔女どもの同情すらも。

――私が、みずから彼らの前でため息をついてみせ、寒さでガタガタ震えて、我慢づよく彼らの同情に身を包み込むに任せるのでなかったら、だ。

わが魂がみずからの厳冬と凍てつく吹雪《ふぶき》を隠し立てしないこと、これぞ、わが魂の賢い気まぐれと善意にほかならない。わが魂は、みずからの凍傷すら隠し立てしない。

病人が世間から逃れる孤独というのもあるが、それとは別に、世間という病人たちから逃げ出す孤独というのもある。

私の周りにたむろして、妬《ねた》んだ眼で様子を窺う、こういった哀れな奴らには、せいぜい、私が冬の寒さでガタガタ震えて、ため息をついているところを、聞かせてやろう。ため息をつき、ガタガタ震えながらも、私は彼らの暖房のきいた部屋からは逃げ出す。

彼らは、私の凍傷と同じ苦しみに襲われて私に同情を催し、私と同じため息をついてみせるだろう。「認識の氷の冷たさで、あの男は凍死しそうだぞ」――と彼らは嘆く。

そうこうするうちにも、私は、暖かくなった足でわがオリーブ山を縦横無尽に駆けめぐる。わがオリーブ山の陽だまりで、私は歌い、一切の同情を嗤う。――

ツァラトゥストラはこう歌った。*11

通り過ぎるということ

こうしてツァラトゥストラは、多くの民衆やさまざまな町をゆっくり通り抜けて、道草をしながら自分の山中の洞窟へ帰っていった。その途上、ごらん、彼は期せずして、大都会の入口の門に行き着いた。すると、口角泡《こうかくあわ》を飛ばす一人のおどけ者が、両手を広げながら躍り出てツァラトゥストラを出迎え、彼の行く手をさえぎった。その男こそ、「ツァラトゥストラのサル」と民衆に呼ばれていたおどけ者にほかならなかった。というのも、その男は、ツァラトゥストラの口ぶりを真似て演説をしてみせ、彼の知恵の宝庫を好き勝手に借用していたからである。そのおどけ者はツァラトゥストラにこう語った。

「おお、ツァラトゥストラよ、ここは大都会だ。ここには、あなたの探しているものは何もない。失うものばかりだ。

なぜあなたはこのぬかるみを歩いて渡ろうとするのか。それにしても、自分の足を不憫《ふびん》に思ったらどうだ。いっそ都会の門に唾《つば》を吐きかけ――引き返すがいい。

ここは、隠者の思想からすれば、地獄だ。ここでは、大いなる思想は釜茹《かまゆ》でにされ、こま切れに料理されてしまう。

ここでは、大いなる感情は一切朽ち果ててしまう。ここでは、カラカラに干からびた感情のかけらがカサコソ音を立てるのが関の山だ。

精神の畜殺場やら小料理屋やらの臭いが、あなたにはもうしてこないか。屠《ほふ》られた精神の湯気が、この都会には立ちこめているのではないか。

魂であったはずのものが、だらりとぶら下がった薄汚いボロ切れのように吊り下げられているのが、あなたには見えないか。——そのボロ切れからせっせと作られているのが新聞というやつだ。

精神がここでは言葉遊びと化してしまったのが、あなたには聞こえないのか。精神は、言葉遊びどころか、言葉のドブ水のような汚水を吐き出している。——この言葉のドブ水から作られているのが新聞というやつだ。

彼らはしきりに追い立て合うが、どこへ向かうのかは知らない。彼らはしきりに燃え立たせ合うが、なぜかは知らない。彼らは小銭をチャリンチャリン鳴らして、金貨を鳴らすフリをする。

彼らは寒くなると、強い酒をあおって暖をとる。彼らは火照《ほて》ってくると、氷のように冷たい精神で身を冷やす。どいつもこいつも、世論という病に冒された中毒患者だ。

ここは、ありとあらゆる快楽と悪徳の棲み家だ。もっとも、ここには徳を具えた者たちもいる。有能な雇われ人向きの徳というのも、たくさんあるのだ。――

すらすら書ける指をもち、座って待ち続けて胼胝《たこ》のできた臀部《でんぶ》をもつ有能な徳というのが、たくさんあるのだ。幸いなことに、胸に小さな星形勲章をつけ、痩《や》せたお尻を詰め物で膨らませた娘たちに、かしずいてもらえる。

ここには、天の軍勢を率いる神様を崇める信心深さが昂《こう》じて、ヨダレたらたらの甘ったるさでお上《かみ》に追従する媚《こ》びへつらいも、たくさんある。

じっさい、星にしろ、ありがたいヨダレにしろ、「上から」ポタポタ滴《したた》ってくる。星形勲章のない胸というのは、上のほうにあこがれるものなのだ。

夜空の上に懸かる月には、かさ《ホーフ》が取り巻いて月光のおこぼれに与《あずか》っている。お上を取り巻く宮廷《ホーフ》には、月足らずの子どもが生まれる。だが、宮廷に生まれたものなら、どんなものにも乞食の民衆はお祈りをささげる。有能な乞食の徳もそろってお祈りをする。

「私は奉仕する、君は奉仕する、われわれは奉仕する」[*12]――有能な徳はそろって、王侯貴族を仰ぎ見ては、こうお祈りをする。ゆくゆくは功労の星形勲章が授けられ、この痩せた胸に輝いてくれますように、と。

だが、月にしても、およそ地上的なものの周りを回っているだけだ。王侯貴族にしても、万物のうちで最も地上的なものの周りを回っているだけだ。――要するに、商人どものカネの周りを、だ。

天の軍勢を率いる神様でも、金の延べ棒を隠し持つ神ではない。王侯貴族は考え、商人どもが――決する。

おお、ツァラトゥストラよ、あなたの内なる、明るく、強く、善きものの一切にかけて、お願いだ。この商人どもの町に唾を吐きかけ、引き返すがいい。

ここでは、一切の血は腐り、生ぬるくなり、泡立って、血管という血管を流れていく。浮きカスが泡立って、プカプカ集まっている吹き溜まりのようなこの大都会に、唾を吐きかけるがいい。

押しつぶされた魂、痩せこけた胸、とげとげしい眼差し、ねばねばした指が跳梁跋扈《ちょうりょうばっこ》するこの都会に、唾を吐きかけるがいい。――

――押しつけがましい連中、恥知らずな者たち、絶叫する物書き屋、のぼせ上がった野心家どもが集合離散するこの都会、――

――およそ腐りかけたもの、いかがわしいもの、みだらなもの、陰気なもの、熟れて爛《ただ》れたもの、潰瘍ができて脹《ふく》れたもの、陰謀を企《たくら》んでいるものが、すべて一緒になって膿《うみ》を出しているこの都会、――

そんな大都会には唾を吐きかけて、引き返すがいい！」――――

ここでツァラトゥストラは、口角泡を飛ばしているおどけ者をさえぎって、その口をおさえた。

「もういい加減にしたらどうだ！」とツァラトゥストラは叫んだ。「おまえの話と、そのしやべり方に、私はとっくに吐き気がしている。

なぜおまえは、そんなに長い間、この沼地に住んでいるのか。おまえ自身も、雨《あま》ガエルや蝦蟇《がま》ガエルになってしまうほかないというのに。

腐って泡立った沼の血が、今やおまえ自身の血管にも流れているのではないか。だからおまえは、カエルのようにケロケロ鳴き、口汚く罵《ののし》ることをおぼえたのだろう。

なぜおまえは森の中に入って行かなかったのか。それとも大地を耕したのか。海に行けば、緑なす島々がたくさんあるではないか。

おまえの軽蔑を、私は軽蔑する。私に警告するというのなら、――なぜおまえは自分自身に警告しないのか。

わが軽蔑とわが警告する鳥が、ひたすら愛情から飛び立つように私はしたい。沼地から飛び出すようにはしたくない。――

おまえは私のサルと呼ばれているようだな、口角泡を飛ばすおどけ者よ。だが、私はおまえを、私のブーブーわめくブタと呼ぼう。――ブーブーわめくことでおまえは、わが道化精神礼讃を台無しにしてしまう。

おまえをブーブーわめかせたそもそもの原因とは、いったい何だったのか。誰もおまえにろくろくお世辞を言ってくれなかったからだ。――だからおまえは、このゴミ溜めに腰掛けて、さんざんブーブーわめく理由を手に入れたというわけだ。――

――さんざん復讐する理由を手に入れたというわけだ。つまり、おまえが口角泡を飛ばしているのは、すべて復讐なのだ、虚栄のおどけ者よ。私には、おまえのことは全部お見通しだぞ。

だが、おまえのおどけた言葉は、たとえおまえが正しい場合でも、私には危害を及ぼす。それどころか、かりにツァラトゥストラの言葉が百倍も正しさをもっていたとしても、おまえが私の言葉を使えば、どのみち――正しくない行ないとなるのだ！」

ツァラトゥストラはこう言った。彼は大都会をじっと見つめて、ため息をつき、しばらく黙っていた。ついに彼はこう語った。

「私に吐き気を催させるのは、このおどけ者だけではない。この大都会にも、私は吐き気を催す。あちらにもこちらにも、改善の余地はなく、改悪の余地もない。

こんな大都会にわざわいあれ！――この町を焼き尽くす炎の柱を、私は見てみたい。

というのも、大いなる正午が訪れるには、その前に、そうした炎の柱が立たなければならないからだ。しかし、それが起こる時というものがあり、それにふさわしい運命というものがある。――

ならば、おどけ者よ、私はおまえに、お別れにこう説いてみせよう。愛することがもはやできない場合、われわれのなすべきは――通り過ぎるということだ！――」

ツァラトゥストラはこう言って、おどけ者と大都会を通り過ぎていった。

離反した者たち

1

ああ、つい最近までこの緑の草原で色とりどりに咲き誇っていた一切のものが、すっかりしぼみ、灰色になって横たわっているとは。どれほど多くの希望のハチミツを、私はここから私のハチの巣箱に運び入れたことだろう。

この若者たちの心はみな、すっかり年老いてしまった。――いや、年老いたのではない。たんにくたびれて、卑俗になり、不精《ぶしょう》になっただけの話だ。――彼らはそれをこう称する、「われわれは信心深さを取り戻した」と。

つい最近まで私は、彼らが朝早く、勇ましい足どりで駆け出していくのを見た。しかし、彼らの認識の足はくたびれてしまった。すると彼らは、自分の朝方の勇ましさまで中傷誹謗する始末だ。

そう、彼らの中には、踊り手《ダンサー》のように脚を高く上げる者も、かつては少なくなかった。私の知恵は、そういう者たちを見ては、笑ってウインクをした。――その後、彼らは考えを改めた。私がまさにそのとき見たのは、彼らが背を丸めて――十字架のほうにすり寄っていく姿だった。

彼らはかつて、夏の虫のように、そして若い詩人のように、光と自由を求めて羽ばたいた。少し年をとり、少し寒くなった。すると彼らはもう、暗闇と密談と暖炉の腰掛けの愛好者となった。

彼らの気持ちが萎えてしまったのは、私がクジラのような孤独に呑み込まれてしまったからだろうか。彼らは一生懸命耳をそばだてていたのに、私の声や私のトランペットや伝令の呼び声が、長らくのあこがれもむなしく聞こえなかったからだろうか。

――ああ、彼らの中には、勇気が持続して慢心の域に達するほど気宇壮大な者は、いつでもほんのわずかだ。そのような者は精神もつねに我慢づよい。だが、残りは臆病者だ。

残りはいつも、最大多数の人びとであり、月並みなもの、余計なもの、あまりにも多数の者たちであり――、どいつもこいつも臆病者だ。――

私と同じ種類の人間は、私と同じ種類の体験に、ふと襲われもするだろう。だから、そういう人が最初に持つ仲間は、死体であり道化師であらざるをえない。

だが、彼が二番目に持つであろう仲間は――彼の信者を自称する者たちだ。死体ではなく生者の群れであり、愛情もたっぷり、愚昧もたっぷり、うぶな崇拝もたっぷりだ。

私と同じ種類の人間は、こうした信者たちに自分の心を結びつけてはならない。逃げ腰で臆病な人間の種類をわきまえている者は、こうした色とりどりの春の草原のことを信じてはならない。

もし彼らに別のやり方ができたとすれば、彼らは別のやり方をも欲したことだろう。中途半端な者たちは、全体をそっくりダメにしてしまう。葉っぱがしおれることになろうと——だからといって何の嘆くことがあろうか。

葉っぱが枯れて落ちるに任せるがいい。おお、ツァラトゥストラよ、嘆くことはない。それより、ザワザワ音を立てる風となって吹き渡り、葉っぱを散り散りにさせてやるがいい。

——おお、ツァラトゥストラよ、風となって吹き渡り、そんな葉っぱなど散り散りにさせてやるがいい。しおれたものがどれもこれも、おまえからとっとと逃げ出すように、だ。

——

2

「われわれは信心深さを取り戻した」——と、これら離反した者たちは告白する。彼らの中には、そんな告白すらできない臆病者も少なくない。

彼らの眼中まで、私は見抜く。——私は彼らに面と向かって、こう言ってやって彼らの頬を赤らめさせる。君たちはまたぞろ祈るのだな、と。

それにしても、祈るのは屈辱というものだ。誰にとってもそうだというわけではないが、君や私にとっては、つまり頭の中にも良心のある者にとっては、そうなのだ。君にとっては、祈るのは屈辱なのだ。

君にはよく分かっているのだ。君の内なる臆病な悪魔が、手を合わせたり手をこまねいたりして、安穏《あんのん》としていられるのが好きなのだ。――この臆病な悪魔が、「神は存在する！」と君に説きつける。

だが、それによって君は、光があると安閑としていられない光嫌いの種族の仲間となる。そうなると君は日々、霞《かすみ》のかかった夜闇《よやみ》にいっそう自分の頭を深く突っ込まざるをえなくなるのだ。

そう、君はよい頃合を選んだ。というのも、ちょうど今、夜行性の鳥がふたたび飛び立つ頃だからだ。光嫌いのすべての人たちにふさわしい時が来た。夕刻となり、休息の時が来ても、彼らは――「休息」しない。

私はその音を聞き、その匂いを嗅ぐ。彼らが狩りに出かける時が来たのが分かる。ただし、その狩りは荒々しいものではない。飼い馴らされ、足を引きずり、クンクン嗅ぎ回っては、足音を忍ばせ、小声でお祈りをする、そういう狩りのやり口だ。――

――精気たっぷりの臆病ネズミを捕まえようとする狩りだ。またしても、ありったけの心のネズミ捕りが仕掛けられたのだ。私がカーテンを引き上げると、小さな蛾《が》が一匹あわてて飛び出してくる。

おそらく、その蛾はそこで、もう一匹の蛾と一緒にうずくまっていたのだろう。というのも、私は至るところで、こっそり隠れている信徒たちの小組織の匂いを嗅ぎつけるからだ。そして、小部屋のあるところ、そこには新たな信心家仲間がいるし、信心家仲間の人いきれがこもっている。

彼らは夜長に、並んで坐り、おたがい語り合う。「われわれを幼児のような存在に戻らせたまえ。そして「愛する神様」と言わせたまえ」と。――口も胃も、信心深い菓子パン屋に甘やかされてダメにされている。

あるいは、彼らは夜長に、ずる賢く獲物を待ち伏せる十字架グモを見つめる。そのクモは、ほかのクモにも賢さを説教して、こう説く。「十字架の下は巣を張るのに絶好だ」。

あるいは、彼らは昼間じゅう池のほとりに坐り、釣り竿《ざお》を垂れて、それで自分たちが深いと信じている。だが、魚が一匹もいないところで釣りをする者など、浅薄ですらないと私は言いたい。

あるいは、彼らは、吟唱詩人のもとで、信心深く嬉しそうに竪琴をひくことを習う。その詩人は、若い女性の心をひきたくてたまらないのだ。――というのも、年とった女性とその賞賛には飽き飽きしてしまったからだ。

あるいは、彼らは、学のある半狂人のもとで、恐怖におののくことを学ぶ。その半狂人は、暗い部屋で、幽鬼《ガイスター》が現われてくれるのを待っている――そして知性《ガイスト》がすっかり逃げ出してくれるのを。

あるいは、彼らは、流浪の老人が唸《うな》り声を上げて鳴り響かせる笛の音《ね》に、耳を傾ける。その老人は、陰気な風から悲哀の調子を学びとり、今では風の真似をして笛を吹き、陰気な悲哀の調子で説教をする。

また、彼らの中には、夜警になった者までいる。そういう連中は今では、角笛《つのぶえ》を吹いて夜な夜な歩き回っては、とうの昔に眠り込んだ古い問題を蒸し返すことを心得ている。

私は昨晩、古い問題が五つほど、庭園の壁ぎわで語られているのを聞いた。年をとって、しょんぼりした、愛想のよくない、そういう夜警たちの話が聞こえてきた。

「彼は、父親として、子どもたちの面倒を十分みていない。あれでは、人間の父親のほうがましだ」――

「年をとりすぎたのだ。子どもたちの面倒をみる気など、彼にはもうさっぱりない」――

別の夜警がこう答えた。

「いったい彼に子どもがいるのか。誰にもそれは証明できない。彼が自分自身で証明するのでなくてはね。いつか彼が徹底的に証明してくれたらなあ、と俺はとっくの昔から思っていたよ」

「証明するだって？　あのひとがかつて何かを証明したことがあったかのようだな。証明することは、彼には苦手なのだ。自分のことを信じてもらうことに、彼は汲々《きゅうきゅう》としているのだから」

「そう、その通り。信じる者は救われると言うが、その場合救われるのは、じつは彼なのだ。彼を信じる者は、彼を救うのだ。老人なんてそんなものだ。俺たちだってそうじゃないか」――

――年老いて光嫌いになった夜警が二人、こう話し込んでいた。そして、しょんぼりして角笛を吹いた。これが昨晩、庭園の壁ぎわで起こった出来事だった。

私の心臓は大笑いしてひっくり返り、あわや張り裂けるかと思ったが、行き場もなく、腹の皮をよじらせてようやく落ち着いた。

そう、ロバが酔っ払っておふざけするのを見たり、夜警がこんなふうに神のことを疑うのを聞いたりして、抱腹絶倒で窒息死するのが私の死に方なのかもしれない。

そもそも、こういった懐疑は何もかもとっくに済んだ話ではなかったか。あんな古臭い、眠り込んだ、光嫌いの問題を、今さら誰が蒸し返していいというのか。

だって、古い神々はもうとっくに終わりを迎えたのだから。――そう、彼らはうるわしくおめでたい最期を立派に遂げたのだ。

神々は「たそがれて」死んだのではない。――それはまことしやかなウソだ。いやむしろ、彼らもいよいよ死ぬことになったのは――大笑いしたからだ。

事の起こりは、神を失《な》くするきわめつけの言葉が、一個の神自身から発せられた時だった。――その殺し文句はこうだ。「唯一の神のみが存在する。私以外の何者をも神としてはならない」。――

――ひげを生やした年寄りの神がひとり、怒りに燃え、嫉妬のあまり我を忘れて、そう言い放ったのだ。

　そのとき、神という神が、腹をかかえて笑い、椅子ごと身をゆすぶって、こう叫んだ。「神々なら存在するが、唯一の神など存在しない。まさにこれこそ神々《こうごう》しさというものではないか」。

　耳のある者は、聞くがよい。――


　ツァラトゥストラはこう語った。そこは、彼の愛した「まだら牛」という名の町であった。[*13] すなわちそこからは、もうあと二日で彼の洞窟と動物たちのところに帰ってゆける距離であった。故郷《ふるさと》の近くまで来たと思って、彼の魂は欣喜雀躍《きんきじゃくやく》してやまなかった。――

帰郷

　おお、孤独よ。あなたはわが故郷だ、孤独よ。私はあまりにも長い間、異国の荒野で荒れた生活を送ってきたので、あなたのもとに帰ってきて、涙を抑えることができない。

　さあ、母親が子どもを叱るときのように、指を立ててせいぜい脅《おど》しつけておくれ。母親が微笑むように、私に微笑んでおくれ。さあ、こう言っておくれ。「それにしても、かつて私のもとから暴風のようにさっさと飛び出していったのは、誰だったかしら？――

――立ち去るさいに、「私はあまりに長い間、孤独のもとに居すわっていたので、沈黙するすべを忘れてしまった」と叫んだのは、誰だったかしら？　そのすべを――きっとあなたは学んだのでしょうね？

おお、ツァラトゥストラ、私は何でも知っています。あなたは多数の者たちのもとに一人でいたとき、私のもとにいたときよりも見捨てられていたことを。

――見捨てられていることと、孤独でいることとは別物です[14]。このことを――あなたは今や学んだのです。そして、人間たちのもとではあなたはつねに野蛮人となり異邦人となるのだということも。

――人間たちがあなたを愛するときでも、あなたは野蛮人にして異邦人なのです。というのも、人間たちは何よりもまず労わってもらおうとするからです。

しかしここでは、あなたはわが家にいて、くつろいでいられるのです。ここでは、あなたはどんなことも口に出して語ることができるし、どんな奥底もぶちまけることができます。隠されて頑《かたく》なになった感情でも、ここでは何一つ恥ずかしくありません。

ここでは、万物があなたの語らいに優しく寄り添ってきて、あなたに媚びてきます。というのも、万物はあなたの背中に乗って走りたがっているからです。あなたはここでは、あらゆる比喩の背にまたがって、どんな真理にも向かうのです。

あなたはここでは、万物に向かって真っすぐ、率直に語ってよいのです。そう、万物の耳には、誉め言葉に聞こえるのです、万物と——素直に語らう人がいることは。

しかし、見捨てられていることは、孤独とは別物です。というのも、あなたはまだ覚えていますか、おお、ツァラトゥストラよ。かつてあなたが森の中で、どちらに行ったらよいか決心がつかず、死体のそばで途方に暮れていたとき、あなたの鳥の鳴き声があなたの頭上で聞こえ、——

——あなたが「私の動物たちよ、私を導いておくれ。人間たちのもとにいるのは、動物たちのもとにいるより危険なことだと分かった」と言ったとき——、あのときは見捨てられていたのです。

それから、あなたはまだ覚えていますか、おお、ツァラトゥストラよ。あなたが至福の島に居をさだめて、空《から》の桶たちにワインの泉を与え、気前よく贈り、渇いた者たちに惜しみなく与え、ありったけの贈り物をしていたとき、

——あげくには、あなた一人だけが渇いた者となって、酔いどれたちに囲まれて暮らし、夜になると、「与えるよりも、受け取るほうが幸せなのではないか。そして、受け取るよりも、盗むほうが幸せなのではないか」と嘆きの歌をうたったとき——、あのときは見捨てられていたのです。

それから、あなたはまだ覚えていますか、おお、ツァラトゥストラよ。あなたの最も静かな時がやって来て、あなたをあなた自身から追い立て、最も静かな時が、たちの悪いささやき声で、「あなたの言葉を語り、そして砕けるがいい！」と言ったとき——、

――最も静かな時があなたをいたぶって、もう待っても黙ってもいられないようにさせ、あなたの謙虚でありたいという勇気を奪ってしまったとき、あのときは見捨てられていたのです」。――

おお、孤独よ。あなたはわが故郷《ふるさと》だ、孤独よ。あなたの声はどんなに幸せに、どんなに優しく私に語りかけてくれることか。

私たちは尋ね合ったりしない。私たちは嘆き合ったりしない。私たちは扉を開け放して、おたがいどうし自由に行き来する。

じっさい、あなたのところは自由だし明るい。ここでは、時間もずっと軽やかな足どりで進む。光の中よりも闇の中のほうが、時間は重くのしかかるものだからだ。

ここでは、一切の存在を言い伝える言葉と、言葉の秘宝箱が、私に一挙に打ち開かれる。一切の存在が、ここでは言葉になろうとする。一切の生成が、ここでは語ることを私から学ぼうとする。

だが、あの下の世界では――あそこでは、何を語ってもムダなのだ。あそこでは、忘れることと通り過ぎることこそ、最良の知恵だ。このことを――私は今や学んだのだ。

人間たちのもとで一切を捉《ベグライフェン》えようとしたかったら、一切を手で掴《アングライフェン》んでみなければならない。しかしそのためには、私の手はあまりにも清らかだ。

私はもう人間たちの息を吸い込みたくない。ああ、私がこれほど長い間、人間たちの喧騒と、ムッとする息の中で暮らしてきたとは。

おお、私のまわりの至福の静けさよ。おお、私のまわりの清らかな香りよ。おお、この静けさは、私の胸の何と深いところから清らかな息をしていることか。おお、この至福の静けさは、何とじっと聞き耳を立てていることか。

だが、あの下の世界では――あそこでは、何もかもが語り、あそこでは、一切が聞き逃される。鐘を鳴らしてみずからの知恵を伝えようとしても、市場の商人どもが鳴らす小銭の音で、その知恵はかき消されてしまうのがオチだ。

彼らのもとでは、何もかもが語り、もはや誰にも理解できない。一切が水泡に帰し、井戸の底にまで落ちるものはもはや何一つない。

彼らのもとでは、何もかもが語り、もはや何一つうまくいかず、何一つ終結しない。一切がガチョウのように鳴きわめくが、巣にじっとうずくまって卵をかえそうとする者は誰もいない。

彼らのもとでは、何もかもが語るが、万事語りつぶされてしまう。昨日はまだ、時代そのものにとって硬くて歯が立たなかったものが、今日はもうすっかりすり潰され、かみ砕かれて、現代人の口の端《は》にかかっている。

彼らのもとでは、何もかもが語るが、万事ばれてしまう。かつては秘密と呼ばれ、魂の奥底の秘めごとと呼ばれていたものが、今日では、横町のラッパ吹きやその他の喋々《ちょうちょう》する者たちの持ち物になっている。

おお、人間という不思議な代物よ。薄暗い横町の喧騒よ。今やおまえはふたたび私の背後に去った。――私の最大の危険は私の背後に去ったのだ。

私の最大の危険はつねに、労わること、同情することにあった。人間というのはみな、労わられ、同情されることを欲している。

真理を押し殺し、惚《ほう》けた心で、おどけた文章を書き、同情の小さなウソをたっぷりついて――そんなふうに、私はいつも人間たちのもとで暮らしてきた。

彼らのもとで、私は仮装してすわっていた。私は人間たちに我慢できるはずだ、と進んで自分を見損なって。「バカな奴め、おまえは人間を知らないのだ」と、自分で自分に言い聞かせて。

人間たちのもとで暮らすと、人間のことをうっかり忘れてしまう。どんな人間も、見栄えのいいうわべ飾りをあまりに多くつけている。――そこでは、遠くを見る眼、遠くを見極めようとする眼は、どうしたらいいのだ。

また、彼らが私を見損なったとき、だからこそ私は、愚かにも、自分のことより彼らのことをいっそう労わった。自分に対する苛酷さには慣れていたし、さらには、彼らを労わったことで自分自身に復讐を加えたこともしばしばだった。

毒バエどもにさんざん刺され、多くの悪意のしずくに穿《うが》たれて石のように空《うつ》ろになり、私は彼らのもとにすわって、それでも自分にこう言い聞かせた。「ちっぽけなものがそろってちっぽけだからといって、誰にもべつに罪はない」。

とりわけ「善人」を自称している人びとは、毒バエであることが私には分かった。彼らはまったく無邪気に刺す。彼らはまったく無邪気にウソをつく。私に対して——公正であることが、どうして彼らにできるだろうか。

善人たちのもとで暮らす者は、同情からウソをつくことを教えられる。同情は、あらゆる自由な魂にとって鬱陶しい空気となる。善人の愚かさ加減たるや、測り知れない。

私自身を隠し、私の豊かさを隠すこと——このことを、私はあの下の世界で学んだ。というのも、誰もが精神《こころ》の貧しい者だということが、私には分かったからだ。私が同情からウソをついたのは、誰でも似たようなありさまだと分かったからだ。

——つまり、誰に関しても、この人の精神にはこの程度で十分、これ以上だと多すぎて持て余すということが、私には手に取るように見てとれ、嗅ぎとれたからだった。

私は、彼らの硬直した賢者を、賢者とは呼んでも、硬直したとは呼ばなかった。——私はそう言葉を呑み込むことを学んだ。私は、彼らの墓掘り人を、綿密に調べる研究者と呼んだ。——私はそう言葉を取り替えることを学んだ。

墓掘り人は、墓を掘っているうちに病気にかかる。古い瓦礫《がれき》の下には、毒気がこもっている。泥沼を掘り起こすべきではない。山上で暮らすべきなのだ。

幸せいっぱいの鼻の孔で、私はふたたび山の自由を呼吸する。私の鼻はようやく、一切の人間というものの臭気から解放された。

泡立つワインのような冷たい空気にくすぐられて、私の魂はくしゃみをし、——くしゃみをした者にかける健康《ゲズントハイト》祈願の言葉を、大喜びして自分にかける、「お大事に《ゲズントハイト》」と。

ツァラトゥストラはこう言った。

三つの悪

1

夢の中で、明け方に最後に見た夢の中で、私は今日、ある岬《みさき》に立っていた。――この世《ヴェルト》の彼方《かなた》で、秤《はか》りをたずさえて、この世の善し悪しを量っていた。

おお、曙《あけぼの》があまりに早く来て、朝焼けの光が私に射した。この焼きもち焼きの女神は、赤く染まって私を目覚めさせた。私が明け方の夢で照り輝いていると、彼女はいつも焼きもちを焼くのだ。

時間に余裕のある者なら、時間をかけて測ることができる。すぐれた量り手なら、善し悪しを量ることができる。強力な翼があれば、飛翔して到達することができる。神々しい胡桃《くるみ》割りがあれば、察知して看取することができる。世界《ヴェルト》とはそういうものなのだと、私は夢で悟った。——

私の夢は、大胆不敵なヨットだ。半ば船で、半ば旋風だ。蝶のように寡黙で、ハヤブサのように気が短い。そんな私の夢が、今日にかぎって、世界の善し悪しを量るのに悠然と構えているのは、どうした風の吹き回しか。

おそらく私の知恵が、ひそかに私の夢に語って聞かせたのだろう。あらゆる「無限の世界」を嘲笑する、笑い好きの醒めた昼の知恵が。というのも、私の知恵はこう語るからだ、「力のあるところ、数もまた支配をふるう。数えることで、力も増す」と。

私の夢は、この有限な世界を、どんなに確かに見てとったことか。新し物好きの好奇心からでも古い物好きの好奇心からでもなく、恐れることも許しを乞うこともなく。——

——さしずめ、丸々としたリンゴが一個、冷たくて柔らかなビロードの肌をもった黄金の完熟リンゴが、私の手に差し出される。——あたかもそんなふうに、世界が私に差し出された。——

——さしずめ、一本の樹が、枝を大きく広げ、強靭な意志を示し、曲がりくねって伸びては、私にウインクを送ってくる。歩き疲れた者が寄りかかるのに、さらには足を広げるのにも、お誂《あつら》え向きだ。あたかもそんなふうに、世界は私の岬に立っていた。——

——さしずめ、華奢《きゃしゃ》な両手が、一個の秘宝箱を私に向かって運んでくる——恥じらいと敬意をもって恍惚と眺めるまなざしにだけ開かれる秘宝箱を。あたかもそんなふうに、世界は今日、私に向かっておのれを差し出した。——

――人間の愛情を寄せつけないほど不可解な謎ではなく、人間の知恵を眠り込ませるほど平板な解答でもなかった。――さんざん悪《あ》しざまに言われている世界が、今日の私にとっては、一個の人間的に善きものとなったのだ。

私の明け方の夢に、どんなに私は感謝していることか。だって、私は今朝、世界の善し悪しを量れたのだから。一個の人間的に善きものとして、明け方の夢は私に訪れた。心を慰めに来てくれたのだ、この夢は。

だから私は、明け方の夢と似たことを昼間もやってみたいし、夢の最も善いところを真似して、学びとりたいのだ。そこで私は、三つの最悪のものを秤りにかけて、その人間的な善さを量って調べてみよう。――

祝福することを教えた者は、呪詛《じゅそ》することも教えた。世の中で最も呪詛されている三つのものとは何だろうか。それらを秤りにかけてみよう。

肉欲、支配欲、我欲。この三つはこれまで、最も呪詛されてきたし、最も悪口を叩かれ、口から出まかせのウソに最もまみれてきた。――この三者の人間的な善さを量って調べてみよう。*15

さあ、ここには私の岬があり、そこには海がある。この海は、私の足もとに転がって寝そべっている。毛むくじゃらで、媚びるように。百の頭をもつ怪物みたいなこの忠実な老犬が、私は好きだ。

さあ、ここで私は、寝そべっている海に、秤りをかざそう。ついでに、証人も選んで、よく見てもらおう。証人は——おまえだ、隠者のようにたった一本、海辺に立つ樹よ。強い芳香を放ち、円天井のようにこんもり繁っているおまえが、私は好きだ。——

いかなる橋が、現在から未来へと懸かっているのか。いかなる強制によって、高きものは低きものへ向かうのか。そして、どんなに高いものにもいっそう——高く成長するよう命じるものとは何か。——

秤りは今、つり合って静止している。三つの重い問いを、私はそこに載せた。三つの重い答えが、もう一方の秤り皿に載っている。

2

肉欲とは、懺悔《ざんげ》服を着たどんな肉体の軽蔑者にとっても、彼らに突き刺さる棘《とげ》であり杭《くい》である。どんな背後世界論者においても、「俗世《ヴェルト》」として呪詛されている。というのも、肉欲は、混乱と迷妄を説く者たちすべてを嘲笑し、愚弄するからである。

肉欲とは、汚い奴らにとって、徐々に燃え上がり彼らをじわじわ焼き焦《こ》がす火である。虫に喰われたどんな材木、悪臭を放つどんなボロ切れにとっても、すぐ発情させて煮えたぎらせる竈《かまど》である。

肉欲とは、とらわれのない心からすれば、無邪気でとらわれのないもの、地上の楽園の幸福であり、現在がすべての未来にささげるあふれんばかりの感謝である。

肉欲とは、しなびた者にとってこそ甘美な毒だが、ライオンの意志をもつ者からすれば、大いなる強壮剤、畏《かしこ》まって大切にされるワインの中のワインである。

肉欲とは、高次の幸福と最高の希望にとって、大いなる比喩となる幸福である。なぜなら、多数の者たちには、結婚を約束し、また結婚以上のものを約束するからである。――男と女の隔たりよりも隔たっている多数の者たちにとっては、そうである。――それにしても、男と女がどれほど隔たっているかを、誰が完全に承知しているだろうか。

肉欲――とはいえ、私は私の思想の周りに、また私の言葉の周りにも垣根をめぐらせよう。ブタや熱狂的信者が私の庭にズカズカ侵入してこないようにするために、だ。――

支配欲とは、冷酷無比な心根《こころね》の持ち主にとって灼熱の鞭《むち》である。残忍きわまりない者たち自身を苛《さいな》む、彼らにとっておきの、ゾッとする拷問である。生きながらの火あぶりの薪《まき》の山を燃やす陰鬱な炎である。

支配欲とは、虚栄のきわみの民族に据えつけられる悪意あるブレーキである。一切の怪しげな徳を鼻で笑う女である。この女は、どんな駿馬も、どんな矜持も乗りこなす。

支配欲とは、およそ脆《もろ》いもの、空《うつ》ろなものの一切を潰し、パックリ裂けさせる地震である。鈍い恨み節をゴロゴロ轟《とどろ》かせて、うわべだけ飾った墓場を罰する、女ぶっ壊し屋である。早まった答えに付される疑問符の閃光である。

支配欲のまなざしに見つめられると、人間はひれ伏し、身をかがめて奴隷となり、ヘビやブタよりも下劣なものとなる。――するとついには、大いなる軽蔑がその人間から叫び声を上げる。——

支配欲とは、大いなる軽蔑を教える恐るべき女教師である。彼女は、都市や王国に面と向かって、「おまえは引き下がれ」と説く。——するとついには、都市や王国自身から、「私は引き下がります」という叫び声が上がる。

支配欲は、しかし、孤独に生きる清らかな者たちにも、自己満足している高みのほうにも、誘惑しつつ立ち昇ってくる。その燃え立つさまは、地上の大空に深紅の至福を誘惑しつつ描き出す愛に似ている。

とはいえ、高きものが下に降りて権力を欲しがるとき、その支配欲を、誰が病的欲望と呼ぶだろうか。そう、そのような欲求と下降には、虚弱で病的なものなど一切ない。

孤独な高みが、いつまでも孤独のまま自己満足していたくはないと願うこと、山が谷に下っていきたい、高みの風が低地に下っていきたいと願うこと、——

おお、そのようなあこがれを表わす徳の正式名称を、誰が見つけるだろうか。「惜しみなく与える徳」——と、ツァラトゥストラはかつて、この名づけがたいものを名づけた。

そのとき起こった——そう、この世ではじめて起こった——もう一つの出来事があった。ツァラトゥストラの言葉が、我欲を、つまり力強い魂から湧き出る健全で健康な我欲を、祝福して讃えたのだった。——

——その源である力強い魂には、高貴な肉体がそなわっている。美しく、意気揚々とした、元気いっぱいの肉体が。その肉体の周りでは、ありとあらゆるものが鏡となって肉体を映し出す。

――しなやかで説得力に富むこの肉体は、舞踏者であり、自分自身を楽しみ喜んでいる魂は、この舞踏者の比喩であり精髄なのである。そのような肉体と魂の自己快楽、つまり我欲は、自分で自分のことを「徳」と呼ぶ。

そのような我欲は、聖なる鎮守の森によって護られているかのように、優秀と劣悪という言葉によって護られている。みずからの幸福を表わす言葉の力で、我欲は一切の軽蔑すべきものを追い払って寄せつけない。

この我欲は、一切の臆病なものを追い払って、こう語る、「劣悪――とは臆病のこ、と、だ、」と。いつも心配し、ため息をつき、泣き言を言う者、どんなちっぽけな利益でも拾い集める者などは、我欲にとっては、軽蔑すべきものとしか思えない。

また、この我欲は、およそ苦悩に溺れた一切の知恵を軽蔑する。というのも、そう、暗闇に咲く知恵、夜の影の知恵というものもあるからだ。そのような知恵は、「一切は虚《むな》しい」と、いつもため息をつく。

びくびくした不信感も、我欲からすれば、くだらない。眺めたり触ったりする代わりに、誓いを求める者はみな、くだらない。あまりに不信ばかり抱く知恵も、すべてくだらない。――というのも、そのような知恵は、臆病な魂に属するからだ。

我欲から見て、もっとくだらないのは、せっせと気に入られようとして、犬のようにすぐ仰向けになる連中、へりくだった連中である。犬のようにへりくだり、信心深く、せっせと気に入られようとする知恵、といったものまである。

我欲が憎み、吐き気すら催すのは、抗《あらが》うつもりのまったくない者、有毒の唾液《だえき》でも邪悪な目付きでも呑み下してしまう者、あまりに我慢づよい者、何でも見て見ぬふりをする者、何にでも満足してしまう者である。すなわち、奴隷根性の輩《やから》である。

神々の前にぬかずき、神々に足蹴にされようと隷従する者であれ、人間の前にぬかずき、ばかげた人間的見解に隷従する者であれ、とにかくすべての奴隷根性の輩に、この至福の我欲は、唾《つば》を吐きかける。

劣悪、と我欲が呼ぶのは、しょんぼりとしていて、しみったれで、奴隷的なものの一切であり、ぎこちなく目をパチパチさせるもの、胸を圧迫されたもの、偽りの譲歩をしてみせて臆病な分厚い唇でキスをする輩である。

また、エセ知恵、と我欲が呼ぶのは、奴隷や老人や疲れた者たちが飛ばす冗談のすべてであり、とりわけ、狂気の冗談や過剰な冗談を飛ばす司祭たちの悪ふざけがそうだ。

それにしても、エセ賢者、すべての司祭、この世に疲れた者たち、女や奴隷と同類の魂の持ち主、——おお、彼らの働きは昔から、なんと我欲を痛めつけてきたことだろう。

しかも、これこそが徳であり、徳と呼ばれるべきだとされてきた。我欲を痛めつけるというこのことが、だ。しかも、「無私」——でありたいと、この世に疲れたこれらすべての臆病者、十字架グモどもが、みずから願ったのは、もっともなことだった。

だが今や、これらすべての者たちに、昼が、変化が、首斬り刀が、大いなる正午がやって来る。そのとき、多くのことが明らかとなるはずだ。
そして、自我とは健全で神聖なものなのだと語り、我欲を祝福する者は、そう、一個の予言者として、おのれが知っていることを語る、「ごらん、それが来る、それが近づいてくる、大いなる正午が！」と。

ツァラトゥストラはこう言った。

重さの地霊

1

私の口は――民衆の口だ。私の話し方は、お高くとまった絹毛ウサギの耳には、あまりにも不作法で、熱血的だ。また、私の言葉は、黒インクを吐くイカや羽根ペンを走らせるキツネのようなどんな三文文士《さんもん》にも、もっと奇異にひびくだろう。

私の手は――阿呆の手だ。どんな机も壁も、落書きされるとは災難なことだ。阿呆の飾りつけや阿呆のペンキ塗りたくりの余地のあるものも、災難なことだ。

　私の足は――馬の足だ。その足で私はパッパカパッパカ走り回り、切り株や石を踏みつけにして縦横無尽に野を駈け回り、どんなに疾走しても悪魔の悦びをおぼえる。

　私の胃は――きっと鷲の胃なのだろう。というのも、子羊の肉が大の好物だからだ。少なくとも、鳥類の胃であることは間違いない。

　私の胃が食べ物とするのは、罪のないものたちであり、それをほんの少しでいい。すぐにでも飛びたくて、飛び去りたくてたまらない――それが私の流儀だ。そこに、鳥の流儀のようなものがないはずがない。

　とりわけ、私が、重さの地霊*16を敵としていること、これぞ鳥の流儀だ。そう、不倶戴天の仇《かたき》、根っからの宿敵としているのだ。おお、私の敵意がいまだ飛んでいったことのない、飛び去っていったことのない方面が、どこにあろうか。

　これについては、歌を一つ歌うことができるほどだ。――そして実際、歌ってしんぜよう。誰もいない家に一人きりの私は、自分の耳に歌って聞かせるほかないが。

　もちろん、別の種類の歌手もいる。彼らの喉《のど》がなめらかになり、手ぶりが能弁になり、目付きに表現があふれて、気持ちが高まってくるには、満員の会場でなくてはならない。――そういう歌手とは、私は違う。――

2

いつの日か、人間に飛ぶことを教える者が現われたら、その人はあらゆる境界石の位置をずらしたことになる。あらゆる境界石それ自体が、彼にかかると宙を舞い、彼は大地に新しい洗礼名を施すだろう――「軽やかなもの」と。

ダチョウは、どんなに速い馬よりも走るのが速い。だが、そのダチョウも頭を重い大地に重たく突っ込んだりする。人間もそうだ、まだ飛ぶことができない以上は。

人間にとって重いものといえば、大地がそうだが、人生もそうだ。重さの地霊が、そう欲しているのだ。だが、軽くなりたい、鳥になりたいと思う者は、自分自身を愛さなくてはならない。――これが私の教えである。

もちろん、病的欲望に駆られる病人の愛によってではダメだ。というのも、病人にあっては、自己愛すら悪臭を発するからだ。

われわれは、自分自身を愛することを学ばなくてはならない――これが私の教えである――健全で健康な愛によって。自分自身となんとか折り合いをつけて、あっちこっちふらふら歩き回ったりはしないように、である。

そのようにあっちこっちふらふら歩き回ることは、「隣人愛」と称される。この洗礼名ほど、これまでその名を借りてウソや偽善がしおらしく行なわれてきたものはなかった。とりわけ、世の人びとを重苦しくする連中が、この言葉を騙《かた》るときはそうだった。そう、自分を愛することを学ぶということは、今日明日にやり遂げられるような要請などではない。むしろそれは、一切のわざの中で最も精巧で、最も狡猾で、最終的で、最も根気の要るわざなのだ。

なぜなら、自分のどんな持ち前も、自分自身にはうまく隠されているものだからだ。宝石の眠るすべての鉱脈のなかでも、採掘されるのが最も遅いのは、自分自身という鉱脈である。――これも重さの地霊のなせるわざである。

ゆりかごにいるときからわれわれはもう、重たい言葉を持参金として与えられているといえるほどだ。「善い」と「悪い」――これがその持参金の名前である。この持参金あってこそ、われわれは生きることを許されるのである。

ひとは、自分のもとに幼児たちがやって来るに任せよう、などと言っているが、これも、幼児たちが自分自身を愛することを早いうちから防止するためなのである。これも重さの地霊のなせるわざである。

そしてわれわれは――われわれは、持参金として与えられたものを、こわばった肩に載せて、険しい山を越えて、忠実にとぼとぼ運んで行くのだ。われわれが汗をかくと、人びとはわれわれにこう言う、「そのとおり、人生という重荷は耐えがたい」と。

いや、人間が自分で自分を耐えがたい重荷にしているだけである。それは、自分のものではないものを、あまりにたくさん自分の肩に載せて運んでいるからだ。彼は、ラクダのように膝を曲げて、荷物をいっぱい背負わされても我慢する。

強靭で、忍耐強く、畏敬の念をそなえた人間の場合は、とくにそうである。彼は、自分のものではない重たい言葉や価値を、あまりにたくさんわが身に背負っている。──そうなると、人生は彼にとって砂漠に思えてくるのだ。

本当にそうなのだ。自分の持ち前なのに、耐えがたい重荷となるものも少なくないのだ。そして、人間の内部にひそむものには、カキに似たもの、すなわち気味が悪くヌルヌルして摑みどころのないものが多い。──

──それゆえ、高貴な飾りを備えた高貴な殻が、とりなしをしなくてはならない。だが、このわざも、われわれは学ばなくてはならない。つまり殻を持つこと、そして美しい見かけをして賢く目をつぶっていることを、だ。

ところがこれまた、殻には、みすぼらしくて悲しげであまりにもただの殻でしかないものが少なくないために、人間にひそむものが少なからず見損なわれてしまう。多くの隠された善意や力量が見抜かれずに終わる。とびきりおいしいごちそうなのに、それを味わってくれる人が見つからないのだ。

女性たちはこの機微を知っている、とびきりおいしい彼女たちは。ほんの少し肥っているとか、ほんの少しやせているとか──おお、そんなに些細なものに、何と多くの運命がひそんでいることか。

人間を発見することは難しいが、最も難しいのは自分自身を発見することである。知性は心情に関してよくウソをつく。これも重さの地霊のなせるわざである。

ところで、自分自身を発見したといえるのは、「これは私の善であり悪である」と語る人である。そう言って彼は、「万人にとっての善、万人にとっての悪」を語るモグラや小びとを黙り込ませた。

そう、私は、どんなものでも善いと言い、この世界を最善の世界だとすら言い募る者たちも、好きではない。そういう連中を私は、よろず満足屋と呼ぶ。

何でもおいしくいただくことのできるよろず満足嗜好は、最高の趣味などではない。私が敬意を払うのは、「私は」と言い、「然り《ヤー》」と「否《ナイン》」を言うことをおぼえた、強情っぱりで、選《え》り好みの強い舌と胃である。

どんなエサでもかみ砕いて、こなして、消化してしまうこと——これぞまさにブタの流儀というものだ。いつも「あっそう《イーアー》」と言うこと——そんな芸当ができるのは、ロバや、ロバ並みの知性の者たちだけだ。——

濃い黄色と鮮烈な赤。——そういう色を、私の趣味は欲する。——私の趣味は、どんな色にも血を混ぜる。しっくいを塗りたくって自分の家をきれいに見せる者は、私にかかれば、白いしっくいを塗りたくった魂の持ち主だということが、ばれてしまう。

ミイラに惚れる者もいれば、幽霊に惚れる者もいる。どちらも等しく、あらゆる肉と血を敵視する。——おお、どちらも何と私の趣味に反することか。というのも、私は血を愛するからだ。

また、誰もが唾《つば》や痰《たん》を飛ばし合っているところにも、私は住んだり泊まったりしたくない。これが私の趣味だ。──それよりは、泥棒や偽証者と一緒に暮らすほうが、まだましだ。口さがない連中と起居を共にしても一文の得にもならない。

だが、もっと私がイヤなのは、涎《よだれ》をなめて嬉しがっている美食家気どりの手合いすべてだ。人間の中で私が見出した一番イヤなこの生き物に、私は「たかり屋」という名前を付けてやった。そいつは、愛する気などないくせに、愛を生活の糧《かて》としている。

性悪《しょうわる》の猛獣となるか、性悪の猛獣使いとなるか、どちらか一方を選ぶしかない者すべてを、私は、呪われた者と呼ぶ。そういう者たちのそばには、私は自分の小屋を建てることはないだろう。

私は、いつまでも待っているしかない者たちも、呪われた者と呼ぶ。──彼らも私の趣味に反する。徴税吏も、雑貨商も、国王も、そのほかの国や店の見張り番たちも、みんなそうである。

そう、私も、待つことを学んだ。それも根本から学んだ。──しかしそれはもっぱら、私自身を待つことであった。そして何にもまして、立つこと、歩くこと、走ること、跳ぶこと、登ること、踊ることを学んだ。

私の教えはこうである。いつの日か、飛ぶことを学ぼうとする者は、まずは、立つこと、歩くこと、走ること、よじ登ること、踊ることを学ばなくてはならない。──われわれは、飛ぶことを飛んで摑みとることはできないからだ。

綱の梯子《はしご》であちこちの窓によじ登ることを、私は学んだ。足を機敏に動かして、高いマストにもよじ登った。認識というマストのてっぺんにすわることは、少なからぬ幸福であるように私には思われた。――

――高いマストの上で、小さな炎のように明滅する灯《あか》りは、なるほど小さな光にすぎないが、漂流している船乗りや難破船の乗客には、大きな慰めとなるのだ。――

さまざまな道や仕方で、私は私の真理にたどり着いた。たった一つの梯子を伝って、私は高みに登ったのではない。その高みで私の眼は今、私の遠方を見渡している。

誰かに道を尋ねることは、私にはいつも気が進まなかった。――それはいつもいつも私の趣味に反することだったからだ。私はむしろ、道それ自身に尋ね、道それ自身を試みることのほうが好きだった。

専一《せんいつ》に試み、尋ねること、それが私の歩みのすべてだった。――そう、そんなふうに問うことに対して答えることも、われわれは学ばなくてはならない。そしてそれが――私の趣味なのだ。

――善い趣味でも、悪い趣味でもない。私の趣味なのだ。それを私は恥ずかしいとは思わないし、もはや隠し立てもしない。

「これは――私の道だ。――君たちの道はどこにあるのか」。「道とは？」と私に尋ねた人に、私はこう答えた。なぜなら、道そのものなど、どこにもないからだ。

ツァラトゥストラはこう言った。

新旧の石板[*17]

1

ここに私はすわり、待っている。その周りには、打ち壊された古い石板があり、書きかけの新しい石板もある。私の時は、いつやって来るのか。

——それは、私の下降、没落の時だ。というのも、私はもう一度、人間たちのところに行くつもりだからだ。

その時を、私は待っているところだ。というのも、それが私の時だというしるしが、ついに私にやって来るにちがいないからだ。——笑うライオンが、ハトの群れを従えてやって来るのが、そのしるしとなる。

それまでの間、私は一人きりで、時間《よゆう》のある者として、私自身と語らおう。新しいことを語って聞かせてくれる人は、誰もいない。だから、私は私に私自身を語って聞かせよう。

2

人間たちのところに行ったとき、私が見出したのは、彼らが古いうぬぼれの上に居すわっている姿だった。人間にとって何が善であり悪であるかを、自分はもうとっくに知っていると、誰もが思い込んでいた。

およそ徳について語ることの一切は、飽き飽きした昔話にすぎないと、彼らは思い込んでいた。よく眠りたいと思う人は、眠りに就く前に、「善」や「悪」についておしゃべりするとよい、という始末だった。

彼らのまどろみを、私はこう教えて、醒ましてやった。何が善であり悪であるか、それを知る者はまだ誰もいない、と。——創造者を措《お》いてほかには、だ。

——その創造者とは、人間の目標を創造し、大地にその意味と未来を与える者のことだ。彼は、何かが善であり悪であるという、その事態をはじめて創造するのである。

そうして私は彼らに、君たちの古い講座をひっくり返せ、と言ってやった。そこに居すわっているのは、あの古いうぬぼれくらいなものだ。私は彼らに、君たちの偉大なる徳名人と聖人と詩人と救世主を笑い飛ばせ、と言ってやった。

君たちの陰気な賢者を笑い飛ばせ、と言ってやった。黒ずんだ案山子《かかし》よろしく、生命の木の上で警告を発して居すわってきた者など、お笑い草だ。

彼らが葬られた広大な墓所を訪れ、腰を下ろしてみると、死骸が転がり、ハゲタカがついばんでいた。――そして私は、彼らの過去の一切と、崩れてボロボロになった過去の栄光を笑い飛ばした。

そう、懺悔を説く者やおどけ者のように、私は彼らの偉大さと卑小さの一切に、大声で罵声を浴びせてやった。――彼らの最善とやらの何とちっぽけなことか。彼らの最悪とやらの何とちっぽけなことか。――そう言って私は笑った。

私の賢いあこがれが、私の内からこのように叫び声を上げて、笑った。山中で生まれた私のあこがれ、そう、荒々しい知恵が、だ。――はばたく翼を轟《とどろ》かせて飛翔する、私の大いなるあこがれが。

私のあこがれは、しばしば私を拉《らっ》し去り、大笑いのうちに、上方へ、遠方へ運んでいった。そのかなたで、私は、身震いしながらも一本の矢となり、太陽に酔いしれた恍惚を貫いて飛んで行った。

――どんな夢にもまだ見られたことのない遠い未来へ、いかなる芸術家が夢に描いたよりもいっそう灼熱の南国へと。そのかなたでは、神々が裸踊りに興じ、どんな衣を身につけることも恥じるほどだ。――

――私は、比喩を用いて語る。足を引きずり、ろれつが回らなくなるさまは、詩人のようだ。そう、自分がいまだに詩人であらざるをえないことが、私は恥ずかしいのだ。――

そこでは、一切の生成が、神々のダンスや神々の悪ふざけだと、私には思われた。世界は、解き放たれ、自由奔放となり、元のさやに納まったかのようだった。——多くの神々が永遠の追いかけっこや隠れんぼうをしているようだった。多くの神々が愉しげに喧嘩し合い、耳を傾け合い、仲直りし合っているかのようだった。——そこでは、どんな時間も、瞬間を愉しげにあざ笑っていると、私には思われた。そこでは、必然が自由それ自体となり、自由という棘《とげ》と愉しげに戯れていた。——

そこでは、私は、因縁の悪魔であり宿敵である重さの地霊と、そして、そいつが創造したありとあらゆるものと相まみえることになった。つまり、強制、規約、困窮、結果、目的、意志、善、悪、等々。——

なにしろ、ダンスを踊るには、踏み捨てられる踏み台がなくてはならないのではないか。軽やかな者たち、最も軽やかな者たちがいるためには——モグラや重たい小びとがいなくてはならないのではないか。——

3

私が「超人」という言葉を道すがら拾ったのも、そこでだった。そして、人間とは克服されなければならないものだということも。

——人間とは、一個の橋であって、目的ではないということ、みずからの正午と夕暮れが新たな曙光への道であるからには、みずからを讃えてよいことも。

――「大いなる正午」についてのツァラトゥストラの言葉も、そのほか私が人間たちの頭上に掲げて深紅の第二の夕焼けとしたものも、私はそこで拾った。

そう、私は、人間たちが、新しい星々をも、新しい夜々ともども仰ぎ見るようにさせた。

雲と昼と夜の上に、色とりどりの天幕のように、高笑いを張り渡してやった。

私は人間たちに、私が努力してきたことの結晶のすべてを教えた。人間にあっては切れ切れの断片であり、謎であり、ゾッとする偶然でしかないものを、一つにまとめ上げ、結晶化させることを。――

――結晶化させる詩人であり、謎解き屋であり、偶然の救済者であるこの私は、未来を創造することを人間たちに教え、すでにあったことの一切――を創造しつつ救済することを教えた。

人間における過去を救い、すべての「そうあった」を造り変えて、ついには意志が「いや、かつて私がそう欲したのだ。私はこれからもそう欲するだろう――」と言うようにさせることを教えた。

――これを私は、人間にとっての救いと呼んだ。これのみを救いと呼ぶことを彼らに教えた。――

今度は私が、私の救いを待っている――これを最後に人間たちのところへ行くことを。

というのも、もう一度、私は人間たちのところへ行きたいからだ。彼らのあいだで、私は没落したい。死につつ私は、私の最も豊かな贈り物を彼らに与えたいのだ。

このことを、私は太陽から学びとった。太陽、あの豊かすぎるものが沈んで行くそのときに。そのとき太陽は、汲めども尽きぬ豊かさで、黄金を海に降り注ぐ。——

——そうして、最も貧しい漁夫までもが、黄金の櫂《かい》で漕ぐことになる。この光景をかつて私は見た。じっと見つめながら、涙があふれてくるのを抑えられなかった。——　——

太陽のように、ツァラトゥストラも没落したい。今、彼はここにすわり、待っている。その周りには、打ち壊された古い石板があり、新しい石板もある——書きかけの石板が。

4

ほら、ここに新しい石板がある。では、その石板を私とともに谷へ、肉なる心のうちへ運ぶ私の兄弟は、どこにいるのか——

そこで、最も遠い者たちへ向かう私の大いなる愛は、こう命ずる。君の隣人を労わるな、と。人間とは、克服されなければならないものなのだ。

克服するには、いろいろな道があり、いろいろな仕方がある。それを心がけるのは君だ。道化師だけが、「人間は飛び越すこともできる」と考える。

君の隣人のなかにいる君自身をも克服しなさい。それに、君が君自身から奪い取ることのできる権利を、誰かから与えてもらうべきではないのだ。

君がしたことを、誰も君にやり返すことはできない。ほら、お返しして報いるといったことは存在しないのだ。

自分自身に命令することのできない人は、他人に服従すべきである。自分自身に命令することのできる人は少なくないが、しかしそれだけでは、自分自身に服従するまでになるには、まだまだ足りない。

5

高貴な種類の魂たちは、このように欲する。つまり、彼らはタダでは何物も手に入れようとしない。一番そうしたがらないのは、人生という持ち物だ。

賤民の素性の者は、タダで人生を生きようとする。しかし、彼らと違うわれわれは、生から贈り物をされたと考えるから——、その返礼として何を贈るのが一番いいかと、いつも考えをめぐらせている。

そう、次のように言うのが、高貴な語り方というものだ。「生がわれわれに対して約束してくれるものを、われわれなりに——生に対して果たしたいのだ」と。

歓びを味わうようにさせられないときには、歓びを味わいたいと思うべきではない。そもそも——歓びを味わいたいと思うこと自体、よしたほうがいい。

なぜなら、歓びを味わうことも、無邪気でいることも、最も恥じらいに富んだ代物だからである。どちらも、求められることを欲しない。どちらも、はじめから備わっているはずのものだ——。われわれはむしろ、罪や苦痛のほうを探し求めるべきなのだ。——

6

おお、わが兄弟たちよ。最初に生まれた子、初子《ういご》は、犠牲に捧げられるのがつねである。ところで、われわれこそ、その初子にほかならない。

われわれはみな、ひそかな犠牲の祭壇で、血を流す。われわれはみな、古い偶像の栄光のために、焼かれ、あぶられる。

われわれの最上の部分は、まだ若い。それが老人の食欲をそそる。われわれの肉は柔らかだし、われわれの皮は子羊の皮のようだ。——どうしてわれわれが、老いた偶像の司祭たちを刺激しないはずがあろうか。

われわれ自身の内にも、老いた偶像の司祭がまだ住んでいる。その司祭は、われわれの最上の部分を、自分のごちそうに供するために、あぶる。ああ、わが兄弟たちよ、どうして初子が犠牲とならないはずがあろうか。

だが、それがわれわれの欲する流儀なのだ。私が愛するのは、自分を大事に取っておこうとはしない者たちだ。没落する者たちを、私は、私の愛の限りを尽くして愛する。というのも、彼らは向こうへ渡って行く者だからである。——

7

真実であること――これができる人はわずかだ。また、それができる人でも、まだそれを欲していないのだ。ところで、真実であることが一番できないのは、善人たちである。おお、この善人たちといったら。――善良な人間は、真実を決して語らない。そのような仕方で善良であるのは、精神にとって一個の病気である。

彼ら善人たちは、譲歩し、屈従する。彼らの心は、受け売りをし、彼らの都合は言いなりになる。だが、言いなりになる人は、自分自身には耳を傾けないものだ。

一つの真理が生まれるためには、善人たちに悪と呼ばれているものが全部集まって一緒にならなくてはならない。おお、わが兄弟たちよ、君たちは、こういった真理を生み出すに十分なほどの悪人にもなりえているであろうか。

向こう見ずの冒険、長きにわたる不信、残酷な否定、うんざりだという嫌気、命あるものに切り込むこと――、こういったものが一緒に集まることは、どんなにか稀なことだろう。しかし、そのような種子から――真理が生み出されるのだ。

疚《やま》しい良心と仲良く並んで、あらゆる知はこれまで成長してきた。打ち壊しなさい、打ち壊してみせなさい、君たち認識者よ、古い石板を。

8

川が滔々《とうとう》と流れていても、その川に橋桁《はしげた》が張り渡され、小橋と欄干《らんかん》が流れに懸かっているとすれば、そう、「万物は流転する」と説く者は、誰にも信用されない。間抜け者でさえ、万物流転論者に反論して、こう言うだろう。「えっ？　万物は流転するなんて言えるのかな？　橋桁も欄干も、流れの上に存在しているよ」。「流れの上に、万物はどっしりと存在しているよ。どんな事物の価値も、橋も、概念も、どんな「善」と「悪」も、どれもみんなどっしりと存在しているよ」。——

ところが、厳しい冬が、川の流れをおとなしくさせる猛獣使いのようにしてやって来ると、どんなに利口な者でも、疑い深くなる。そして、そう、間抜け者ならずとも、そのときこう言う。「万物は流転するどころか——静止しているというべきではないか」。

「根本において、万物は静止している」——これぞ、まさしく冬の教えだ。不毛な季節にお似合いの説であり、冬眠する者やストーブの前にうずくまる者にお似合いの慰めだ。

「根本において、万物は静止している」——これと反対の教えを説くのが、雪や氷を解かす春風だ。

春風は、雄牛だ。雄牛といっても、犂《すき》を牽《ひ》いて畑を耕す家畜ではなく——猛《たけ》り狂う雄牛、怒りの角《つの》で氷を打ち砕く破壊者だ。砕かれた氷が、今度は——小橋を打ち砕くのだ。

おお、兄弟たちよ、今や、万物は流転しているのではないか。すべての欄干と小橋が、川に落ちたのではないか。いまだに「善」と「悪」にすがろうとするのは、誰か。

「なんてことだ、いやよかった。春風が吹いてきたぞ」。——おお、兄弟たちよ、通りという通りで、そう説いて回るがいい。

9

古い妄想がある。その名は善と悪である。これまでこの妄想の車輪は、占い師と星占い師の回りを回転してきた。

かつてひとは、占い師と星占い師を信じていた。また、だからこそひとは、「すべては運命なのだ。つまり、汝がかくかくすべきであるのは、汝がそうせざるをえないからだ」という説を信じた。

やがてひとは、一切の占い師と星占い師をふたたび疑うようになった。また、だからこそひとは、「一切は自由なのだ。つまり、汝がかくかくできるのは、汝がそれを欲するからだ」という説を信じた。

おお、兄弟たちよ、星と未来に関して、これまで妄想しかなかったのであり、それは無知に等しいものだった。また、だからこそ善と悪に関して、これまで妄想しかなかったのであり、それは無知に等しいものだったのだ。

10

「汝盗むなかれ。汝殺すなかれ」――そのような言葉を、かつてひとは、神聖と呼んだ。ひとはその言葉にひざまずき、頭を下げ、靴を脱いだ。

だが、私は君たちに尋ねよう。そのような神聖な言葉がそうであった以上に優秀な強盗や殺人者が、かつてこの世に存在しただろうか。

およそ生きること自体に――盗みや殺しがそなわっているのではないか。そして、あのような言葉が神聖と呼ばれたという、そのことによって、真理そのものが――殺されたのではなかったか。

それとも、およそ生きることすべてに異を唱え、生きることを諌《いさ》めたものを、神聖と呼んだことが、死の説教だったのか。――おお、兄弟たちよ、打ち壊しなさい、打ち壊してみせなさい、古い石板を。

11

およそ過ぎ去ったものに、私なりに同情を催すのは、過去というものが総じてなぶりものにされるのを目にするからである。――

——あとからやって来る世代は、過去を都合よく解釈して、自分たちの橋に仕立てる。そういう後代のお情け、知能、狂気に、過去はなぶりものにされるのだ。一個の強大な暴君が現われることもあろう。そのずる賢い妖怪は、お情けやら不興やらによって、一切の過去をえんえんと強制し続けることだろう。あげくには、過去はその暴君にとっての橋、予兆、伝令係、鶏の鳴き声となり果てることだろう。

これとは別の危険もあり、私なりに別種の同情を催す。——賤民出身の人の場合、考えが祖父の世代までしか遡らない。——祖父までで時代が尽きてしまうからだ。

こうして、一切の過去はなぶりものにされる。というのも、賤民が支配者となり、一切の時代を浅い湖沼に囲い込んで溺死させてしまう日が、いつかやって来るかもしれないからだ。

それゆえ、おお、兄弟たちよ、新しい貴族階級が必要なのだ。ありとあらゆる賤民や暴君的なものに反対して、新しい石板に「高貴」という言葉をあらたに記す者が。

なぜなら、貴族階級が存在するためには、多くの高貴な人びとや多種多様な高貴な人びとが必要だからだ。あるいは、私が以前にたとえて言ったことだが、「神々なら存在するが、唯一の神など存在しない。これぞまさしく、神々《こうごう》しさというものだ」。

12

おお、兄弟たちよ、私は君たちを、新しい貴族に任命することにしよう。君たちは未来を産み育てる者、未来の種を播く者となるべきである。――

――そう、貴族といっても、商人よろしく、金銭で取引して買えるような身分ではない。というのも、値段のついているものはすべて、価値がないからである。

今後は、君たちに栄誉をさずけるのは、君たちの出自ではなく、君たちの向かう先なのだ。自分自身を超えて進もうとする君たちの意志と君たちの足――それこそが、君たちの新しい栄誉となるのだ。

そう、君たちが王侯に仕えてきたことが、栄誉となるのではない。――今さら王侯が何だというのだ。――あるいは、立っているものがいよいよしっかり立つようにと、既存のものを守る防壁となることが、名誉となるわけでもない。

君たちの一門が宮廷に仕えてみやびやかとなり、色とりどりにフラミンゴのごとく長時間浅い池で突っ立っていられるようになったとしても、栄誉となるわけではない。

――というのも、立つことができることは、廷臣のあいだでの手柄でしかないからである。それに、どんな廷臣も信じているのだ。死後の幸福の一つは――坐ることを許されることだ、と。――

また、彼らが聖霊と呼んでいる魔物が、君たちの先祖を約束の地に導いて行ったことも、栄誉とはならない。約束の地と讃えられてきたその地方を、私は讃えたりはしない。というのも、あらゆる木のうちで最悪の木、つまり十字架が生育した場所――そんな地方に、讃えられるべきものなど何一つないからだ。――

――そう、この「聖霊」とやらが騎士たちをどこに導いて行ったにせよ、そのような隊列の先頭をいつも走っていたのは――ヤギ、ガチョウ、そして十字架を振りかざした狂信者たちであった。――

おお、兄弟たちよ、君たち貴族は、後ろを振り返るのではなく、前方を見渡すべきなのだ。君たちは、あらゆる父なる祖国、先祖の国々から追放された者となるべきなのだ。

君たちの子どもの国を、君たちは愛すべきなのだ。この愛こそが、君たちの新しい高貴さであれ。――いまだ発見されざるその国は、はるか彼方の海上にある。私は君たちの帆に命ずる、その国を探せ、探せと。

君たちの子どもによって、君たちは、君たちの父の子であることの償いをすべきなのだ。そのようにして君たちは、一切の過去を救うべきなのだ。この新しい石板を、私は君たちの頭上に掲げよう。

13

「何のために生きるのか。一切は虚《むな》しい。人生――とは、空《から》の麦わらを打って麦粒を取り出そうとするようなものだ。人生――とは、やけどはするけれども暖まることはないようなものだ」。――

この手の古めかしいおしゃべりが、相変わらず「知恵」だと見なされている。古くてカビ臭いのだが、だからこそますます崇拝されている。腐敗が進むことすら、やんごとなさを醸し出すほどだ。――

子どもなら、そういう言い草をしてもよいだろう。子どもが火を怖がるのは、やけどをしたからだ。昔の知恵の書には、子どもっぽいことがいっぱい書いてある。

「麦わらを打って麦粒を取り出す」空しさをいつもこぼしている者が、麦を打って麦粒を取り出す作業自体に、文句を言えた義理があろうか。そのような愚か者には、さるぐつわをかませてやらなくてはなるまい。

そういう連中は、食卓に就くときも手ぶらでやって来る。よい食欲さえ持参しない。――そのくせ、「一切は虚しい」と文句を言う。

だが、よく食べ、よく飲むことは、そう、空しいわざなどではないのだ、おお、兄弟たちよ。打ち壊しなさい、打ち壊してみせなさい、快活さのかけらもない者たちの食卓《ターフェルン》、いや石板《ターフェルン》を。

14

「清らかな人にとって、一切は清らかだ」――民衆はそう言う。ところで、私は君たちに言う、「ブタどもにとっては、一切がブタになる」と。

だから、意気消沈して首をうなだれているばかりか心臓まで垂れ下がっている夢想家は、こう説く、「この世はそれ自体、一個の巨大なクソだ」と。

というのも、彼らはみな不潔な精神の持ち主だからだ。とりわけ、世界を背後《ヒンテン》から見ないと落ち着かず息もつけない、あの連中——背後世界論者はそうだ。

そういう連中に、私は面と向かって、聞こえはあんまりよくないが、こう言ってやろう。お尻《ヒンテルン》がついている点で、世界は人間と似ている——そこまではたしかに真実だ、と。

この世には多くのクソが存在する。そこまではたしかに真実だ。しかしだからといって、この世がそれ自体、一個の巨大なクソだということには、全然ならない。

この世には悪臭を放つものがいっぱいあるという、この事実には、知恵がひそんでいる。吐き気そのものが、翼を生み、泉を探し出す力を生むからだ。

どんなに優れた人間にもなお、吐き気を催させる何かがある。どんなに優れた人間もなお、克服されなければならない何かなのだ。——

おお、兄弟たちよ、この世には多くのクソがある、という事実には多くの知恵がひそんでいるのだ。——

15

信心深い背後世界論者たちが、次のような言葉を自分の良心に言い聞かせているのを、私は聞いた。そう、悪意も偽りもなく。――しかしながら、それ以上に偽りで悪意あるものも、この世に存在しない。

「この世のことはこの世に任せておけばいい。それに逆らって指一本上げるまでもないのだ」。

「人びとを絞め殺し、刺し殺し、切り裂いて、削ぎ落とそうとする者が現われても、放《ほう》っておけばいい。それに逆らって指一本上げるまでもないのだ。そのおかげで人びとは、この世と縁を切ることを学ぶのだ」。

「そして、君自身の理性などは――自分自身で喉くびを絞めて、絞め殺すべきだ。というのも、そんなものはこの世の理性にすぎないのだから。――そのおかげで君自身が、世界と縁を切ることを学ぶのだ」。――

――打ち壊しなさい、打ち壊してみせなさい、おお、兄弟たちよ、信心深い者たちのこの古い石板を。世界誹謗者の言葉を、言葉で打破してみせなさい。

16

「たくさん学べば、激しい欲望などすっかり忘れてしまう」――今日あちこちの暗い路地で、人びとはこうささやき合う。

「知を求めるのは、もううんざりだ。どんな甲斐があるかと思えば――何もない。欲望など抱くべきではないのだ」――こういった新しい石板が、公衆の市場にも掛けられているのを私は見た。

打ち砕いてみせなさい、おお、兄弟たちよ、こういった新しい石板をも、打ち砕いてみせなさい。それを掲げたのは、この世に飽き飽きした者たちであり、死の説教者たちである。また、監獄の看守たちもそうである。というのも、ごらん、それは隷従を説く教えでもあるからだ。――

彼らは学ぶのが下手だった。最善のものを学ばず、何でもあまりに早く、あまりに素早く学びすぎた。つまり、彼らは食べるのが下手だった。だから、彼らの胃は、あのとおりダメになってしまった。――

ダメになった胃が、すなわち彼らの精神なのである。その胃が、死を勧めているのだ。というのも、そう、兄弟たちよ、精神とは胃にほかならないのだから。

生は快楽の泉である。だが、悲哀の父であるダメになった胃が体内から言葉を発しているような人にかかると、一切の泉はその毒で汚されてしまう。

認識とは、ライオンの意志を持つ者にとっては、まさに快楽だ。だが、疲れ切った人は、せいぜい「意志するようにさせられる」だけであり、波という波に翻弄される。

弱い人間の種類は、所詮そんなところである。彼らは道の途中で迷子になる。そしてついには、彼らの疲労がこう尋ねる、「われわれがこれまで進んできたのは何のためだったのか。一切は同じことだ！」

そういう手合いは、こう説かれると耳に心地よく響く、「何をやっても報いなどない、徒労だ。意志など持つべきではないのだ」と。だがこれは、隷従を説く教えである。

おお、兄弟たちよ、轟《とどろ》き渡る新鮮な風、ツァラトゥストラが、歩き疲れたすべての者たちに襲いかかる。多くの鼻はくすぐられ、くしゃみをするだろう。

私の自由な息は、壁を通り抜けて吹き渡り、牢獄の中の囚人のような精神たちに吹き込むのだ。

意志は、解放し自由にする。意志とは、創造することだからだ。そう私は教えよう。そして、君たちは創造するためにのみ、学ぶべきなのだ。

そして、学びそれ自体をも、君たちは私からまず学ぶべきである。よき学びを、だ。――耳のある者は、聞くがよい。

17

ここに小舟がある。――それに乗れば、おそらく、大いなる無にたどり着くだろう。――だが、この「おそらく」に、誰が乗り込もうとするだろうか。

君たちの誰も、この死の小舟に乗り込もうとはしないだろう。だとすれば、君たちがこの世に飽き飽きしているなどと言えるはずもない。

この世に飽き飽きしている、なんてウソだ。いまだかつて一度も君たちは、大地から脱け出たりはしなかった。君たちが相変わらず大地にみだらな欲情を抱いているのを、私は見た。大地に飽き飽きしている自分に惚れ込んでいるところまで見た。

君たちの唇がだらりと垂れ下がっているのも、いわれなきことではない。——ちっぽけな世俗の願い事が、その上に鎮座しているからだ。また、その目には——忘れられない世俗の快楽が一片の雲のようにぽっかり浮かんでいるのではないか。

地上には優れた発明品がたくさんある。便利なものもあれば、快適なものもある。だからこそ、大地は愛すべきものなのである。

また、さまざまな種類の非常に優れた創意工夫がそこにはある。それは女性の胸のようなものである。つまり、便利であるとともに快適である。

君たち、この世に飽き飽きした者たち、いや、この世の怠け者たちときたら。君たちは、鞭《むち》で撫《な》でてやるのがよいのだ。鞭でピシャリと撫でてやり、君たちの脚をふたたび目覚めさせてやるのがよいのだ。

というのも、君たちが、大地に愛想をつかされた病人や老いぼれでないとしたら、君たちは、ずる賢いナマケモノか、好物を求めて忍び歩く発情ネコでしかないからである。君たちがふたたび愉快に駈け出す気がないのなら、君たちには——あの世に行ってもらわなくてはならない。

不治の病人に対しては、医者になろうとは思わないほうがよい。これがツァラトゥストラの教えである。——君たちには、あの世に行ってもらわなくてはならない。

だが、結末をつけるためには、新しい詩句を書き起こす以上に、勇気が要るものだ。このことなら、どんな医者も詩人も知っている。——

18

おお、兄弟たちよ、疲労によって作り出された石板もあれば、腐った怠惰によって作り出された石板もある。同じようなことを語ってはいるが、違いがあることを聞き分けてやらねばならない。——

ほら、ここに、やつれ果てて死にそうな人がいる。目標までほんのあと一歩というところで、力及ばず、疲労に襲われて、彼はここで土埃《つちぼこり》にまみれ、頑固に身を横たえている。この勇敢な人間は。

疲労に襲われて、道にも大地にも目標にも自分自身にも、ほとほと愛想をつかしている。もう、一歩たりとも彼は進もうとしない。——この勇敢な人間は。

すると太陽が、彼にジリジリと照りつけ、犬どもが近寄ってきて、彼の汗をなめようとする。しかし彼は、頑固一徹にそこに横たわり、むしろやつれ果てて死んでいくほうがましだと思う。——

——目標まであと一歩というところで、やつれ果てて死んでいくとは！　そう、君たちは彼の髪の毛を摑んで、天国に連れて行ってやらねばと思うだろう——この英雄を。

でも君たちは、彼を寝かしたままにしておくほうがいいのだ、彼が倒れ込んだその場所に。そうすれば、慰め上手な眠りが彼を襲い、にわか雨がさわやかに降り注ぐだろう。

彼が自分で目を覚ますまで、寝かしたままにしておくことだ。——彼が自分で、一切の疲労と、疲労が彼に説かせた教えを撤回するまで。

ただし、兄弟たちよ、君たちは、あの犬たちを、忍び寄ってくる怠けものたちを、彼から追い払ってやったほうがいい。そして、群がり集まる一切の虫けらどもも。——

——群がり集まる一切の虫けらども、「知識人」とやらを、追い払ってやったほうがいい。奴らは、どんな英雄の汗もなめて——うまい、と嬉しがるのだ。——

19

私は、自分の周りに囲いを築いて、聖なる境界を置く。山はどんどん高くなり、私と一緒に登る者はますます少なくなる。私は、神聖さを高めてゆく山々から一つの山脈を築くのだ。——

だが、君たちが私と一緒にどこへ登ろうとも、おお、兄弟たちよ、寄生虫をくっつけたまま登らないように、気をつけるがいい。

寄生虫、それは、這い回り、へばり付き、君たちの病気や傷の隅っこにもぐり込んでは、肥え太ろうとする、虫けらだ。

そして、高みに登ろうとする魂のどのあたりが疲れているかを見抜くこと、これこそが、そいつの得意技なのだ。君たちの憤懣や不機嫌、君たちのか弱い羞恥心の内に、そいつは気味の悪い巣を作る。

強者のどこに弱点があるか、高貴な人のどこが優しすぎるか――、そういう場所に這い込んで、そいつは気味の悪い巣を作る。偉大な人間の小さな傷の隅っここそ、寄生虫の絶好の棲み家なのだ。

あらゆる存在者の中で、最高の種類とは何か。また最低の種類とは何か。寄生虫は最低の種類である。だが、最高の種類の者ともなれば、最もたくさん寄生虫を養うはめになる。

なぜなら、最も長い梯子《はしご》をもち、最も深いところまで降りて行くことのできる魂、そうした魂に、最もたくさん寄生虫が棲みつかないはずがあろうか。――

――自分の中をかぎりなく遠くまで駈け回り、さまよい、さすらうことのできる最も度量の広い魂。喜び勇んで偶然の中へ身を落とす、必然このうえない魂。――

――存在であり続けながら、生成の内を流転する魂。持てる者でありながら、意欲と必要に向かおうとあえて欲する魂。――

――自分自身から逃れ去りながら、広大無辺の円を描いては自分自身に追いつく魂。愚かさから甘美このうえない励ましを寄せられる、最も賢い魂。――

――自分自身を一番愛してやまず、そのうちで万物が奔流と逆流を迸《ほとばし》らせ、干潮と満潮を迎える魂。――おお、そうした最高の魂が、最悪の寄生虫どもを、どうして宿らせていないはずがあろうか。

20

おお、兄弟たちよ、私はいったい残酷なのだろうか。それでも私は言おう。「倒れるものがあったら、さらに突き飛ばしてやれ」と。

今日あるものは――倒れ、崩れ落ちる。誰がそれを支えようとするだろうか。だが私は――それをさらに突き飛ばしてやりたい。

石を断崖へ転がり落とす悦《よろこ》びを、君たちは知っているか。――ならば、今日の人間たちが、私の深みへ転がり落ちてゆくさまを見るがいい。

兄弟たちよ、私は、いっそう優れた演奏家たちのための序曲なのだ。先例のようなものだ。私の先例にならって、やってみせなさい。

君たちが、飛び方を教えてやれない者には、教えてみせなさい――いっそう速く落ちる落ち方を。――

21

私が愛するのは、勇敢な者たちだ。しかし、斬ることに長《た》けた剣豪であるだけでは十分ではない。——誰を相手とすべきか見切ることも心得ていなければならないのだ。

じっと我慢して、通り過ぎることのほうが、勇敢であることも少なくない。そうすれば、敵とするにもっとふさわしい者のために、自分を取っておくことができるからだ。

君たちは[*18]、憎むことのできる敵だけを持つべきであり、軽蔑するための敵を持つべきではない。君たちは、自分の敵を誇りとしなければならない。私はすでに一度そう教えたことがある。

敵とするにもっとふさわしい者のために、君たちは自分を取っておくべきなのだ、おお、わが友たちよ。それゆえ君たちは、多くの者の傍らを通り過ぎなければならない。——

——とりわけ、民族だの諸民族だのとやかましく君たちの耳に騒ぎ立てる、多くの汚い奴らの傍らを通り過ぎなければならない。

そいつらの賛成や反対の声に目を曇らされることのないようにしなさい。現にそこには、多くの正義と多くの不正がある。それを見つめれば、誰だって怒りがこみあげてくる。

中を覗き込むことと、中に斬り込むこと——この二つは、そこでは一つだ。だから、森に逃れなさい、君たちの剣を眠らせなさい。

君たち自身の道を行くがいい。そして、民族や諸民族には、それぞれの道を行かせておけばいい。——そう、それらの道は暗く、その途上には、わずかな希望の稲妻一つ、もはや光ることはないのだ。

そこでは、商人が支配をふるっていることだろう。まだ光っているものがあるとして——

商人の金銭くらいだという世の中では。今はもう王様の時代ではない。今日、民族と呼ばれているものは、王様をいただくに値しない。

それにしても、そんな諸民族自身が今日、商人のやりくちと同じようにやっている、そのさまを見るがいい。彼らは、どんなゴミ溜めからも、ごくちっぽけな利益を拾い集めてきては自分のものにしているのだ。

彼らは互いに機会をうかがい合って、何かしらくすねようと待ち構えている。――彼らはこれを「友好親善」と称している。おお、幸せな時代は遠くなった。その当時、民族は、「朕《ちん》は諸民族を統《す》べる――支配者たらんと欲する」と自分に言い聞かせたものだ。

というのも、兄弟たちよ、最良のものが支配すべきであり、最良のものは支配することを欲するからだ。そして、これと別の教えが説かれているところ、そこには――最良のものが欠けている。

22

もしあの連中が――パンを労せずして手に入れるとしたら、やれやれ。連中は、何を求めて叫ぶことか。彼らが生活に汲々とすること――は、彼らにピッタリの慰みごとなのだ。彼らの場合、生活が苦しいほうがよいのだ。

彼らは、強奪をはたらく猛獣だ。彼らが「労働する」とき――にも強奪がある。彼らが

「稼ぐ」とき――にも計略をめぐらせての詐取がある。だから彼らの場合、生活が苦しいほうがよいのだ。

だとすれば、彼らはもっと上等な猛獣になるべきなのだ。もっと洗練された、もっと利口な、もっと人間に似た猛獣に。なぜなら、人間は最上等の猛獣だからである。

人間は、あらゆる動物からその取り柄を次々に奪い取ってきた。それは、あらゆる動物のなかで人間がいちばん苦労を重ねてきたからである。

鳥だけが、まだ人間の上にいる。人間が飛ぶことまで覚えたとしたら、やれやれ。どの空へ――人間の強奪欲は飛んでいくことだろうか。

23

男性と女性に私が望むのはこうだ。男性は戦いに秀《ひい》で、女性は出産に秀でなさい。そして両性とも、頭と足を使っての踊りに秀でなさい。

一度も踊りを踊らない日があったら、失われた日に数えよう。また、高笑いがこみ上げてこない真理はすべて、虚偽と呼ぶことにしよう。

24

君たちの結婚に関していえば、契りを結ぶことが、下手な結びとならないよう、気をつけなさい。君たちはあまりに早く結論して結婚した。その帰結は――不倫という破局だ。

結婚という歪曲や結婚というウソに比べれば、不倫や姦淫のほうがまだましだ。――ある女性が私にこう言った、「たしかに私は姦淫という裏切りを犯しました。でも、その前に結婚のほうが――私を裏切ったのです！」

ひどい組み合わせの夫婦が、最もひどい復讐心に駆られているのを、いつも私は見た。彼らは、もはや一人ではやってゆけないことを恨んで、人の世に仕返しをする。

それゆえ、私が望むのは、正直者の男女が、こう語り合うことだ。「私たちは愛し合っています。私たちが末永く愛し合うよう努めさせてください。それとも、私たちの誓約とは、うっかりミスだということなのでしょうか」。

――「しばらくの間、ささやかな結婚をすることを、私たちに許してください。私たちが大事《おおごと》いなる結婚に適しているかどうか、見定めるためにです。いつも二人でいることは、大事なのですから」。

すべての正直者の男女に、私はこう勧める。私がこれと違ったふうに勧め、語ったとしたら、超人への私の愛、そして、来たるべき一切のものへの私の愛は、いったいどうなるのだろうか。

君たちを生み殖やしていくだけでなく、生み高めていくこと——おお、兄弟たちよ、そのためにこそ、結婚の花園が君たちの助けになるといい。

25

古い起源に関する知恵を得た者は、ごらん、ついには未来の泉と新しい起源を探し求めることだろう。——

おお、兄弟たちよ、遠くないうちに、新しい民族が湧き出すように生まれ、新しい泉が新しい谷底に音を立てて流れ落ちることだろう。

すなわち、地震が起こり——多くの泉を埋め、多くの人びとは喉の渇きに苦しみ、やつれ果てる。その地震は、内的な力と隠し事を引き上げて露見させもする。

地震は、新しい泉を顕わにする。古い民族に地震が走り、新しい泉が噴き出てくる。

そしてそのとき、「ごらん、ここに、渇いた多くの者の喉を潤す泉があり、あこがれを抱く多くの者を惹きつける心情があり、多くの道具を必要とする意志がある」と叫ぶ者が現われるとしたら——その人の周りに、ある民族が集まってくる。すなわち、実験を行なう多くの者が。

命令することができるのは誰か、服従しなければならないのは誰か。——それが、ここで実験されるのだ。ああ、なんと長期にわたる探求と推測と錯誤と学習と再実験がそれに伴うことか。

人間社会、それは一個の実験である。そう私は説く——長期にわたる一個の探求である。しかも、求められているのは、命令する者なのだ。——

——社会とは一個の実験なのだ、おお、兄弟たちよ。「契約」なんかではないのだ。打ち砕きなさい、打ち砕いてみせなさい、軟弱で中途半端な者たちのそんな言葉を。

26

おお、兄弟たちよ、では、どんな人たちのところに、人類の未来を丸ごと脅かす最大の危険がひそんでいるのだろうか。それは、善の人、正義の人ではないのか。——

——彼らは次のように語り、心の中で感じている。「善とは何であり正義とは何であるかを、われわれはもう知っており、両者を所持してもいる。今さらそれを求めようとする者は、困ったものだ」。

それにしても、悪人がいくら害悪を及ぼすからといって、善人が垂れ流す害悪ほどひどい害悪を及ぼすことはない！

また、この世を誹謗する者がいくら害悪を及ぼすからといって、善人が垂れ流す害悪ほどひどい害悪を及ぼすことはない。

おお、兄弟たちよ、その昔、「彼らはパリサイ人だ」と言った男は、善の人、正義の人を心の中まで見抜いた。だが、彼は理解されなかった。

善の人、正義の人自身が、その人のことを理解できるわけがなかった。彼らの精神は、疚《やま》しくない良心に囚われていたからである。善人の愚かさというのは、測り知れないほど利口なものである。

だが、真実はこうである。善人はパリサイ人であらざるをえない。——彼らに選択の余地はないのだ。

善人は、自分自身の徳をあみ出す者を、十字架にかけざるをえないのだ。これこそ真実にほかならない。

だが、彼らの国を、つまり善の人、正義の人の国、心、土を発見した二番目の者は、そのときこう尋ねた、「彼らが最も憎んでいる者は誰か」。

創造する者を、彼らは最も憎むのである。石板を壊し、古い価値を壊す破壊者《ブレッヒャー》を——彼らはその人を、掟破りの者、犯罪者《フェアブレッヒャー》と呼ぶ。

なぜなら、善人——は、創造することができないからである。善人はいつでも、終わりの始まりでしかない。——

——彼らは、新しい価値を新しい石板に記す者を、十字架にかける。彼らは自分のために未来を犠牲にする。——人間の未来という未来を十字架にかけるのだ。

善人——はいつでも、終わりの始まりでしかなかった。——

27

おお、兄弟たちよ、私の言葉の意味が、君たちに分かっただろうか。そして、かつて私が「最後の人間」について語ったことの意味が。——

どんな人たちのところに、人類の未来という未来を脅かす最大の危険がひそんでいるのだろうか。それは、善の人、正義の人ではないのか。

打ち砕きなさい、打ち砕いてみせなさい、善の人、正義の人を。——おお、兄弟たちよ、この言葉の意味も、君たちに分かっただろうか。

28

君たちは私から逃げるのか。怖じ気づいたのか。この言葉におののいているのか。

おお、兄弟たちよ、私が君たちに、善人と、善人の石板を打ち砕きなさいと命じたとき、はじめて私は人間を、その大海原《おおうなばら》へ船出させた。

今こそ、はじめて人間に、大いなる恐怖が襲う。大いなる眺望、大いなる病気、大いなる吐き気、大いなる船酔いが。

善人が君たちに教えたのは、偽りの海岸であり、偽りの安全であった。善人のウソのうちに君たちは生まれ、庇護されてきた。善人によって、一切が根底まですっかり偽られ、歪められている。

だが、「人間」という国を発見した者は、「人間の未来」という国も発見した。今こそ君たちに、船乗りになってもらいたいものだ。あっぱれで忍耐づよい船乗りに。

おお、兄弟たちよ、時をおかず昂然と進んでゆきなさい。昂然と進むことを学びなさい。海は荒れている。多くの人びとが、君たちにならって奮い立とうとしている。

海は荒れている。どこまでも海また海だ。よし、いざ進め、君たち水夫の古き良き心意気よ。

父の国、祖国など、どうでもいい。われわれの舵が赴こうとする先にあるのは、われわれの子どもたちの国だ。そこをめざして、海よりも荒れて、われわれの大いなるあこがれは突き進むのだ。――

29

「なぜそんなに硬いのか」――と、台所用石炭があるとき、ダイヤモンドに言った。「だいいち、私たちは近い親戚ではないのか」。――

なぜそんなに軟らかいのか。おお、兄弟たちよ、私なら君たちにそう尋ねる。だいいち、君たちは——私の兄弟ではないのか。

なぜそんなに軟らかく、屈従し、譲歩するのか。君たちの心の中は、なぜそんなに多くの否定、否認に満ちているのか。君たちのまなざしに、そんなに少しの運命しか見据えられていないのはなぜだ。

それに、君たちが運命であること、仮借なき者であることを欲しないなら、どうして君たちは私とともに——勝利することができようか。

それに、君たちの硬さがキラッと光り、切り、切り裂くことを欲しないなら、どうして君たちは、いつの日か、私とともに——創造することができようか。

なぜなら、創造者というのは、硬く、苛酷だからである。そして、君たちの手を、蠟《ろう》の上に押しつけるように、何千年にもわたる未来の上に押しつけること、それが君たちに幸福と感じられるのでなければならない。——

青銅の上に刻み記すように、何千年にもわたる未来の意志の上に刻み記す幸福——青銅より硬く、青銅より高貴に。完全に硬いといえるのは、最も高貴なもののみである。

おお、兄弟たちよ、私は君たちの頭上に、この新しい石板を掲げよう。すなわち、硬く、苛酷になれ。——

30

おお、私の意志よ、一切の困窮の転回《ノートヴェンデ》、わが必然性《ノートヴェンディヒカイト》よ。一切の小さな勝利に甘んじないよう、私を守っておくれ。

私が運命と呼ぶ、私の魂に贈られた摂理よ。おまえは、私の内にあるもの、私の上にあるものだ。一個の大いなる運命に備えて、私を守り、残しておいておくれ。

そして、私の意志よ、おまえの偉大さを、おまえの究極のもののために残しておくがいい。──勝利のさなかにも、おまえが仮借なきものであるために、だ。ああ、みずからの勝利に屈服しない者などいただろうか。

ああ、勝利に酔いしれた薄明かりのなかで目が眩《くら》むことのない者、ああ、勝利のさなかにも足元がよろめかず、忘れない者などいただろうか──立つことを、だ。──

──いつの日か、私が準備を整え、満を持して大いなる正午を迎えるために。燃えて輝く青銅、稲妻を孕んだ雲、雌牛の脹《ふく》らんだ乳房のように、準備を整え、満を持して。──

──私自身と私の最も秘め隠された意志を、ここぞとばかりに発揮するために。みずからの矢に激しく恋い焦がれる弓、おのれの星に激しく恋い焦がれる矢。──

──準備を整え、満を持しておのれの正午を迎える星。燃えて輝き、射貫《いぬ》かれた星。破滅させる太陽の矢を浴びつつ至福をおぼえる星。──

──太陽そのものと、勝利のさなかに喜んで破滅する仮借なき太陽の意志。

おお、意志よ、一切の困窮の転回よ、わが必然性よ。一個の大いなる勝利のために、私を残しておくがいい。──

ツァラトゥストラはこう言った。

快復しつつある人

1

洞窟に戻ってまだ日も浅い或る朝、ツァラトゥストラは寝床から狂人のように飛び起き、恐ろしい声で叫んだ。そのふるまいからすると、誰かがまだ寝床に横になっていて起き上がろうとしないかのようであった。ツァラトゥストラのどなり声が響き渡ったので、彼の動物である鷲と蛇は驚いて駈け寄ってきた。ツァラトゥストラの洞窟周辺のありったけの洞窟や穴や巣から、ありったけの動物が飛び出して――逃げ出したり、羽ばたいたり、這い回ったり、飛び上がったりした。それぞれの足なり翼なりを懸命に使って。ツァラトゥストラは、次のように語った。

起きろ、深淵の思想よ、私の深みから出てこい。私は、おまえに朝を告げる雄鶏《おんどり》だ、眠りこけた竜よ。起きろ、起きろ。私の鋭い鳴き声で、おまえを起こしてやるぞ。おまえの耳を封じ込めている鎖を解くのだ。聞くがいい。おまえの言うことも聞いてやりたいのだ。起きろ、起きろ。ようし、墓場に眠る者たちも聞きつけるほどの大声でどなってやろう。

眠気で朦朧《もうろう》とした頭を覚ませ。寝ぼけ眼《まなこ》から霞《かす》んだものをぬぐい取れ。耳だけでなく眼でも、私の言うことを聞くがいい。私の声は、生まれつき目の見えない者にも効く妙薬なのだから。

そして、目を覚ましたら最後、永遠に目覚めていることだな。永眠していた曽祖母《ひいおばあさん》たちを目覚めさせておいて——ふたたび眠りに就けと命ずるなど、私の流儀に反する。

動き出したな。伸びをして、喉を鳴らしたな。起きろ、起きろ。喉を鳴らすのはやめて——何かしゃべってみろ。おまえを呼んだのは、ツァラトゥストラ、神をお払い箱にする者だ。

私、ツァラトゥストラは、生の代弁者、苦悩の代弁者、円環の代弁者だ。——この私が、おまえを呼んだのだ、わが究極の深淵の思想よ。

やったぞ、おまえはやって来た。——おまえの言うことが聞こえる。私の深淵が口を開いて、語る。私の最後の深みを、私は白日の下に晒したのだ。

やったぞ、こっちに来い。手をよこせ。——　——あっ、放せ、ううっ！——　——吐き気、吐き気、吐き気！――――くっ、くるしい！

2

この言葉を言い終わるか言い終わらないかのうちに、ツァラトゥストラは死人のように崩れ落ち、死人のように長いことその場に横たわった。我に返ったときも、顔は青ざめ、身体は震え、横たわったまま、長らく食べようとも飲もうともしなかった。七日間もそのような容態が続いた。彼の動物たちは昼も夜も彼に付き添った。ときおり鷲が食べ物を探しに飛んで行った以外は。鷲は、自分が取ってきた獲物を、ツァラトゥストラの寝床に積み上げた。その結果、ついにツァラトゥストラは、黄色や赤色の果実、イチゴやリンゴやスモモ、香りのよい野菜類、松の実に埋《うず》もれるばかりとなった。彼の足元には、二匹の子羊がのびていた。鷲が羊飼いから苦労して奪ってきた獲物であった。

七日たってようやく、ツァラトゥストラは、寝床の上で身を起こし、スモモを手に取り、匂いをかいで、よい香りだと分かった。彼の動物たちは、ツァラトゥストラと話をする潮時だと思った。

「おお、ツァラトゥストラよ」と彼らは言った。「あなたはもう七日間も、まぶたを重く閉じて横たわっています。そろそろ、ふたたび自分の足で立とうと思っているのではないですか。

この洞窟の外に出てごらんなさい。世界は、庭園のようにあなたを待っている。風に漂うきつい芳香は、あなたに寄り添おうとしている。どの小川の流れも、あなたの後を追いかけたがっている。

万物があなたにあこがれ、あなたを慕っている。あなたが七日間ずっと一人で閉じこもっていたからです。——この洞窟の外に出てごらんなさい。万物が、あなたを癒す医者になりたがっている。

一個の新しい認識が、あなたを訪ねてきたのでしょう。酸っぱくて、重たい認識が。パン種を入れてこねた練り粉のように、あなたは横たわっていた。あなたの魂はふくれ上がり、容れ物を大きくはみ出すことでしょう。──」

「──おお、私の動物たちよ」とツァラトゥストラは答えた。「おしゃべりを続けて、私に聞かせておくれ。おまえたちのおしゃべりを聞くと、私は元気になれる。おしゃべりのあるところ、世界は私にはもう庭園のようだ。

言葉があり響きがあるのは、なんとすてきなことだろう。言葉と響きは、永遠にかけ離れたものをつなぐ虹、まぼろしの橋ではなかろうか。

それぞれの魂には、別々の世界が属している。それぞれの魂にとっては、他の魂はどれもみな一個の背後世界なのだ。

ウリ二つに見えるほど似たものどうしをつなぐときにこそ、その見かけは最もみごとにウソをつく。というのも、最も小さな裂け目こそ、橋渡しするのが最も難しいからだ。

私にとって——私の外部なるものが、どうして存在しようか。外部など存在しないのだ。ところが、言葉の響きを聞くと、われわれはそのことを忘れる。忘れるということは、なんとすてきなことだろう。

事物に名前や響きが贈られているのは、人間がそうした事物によって自分を元気づけるためではなかろうか。語ることは、すばらしき愚行だ。語ることで、人間は万物を飛び越えて踊る。

およそ語ること、言葉の響きでウソをつき放題とは、なんとすてきなことだろう。言葉の響きによって、われわれの愛は、色とりどりの虹の上で踊る」。——

——「おお、ツァラトゥストラよ」と動物たちがそれに続けて言った。「私たちのように考える者にとっては、万物それ自身が踊るのです。万物がやって来て、手を取り合い、笑い、逃げ——そしてまた戻ってくる。

一切は過ぎ、一切はまた戻ってくる。存在という名の車輪は、永遠に回る。一切は死に、一切はまた花開く。存在という名の年は、永遠にめぐる。

一切は破れ、一切はあらたに継ぎ合わされる。存在という名の同じ家が、永遠に建てられる。一切は別れ、一切はふたたび挨拶を交わす。存在という名の輪は、永遠に自分に忠実なのです。

どんな瞬間でも、存在は始まる。どんな〈こちら〉の周りにも、〈あちら〉の球は回転する。中心は至るところにある。永遠という名の小道は、曲線なのです」。——

「おお、おまえたち、おどけ歌を奏でる手回しオルガンよ」とツァラトゥストラは答え、ふたたび微笑した。「この七日間に成就されねばならなかったことが、おまえたちにはなんとよく分かっていることか——

——そして、あの怪物が、私の喉に這入り込んで私を絞め殺そうとした、その様子も。だが、私はそいつの頭を噛み切って、吐き捨ててやった。

それなのに、おまえたち——おまえたちは、それをもう手回しオルガンの歌に仕立ててしまうのか。私はといえば、噛んだり吐き捨てたりして疲れ果て、自分の救済に悩んで病気となり、今なお臥《ふ》せっているというのに。

それなのに、おまえたちは一部始終を見物しているだけなのか。[*19] おお、私の動物たちよ、おまえたちも残酷なのか。おまえたちも、私の大いなる苦痛を見物したかっただけなのか、人間がやるように。なにしろ、人間ほど残酷な動物はいないからだ。

悲劇や闘牛、磔《はりつけ》やらを眺めて、人間という動物はこれまで地上で最も喜びに浸ってきた。人間が地獄を発明したとき、まさにそれは人間にとって地上の天国だった。

偉大な人間が叫び声を上げると——、ちっぽけな人間がすばやく駈け寄ってくる。淫らな喜びがこみ上げ、彼の喉から舌がぶら下がる。だが、彼はそれを自分の「同情」と称する。

ちっぽけな人間、とりわけ詩人は——、何と熱心に生のことを悪しざまに言って告発することか。耳を傾けてごらん。そして、生をさんざん告発してみせることで快楽に浸っているのを聞き洩らさないことだ。

そのような生の告発者を、生は、一回瞬《まばた》きをするだけで打ち負かしてしまう。「私のことが好きなのね？」と、この厚かましい女は言う。「もう少し待っててね。あなたのお相手をする時間《ひま》が、私にはまだないの」。

人間は、自分自身に対して最も残酷な動物だ。「罪びと」とか「十字架を背負う者」とか「罪を贖《あがな》う者」とか自称するすべてのものにおいて、そのような嘆きや告発にひそむ情欲を聞き洩らさないことだ。

そして、私自身も――、そう言い募ることによって、人間の告発者になろうとするのか。ああ、私の動物たちよ、私がこれまで学んできたことは、人間にとっては最悪のことが最良のことのためには必要だということ、これのみだ。――

――最悪のことが、どれも人間の最良の力となり、最高の創造者にとって最も硬い石材となるということ、人間は、もっと良くなるとともにもっと悪くならなければならないということ、これのみだ。――

人間というのは悪だ、と私には分かっているが、そんなことが、私に付きまとう十字架となったのではない。――そうではなく、私は、これまで誰もしたことのない叫び方で、こう叫んだのだ。

「ああ、人間の最悪のことでも、こんなにちっぽけなものなのか！　ああ、人間の最良のことでも、こんなにちっぽけなものなのか！」

人間にうんざりするという大いなる嫌気《いやけ》——これが、私の首を絞め、喉に這入り込んできたのだ。つまり、あの占い師が占って判じてみせたこと、「一切は同じことだ。何の甲斐もない。知は自分の首を絞めるだけだ」ということが、だ。

長い黄昏《たそがれ》が、私の前をヨタヨタ歩いていった。死ぬほど疲れ、死ぬほど酔いの回った悲哀が。そいつが、あくびをして開《あ》いた口で、こう語った。

「おまえが飽き飽きしたその人間とやらが、永遠に繰り返しやって来るのだ。ちっぽけな人間が」。——私の悲哀は、こう言って大あくびをし、足を引きずって歩いては、眠ることができなかった。

私には、人間たちの大地が洞窟に変わった。その大地の胸は陥没し、生き生きとしたすべてのものは、人間たちの腐った肉や骨、朽ちた過去となった。

私のため息は、人間たちの墓という墓の上に坐ったまま、もはや立ち上がれなくなった。

私のため息と問いは、夜も昼も、不吉なことばかり言い、私の首を絞め、私を蝕《むしば》み、こう不平をこぼした。

——「ああ、人間が永遠に繰り返しやって来るとは！　ちっぽけな人間が永遠に繰り返しやって来るとは！」——

私はかつて、最も偉大な人間と最も卑小な人間のどちらも、裸でいるところを見た。おたがいあまりに似ていた。——最も偉大な人間といえども、あまりに人間的だった。

最も偉大な人間といえども、あまりに卑小だった。——これが、人間にうんざりした私の嫌気であった。どんなに卑小な人間といえども、永遠に回帰するのだということ——これが、総じてこの世に生きるということにうんざりした私の嫌気であった。

ああ、吐き気、吐き気、吐き気！」——ツァラトゥストラはこう言って、ため息をつき、身震いした。自分の病気のことを思い出したからである。そこで、彼の動物たちは、彼がそれ以上語るのをさえぎった。

「それ以上しゃべらないでください。あなたは快復しつつあるのですから」と、動物たちは応じて言った。「むしろ、外に出ることです。外では、世界があなたを待っていますよ、庭園のように。

外に出て、バラとミツバチとハトの群れのところへ行ってごらんなさい。とりわけ、歌う鳥たちのもとへ。鳥たちから、歌うことを学びとるために。

歌うことは、快復しつつある人にもってこいだからです。健康な人だったら、語ればいい。たとえ健康な人が歌を欲しがるとしても、その歌は、快復しつつある人が欲しがるのとは別の歌です」。

——「おお、おどけ歌を奏でる手回しオルガンよ、黙っているがいい」——とツァラトゥストラは答え、動物たちに微笑を注いだ。「この七日間、私が自分のためにどんな慰めを発明したか、おまえたちにはなんとよく分かっていることか。

私がふたたび歌わなければならないこと——、この慰め、この快復法を、私は発明したのだ。おまえたちは、それもまたすぐ手回しオルガンの歌にしてしまうつもりなのか」。
——「それ以上しゃべらないでください」と、ふたたび動物たちは応じて言った。「それよりむしろ、快復しつつある人よ、竪琴《たてごと》を用意することです、新しい竪琴を。というのも、ほらほら、ツァラトゥストラよ、あなたの新しい歌には、新しい竪琴が必要だからです。

歌ってください。そして、轟《とどろ》き渡らせることです。新しい歌であなたの魂を癒すことです。あなたがあなたの大いなる運命を担っているということは、いかなる人間の運命であったためしもありません。

あなたの動物たちには、よく分かっています。おお、ツァラトゥストラよ、あなたが何者であり、何者にならなければならないかが。ほら、あなたは永遠回帰の教師なのです。——それが、今やあなたの運命なのです。

あなたは、この教えを説く最初の人にならなければなりません——この大いなる運命が、どうしてあなたの最大の危険にして病気とならずにすむでしょうか。

ほら、あなたの教えを、私たちは知っています。万物は永遠に回帰すること、私たち自身もそうだということを。私たちはすでに永遠回にわたって現に存在してきたのであり、万物も私たちとともに現に存在してきたのだということを。

あなたの教えによれば、生成が繰り返される大いなる一年がある。途方もなく巨大な年が。その年は、砂時計のように、何度でも繰り返し繰り返しひっくり返される。何度も走り終わっては、ふたたび走り始めるために。——

——かくして、この大いなる年は、どれもそっくり同じものなのだ、細大漏らさず。——

かくして、私たち自身も、どの大いなる年にあっても、私たち自身とそっくり同じものなのだ、細大漏らさず。

そして、おお、ツァラトゥストラよ、あなたがいよいよ死のうとするとき、ほら、あなたがそのとき自分に向かってどんなふうに言うのかも、私たちには分かっています。——もっとも、私たち、あなたの動物は、あなたにまだ死なれたくはありませんが。

あなたは次のように言うでしょう。震えもせず、むしろ幸福のあまり深呼吸をして。というのも、大いなる重さと鬱陶しさが、あなたから取り除かれることになるのだから、誰よりも忍耐強いあなたよ。——

「私は今、死んで消えてゆく」と、あなたは言うでしょう。「そしてたちまち無に帰する。魂も、身体と同じく死を免れない。

だが、私がその中に編み入れられている原因をつなぐ結び目は、ふたたび戻ってくる——それによって私はまた造り出されるだろう。私自身も、永遠回帰の原因に属している。

私はふたたびやって来る。この太陽、この大地、この鷲、この蛇とともに。——新しい人生とか、よりよい人生とか、似たような人生に戻ってくるのではない。

——私は、永遠にこの同一の人生に、細大漏らさず、ふたたび戻ってくる。ふたたび万物の永遠回帰の教師となるために。――

大地と人間に訪れる大いなる正午についてふたたび語るために。人間に超人をふたたび告知するために。

私は私の言葉を語った。私は私の言葉のために砕ける。私の永遠の運命がそう欲する――告知者として私は滅びるのだ！

没落する者自身がみずからを祝福する、その時がついに来た。こうして――ツァラトゥストラの没落は終わるのだ」。――――」


動物たちはこう言い終わると、沈黙して、ツァラトゥストラに何か言ってもらえると思って待っていた。だがツァラトゥストラは、動物たちの沈黙を聞いていなかった。むしろ彼は、目を閉じて静かに横たわっていた。眠っている人のようだったが、眠ってはいなかった。というのも、彼はひたすら自分自身の魂と語り合っていたからである。[*20] 蛇と鷲は、ツァラトゥストラがそんなふうに黙っているのを見て、彼を包んでいる大いなる静けさに敬意を表して、そこから用心深く立ち去った。

大いなるあこがれ*21

おお、わが魂よ、私はおまえに教えた。「いつかは」と言い「かつては」と言うのと同じように、「今日《きょう》は」と言うことを。また、輪舞を踊りながら、ありとあらゆるここ、かしこ、かなたを超え出て舞い上がってゆくことも、教えてやった。

おお、わが魂よ、私はあらゆる片隅からおまえを救い出した。私はおまえに付きまとっていた埃《ほこり》、クモ、薄暗がりを払い清めてやった。

おお、わが魂よ、私はおまえから、ちっぽけな恥じらいと小うるさい徳を拭《ぬぐ》いとり、おまえを口説いて、太陽の見ている前で一糸まとわず立つ気にさせた。

「精神」という名の嵐とともに、私はおまえの波立つ海の上を吹きめぐった。あらゆる雲を私は吹き払い、「罪」という名の女絞殺者すら絞め殺した。

おお、わが魂よ、私はおまえに、嵐のように否《ナイン》を言う権利を与え、雲一つない空が然り《ヤー》を言うように然り《ヤー》を言う権利を与えた。おまえは光のように静かに立ち、それでいて今度は、否定する嵐のさなかを進んで行く。

おお、わが魂よ、私はおまえに、創造されたものと創造されないものにとらわれない自由を取り戻してやった。この自由、つまり未来のものが味わう快楽を、おまえほど知っている者は誰もいない。

おお、わが魂よ、私はおまえに、軽蔑することを教えた。虫食いのように取り憑くちっぽけな軽蔑ではない、大いなる、愛するがゆえの軽蔑を。それは、最も軽蔑するときにこそ最も愛する軽蔑なのだ。

おお、わが魂よ、私はおまえに、説き伏せることを教えた。だからおまえは、地底まで説き伏せて、自分のところへ昇ってこさせるほどだ。あたかも太陽が、海を説き伏せて自分の高みにまで昇ってこさせるように。

おお、わが魂よ、私はおまえから、一切の服従を、膝を屈して主よと呼びかけることを取り除いてやった。私はおまえ自身に「困窮の転回」と「運命」という名前を与えた。

おお、わが魂よ、私はおまえに、新しい名前と色とりどりの玩具を与えた。私はおまえを「運命」と呼び、「広がりの中の広がり」と呼び、「時間のへその緒」と呼び、「紺碧《こんぺき》の鐘」と呼んだ。

おお、わが魂よ、私はおまえの土壌に、あらゆる知恵を飲ませてやった。知恵の酒《ワイン》なら何でも、新酒から、人類の記憶も及ばぬほど古い強烈な酒まで、飲ませてやった。

おお、わが魂よ、私はおまえの上に、あらゆる太陽を、そしてあらゆる夜とあらゆる沈黙とあらゆるあこがれを、降り注いでやった。――すると、おまえは一本のブドウの木のように生長してくれた。

おお、わが魂よ、おまえは今ここで、豊かすぎるほど豊かに、ずっしりと重く立っている。ふくれた乳房のように浅黒く熟し切った黄金のブドウの房をたわわに実らせているブドウの木。——

——みずからの幸福ゆえに熟し切って圧迫され、満ちあふれつつ待ちこがれて、その待つことにすら恥じらいながら。

おお、わが魂よ、おまえ以上に愛にあふれ、包容力のある壮大な魂は、今やどこにも存在しないのだ。おまえのところ以上に、未来と過去とが仲睦まじく一緒にいる場所が、どこにあろうか。

おお、わが魂よ、私はおまえに一切を与えた。私の両手はおまえのために空っぽになった。——すると、いやはや。今度はおまえが私に、憂愁をたっぷり含んだ微笑みを浮かべて、こう言う。「私とあなたのどちらが、感謝すべきなのですか。——

——与える側は、受け取る側が受け取ってくれたことに感謝すべきではないでしょうか。贈り与えるのは、必要に迫られてのことではないでしょうか。受け取るとは——憐れみをかけることではないでしょうか」。——

おお、わが魂よ、おまえの憂愁たっぷりの微笑みがどういう意味か、私には分かっている。おまえの過剰なまでの豊かさそれ自体が、今やあこがれの両手をさしのべるのだ。

おまえの充実が、荒れ狂う海のかなたを見渡し、探し求め、待ちこがれている。過剰な充実ゆえのあこがれが、おまえの微笑する蒼天の眼から覗いているのだ。

そうだとも、おお、わが魂よ。おまえの微笑を見て、涙にむせばない者があろうか。天使だって、おまえの微笑が示す度を越えた善意には、涙にむせぶほどだ。

おまえの善意、度を越えた善意は、嘆いたり泣いたりしようとはしない。そうはいっても、おお、わが魂よ、おまえの微笑は、涙を流すことにあこがれ、おまえの震える口は、むせび泣くことにあこがれる。

「泣くとは、どのみち嘆くことではないかしら。そして、嘆くとは、どのみち咎めることではないかしら」。おまえはこう自分に言って聞かせる。だからおまえは、おお、わが魂よ、おまえの歌をぶちまけるよりは、むしろ微笑していたいと思うのだ。

――涙をぽろぽろ流して自分の歌を全部ぶちまけ、みずからの充実に悩むあまり摘み手とそのナイフを求めてやまないブドウの木の苦悩を全部さらけ出すよりは、だ。

だが、おまえが泣こうとせず、おまえの深紅の憂愁を泣いて晴らそうとしないなら、おまえは歌うほかないだろう、おお、わが魂よ。――ほら、そういう予言をしてみせる私自身が、微笑んでいる。

――歌うのだ、立ち騒いで響き渡る歌で。ついには海という海が静かになり、おまえのあこがれに耳を傾けるようになるまで。――

――ついには、あこがれに満ちた静かな海に、小舟が浮かぶ。それは金色の奇蹟だ。その黄金の周りを、善きにつけ悪しきにつけ、およそ驚異的なあらゆるものたちが跳びはねる。――

――多くの大小の動物たち、軽やかで驚異的な足をそなえ、すみれ色の海路を進んでいけるあらゆるものたちも、――

みな、金色の奇蹟を、つまり自由な死の小舟と、それに乗る主人をめざしていく。この主人こそ、ダイヤモンドのナイフを携えて待っている摘み手にほかならない。――
おまえの大いなる解放者だ、おお、わが魂よ、その者にはまだ名前がない。――未来の歌がはじめて彼の名を見つけてくれるだろう。――そうだとも、おまえの息吹には早くも未来の歌の匂いがする。――

――おまえはもう燃え立ち、夢見ている。おまえの喉はもう渇き、おまえは、底深く音の鳴り響く慰めの泉のほとりで水を飲む。おまえの憂愁は、未来の歌の幸福に早くも安らうのだ。――

おお、わが魂よ、私は今やおまえに一切を与えた。私の最後のものまで与えた。そして、私の両手はおまえのために空っぽになった。――私がおまえに歌えと命じたこと、ほら、それこそが私の最後のものだったのだ。

私はおまえに歌えと命じたのだった。言いなさい、さあ、言いなさい。おまえと私のどちらが――感謝すべきなのか。――しかし、もっといいのは歌ってみせることだ、歌うがいい、おお、わが魂よ。[*22] そして、私に感謝させておくれ！――

ツァラトゥストラはこう言った。

もう一つの舞踏の歌*23

1

「おお、生よ、私はついこのあいだ、君の眼を覗き込んだ。夜のように漆黒の君の眼に、黄金がきらめくのを、私は見た。――私は恍惚のあまり、心臓が止まるかと思った。

――黄金の小舟が、夜闇の水面《みなも》にきらめくのを見た。沈みかけ、水をかぶり、ゆらゆらと何度も揺れて目配せをする黄金の小舟だ。

ダンス熱に憑かれた私の足に、君は視線を投げてよこした。笑うような、尋ねるような、とろかすような、ゆらゆらと揺れるまなざしを。

二度だけ、君は小さな手でカスタネットを打ち鳴らした。――すると、私の足はもうダンス熱にぞっこんやられて、ゆらゆら浮かれ出した。――

私のかかとは急に持ち上がり、私のつま先は、君の心を知ろうとして耳を澄ませた。だって、耳に――つま先がふれてこそ舞踏家《ダンサー》というもの。

私は跳びはねて、君に近づいた。すると君は、私が近づくのをかわして、くるりと背を向けて逃げた。逃げながら髪をなびかせて、その間から私に向かって舌をペロリと出した。

私は君から、ヘビのように舌を出した君から、跳びのいた。すると君はもう立ち止まって、半ば向き直り、愛想たっぷりのまなざしを送ってきた。

素直とは言えない目つきをして——君は私に、素直とは言えない道を教える。その曲がりくねった道の道すがら、私の足が学ぶのは——あれこれの悪だくみだ。

私は、近づく君を恐れ、遠ざかる君を愛する。君が逃げれば私は誘われ、君が求めれば私はひるんでしまう。——私だって悩ましいけれども、君のためならどんな苦しみにも喜んで耐えてきた。

その冷たさがひとを燃え立たせ、その憎しみがひとを誘惑し、その逃げ足がひとを束縛し、その嘲笑が——ひとを感動させる君だから。

——君のことを憎まなかった者がいるだろうか、大いなる束縛者、籠絡《ろうらく》者、誘惑者、探求者、発見者である君のことを。君のことを愛さなかった者がいるだろうか、無邪気で、せっかちで、疾風《はやて》のように現われる、子どものようにあどけない眼の、罪な女のことを。

君は、今度は私をどこへ連れていくのか、この絵に描いたようなじゃじゃ馬娘は。いや、君は、今度は私からまた逃げていく、この恩知らずのかわいいイタズラ娘は。

私は踊りながら君を追っていく。かすかな足跡でも、それを頼りに君のあとをつける。君はどこだ。手を差しのべておくれ。せめて指一本だけでも。

ここは洞窟、藪の中だ。道に迷ってしまうぞ。——止まれ、じっとしていることだ。フクロウやコウモリがひゅうひゅう飛び回っているのが見えないのか。

君こそフクロウだ、コウモリだ。私をからかうつもりなのか。ここはどこだ。君がキャンキャン吠えるのは、犬から習ったのだな。

君は白い歯を愛らしくむいて、私に笑いかける。君の意地悪なまなざしが、巻き毛の豊かな髪の合間から、私に向かって飛んでくる。

こりゃ、木の根や石ころだらけの地面で踊るダンスだ。私は狩人だ。――君は私の猟犬になりたいのか、それとも獲物のカモシカになりたいのか。

すぐそばまで来た。ほう、すばしこいな、この意地悪なおてんば娘は。今度は上のほうへ行ったぞ、いや、あっちだ。――痛い！　跳びそこねて私自身が転んだ。

ほら、大はしゃぎしている君よ、ごらん、ぶっ倒れて助けを求めている私のこのざまを。君と一緒に歩きたいと願っているのは――もっと愛らしい小道なのに。

――色とりどりの花咲く静かな茂みを通り抜ける愛の小道。もしくは、あの湖沿いの小道。そこでは金魚が泳ぎ、踊っているのだ。

君はもう疲れたのか。向こうには、羊たちがいるし、夕焼けもある。羊飼いの笛の音を聞きながら眠るのも、すばらしくはないか。

君はそんなにひどく疲れたのか。私が連れていってあげよう。腕を楽にして、もう休むといい。君の喉が渇いているのなら――、私には飲み物もあるにはあるけれど、君は口をつけようとはしないだろうね。――

――おやっ、このいまいましい敏捷《びんしょう》なヘビめ！　スルリとすり抜ける魔女め！　君はどこへ行った？　君の手にかかって、私の顔にはあざが二つできてヒリヒリする。ほっぺたの赤いピエロの出来上がりだ。

いつまでも君のとんまな羊飼いでいることに、私はほとほとうんざりだ。魔女よ、今まで私が君に歌声を聞かせたのだから、今度は君が私に——叫び声を聞かせる番だ。

私の鳴らす鞭の音の拍子に合わせて、私は君を踊らせ、叫ばせてやろう。私は鞭を忘れていなかったかな。——いや、あった！」——

2

すると、生は、小さな耳を手でふさいで、私にこう答えた。

「おお、ツァラトゥストラ、鞭をそんなにうるさく鳴らさないでちょうだい。あなたもご存じのとおり、騒音は思考を殺すものよ。——ちょうど今、情愛のこもった思想が私に訪れてきたというのに。

あなたと私は、善からぬことばかりしていながら悪いことはしていない二人です。善悪の彼岸に、二人の島と、二人の緑の草地を見つけて——、二人だけでいるのよ。だから、それだけでも私たちは仲良くしなければならないはずだわ。

たとえ私たちが心の底から愛し合っていないとしても——。ひとは心の底から愛し合っていないからといって、憎しみ合わなければならないものかしら。

私があなたに優しくすること、時には優しくしすぎること、それがあなたにも分かってい
る。なぜ私がそうするのかと言えば、あなたの知恵に焼きもちを焼いているからなのです。
ああ、あの支離滅裂のバカ老女の知恵に！

あなたの知恵があなたからひとたび逃げ出せば、ああ、私の愛もあなたからたちまち逃げ
出すことでしょうね！」――

そう言い終わるや、生は、物思いに沈んで、うしろを見やり、まわりを見渡し、声をひそ
めてこう言った。「おお、ツァラトゥストラ、あなただって私に忠実だとは言えないわ。

あなたは、おっしゃるほどには、私をずっと愛してはくれない。私には分かっているわ、
あなたが私をもうすぐ見捨てようと考えていることを。

古くて重い、重く響く鐘があって、その鐘の音が、夜な夜な響いて、あなたの洞窟にまで
昇ってきます。――

――この鐘が真夜中の時を打つのを聞くとき、あなたは一から十二までの間に、そのこと
を考えるのです。――

――おお、ツァラトゥストラ、私には分かっているわ、あなたが私をもうすぐ見捨てよう
と考えていることを！」――

「そうだ」――と、私はためらいながら答えた。「でも、君はこのことも知っているはずだ――」。そして私は彼女の耳に、あることをささやいた。彼女のもつれて狂おしい黄色の髪の房をかき分けて。「おお、ツァラトゥストラ、あなたはそのことを知っているの？　知る人は誰もいないのに[*24]」。――

そして、私たちは互いに見つめ合い、おりしも夕冷えの迫ってきた緑の草地に目をやり、一緒に泣いた。――そのとき、生は、どんなわが知恵にもまさって愛しく思われた。――

ツァラトゥストラはこう言った。

3

一つ！

おお、人間よ。注意して聞くがよい。

二つ！

深い真夜中は何を語るか。

三つ！

「私は眠りに眠り——、

四つ！

深い夢から、いま目覚めた。——

五つ！

この世は深い、

六つ！

昼が考えた以上に深い。

七つ！

この世の苦痛は深い、——

八つ！

悦びは——胸の張り裂ける苦悩よりも深い。

九つ！

苦痛は言う、「去ってくれ」と。

十！

だが、すべての悦びは永遠を欲する——、

十一！

——深い、深い永遠を欲するのだ」。

十二！

七つの封印[*25]（もしくは、「そのとおり《ヤー》、これでよいのだ《アーメン》」の歌）

1

私が、占い師だとしたら、そして、二つの海のあいだにそびえる山の背をさすらう占い師のごとき精神に満ちていて、――

重たい雲のように過去と未来のあいだをさすらい、――蒸し暑い低地を憎み、およそ疲れ果てて死ぬことも生きることもできない一切のものを憎み、

暗い懐《ふところ》の中から、稲妻を、救いとなる光線を、今にも放とうとし、そのとおりだと言い、そのとおりだと笑う稲妻を身ごもり、占い師のごとき稲妻の閃光を放とうとしているとしたら、――

――それにしても、そのように身ごもっている者は、幸せだ。そう、いつの日か未来の光を点《とも》すことになる者は、重たい空模様のように、長いあいだ山に垂れこめていなければならないのだ。――

おお、そういう私が、どうして永遠に欲情をおぼえずにいられようか。指輪の中の最高の結婚指輪、――回帰の円環を欲しがらずにいられようか。

私は、子どもを孕ませたいと思う女性に、まだ出会ったことがない。私の愛するこの女性のほかには。私はあなたを愛するからだ、おお、永遠よ。

私はあなたを愛するからだ、おお、永遠よ。

2

私の怒りが、墓をあばき、境界石を動かし、古い石板を打ち壊して、険しい谷底へ転がり落としてやったとしたら、

私の嘲笑が、朽ちてカビの生えた言葉を吹き飛ばし、私が箒《ほうき》と化して、十字架グモを一掃しに行き、そよ風となって、古くむっとする墓穴に吹き込んだとしたら、

私が、古い神々が葬られているところに欣喜雀躍して座り、世界を誹謗中傷した故人を記念する碑の隣で、世界を祝福し世界を愛《め》でて座ったとしたら、――

――なにしろ、教会という名の神の墓場であっても、崩れた屋根からひょっこり清らかな眼をした空が覗くとすれば、そういう教会を私は愛するし、雑草や赤いケシの花が生えるように、崩れた教会に腰を下ろすのが私は好きなのだから、――

おお、そういう私が、どうして永遠に欲情をおぼえずにいられようか。指輪の中の最高の結婚指輪、――回帰の円環を欲しがらずにいられようか。

私は、子どもを孕ませたいと思う女性に、まだ出会ったことがない。私の愛するこの女性のほかには。私はあなたを愛するからだ、おお、永遠よ。

私はあなたを愛するからだ、おお、永遠よ。

3

私に訪れた一陣の息吹が、創造の息吹からのものであり、偶然すらも強いて星々の輪舞を踊るようにさせるあの天空の急迫からやって来たのだとしたら、

私が、創造の稲妻の高笑いで笑い、それに続いて、行為の雷鳴が、恨みがましくも従順に長々と響き渡ったとしたら、

私が、大地という神々のテーブルで、神々とサイコロ遊びに興じたおかげで、大地が震動し、張り裂けて、火の河を噴き出したとしたら、──

──なにしろ、大地とは、神々のテーブルであり、創造の新しい言葉と神々のサイコロによって震えるのだから、──

おお、そういう私が、どうして永遠に欲情をおぼえずにいられようか。指輪の中の最高の結婚指輪、──回帰の円環を欲しがらずにいられようか。

私は、子どもを孕ませたいと思う女性に、まだ出会ったことがない。私の愛するこの女性のほかには。私はあなたを愛するからだ、おお、永遠よ。

いいいい私はあなたを愛するからだ、おお、永遠よ。

4

万物がみごとに混ぜ合わされ、風味豊かに泡立つあの混合瓶に、私が口をつけてゴクゴク飲み干したとしたら、

私の手が、限りなく遠いものを限りなく近いものに注ぎ、精神には火を、苦悩には悦びを、最高の善意には最低の悪事を注いだとしたら、

私自身が、救いとなるあの一粒の塩であるからこそ、万物が混合瓶の中でみごとに混ぜ合わされるとしたら、――

――なにしろ、善を悪と結びつける塩というものが存在するし、最悪のものでも風味豊かにするのにふさわしく、最後に泡立たせるのにふさわしいのだから、――

おお、そういう私が、どうして永遠に欲情をおぼえずにいられようか。指輪の中の最高の結婚指輪、――回帰の円環を欲しがらずにいられようか。

私は、子どもを孕ませたいと思う女性に、まだ出会ったことがない。私の愛するこの女性のほかには。私はあなたを愛するからだ、おお、永遠よ。

私はあなたを愛するからだ、おお、永遠よ。

5

私が、海好きで、海に類するものなら何でも好きで、しかもそれが私に腹を立てて歯向かってくるときにこそ、いちばん好きだとしたら、私の中に、未発見のものを探し求めて帆を張るあの探求心の悦びがあるとしたら、私の悦びの中に、船乗りの悦びがあるとしたら、

私が欣喜雀躍して、こう叫んだとしたら、「岸が見えなくなった。――私を陸につないでいた最後の鎖も、今や落ちて沈んだ。――

――私の周りに、果てしなく広がるものが立ち騒いでいる。空間と時間がはるか彼方まで輝き広がっている。さあ、行くぞ、懐かしの心意気よ！」――

おお、そういう私が、どうして永遠に欲情をおぼえずにいられようか。指輪の中の最高の結婚指輪、――回帰の円環を欲しがらずにいられようか。

私は、子どもを孕ませたいと思う女性に、まだ出会ったことがない。私の愛するこの女性のほかにには。私はあなたを愛するからだ、おお、永遠よ。

私はあなたを愛するからだ、おお、永遠よ。

6

私の徳が、踊り上手《ダンサー》の徳であり、私がしきりに両足を上げて踊り、黄金とエメラルドをちりばめた恍惚へ飛び込むとしたら、

私の悪意が、バラの斜面やユリの生け垣に隠れてひそやかに笑う悪意だとしたら、――なぜなら、笑いにはあらゆる悪意が仲良く並んでいて、どんな悪意もみずからの幸福によって罪を赦され、聖人の列に加えられているからだ、――

そして、どんな重さも軽やかになり、どんな肉体も踊り上手になり、どんな精神も鳥のように自由になることが、私のアルファにしてオメガなのだとしたら、そう、これぞ私のアルファにしてオメガだとしたら、――

おお、そういう私が、どうして永遠に欲情をおぼえずにいられようか。指輪の中の最高の結婚指輪、――回帰の円環を欲しがらずにいられようか。

私は、子どもを孕ませたいと思う女性に、まだ出会ったことがない。私の愛するこの女性のほかには。私はあなたを愛するからだ、おお、永遠よ。

私はあなたを愛するからだ、おお、永遠よ。

7

私が、静かな天を頭上に張り渡して、自分の翼を羽ばたかせて自分の天まで飛んで行ったとしたら、

私が、深みをおびて光り輝くはるか彼方を遊泳し、私の自由に鳥の知恵が訪れたとしたら、——

——そのとき、鳥の知恵がこう言ったとしたら、「ほら、ここには上も下もありません。あたり一面に、あちらへも、うしろへも、身を投げてごらんなさい、軽やかなあなたよ。歌うのです、語るのはもうやめることです！

——どんな言葉も、重たい者たちのために作られたものではないでしょうか。軽やかな者たちにとっては、どんな言葉もウソをつくことではないですか。歌うのです、語るのはもうやめることです！」——

おお、そういう私が、どうして永遠に欲情をおぼえずにいられようか。指輪の中の最高の結婚指輪、——回帰の円環を欲しがらずにいられようか。

私は、子どもを孕ませたいと思う女性に、まだ出会ったことがない。私の愛するこの女性のほかにには。私はあなたを愛するからだ、おお、永遠よ。

私はあなたを愛するからだ、おお、永遠よ。

第四部・最終部

ああ、同情者が犯したほどの大いなる愚行が、この世のどこにあっただろうか。同情者の愚行以上に苦しみを作り出したものが、この世にあるだろうか。

愛すると言いながら、同情を超えた高みをいまだに持ちあわせていないすべての者に、わざわいあれ。

悪魔がかつて私にこう言った。「神にだって神なりの地獄がある。それは人間への愛だ」。

ついこのあいだも、私は悪魔がこう言うのを聞いた。「神は死んだ。人間に同情したおかげで、神は死んだのだ」。

『ツァラトゥストラはこう言った』第二部〔「同情者たち」〕

蜜の捧げ物

——そして、ふたたび歳月がツァラトゥストラの魂の上を過ぎて行った。彼はそれを気に留めなかった。しかし彼の髪は白くなった。[*1] ある日、彼が洞窟の前にある石に腰を下ろし、静かに遠くを眺めていると——そこからは、海がはるかに見渡せたし、入り組んだ深い谷底も見下ろせたのである——、鷲と蛇がやって来て、考え深げに彼の周りを歩き回り、ついに彼の前に立って、

「おお、ツァラトゥストラよ」と言った。「あなたはきっと、あなたの幸福を待ち受けているのでしょうね」。——「幸福など関係ない」と彼は答えた。「私はもうとっくに幸福を求めなくなった。私が求めているのは、私の仕事だ」。——「おお、ツァラトゥストラよ」と動物たちはふたたび語った。「あなたがそう言えるのは、良いものをあり余るほど持っているからです。あなたは空の青さを湛《たた》えた幸福の湖に浸《ひた》っているのではないですか」。——「いたずら好きのおどけ者よ」とツァラトゥストラは答えて、微笑んだ。「おまえたちは、ばかに比喩の選び方がうまいな。だが、おまえたちも知っての通り、私の幸福は重たくて、波立つ川のように淀みなく流れたりはしない。私に迫ってきて、私から離れようとしない。瀝青《ピッチ》のようにベットリへばり付いている」。——

するとふたたび動物たちは考え深げにツァラトゥストラの周りを歩き回り、そしてもう一

度彼の前に立った。「おお。ツァラトゥストラよ」と動物たちは言った。「だからなのですね、あなたの髪は白くなり亜麻のように見えるというのに、あなた自身はどんどん黄色くなり黒ずんできているのは。ほら、あなたが瀝青の中に坐っているからですよ」。――「何を言い出すのだ、わが動物たちよ」とツァラトゥストラは言い、そして笑った。「そう、瀝青と言ったのは、言い過ぎだった。私の身に起こっていることは、熟してゆくどんな果実にも見られることだ。私の血が濃くなり、私の魂も鎮められているのは、私の血管の中を流れる蜜のしわざなのだ」。――「おそらくそうなのでしょう、おお、ツァラトゥストラよ」と動物たちは答え、彼に寄りかかってきた。「ところで、あなたは今日、高い山に登ってみる気はありませんか。空気は澄んでいるし、今日は、これまでになく世界がよく見えますよ」。――「その通りだ、わが動物たちよ」と彼は答えた。「おまえたちはぴったりのことを勧めてくれる。わが意を得たり、だ。私は今日、高い山に登ることにしよう。では、山上で使える蜜の用意をしておくれ。黄色くて、白くて、良質の、冷たくて新鮮な、黄金のハチミツを。分かっているね、山上に蜜の捧げ物を持っていきたいからだ」。――

さて、ツァラトゥストラは山の頂上に着くと、彼に付いてきた動物たちを家に帰らせ、今や自分一人になったことを見てとった。――すると彼は心の底から笑い、あたりを見回して、こう言った。

私が捧げ物、しかも蜜の捧げ物などと言ったのは、口から出まかせの方便にすぎなかった。しかし、戯《ざ》れ言だって役立つことがあるものだ。この山上では私は、隠者の洞窟とか、隠者の家畜とかを前にして語るよりも、自由に語ることができる。

何を捧げるというのか。私は、贈られたものは何でも、惜しげもなく使ってしまう。私は、気前のよい千手蕩尽家《せんじゅとうじんか》だ。その私に、どうしてそんなことができよう——捧げ物をするなどと言えるはずがあろうか。

私が蜜を欲しがったのは、餌《えさ》となる甘いハチミツが欲しかっただけだ。低く唸《うな》り声を上げる熊や、ぶつくさ言う性悪《しょうわる》の怪しい鳥でも、舌なめずりするような、ねばねばした甘い餌が欲しかったのだ。

——猟師や漁夫が必要とする、とびきりの餌が欲しかったのだ。なにしろ、世界が、動物たちの棲む鬱蒼とした森、つまり荒々しい狩人ならみな嬉しがる庭のようなものだとすれば、私にとって世界は、それよりはむしろ、底知れぬ豊かな海に思われるからだ。

——世界は、色とりどりの魚や甲殻類がいっぱい棲んでいる海だ。それを見ると、神々でさえ、魚捕《と》りになって網を投げてみたくてたまらなくなる海だ。世界には、不思議なもの、大きなもの、小さなものがいっぱい棲んでいる。

とりわけ、人間の棲む世界、つまり人間の棲む海はそうだ。——この海に向かって、私は黄金の釣り竿《ざお》を投げかけて、こう言う。開け、人間の底なしの海よ。

開け、そして、おまえの魚たちやきらきら光る甲殻類を、私に投げておくれ。私のとびきりの餌で、私は今日、人間という名のじつに不思議な魚たちをおびき寄せるのだ。

——私は私の幸福そのものを、どこまでも遠くに投げてやろう。日が昇る東から、真昼の南へ、そして日の沈む西にまで。人間という名の魚たちが、私の幸福をグイグイ引っ張り、ピチピチはねることを習うかどうか、見てやろう。

そしてついには彼らが、私のひそかな尖った釣り針に食いついて、私の山頂にまで釣り上げられるはめになるかどうか、深淵に棲む極彩色の深海魚が、人間釣り名人の中でもとびきり意地悪な漁夫の獲物になるかどうか、見てやろう。

なぜなら、私はそもそものはじめから、そういう人間釣り師だからだ。引き、引き寄せ、引きつけ、引き上げながら、引いて飼育し、躾《しつ》けて調教し、鞭撻《べんたつ》する指導者だからこそ、私はかつて「汝が在るところのものに成れ」と語って聞かせたのだし[*2]、それはいわれのないことではなかった。

それゆえ今は、人間たちのほうが、私のところへ登ってきてほしい。というのも、自分の下山の時だという兆《きざ》しを、私はまだ待っており、人間たちのところへ降りて行って没落するというみずからの定めを、私自身まだ果たしていないからだ。

そのために、私はここで待っている。高い山の上で、知略も嘲笑も怠りなく。焦燥に駆られているわけでも、ひたすら我慢しているわけでもない。むしろ、我慢することさえ忘れてしまったほどだ。——なぜなら、そういう人間は、もはや「我慢」などしないからだ。

というのも、私の運命は私に時間《よゆう》を与えてくれるからだ。運命は私のことを忘れたのだろうか。それとも、大きな岩の蔭に坐って、ハエでもつかまえているのだろうか。

いやまったく、私は彼に感謝している、私の永遠の運命に。私をせき立てたり駆り立てたりせずに、悪ふざけや意地悪をする時間を与えてくれるからだ。おかげで、今日も私は、魚を釣りにこの高い山に登ることができたというわけだ。

かつて、高い山に登って魚を釣った人間がいただろうか。だが、私がこの山の上で取りかかろうとしていることがバカげているとしても、下界で待っているうちにもったいぶって、青くなったり黄色くなったりするよりは、まだましだ。――

――待ちくたびれて仰々《ぎょうぎょう》しく怒りをぶちまけ、山から轟音を立てて吹いてくる聖なる嵐とばかり、焦燥に駆られて、「聞け、さもなければ神々の鞭《むち》でお仕置きしてやる」と叫んで谷間へ吹き込むせっかち者よりは、まだましだ。

だからといって、私はこの手の怒りんぼに恨みを抱いているわけではない。彼らは恰好の笑いのタネになってくれる。このやかましい大太鼓どもは、今日でなければ発言する機会が永久にないから、とにかく焦らずにはいられないのだ。

しかるに、私と私の運命――われわれは、今日これきりとばかり語るのではないし、いつになっても来ない日に向かって語るのでもない。われわれには、語るための根気と時間と超時間がたっぷりある。なにしろ、それはいつか必ずやって来るし、通り過ぎることなどできないからだ。

いつか必ずやって来るもの、通り過ぎることなどできないもの、とは何だろうか。われらの大いなる千年紀《ハッツァール》、つまり、われらの大いなる、はるかなる人間王国、ツァラトゥストラの千年王国だ。

「はるかなる」というのは、どれほどの遠さなのだろうか。そんなことは私には関係ない。だからといって、それが確固たるものであることに少しも変わりはない。――私はその王国の土台の上に、両足で踏みしめてどっしりと立っている。

――永遠の土台の上に、硬い原始の岩盤の上に、この最も高く最も硬い原始の山脈の上に立っている。天気の分かれ目であるここまで吹いて来て、風という風はこう尋ねる。ここはどこ？　どこから来た？　どこへ行く？　と。

私の明るく健やかな悪意よ、ここで笑え、笑え。高い山から、おまえのきらきら光る嘲《あざけ》りの大笑いを投げ下ろせ。おまえのきらめきによって、人間の姿をした最も美しい魚をおびき寄せるのだ。

そして、すべての海に棲む、この私にふさわしいもの、万物にひそむ、私にかなった、私にお誂《あつら》え向きのもの――それを私に釣り上げておくれ。それを私のところへ運んできておくれ。あらゆる漁夫の中で最も意地悪なこの私は、それを待っている。

私の釣り針よ、行ってこい。私の幸福よ、深く沈んでゆけ。わが心の蜜よ、おまえの甘い露を滴《したた》らせるのだ。私の釣り針よ、あらゆる暗黒の悲哀の腹に食い込むのだ。

私の眼よ、向こうを見渡せ。おお、私の周りには、何と多くの海が広がっていることか。何という明け初めゆく人類の将来があることか。そして、私の頭上には――何というバラ色の静けさが、何という雲一つない清浄な沈黙があることか。

助けを求めて叫ぶ声

次の日、ツァラトゥストラはふたたび洞窟の前の石に坐っていた。他方、鷲と蛇は外出していた。動物たちは、新しい食べ物を持ち帰ろうと、あちこちうろつき回っていた——それに、新しい蜜も探し求めていた。というのも、ツァラトゥストラは、昨日の蜜をもう最後の一滴まで気前よく使い切ってしまったからである。さて、ツァラトゥストラは、杖を手にして、地面に落ちた自分の姿の影をなぞりながら、物思いにふけっていた。かといって、そう、自分のことや自分の影のことを考えていたわけではない。そんなふうに坐っていると、——彼は突然、驚愕して飛び上がった。自分の影の隣に、もう一つ別の影があることに気づいたからである。急いで振り向いて立ち上がると、彼の隣には、なんと、あの占い師が立っていた。以前、食卓に招いて飲食をふるまってやった、あの人物、大いなる疲労の告知者である。彼の教えはこうであった。「一切は同じことだ。何の甲斐もない。この世は無意味だ。知は自分の首を絞めるだけだ」。だが、占い師の顔つきは、以前とは変わっていた。彼の眼を覗き込んだとき、ツァラトゥストラは心中、ふたたび驚愕に襲われた。彼の顔には、それほど多くの悪しき告知と灰色の稲妻が浮かんでいたのである。*3

　占い師は、ツァラトゥストラの心の中に起こったことを見てとり、手で自分の顔をぬぐった。あたかも、自分の顔をぬぐい取ってしまうかのようであった。ツァラトゥストラも同じように顔をぬぐった。そして両人は、そんなふうにして無言のまま、気を落ち着かせ、気を取り直してから、互いに手を差しのべた。それは、旧交を温め合おうというしるしであった。

「わが家にようこそ」とツァラトゥストラは言った。「大いなる疲労の占い師よ。かつてあなたは客人として食卓についてくれた。そのことを私はムダとはすまい。今日もわが家で飲み食いしていただきたい。食卓を共にするのが、好々爺《こうこうや》一人だということを、大目に見てほしい」。――「好々爺一人、だって？」と占い師は首を振って答えた。「いや、あなたが何者であろうと、また何者になろうとしていようと、おお、ツァラトゥストラ、あなたはこの山中に、あまりに長く、そういう状態で居すぎた。――あなたの舟はもういい加減、陸に上がって安閑としてはいられまい」。――「さて、私は陸に上がって安閑としているのかね？」とツァラトゥストラは笑いながら尋ねた。――「あなたの山を取り巻いている波は」と占い師は答えた。「どんどん高まっている。大いなる困窮と悲哀の波が。その大波はやがて、あなたの舟も押し上げ、あなたをさらってしまうだろう」。――ツァラトゥストラはこれには答えず、無言のまま訝《いぶか》しんだ。――「あなたには、まだ何も聞こえないのか」と占い師は続けて言った。「深い谷より、こちらの上のほうに、ザワザワゴウゴウと音がしてこないか」。――ツァラトゥストラはまたもや黙ったまま、耳を澄ませた。すると、ある長い、長い叫び声が、彼に聞こえた。それは、谷間のあいだをあちこちこだまして、遠くまで響き渡った。というのも、どの谷間もその叫び声をとどめ置こうとしたがらなかったからである。それほど忌まわしい響きであった。[*4]

「悪しき告知者よ」とついにツァラトゥストラは言った。「あれは、助けを求めて叫ぶ声だ。困窮した人間の悲鳴だ。おそらく、暗黒の海からやって来るのだろう。だが、人間の困窮など、私には関係ない。私の最後の罪、私に取っておきの罪、――それが何という名か、あなたはきっと知っているだろうね？」

――「同情だ！」と、万感《ばんかん》の思いをこめて占い師は答え、両手を高く挙げた。――「おお、ツァラトゥストラ、私はあなたを、あなたの最後の罪に誘惑するためにやって来たのだ」。――

そう言い終わるか終わらないかのうちに、またしても叫び声が響き渡った。さっきよりも長く、不安に満ち、しかもずっと近くに聞こえた。「聞こえるか。おお、ツァラトゥストラ、聞こえるか」と占い師は叫んだ。「あの叫び声は、あなたに向けられている。あなたを呼んでいるのだ。「さあ、来い、今だ、時は来た、いよいよ時は来た！」と」。――

ツァラトゥストラは、これには答えずに黙りこくり、混乱し、動揺していた。ようやく彼は、内心ためらっている者のように、こう尋ねた。「それにしても、私を呼んでいるのは、何者なのか」。

「いやまったく、あなたにはお見通しのくせに」と占い師は強い調子で答えた。「あなたはどうして自分に自分を隠すのか。あなたを求めて叫んでいるのは、高等な人間だ！[*5]」

「高等な人間、だって？」と、ツァラトゥストラは恐怖に襲われて叫んだ。「その人間は何をしようというのだ、その人間は何をしようというのだ、その高等な人間とやらは？　ここで何をしようというのだ？」――彼の肌は、どっと吹き出す汗に覆われた。

だが占い師は、ツァラトゥストラの不安には答えず、谷底に向かってしきりに耳を澄ませていた。しかし長い間、何も聞こえてこなかったので、占い師は視線を元に戻し、ツァラトゥストラを眺めると、彼は立ったまま震えていた。

「おお、ツァラトゥストラよ」と、占い師は悲しげな声で言った。「あなたの立っている姿は、幸福のあまり、はしゃぎ回っている人のようには見えない。ぶっ倒れないためには、ここは踊りでも踊るしかあるまい。

だが、あなたが私の前で踊ろうとして、横跳びまでやって見せたとしても、こう言える者は誰もいまい。「ごらん、ここに最後の楽しい人間が踊っている！」と。

そんな人間をここで捜しにこの山に登ってくる人がいたとしたら、ムダな骨折りというものだ。なるほど、洞窟ならいくつも見つかるだろうし、洞窟の奥の洞窟も、隠れ潜む者に恰好の隠れ家もあるだろう。しかし、幸福を埋蔵する鉱山の坑道、宝物の小部屋、新しき幸福の金鉱脈は、見つかるまい。

幸福――こんな埋もれた隠者のもとで、どうして幸福など見つけられるだろう。最後の幸福は、せいぜい至福の島や、忘れられた海と海のはざま遠くで探すしかないのか。

しかし、一切は同じことだ。何の甲斐もない。探しても無益だ。至福の島すら、もはや存在しないのだから！」――――

占い師は、こう言ってため息をついた。だが、彼のこの最後のため息を聞いて、ツァラトゥストラは、ふたたび明るくなり、自信を取り戻した。[*6] 深い穴の底から陽の光の下に出てきた人のようであった。「否、否、三たび否！」とツァラトゥストラは力強い声で叫び、自分の髭《ひげ》をなでた――「そのことなら私のほうがよく知っている。至福の島は、まだあるのだ。それについては黙っているがいい、ため息いっぱいの悲しみ袋よ！

それについてぴちゃぴちゃ音を立てるのはやめてくれ、朝方の雨雲《あまぐも》よ。あなたの鬱陶しい悲嘆のために、私は湿っぽくなり、犬のようにびしょ濡れになって立ち尽くしているではないか。

こうなったら、ブルッと身震いしてあなたから逃げ出し、濡れた身体を乾かすにかぎる。だからといって怪しむには及ばない。私を無礼な奴だと思うのか。だが、ここは私のお屋敷だ。

ところで、あなたの言う高等な人間についてだが、よし、私はさっそく、向こうの森へ捜しに行こう。向こうからその人間の叫び声は聞こえてきた。悪い獣《けもの》にそこで追い詰められているのかもしれない。

その人は、私の領土にいるのだ。わが領土で危害を加えられてほしくはない。そう、私のそばには、悪い獣がたくさんいるのだ」。——

この言葉を残して、ツァラトゥストラは出ていこうとした。すると、占い師は言った。

「おお、ツァラトゥストラ、あなたという人は、いかにもいたずら好きだ。

私には分かっている、あなたは、私を置いて逃げるつもりなのだ。森に入って悪い獣を追いかける方が、まだましだと思っているのだ。

しかし、それが何の役に立つのだ？　夕方になれば、またお目にかかることになるというのに。おたくの洞窟に、私はじっと坐っていよう。辛抱づよく、丸太のようにどっしりと——あなたの帰りを待っていよう」。

「ご自由にどうぞ」と、ツァラトゥストラは出かけ際に叫んだ。「この洞窟の中にある私のものは、あなたのものでもある、わが客人よ。

もし洞窟の中に蜜が見つかったら、それもよし、なめ尽くして結構だ。ブツクサ言う熊よ、あなたの魂を甘くしてやれ。夕方になれば、われわれはどちらも良いものを持ち合わせているだろうから。

——良いものが得られて、今日一日が終わったことを喜ぶことだろう。そしたらあなたには、私の歌に合わせて熊踊りでも踊ってもらいたいものだ。

そんなことは信じられないって？　首を振るのか。そうか、そうだろう、熊の爺さんよ、でも、私だって——占い師のはしくれなのだ」。

王たちとの対話

1

ツァラトゥストラは、彼の山と森の中に入って一時間も経たないうちに、道すがら、突如、奇妙な一行を目にした。彼が下りてゆこうとするまさにその道を、二人の王が歩いてきた。王冠をつけ真紅の帯をしめて着飾り、フラミンゴのように華やかな装いであった。荷物を背負ったロバを駆って、前を歩かせていた。「この王たちは、私の国で何をしようというのか」と、ツァラトゥストラは驚いて心の中でつぶやき、茂みのかげに素早く身を隠した。王たちが彼の近くまでやって来たとき、彼は独り言をつぶやく者のように、低い声でこう言った。「ヘンだ、ヘンだぞ、どうすればつじつまが合うのか。王は二人いるのに——、ロバは一頭しかいない！」

すると、二人の王は立ち止まり、微笑んで、声のするほうを見やり、それから顔を見合わせた。「ああいったことを考える者は、われわれのところにもいるものだ」と右側の王が言った。「しかし、それを口に出す者はいない」。

今度は、左側の王が肩をすくめて、こう応じた。[*7]「ヤギ飼いでもあるのだろう。あるいは、あまりにも長いこと岩や木のあいだで暮らした世捨て人かもしれない。人付き合いというものがなくなったら、礼儀作法もあったものではないからな」。

「礼儀作法だって？」と、もう一人の王が腹立たしげに苦々しく答えた。「われわれはいったい何から遁《のが》れてきたというのだ。その「礼儀作法」からではないのか。われわれの国の「上流社会」からではないのか。

そう、世捨て人やヤギ飼いのあいだで暮らすほうが、金メッキを塗りたくって偽装したわれわれの国の賤民どもと暮らすのに比べれば、まだましだ。——奴らは「上流社会」と自称しているが。

——「貴族」と自称しているが。だがそこでは、一切が虚偽であり腐敗している。真っ先に、血が虚偽であり腐敗している。昔ながらのたちの悪い病気のせいだし、もっとたちの悪い医術師のせいだ。

思うに、今日なお最も善良で最も愛すべき人間は、健康な農民だ。粗野で、抜け目なく、頑固で、こらえ性《しょう》がある。今日、農民こそ最も高貴な種族だ。

今日では、農民こそが最も善良な人間だ。そして、農民の種族こそ、主人になるべきだったのだ。だが、現にあるのは賤民の国だ。——私はもう騙されはしない。ところで、賤民とは、ごたまぜという意味だ。

賤民というごたまぜ。その中では、ありとあらゆるものがごっちゃに入り混じっている。聖者あり、ならず者あり、地方紳士《ユンカー》あり、ユダヤ人あり、ノアの箱舟から出てきたあらゆる動物ありだ。

礼儀作法だと！　われわれのところでは、一切は虚偽であり腐敗している。もはや誰も人を尊敬できない。そういう連中からわれわれはまさに逃げ出してきたのだ。奴らは甘ったるくて、出しゃばりな犬どもだ。勝利を称《たた》えるヤシの葉にすら金メッキをしている。われわれ王たち自身が虚偽になり下がったという、この吐き気が、私を窒息させる。先祖伝来の、華美ではあるが古くなって黄ばんだ衣装を身にまとい、いちばん愚鈍な奴ら、いちばん狡猾な奴ら、権力を商《あきな》い道具に暴利を貪《むさぼ》る今どきの奴らを一緒くたに褒め称えるメダルをぶら下げて喜んでいるありさまだ。

われわれは、ほんとうは第一人者ではない。――なのに、そういう人間だと思わせなければならない。この欺瞞にわれわれはもうさすがにうんざりし、吐き気がする。

われわれは、汚い奴らから遁れてきたのだ。喉《のど》を嗄《か》らして叫ぶ奴ら、物を書きなぐる奴ら、商人どもの放つ悪臭、名誉欲に駆られた悪あがき、むかつく臭いの息、これら一切からだ。――ああいやだ、汚い奴らのあいだで暮らすなんて。

――ああいやだ、汚い奴らのあいだで第一人者だと思わせなければならないなんて。ああ、吐き気、吐き気、吐き気！　われわれ王様が今さら何だというのだ」。――

「いつもの病気に襲われたのだな」と、ここで左側の王が言った。「吐き気に襲われたのだな、かわいそうな兄弟よ。ところで、われわれの話を誰かが立ち聞きしているらしい」。二人の会話を、目をこらし耳をそばだてて見聞きしていたツァラトゥストラは、隠れていた茂みからすぐさま姿を現わし、王たちに近づくと、こう語り始めた。

「王たちよ、あなたたちの話を聞いて嬉しく思った者、その名はツァラトゥストラだ。

私は、かつて「今さら王様が何だというのだ」と言い放ったツァラトゥストラだ。あなたたちが「われわれ王様が何だというのだ」と言い合ったとき、私が喜んだことを大目に見てほしい[*8]。

ところで、ここは私の国であり、私の領地だ。あなたたちは私の国で、何を探すおつもりなのか。どうやらあなたたちは、この私が探しているものを、道すがら、見つけたらしい。すなわち、高等な人間を」。

王たちは、このことを聞くと、胸をたたいて悔しがり、口を揃えてこう言った。「われわれは見破られた！

あなたは、剣のように鋭利な今の言葉で、われわれの胸中の濃い暗闇をバッサリ斬り捨てた。あなたは、われわれの悩みを暴露してしまった。まさにその通りだ。われわれが旅を続けているのは、高等な人間を見つけようとしてのことだ。――

――われわれは王ではあるが、そのわれわれよりも高次の、高等な人間を探している。その人のところへ、われわれはこのロバを連れていく。なぜなら、最高の人間こそが、地上における最高の主人でもあるべきだからだ。

地上で最も強大な権力者が、第一級の人間というわけではないことほど、およそ人類の運命の中でも苛酷きわまる不幸はない。その場合、一切が虚偽となり、歪んだものとなり、凄まじいものとなる。

まして、最も強大な権力者が、最低の者であり、人間というより獣だとしたら、賤民の価格は高騰し、ついには賤民の徳すら、「ほら、私だけが徳だ」と言い出す」。

「これは異《い》なことを聞いた」とツァラトゥストラは応じた。「王様にこんなに知恵があるとは！　聞き惚れるほどだ。そう、ここは一つ、歌でも作ってみたくなった。――

――誰の耳にも適している歌とは言えないだろうが。私が長い耳のことなど気にしなくなって、すでに久しい。よし、やってみよう」。

（するとこのとき、長い耳をしたロバすら言葉を口にするということが起こった。ロバは悪意をこめて、はっきり「あっそう《イーアー》」と口をきいたのである。）

むかしむかし――そう、たしか紀元の始まった年のこと――
巫女《みこ》が、酒も飲まずに酔っぱらって、こう言った。
「ああ、今の世の中に起こるのは、歪んだことばかり。
堕落だ、頽廃だ。世界がこんなに深く沈み込んだことはない。
ローマは娼婦になり下がり、娼婦小屋と化した。

ローマ皇帝は家畜になり下がり、神様も——ユダヤ人になった！」

2

ツァラトゥストラがこう歌うと、王たちはそれを聞いておもしろがった。そして右側の王は言った。「おお、ツァラトゥストラ、あなたに会うためにわれわれが出かけてきたのは、大成功だった。

それというのも、あなたの敵たちがあなたの姿を鏡に映して、われわれに見せたからだ。鏡に映ったあなたは、悪魔のゆがんだ顔をして、嘲《あざけ》り笑いを浮かべていた。だから、われわれはあなたのことが恐ろしくなった。*9

だが、そんなことが何になろう。あなたはあなたの箴言でわれわれの耳と心を幾度となくグサリと刺した。そこで、われわれはついに言った。ツァラトゥストラがどんな風に見えようと、それが何だというのだ、と。

われわれは彼の言葉を聞かなければならない。その教えはこうだ。「君たちが平和を愛するのなら、新たな戦争への手段として愛するのでなければならない。長期の平和よりも、むしろ短期の平和を愛するがいい」。

「善いとは何か。勇敢であることが、善いことなのだ。善い戦争はあらゆる目的を神聖にする」。*10 これほど好戦的な言葉を語った者は、かつて誰もいなかった。

おお、ツァラトゥストラ、こうした言葉を聞くと、われわれの体内で、われわれの父祖の血が騒ぎ出す。春の訪れを聞いた古い酒樽の中のワインがフツフツし始めるかのようだ。剣と剣とが交わされて、赤いまだらの蛇と蛇のように入り乱れるとき、われわれの父祖は生きがいを感じたものだ。彼らは、いかなる平和の太陽もかったるく生ぬるいと感じたし、長期の平和とは恥ずべきものであった。

われわれの父祖は、壁に掛かった剣がキラキラ血に飢《う》えて光っているのを見て、どんなに嘆息したことか。剣と同じく、彼らは戦《いくさ》に餓《かつ》えていた。なぜなら、剣は血を吸うことを欲し、欲望に疼《うず》いてきらめくからだ」――

――二人の王がこのように熱中して、彼らの父祖の幸福について滔々としゃべったとき、ツァラトゥストラは彼らの熱中ぶりを一寸《ちょっと》からかってみたくなった。というのも、目の前にいる彼らは、どう見ても平和を好む温厚な王であり、優雅な老紳士の顔つきをしていたからである。だが、ツァラトゥストラは気持ちを抑えてこう言った。「さあ、この道を行くがいい。その先にツァラトゥストラの洞窟がある。今晩はゆっくり過ごされるがいい。だが今は、助けを求める叫び声が聞こえるので、私は急いで失礼する。

王様に座って待っていてもらえるとすれば、わが洞窟にとって光栄というものだ。しかしもちろん、長いこと待っていてもらわなくてはならない。

いや、べつに何ということもない。今日、待つことを学ぼうとするなら、宮廷で教わるのが一番だ。王たちが今日なおそっくり保持している徳――その名は、待つことができること、ではないか」。

ツァラトゥストラはこう言った。

ヒル

ツァラトゥストラは、物思いに耽りながら、さらに山を下り、森を抜けて、沼のある湿地にさしかかった。重大な事柄を思案している人にありがちなように、彼はそこで、ついうっかり、ある人間を踏みつけてしまった。すると、おやおや、イタッという呻《うめ》き声一つ、呪いの言葉二つ、それに二十もの悪罵の言葉がいっぺんに湧き起こり、ツァラトゥストラの顔面にふりかかってきた。そこで彼もびっくりして、手にしていた杖を振り上げ、踏みつけた相手をさらに叩きのめした。しかし、まもなく彼は落ち着きを取り戻し、たった今やり散らかした自分の愚行を、心の底から笑った。

「許してくれ」と彼は相手に言った。踏みつけにされた相手は、憤慨して身を起こし、しゃがんでいた。「許してくれ、そして、何はともあれ、たとえを一つ聞いてくれ。はるか遠くのことを夢想してばかりいる一人の放浪者が、人寂しい街道で、日向《ひなた》ぼっこをして居眠りしている一匹の犬に、ついうっかりぶつかったとする。――その一人と一匹は、パッと飛び上がって、死ぬほど驚愕し、宿敵にめぐりあったかのように諍《いさか》い合う。それと同じことが、われわれにも起こったのだ。

しかし、しかし――、その犬とその孤独な男が愛し合うためには、ほんのわずかなものが足りなかっただけなのだ。なんといっても両者は――孤独なのだから！」

――「あなたが誰なのかは知らないが」と、踏みつけにされて相変わらず憤慨している男は言った。「あなたは私を、あなたの足で踏みつけにするばかりでなく、あなたのたとえでも踏みにじるのだな！

何たることだ、この私が犬だって？」――と言うと、しゃがんでいた男は、やおら起き上がり、むき出しの腕を沼から引き抜いた。というのも、彼は最初、手足を伸ばして地面に身を横たえて、沼に棲む野獣を待ち伏せする者のように、誰にも気づかれずに隠れひそんでいたからである。

「君はいったい何をしているのだ！」とツァラトゥストラは仰天して叫んだ。というのも、男のむき出しの腕を伝って大量の血が滴《したた》り落ちているのが見えたからである。――「君はどんな目に遭ったのだ？　かわいそうに、悪い獣にでも嚙まれたのか」。

血だらけの男は笑ったが、依然として怒りは収まっていなかった。「あなたには関係ない！」と彼は言い、立ち去ろうとした。「ここは私の家《うち》であり、私の領分だ。質問したければすればいい。だが、無礼者にやすやすと返答などしてやるものか」。

「君は間違っている」とツァラトゥストラは同情をこめて言い、男を引きとめた。「君は間違っている。ここは君の家ではなく、私の国だ。私の国では、誰にも危害が加えられてはならない。

呼びたければ、私のことを君がどう呼ぼうと構わないが――、私はあくまで私であり、私であらざるをえない。私は自分のことを、ツァラトゥストラと呼んでいる。

さあ、この道を行けば、その先にツァラトゥストラの洞窟がある。ここからそう遠くない。――わが家で、あなたの傷の手当てをしたらどうだ。

かわいそうに、君は人生でひどい目に遭った。まず、獣に嚙まれた。次に――人間に踏みつけられた！」――――

ところが、踏みつけられた男は、ツァラトゥストラの名前を聞くと、急に様子が変わった。「何という出来事だ！」と彼は大声で叫んだ。「人生で私の気に懸かるのは、この一個の人間、すなわちツァラトゥストラと、血を吸って生きるあの動物、ヒルだけだ。それ以外の誰が私の気に懸かるというのか。

ヒルのために、私はこの沼のほとりで、漁師のように身を横たえていた。私の垂らした腕に、ヒルはもう十回も嚙みついた。そこへもう一匹、もっとみごとなヒルが、私の血を求めて嚙みついた。ツァラトゥストラその人が、だ。

何たる幸福！　何たる奇遇！　私をこの沼に誘い込んでくれた今日《きょう》という日を讃えよう。今日《こんにち》生きている最も生き生きした最良の採血器を讃えよう。大いなる良心のヒル、ツァラトウストラを讃えよう！」——

踏みつけられた男はこう言った。ツァラトゥストラは、彼の言葉と、その上品で畏敬あふれる調子を喜んだ。「君は誰かね？」とツァラトゥストラは尋ね、手を差し出した。「君と私の間には、まだ晴れ晴れと解明されてはいない多くの闇がある。だがもう、晴れわたった日の光が射してきたようだ」。

「私は、知的良心の保持者だ」と尋ねられた男は答えた。「知的な事柄で、私以上に厳密で、細密で、苛酷な者はそうザラにいない。私がそれを学んだ教師、ツァラトゥストラその人を除いては。

多くのことを中途半端に知るくらいなら、何も知らないほうがましだ。他人の見解に従って賢者であるくらいなら、自分の責任で阿呆であるほうがましだ。私は——根底にまで突き進む者だ。

——その根底が、偉大であろうと卑小であろうと、それが何だというのだ。根底が沼と呼ばれようと天と呼ばれようと、何だというのだ。手のひらほどの広さの根底があれば、私には十分だ。それが本当に根底であり土台でありさえすれば。

——手のひらほどの広さの根底。その上になら、われわれは立脚することができる。知的良心に貫かれた真の学問には、偉大なものとか卑小なものとかは存在しない」。

「だとすると、君はおそらく、ヒルの研究者なのだね？」とツァラトゥストラは尋ねた。

「それで君は、ヒルをその究極の根底まで、とことん研究しようとしているのだね、良心の保持者よ」。

「おお、ツァラトゥストラ」と踏みつけられた男は答えた。「そんな大それたことは滅相もない。そんな向こう見ずなことが、どうして私にできようか。

私の専門研究分野は、ヒルの脳髄だ。——これぞ私の世界なのだ。

そして、それもまたれっきとした世界にほかならない。いや、つい自慢めいた言葉を述べてしまった。許してほしい。なにしろ、この分野で私に匹敵する者は誰もいない。だから私はさっき、「ここは私の家だ」と言ったのだ。

私はもう、何と長いあいだ、このただ一つのこと、ヒルの脳髄を研究していることだろうか。ヌルヌルして摑みどころのない真理を、もはやここでスルリと取り逃がすまいと思って、だ。ここは私の国なのだ。

——そのために、私は他の一切を投げ捨てた。そのために、他の一切はどうでもいいものになった。それで、私の知の隣には、私の暗黒の無知が、分厚い層をなして横たわっている。

私の知的良心が私に求めるがままに、私はただ一つのことだけを知り、他の一切を何も知らない。中途半端な知性、モヤモヤぼやかす連中、フワフワ漂う連中、熱狂して心酔する連中には、どいつもこいつも吐き気を催す。

私の誠実さが尽きるところでは、私は盲目だし、また盲目でありたいと思う。だが、私が知りたいと思うところでは、正直でありたいとも思う。すなわち苛酷、厳密、細密、残酷、冷酷でありたい。

おお、ツァラトゥストラ、あなたがかつて、「精神とは、みずからの生命《いのち》に斬り込む生命のことだ[*11]」と語ったために、私は誘惑されて、あなたの教えに導かれた。そして、そう、私は自分の血で、自分自身の知を増大させたのだ！」

――「それは一見して明らかだ」とツァラトゥストラは口を挟んだ。じっさい、良心の保持者のむき出しの腕を見ると、依然として血が滴《したた》り落ちていた。なぜなら、彼の腕にはヒルが十四、噛みついていたからである。

「おお、風変わりな仲間よ、一見して明らかなこの実地検証、つまり君自身が、何と多くのことを私に教えてくれることか。しかし、私としては、そのすべてを君の厳密な耳に注ぎ込もうとするには及ばないだろう。

さあ、ここで別れよう。またお目にかかれることを楽しみにしている。この道をあちらへ登っていくと私の洞窟がある。今夜はぜひそこで私のお客さんになってもらいたい。

君の身体《からだ》の手当ても、もう一度させてもらいたい。ツァラトゥストラが君の足を踏んづけたことの埋め合わせをしたいからだ。それについてはよく考えておこう。今はしかし、助けを求めて叫ぶ声が、私を呼んでいる。急がないと。さらばだ」。

ツァラトゥストラはこう言った。

魔術師

1

　ツァラトゥストラがある岩かどを曲がったとき、同じ道のさほど遠くないうしろのほうに、一人の人間の姿が見えた。その男は、狂ったように取り乱して手足をバタバタさせたかと思うと、地面に突っ伏して倒れた。「止まれ」と、ツァラトゥストラは自分の心に言った。「あそこにいるのは、きっと高等な人間にちがいない。助けを求めてあのひどい叫び声を上げた男だ。――助けが必要かどうか見に行ってみよう」。だが、その男が倒れているところにツァラトゥストラが駈け寄ってみると、そこにいたのは一人の老人で、身体《からだ》はブルブルふるえ、目はすわっていた。ツァラトゥストラが一生懸命に彼を助け起こして、ふたたび自分の足で立たせようと試みても、むだであった。その哀れな男は、誰かに介抱されていることにさえ気づいていないかのようであった。むしろ、お涙ちょうだい式の身ぶりであたりをしきりに見回すその姿は、まるで全世界から見捨てられた独りぼっちの人間のようであった。だが、ブルブルふるえたりピクピク動いたり身をよじったりさんざんしたあげく、しまいには次の嘆きの歌を歌い始めた。*12

誰が私を暖めてくれるのか、誰が私をまだ愛してくれるのか？
熱い手を差しのべてくれ！
心を火照《ほて》らせる炭火桶がほしい！
倒れ込み、身ぶるいして、
死にかけた人のように、足を暖めてもらいたい――
未知の熱病にやられて、ああ、ガタガタふるえ、
氷柱《つらら》のような悪寒に突き刺されて、ブルブルふるえ、
おまえに狩り立てられてきた、思想よ！
名状しがたい者、身を隠している者、戦慄すべき者よ！
おまえは、雲の背後にひそむ狩人だ！
暗闇から私を見つめる嘲笑の眼よ、
おまえに稲妻を打ち落とされて、
――私は転がり、
身をくねらせ、よじらせ、もだえる、
ありとあらゆる永遠の責め苦に。
射抜かれた、

おまえに、だ、残酷このうえない狩人よ、
おまえは、未知の――神だ！

もっと深く射抜いてくれ、
もう一回、射抜いてくれ！
この心臓を刺し貫き、突き破ってくれ！
わざと鈍《にぶ》い矢じりでいたぶる
この責め苦に何の意味がある？
なぜおまえはまたも見つめる？
人間の苦悶をよく飽きもせずに、
人の不幸を見て喜ぶ神々しい稲妻の眼で。
おまえは殺す気などなく、
拷問で責め苛《さいな》みたいという、ただそれだけなのか？
何のために――この私を責め苛むのか？
おまえ、人の不幸を見て喜ぶ、未知の神よ――

ほほう、おまえは忍び寄ってくるのだな？
こんな真夜中に

何が欲しいのだ？　言え！
おまえは近寄ってきて、私を圧迫する――
あっ、もうこんなに近くに来た！
あっちへ行け！
おまえは私の息づかいを聞き、
私の心臓に耳を当てて聞き入る。
妬み深いおまえよ――
それにしても何を妬んでいるのだ？
あっちへ行け、そのはしごは何のためだ？
い、い、い、
おまえは入り込もうというのか？
心の中へ、
降りようとするのか、私の最もひそかな
思想に、降り下《くだ》ろうというのか？
恥知らずめ！　未知の――盗人め！
おまえは私から何を盗み取ろうというのか。
おまえは私から何を聞き取ろうというのか。
私を拷問にかけて何を言わせようというのか。
おまえは拷問執行人だ！

おまえは——死刑執行役の神だ！
それとも、犬のように、
おまえのまえで転げ回れと、私に言うのか？
我を忘れて感激し、身を捧げて、
おまえに——尻尾を振って愛情を示せというのか？

むだなことだ！　もっと刺すがいい。
残酷このうえない棘《とげ》よ。　いや違う、
私は犬ではなく——おまえの猟獣にすぎない、
残酷このうえない狩人よ！
おまえの最も誇り高い捕虜だ、
雲の背後にひそむ強盗よ！
いい加減に言ってくれ。
追剝《おいはぎ》め、おまえは何が欲しいのだ？　この私から。
稲妻に隠れひそむ者よ！　未知の者よ！　言え、
おまえは何が欲しいのだ？　未知の神よ————

えっ？　身代金だって？

どれだけの身代金が欲しいのか？
たくさん要求するがいい――そう勧めるのは、私の誇りだ！
手短に言うがいい――そう勧めるのは、私のもう一つの誇りだ！

ほほう[*13]！
私を――おまえは欲しいのか？　この私を？
私を――そっくり？

ほほう！
しかも、私を責め苛むというのか、おまえは阿呆だな。
私の誇りを責め苛んで滅ぼすというのか？
私に愛情を与えてくれ――誰が私をまだ暖めてくれるのか？
誰が私をまだ愛してくれるのか？――熱い手を差しのべてくれ。
心を火照らせる炭火桶がほしい。
与えてくれ、最も孤独なこの私に。
氷は、ああ！　七重に凍りついた氷は、
敵にすら
恋いこがれることを、私に教えてくれる。

与えてくれ、いや、委ねてくれ。
残酷このうえない敵よ、
私に――おまえを！――

逃げた！
彼自身が逃げ出した。
私の最後のたった一人の仲間、
私の大いなる敵、
私の未知の者、
死刑執行役の私の神！――

――いや、だめだ！　戻ってきてくれ、
おまえのあらゆる拷問と一緒に！
すべての孤独な者のうちの最後の者のために。
おお、戻ってきてくれ！
私の涙という涙がこみ上げて河となり、
おまえのところに流れつくのだ！
そして、私の最後の心の炎は――

おまえに向かって燃え上がるのだ！
おお、戻ってきてくれ、
私の未知の神よ！　私の苦痛よ！　私の最後の――
幸福よ！

2

――だが、ここでツァラトゥストラは、これ以上我慢ができなくなり、杖を取って、嘆きの歌を歌う老人を力のかぎり打ちすえた。「やめろ！」とツァラトゥストラは、笑いながらも怒りをこめて叫んだ。「やめろ、俳優め。贋金作りめ。根っからのウソつきめ。私には、あなたのことはお見通しだ。

あなたの足を暖めてやろう。ろくでなしの魔術師よ。あなたのような人間の扱い方なら、私は心得ている。――火のつけ方を、だ」。

「やめてくれ！」と老人は言い、地面から飛び起きた。「もう打たないでくれ、おお、ツァラトゥストラ。私はほんの遊びのつもりでやっただけなのだ。

これも私の芸のうちなのだ。私は自分で試しに演じてみて、あなた自身を試そうとしたのだ。しかし、そう、あなたは私のことをみごとに見破った。

ところで、あなたが――私に試しに見せてくれたものも、相当なものだ。あなたは冷酷だ、賢者ツァラトゥストラよ。あなたはあなたの「真実」で、冷酷な殴り方をする。あなたが棍棒で私から強奪したものこそ——この真実、私の今の告白なのだ」。

——「へつらうな！」とツァラトゥストラは、まだ興奮さめやらず、暗い目付きをして答えた。「根っからの俳優よ。あなたは偽りだ。あなたの語ることのどこに——真実があるというのだ。

あなたは、孔雀《くじゃく》の中の孔雀だ。虚栄の海だ。私の前であなたは何を演じてみせたというのだ、ろくでなしの魔術師よ。あんな恰好であなたが嘆きの歌を歌ったとき、私は、何者だと思って聞けばよかったというのだ？」

「知的贖罪者だ」[*14]と老人は言った。「それだ——私が演じたのは。この言葉をかつて発明したのは、あなた自身だ。——

——知性の刃《やいば》をついに自分自身に向けるようになった詩人にして魔術師だ。あげくに豹変《ひょうへん》して、自分の邪《よこしま》な知識と疚《やま》しい良心にやられて凍死しかかっている者だ。

だが、これだけは認めるがいい。おお、ツァラトゥストラ、あなたが私の演技とウソを見抜くまでには、だいぶかかったことを、だ。あなたは、私の頭を両手で支えていたとき、私が本当に苦しんでいると信じていた。——

——私は、あなたがこう嘆くのを聞いた。「この男は愛情にあまりに恵まれなかったのだ、かわいそうに」と。あなたをそこまでだますことができたと、私の悪意は心の中で小躍りして喜んだ」。

「あなたは、私より繊細な人間もだましてきたのだろう」と、ツァラトゥストラは冷酷に言った。「私は、だます者に用心などしていない。用心してはならない、と私の運命がそう欲するからだ。

だが、あなたは——だまさないわけにはいかない。そのくらいは、私にはあなたのことが分かっている。あなたはいつも曖昧にぼかしておかないわけにはいかない。二義的どころか、三義的、四義的、五義的でなければならないのだ。あなたの今の告白にしたって、真でないのか偽でないのか、いつまでも知れやしない。

ろくでなしの魔術師よ、あなたはほかにどうしようもないのだ。あなたが裸になって医者に診てもらうときでも、あなたは自分の病気に化粧を塗りたくるのだろう。

あなたがさっき「私はほんの遊びのつもりでやっただけなのだ」と言ったときも、あなたは私の前で自分のウソに化粧を塗りたくっていた。だが、そこには真面目さもあった。あなたも現にいくらかは知的贖罪者であるわけだ。

私にはあなたの魂胆がお見通しだ。あなたは魔術で万人を魅了する存在になったが、自分自身に対してはウソもたくらみも尽きてしまった。——あなたは自分には魔術が効かないのだ。

あなたが勝ちとったものは、吐き気だけだ。それが、あなたのたった一つの真実なのだ。あなたの言葉に本物は何一つないが、あなたの口は、つまりあなたの口にへばりついている吐き気だけは、本物だ」。——

だ。――「あなたはいったい何様だというのだ！」と、ここで老魔術師は反抗的な声で叫んだ。「この私という、今日生きている者のうちで最も偉大な人間に向かって、誰がそんな口のきき方をしてよいというのだ？」――彼の眼から、一条の緑の稲妻がツァラトゥストラに向かって放たれた。だが、たちまち魔術師は様子を一変させ、悲しげにこう言った。

「おお、ツァラトゥストラ、私は疲れた。自分の演技に吐き気がする。私は偉大ではない。どうして私は自分を取り繕っているのだろう。それは、あなたも知っての通り――私が偉大さを求めたからだ。

私は偉大な人間を演じようとし、多くの人びとにそう思い込ませた。しかし、このウソは私の力を越えていた。そのウソで私は破滅する。

おお、ツァラトゥストラ、私のやっていることはウソだらけだ。だが、私が破滅すること――この私の破滅だけは、本物だ」。――

「それは見上げたものだ」と、ツァラトゥストラは暗澹として伏目がちに脇を向いて言った。「あなたが偉大さを求めたのは、見上げたものだ。だが、それであなたの正体もばれる。あなたは偉大ではない。

ろくでなしの老魔術師よ、あなたが自分自身に飽き飽きして、「私は偉大ではない」と口に出して言ったことは、あなたの最善の点、最も正直なところだし、私があなたを尊敬する点だ。

その点では私はあなたを尊敬するし、知的贖罪者だと認める。たとえそれがほんの刹那《せつな》のことだったとしても、その一瞬だけでもあなたは——本物だった。

ところで、言ってくれ、あなたはこの私の森と岩のなかで、何を捜しているのか。あなたが私の行く道をさえぎったのは、私の何を試みようとしたのか。——

——どうしてこの私を試したのか」。——ツァラトゥストラはこう言った。彼の眼はキラッと光った。老魔術師は、しばらく押し黙っていたが、やがてこう言った。「この私があなたを試したって？　私は——捜しているだけだ。

おお、ツァラトゥストラ、私が捜しているのは、正真正銘の人、単純明快な人、あらゆる正直さをそなえた人間、知恵の器《うつわ》、認識の聖者、偉大な人間だ。

あなたは本当に知らないのか。おお、ツァラトゥストラ、私が捜しているのはツァラトゥストラだ」。

——ここで、長い沈黙が二人の間に生じた。ツァラトゥストラは、自分自身のうちに深く沈潜した。そして彼は目を閉じた。しかし、話し相手のところに再び戻ってくると、魔術師の手を摑んで、礼儀正しさと悪だくみをたっぷりこめて、こう言った。

「さあ、この道を登っていくと、ツァラトゥストラの洞窟がある。あなたが見つけたいと思っている者を、その中で捜すのもよいだろう。

私の動物たち、鷲と蛇に相談してみればいい。彼らは、あなたが捜すのを手伝ってくれるはずだ。私の洞窟は大きいから、偉大な人間だっているかもしれない。

もちろん、私自身は——偉大な人間にまだお目にかかったことがない。何が偉大なのかを見分けるには、現代最も繊細な者たちの眼ですら粗雑すぎる。現代は賤民の国なのだ。

背伸びをし、腹を膨《ふく》らませて威張っている人間なら、おおぜい見てきた。民衆はこう叫んだ。「ほらごらん、偉大な人間がいる！」と。だが、ふいごをいくら使って腹を膨らませても、何の役にも立たない。しまいには、空気は抜けてしまうものだ。

いつまでも虚勢を張って膨らみ続けるカエルは、しまいには破裂する。空気は抜けてしまう。膨らんだカエルの腹を針で刺すのは、退屈しのぎにはなかなか愉快だ。少年たちよ、聞いておくがいい。

現代は賤民の時代だ。何が偉大で、何が卑小かを、そんな時代に誰が知ろう。運よく偉大さを捜し当てるのは誰か。阿呆だけだ。阿呆は運がいい。

奇妙な阿呆よ、あなたは偉大な人間を捜しているのか。誰があなたにそれを教えたのか。現代はそれにふさわしい時代だろうか。おお、ろくでなしの探究者よ、どうやって——あなたが私を試すというのか」。——

ツァラトゥストラはこう言った。彼の心は元気を取り戻した。彼は笑いながら自分の道をさらに進んで行った。

失業[*15]

　ところが、ツァラトゥストラが魔術師と別れたあと、ほどなくして、またもや彼の行く道に、誰かが腰を下ろしているのが見えた。それは黒い服を着た長身の男で、顔は痩せこけて青白かった。その男を見て、ツァラトゥストラはものすごく苛立った。「やれやれ」とツァラトゥストラは独り呟いた。「あそこに悲哀が喪服に身を包んで坐っている。どうやら司祭のたぐいに見える。そんな奴らが私の国に何しに来たのだ？　とほほ。あの魔術師から逃れてきたと思ったら、その矢先にまたもや別の妖術師に出くわすはめになるとは。――

――按手礼《あんしゅれい》を施す、どこぞの魔法使い、神のご加護を受けた怪しげな奇蹟施術者、聖油を塗られた現世誹謗者だ。悪魔にさらわれるがいい！

　とはいえ悪魔は、現われてほしいときには現われてくれないものだ。来るときでも、いつも来るのが遅すぎる。あのいまいましい小びと、足の曲がった悪魔め！」――

　ツァラトゥストラは、心の中でイライラして、こう悪態をついた。そして、黒衣の男から目をそむけたまま、傍らをそっと通り過ぎようとした。しかし、そうは問屋が卸さなかった。なぜなら、同じ瞬間に、坐っていた男はもうツァラトゥストラを目にしていたからである。彼は、思いがけない幸運にめぐり会った人に似ていなくもない様子で飛び上がり、ツァラトゥストラめがけて駈け寄ってきた。

「どなたかは知らないが、道行く人よ」と彼は言った。「人を捜して道に迷い、今にも危ない目に遭いそうな、一介の老人を助けてくれ。

このあたりは、私にはなじみのない人里離れたところだ。野獣の唸《うな》り声も聞こえてくる。私を護ってくれるはずだった人も、もう亡くなっていた。

私が捜していた人は、最後の敬虔な人間だった。世捨て人の聖者で、森の中に一人住んで、今どき世の中の誰でも知っていることを、何一つ耳にしたことのない人だった[*16]。

「今どき世の中の誰でも知っていることとは、何のことだ?」とツァラトゥストラは尋ねた。「たとえば、かつて世の中の誰もが信じていた古い神が、もはや生きていないということか」。

「その通りだ」と、老人は悲しげに答えた。「じつは私は、その古い神が最後の時を迎えるまで、神に仕えた者だ。

主人を喪った今となっては、私はお役御免となった。さりとて自由になったわけでもない。思い出に浸る以外に、楽しい時はもうなくなってしまった。

だから私は、この山を登って来たのだ。老いた法王、教会の父たるにふさわしい典礼を、ここでなら、もう一度挙げられると思ったからだ。というのも、私こそ、最後の法王にほかならないからだ。――神を追悼する敬虔な礼拝式典を挙げようとやって来たのだ。

ところが、あの人も死んでいた。最も敬虔な人間、たえず神を讃えて、歌ったり唱えたりしていた、かの森の聖者も。

彼の庵《いおり》を見つけたとき、彼の姿はもう見当たらなかった。――そこにいた二匹の狼が、彼の死を悼んで吠えていた。――動物たちはみな彼のことを愛していたからだ。そこで私はその場を立ち去った。

だとすると、私がこの森と山にやって来たのはムダだったのか。そこで私は心の中で決心した。別の人を捜そう、およそ神を信じないすべての人の中で最も敬虔な人――ツァラトゥストラを捜そう、と！」

白髪の老人はこう言い、自分の前に立っている者を鋭い目付きで見つめた。ツァラトゥストラは、老法王の手を摑んで、感嘆しながらその手をしげしげと眺めた。

「尊い方よ、ほら」と、そのとき彼は言った。「なんと美しい、すらっとした手だろう。これは、いつも祝福を分かち与えてきた人の手だ。だが今はその手が、あなたの捜している相手をしかと摑んでいる。この私、ツァラトゥストラを。

私こそ、神を失くしたツァラトゥストラだ。「私以上に、神を失くした者がいるだろうか。いたら、その指導を喜んで受けてやろう！」と言ってのけた者だ」。――

ツァラトゥストラはこう言って、老法王の思想と、その背後にある思想を、穴の開《あ》くほど覗き込んだ。ついに老法王は語り始めた。

「神のことを一番愛し、所持していたはずの者が、今となっては、神を一番失うことにもなろうとは。——

——ほら、われわれ二人の中で、今では、むしろ私のほうが、いっそう神を失くした者になったらしい。しかし、だからといって誰が嬉しく思えるものか！」——

——「あなたが最後まで神に仕えていた方なら」と、長い沈黙のあとツァラトゥストラは考え深げに尋ねた。「神がどのように死んだか、ご存じなのでは？　同情が神の息の根を止めたという話は、本当なのか。

——神は、かの人間が十字架にかけられたさまを見て、それに耐えられず、人間への愛が彼の地獄となり、ついには彼の死を招いた、と言われているが？」——

だが、老いた法王はこれには答えず、苦しそうな暗い表情を浮かべて、おずおずと目を脇に逸らした。

「彼が逝くのは放っておくことだ」とツァラトゥストラは、長らく物思いに耽ったのち、老人の目を相変わらずまっすぐ見つめながら言った。

「彼が逝くのは放っておくことだ。彼はもういないのだから。あなたがこの死者について良いことしか言わないのは見上げたものだが、彼が何者であったかを、あなたは私と同じくらいよく知っている。彼の歩んだ道が奇妙なものだったことも」。

「われら三つ目の間での内緒の話だが」と老法王は、やや明るくなった声で言った（というのも、彼の片目は見えなかったから）。「神のことにかけては、ツァラトゥストラその人より、この私のほうが明るい——そして、それでよいのだ。

私は愛情を尽くして、長い年月、神に仕えてきた。私の意志は、彼のどんな意志にも従ってきた。しかし、よい召使は何だって知っている。主人が自分自身に隠していることさえ、あれもこれも知っているものだ。

彼は、隠れたる神だった。つまり秘密がたくさんあった。そう、一人息子を産ませたときですら、ほかでもない、人目を忍ぶ道をこっそり通った。彼の信仰の門戸には、姦通と記されている。

彼を愛の神として讃える者は、愛そのものを十分尊重しているとは言えない。この神は、審判者でもあろうとしたではないか。だが、愛する者なら、報酬や報復の彼岸で、ひたすら愛するはずだ。

彼、東方から来たこの神が、まだ若かったときは、冷酷で、復讐心が強かった。そして、お気に入りの者たちを嬉しがらせるために、地獄をこしらえた。

だが、彼もついに年を取り、心弱くなり、意気地をなくし、同情深くなった。父親らしくというより、祖父らしくなった。むしろ、よぼよぼの祖母に一番似てきた。

やつれて、暖炉の隅に腰かけ、脚がだめになったとこぼした。この世に倦《う》み、意欲も衰えた。そして、ある日、同情の大きなかたまりが喉《のど》につかえて死んだ[*17]。――

「老いた法王よ」と、ツァラトゥストラはここで口を挟んだ。「あなたはそれを目で見たのか。そういう成り行きだったかもしれない。その通りだったが、それでいてまた別の仕方だったかもしれない。神々が死ぬときは、いつもさまざまな死に方をするものだからだ。

だが、もういい。かくかくだろうと、しかじかだろうと――彼はもういないのだ。彼は私の耳と目の趣味に反していた。彼のことを、それ以上ひどく言いたくはない。

澄んだ目で見つめ、正直に語るすべての者たちを、私は愛する。だが、彼は――あなたもよくご存じの通り、老司祭よ、彼には、あなたのやり方、つまり司祭のやり方に似たところがあった。――彼には、どうとでも解せる曖昧なところがあった。

彼はまた、不明確で判然としなかった。われわれが彼のことを理解するのが下手だからといって、どうして彼はわれわれに腹を立てたのだろうか、鼻息荒い怒りんぼめ。だったら、なぜもっと明瞭に語らなかったのだ？

それに、われわれの耳のせいだというのなら、彼の言うことをうまく聞きとれない耳を、なぜ彼はわれわれに与えたのだ？　われわれの耳に泥が詰まっているというのなら、よし、誰がその泥を詰め込んだのだ？

この陶器職人は、まだ修業が足りなかったから、失敗作をたくさん作りすぎたのだ。だが、陶器やら被造物やらを自分がうまく作れなかったからといって、自分でこしらえたものに復讐するのは――、良き趣味に反する罪というものだ。

敬虔さにも、趣味の良し悪しというものはある。良き趣味なら、堪忍袋の緒が切れて、こう言い放つだろう。「趣味に反するそんな神は、もう要らない。むしろ神などいないほうがいい。自力で運命を切り開くほうがいい。阿呆でいたほうがいい。いっそ自分で神になったほうがいい！」と」。

——「何ということを私は耳にすることか」と、ここで老法王は耳をそばだてて言った。「おお、ツァラトゥストラ、あなたは、不信仰でありながら、あなた自身が思っているより敬虔な人間だ。あなたの内なる神のごときものが、あなたをして改宗させて、神を失くした者にしたのだ。

あなたがもはや神というものを信じられなくなったのは、あなたの敬虔さ自体のゆえではないのか。あなたのありあまるほど大いなる正直さが、あなたを善悪の彼岸へと連れ去ることにもなるだろう！

ごらんなさい、あなたにまだ何が備わっているかを。あなたの持っている目と手と口は、祝福をさずけるように、永遠の昔から予定されている。祝福をさずけるのは、なにも手だけではない。

あなたがいくら神を一番失くした者であろうとしても、あなたに近づくと、末永き祝福のかぐわしい聖なる香りがひそかに漂っているのを、私は嗅ぎつける。私は、それが嬉しいと同時に悲しい。

おお、ツァラトゥストラ、たった一晩でいい、あなたの客として私を迎えてほしい。この地上で、あなたのところほど、今の私にとって心地よい場所はない！」——

「アーメン、その通りにしよう」とツァラトゥストラは大いにいぶかしみながら言った。「この道を登ってゆくと、そこにツァラトゥストラの洞窟がある。

尊い方よ、本当なら、私は自分であなたをそこまで喜んでお連れしたい。私はすべての敬虔な人間を愛するからだ。しかし今は、助けを求めて叫ぶ声がする。急がなくては。さらばだ。

私の国では、誰も危害が加えられてはならない。私の洞窟は、良港のようなものだ。悲しむ者は誰でも、どっしりした大地にふたたび立ち、自分の足で立つようになってほしいと、そう願ってやまない。

とはいえ、あなたの憂鬱を肩から取り除いてやることが、誰にできようか。私にはそれだけの力がない。誰かがあなたの神をふたたび目覚めさせるまで、そう、われわれは長いこと待ちたいと思う。

なぜなら、この古い神は、もはや生きていないのだから。神は死んだ、徹底的に」。——

ツァラトゥストラはこう言った。

最も醜い人間

——そして、ツァラトゥストラの足はふたたび山と森を歩き回り、彼の目は捜しに捜した。しかし、彼が目にしたいと思っていたその人、大いなる苦悩者、助けを求めて叫ぶ者は、どこにも見つからなかった。だが、道を歩いている間じゅう、彼は心中、欣喜雀躍《きんきじゃくやく》し、感謝の思いに満たされていた。「何という上等の贈り物を」と彼は言った、「今日という日は、私にさずけてくれたことだろう。今日の出だしがろくでもなかったそのお返しに、だ。何という珍妙な話し相手が見つかったことだろう！

この言葉を、上等の穀粒《こくりゅう》を味わうように、ゆっくり噛んで味わうことにしよう。私の歯が、その言葉を細かく挽《ひ》いて、すり潰し、それがミルクのように私の魂に流れ込むようになるまで！」――

だが、道がふたたび、ある岩かどを曲がったとき、風景は突如、一変した。ツァラトゥストラは、死の国に足を踏み入れたのだ。そこには、赤黒い断崖が高くそびえ立っていた。草も木も生えておらず、鳥の声も聞こえなかった。そこは、どんな動物も避け、猛獣さえもが近づこうとしない谷だった。太い緑色の醜いヘビの種類だけが、年老いると、死ぬために、ここにやって来る。それゆえ、牧人《まきびと》たちは、この谷を「ヘビの死」と呼んでいた。

ツァラトゥストラは、ある黒々とした思い出に沈んだ。というのも、彼はすでに一度この谷に立ち入ったことがあるような気がしたからである。そして、多くの重いものが彼の心にのしかかってきた。そのため、彼の足どりは遅くなり、ますます遅くなり、ついには立ち止まった。彼が目を見開いて眺めると、そこに、何かが道にうずくまっているのが見えた。人間のような姿をしているが、人間とは思えない、何か名状しがたいものであった。ツァラトゥストラは突然、その何物かを目撃してしまったことで、大いなる羞恥に襲われた。白髪の付け根まで顔を赤らめて、彼は目をそむけて、抜き足差し足で、このろくでもない場所を立ち去ろうとした。すると、殺伐とした死の国は、声を発した。その声は地から湧き起こり、ゴボゴボ喉を鳴らして、ゼイゼイ喘《あえ》ぐように響き渡った。夜更けに水道管が詰まって、水がゴボゴボ鳴って、ゼイゼイ喘ぐような音だった。それがついに、人間の声になり、人間の言葉になった。――その言葉は、こう聞こえた。

「ツァラトゥストラ、ツァラトゥストラ、私の謎々を解いてみよ！　言うがよい、言うがよい！　目撃者への復讐とは何か？

私は、あなたをおびき寄せ、引きとめる。ここは、すべる氷の上だ。あなたの誇りがここで脚を折らないように、よくよく気をつけるがいい。

あなたは、自分のことを賢いと思っている、誇り高きツァラトゥストラよ。ならば、この謎を解いてみよ、苛酷な胡桃割り、謎解き屋のあなたよ！――その謎こそは、この私にほかならない。ならば、言うがよい、この私が誰なのかを！」

――だが、ツァラトゥストラがこの言葉を聞いたとき、――彼の魂に何が起こったか、君たちは信じられるだろうか。同情が彼に襲いかかったのだ。彼は突如として崩れ落ちた。多くの木こりたちの長らくの攻勢に抵抗してきたカシの巨木が倒れるように――伐り倒そうとしていた者たちすら驚くほど、重々しく、突然に。[*18]だが、彼は早くも身を起こして、また立ち上がった。彼の顔つきは険しくなっていた。

「私には、あなたが誰かよく分かっている」と、彼は青銅のように硬質の声で言った。「あなたは神の殺害者だ。私をもう行かせてくれ。あなたは、あなたを見た者に我慢がならなかった、――いつもあなたのことを底の底まで見抜いた者を、だ、最も醜い人間よ。あなたはこの目撃者に復讐したのだ」。

ツァラトゥストラは、こう言って立ち去ろうとした。だが、この名状しがたい者は、彼の服の裾《すそ》を摑んで、ふたたびゴボゴボ喉を鳴らして言葉を捜し始めた。「行かないでくれ！」と、ついに彼は言った。――

――行かないでくれ。通り過ぎないでくれ。あなたを大地に打ち倒した斧《おの》が何であったか、私にはお見通しだ。ああよかった、ツァラトゥストラ、あなたがまた立ち上がれて。

私にはよく分かっている、あなたは、彼を殺した者――神の殺害者がどんな気持ちでいるか、お見通しだと。行かないでくれ。私のそばに腰をおろしてくれ。そうするのはムダではない。

あなたのところでなかったら、私は誰のところに行けばいいのか。ここにいてくれ。坐ってくれ。しかし私を見つめないでくれ。そうすることで尊重してくれ――私の醜さを。

彼らは私を追跡し、迫害する〔verfolgen〕。今となっては、あなたは私の最後の避難所だ。迫害すると言っても、憎しみからではない。追っ手を差し向けてでもない。――そういった迫害なら、私は嘲笑してやるだろうし、それを誇りとし、楽しんでやるだろう。

これまでのすべての成功〔Erfolg〕は、あっぱれに追跡され迫害された者たちへの贈り物ではなかったか。それに、あっぱれに迫害し追跡する者は、追随する〔folgen〕ことを覚えるのも早い。――なにしろ、迫害とは――うしろからついてゆくことだからだ。ところで、彼らの同情こそ、――

――彼らの同情こそ、そこから私が逃げ回り、あなたのところに避難するはめになった当のゆえんにほかならない。おお、ツァラトゥストラ、私を護ってくれ。あなたは私の最後の避難所だ。あなただけが、私のことを見抜いてくれた。

――彼を殺した者がどんな気持ちかを、あなたは見抜いてくれた。行かないでくれ。あなたがどうしても行きたいというのなら、じれったがり屋の人よ、私がやって来た道は通らないことだ。この道は、ろくでもない道だから。

あなたは怒ったのか。私がえんえんと語り、しどろもどろにしゃべっているからか。あなたにもう忠告したからか。だが、分かってほしい、私は最も醜い人間なのだ。

――私は、最も大きな、最も重い足も持っている。この私の行くところ、その道はろくでもなくなる。私はどんな道でも踏み殺し、踏み汚《けが》してしまう。

あなたが私のそばを黙って通り過ぎようとしたこと、顔を赤らめたことを、私はたしかに見た。それで私は、あなたがツァラトゥストラだと分かった。

誰かほかの人なら、施し物でも投げてよこしたことだろう。目にも言葉にも同情を浮かべて。だが、それを受けるほど――私は乞食ではない。あなたはお見通しだ。――

――それを受けるには、私はあまりにも豊かだ。大いなるもの、恐るべきもの、最も醜いもの、最も名状しがたいものを、豊かに持ち合わせているからだ。あなたの羞恥は、おお、ツァラトゥストラ、私を尊重してくれたのだ。

やっとの思いで私は、群がり集まる同情者たちから脱出してきた。――「同情はずうずうしい」と今日説く、唯一の人を見つけるために――ツァラトゥストラ、あなたを、だ。――神の同情にせよ、人間の同情にせよ、同情は、恥知らずだ。助けようとしないことのほうが、すぐ飛んで行って助ける同情の美徳よりも、高貴でありうるのだ。

だが今日では、これが、つまり同情が、あらゆるちっぽけな人間たちのもとでは、美徳そのものと呼ばれている。――彼らは、大いなる不幸、大いなる醜さ、大いなる失敗に対して、畏敬の念をもたない。

こういったすべての連中を、私は無視する。ちょうど、一匹の犬が、ウヨウヨ群れている羊たちの背中を無視するように。――彼らは、毛が柔らかで、意志も柔弱な、ちっぽけな灰色の人間たちなのだ。

ちょうど、一羽の青サギが、浅い池を軽蔑し、無視して、頭を低くするように、私もそのように、灰色のちっぽけな波と意志と心が群がり集まっているさまを、無視する。

あまりにも長いこと、彼らちっぽけな人間たちの言うことが正しいと認められてきた。そこで、ついには彼らに権力までもが与えられるようになった。――今や彼らはこう説く。「小さな人間たちが善と呼んでいるもの、それだけが善だ」と。

そして、「真理」と今日呼ばれているものは、自分自身小さな人間たちの出身である説教者、あの奇妙な聖者、小さな人間たちの代弁者が、語ったことなのだ。彼は自分のことを証言して、こう言った。「私が――真理である」と。

この厚かましい者が、もう長いこと、小さな人間たちを、ふんぞり返らせてきた。――「私が――真理である」と説いたとき、この男が教えたのは、小さくはない誤謬だった。

厚かましい者に、これ以上礼儀正しい答え方がされたためしがあっただろうか。――なにしろ、おお、ツァラトゥストラ、あなたは、彼のそばを通り過ぎ、こう言ったからだ。「否、否、三たび否！」と。

あなたは、彼の誤謬に陥るなと警告を発した。あなたは、同情に陥るなと警告を発した最初の人だった。――万人に警告したのではなく、誰にも警告しなかったのでもなく、あなたと、あなたと似た者たちに警告したのだ。

あなたは、大いに悩む者の羞恥に接すると、羞恥をおぼえる。そう、あなたが「同情から、大きな雲が押し寄せてくる。気をつけろ、人間たちよ」と言うとき、――あなたが、「すべての創造者は苛酷である。すべての大いなる愛は、同情を超えている」と説くとき、おお、ツァラトゥストラ、あなたには、何と優れた天気占いの心得があることだろうと、私には思われるのだ。

しかし、あなた自身も――あなたなりの同情に陥らないよう警戒することだ。というのも、多くの者たちが、あなたを訪ねにやって来つつあるからだ。多くの悩める者、疑う者、絶望する者、溺れかけている者、凍えている者たちが。――

私は、私にも気をつけろとあなたに警告する。あなたは、私の最善かつ最悪の謎を、つまり私自身と、私のしたことを言い当てた。私はあなたを倒す斧を知っている。

だが、彼は——死なければならなかった。彼は一切を見る目で見た。——彼は、人間の深い奥底、人間のすべての隠された汚辱と醜悪を見た。

彼の同情は、恥知らずだった。彼は、私の最も汚らしい隅々までもぐり込んだ。この最も好奇心がつよく、あまりにずうずうしく、あまりに同情深い者は、死ななければならなかった。

彼はたえず私のことを見た。そのような目撃者に、私は復讐したいと思った。——さもなければ、こちらが生きた心地がしなかった。

一切を見た神、人間そのものをも見た神。このような神は、死ななければならなかったのだ。人間は、そのような目撃者が生きていることには耐えられない。[*19]

最も醜い人間はこう言った。ツァラトゥストラは立ち上がり、立ち去ろうとした。というのも、彼をゾクゾクと寒気が襲い、はらわたまでしみ渡ったからである。

「名状しがたい者よ」と彼は言った。「あなたは、あなたの来た道を通るなと私に警告してくれた。そのお礼に、私はあなたに私の来た道を奨《すす》めよう。ほら、その先を上《のぼ》って行くと、ツァラトゥストラの洞窟がある。

私の洞窟は大きくて、深いし、あちこちに隅がある。どんなに人目を避けて隠れひそんでいる者でも、隠れ家が見つかる。洞窟のすぐそばには、這い回ったり、羽ばたいたり、飛び上がったりする動物にお誂《あつら》え向きの、百の穴や抜け道がある。

世間から締め出され、自分でも自分を締め出した者よ、あなたは、人間や人間の同情とは一緒に住みたくないというのだな。さあ、それなら私と同じようにやってみるがいい。そうやってあなたも私から学ぶのだ。行為する者だけが学ぶのだから。

まずはさしあたり、私の動物たちと語り合うことだ。最も誇り高い動物と、最も賢い動物──彼らは私たち二人の良き忠告者になってくれるだろう」。──

ツァラトゥストラはこう言って、道を歩いて行った。それまでよりも、いっそう物思いに沈み、いっそうゆっくりと。というのも、彼は多くのことを自分に尋ね、それでいて容易に答えることができなかったからである。

「それにしても、人間とは何とあわれなものなのか」と彼は心の中で思った。「何と醜く、何とゼイゼイ喘ぎ、ひそかな羞恥に何と満ちていることか。

ひとは私に言う、人間は自分自身を愛するのだと。ああ、その自己愛は、何と大きくなければならないことか。何と多くの軽蔑を自分に対して抱いていることか。

あそこにいた人間も、自分を愛した。自分を軽蔑したのと同じく。──彼は、大いに愛する者であるとともに、大いに軽蔑する者だと思う。

あれほど深く自分を軽蔑する者を、私はまだ見たことがなかった。あれも、また高みだ。やれやれ、ひょっとしてあの男が高等な人間だったのか。彼の叫び声を私は聞いたのか。

「私は、大いに軽蔑する者を愛する。人間とは、克服されねばならないものなのだから」。
——

進んで乞食になった人

最も醜い人間と別れると、ツァラトゥストラは寒気がして、孤独を感じた。なぜなら、寒々とした数多《あまた》の寂寥が彼の心にしみ入り、そのため手足まで冷えてしまったからである。しかし、彼はさらにずんずん進んで、山道を上ったり下ったりし、緑の牧場のわきを通り過ぎたかと思うと、かつて小川が増水して一面河床《かわどこ》になったらしい荒涼たる岩床《がんしょう》を渡って行った。すると、彼はまた急に暖かくなり、優しい心持ちになった。

「おや、どうしたのだろう?」と、彼は自分に尋ねた。「何かしら暖かい生き物が、私を元気づける。その何かが、近くにいるようだ。

私はもう一人きりだという気がしなくなった。自分で気づいていない道づれの兄弟たちが、私の周りをうろついている。彼らの暖かい息が、私の心に触れてくる」。

彼は、あたりの様子を窺って、彼の孤独を慰めてくれるものたちを探した。すると、見よ、そこには、雌牛《めうし》たちが丘の上で群がっていた。雌牛の群れに近づいたので、その匂いがして、彼の心は暖かくなったのである。しかし雌牛たちは、誰かが語っているのに熱心に耳を傾けている様子で、近寄ってきたツァラトゥストラのことは気にも留めなかった。ツァラトゥストラがすぐそばまで近づくと、ある人間の声が雌牛たちの真ん中から語りかけているのが、はっきり聞こえた。雌牛の群れが揃いも揃って、その声の主のほうに首を向けているのは明らかだった。

ツァラトゥストラは、懸命に丘を駆け上り、動物たちを押し分けていった。というのも、誰かがそこで危難に遭っていて、雌牛たちが同情しても助けようがないのではないか、と思ったからである。だが、その点では彼は間違っていた。というのも、ほら、そこには一人の人間が大地に坐っていて、動物たちに、自分を畏れるには及ばないと説いている様子だったからである。それは、一人の柔和な人、山上の説教者であった。その目からは善意そのものが教えを説いていた。[*20]「あなたはここで何を探しているのか」とツァラトゥストラは訝《いぶか》しんで叫んだ。

「私がここで何を探しているか、だって？」とその男は応じた。「平和を乱す人よ、それは、あなたが探しているのと同じものだ。すなわち、地上の幸福だ。

そのために私は、この雌牛たちから学びたいと思っている。というのも、お分かりだろう、私はもう朝の半分を費やして雌牛たちを説き伏せて、今まさに雌牛たちから教えてもらうところだった。なぜあなたは雌牛たちを妨害するのか。

回心して雌牛のようにならなければ、われわれは天国に入ることができない。なぜなら、われわれは雌牛から一事を学びとらなくてはならないからだ。反芻することを、だ。

そう、たとえ人間が全世界を征服したとしても、この一事、反芻することを学ばなければ、何の役に立とうか。その人の悲哀はなくなりはしないだろう。——彼の大いなる悲哀は、今日、吐き気と呼ばれている。今日、吐き気が心にも口にも目にもあふれていない者がいるだろうか。あなたも、あなたもそうだ。しかるに、この雌牛たちをよく見るがいい!」——

山上の説教者はこう言った。そうして、彼の目をツァラトゥストラに向けた——なにしろ、それまで彼は愛情をこめて雌牛たちのほうばかり見ていたからだ。——すると、彼の態度は一変した。「私がしゃべっているこの人は誰だ?」と彼は仰天して叫び、地面から飛び上がった。

「これは、吐き気をもたない人間だ。これは、ツァラトゥストラその人、大いなる吐き気の克服者だ。これは、ツァラトゥストラ自身の目、本人の口、本人の心だ」。

彼はこう言って、話しかけている相手の手を取り、目にうれし涙を浮かべてキスをした。そのふるまいたるや、貴重な宝の贈り物が思いがけず天から降ってきたかのようであった。だが、雌牛たちは一部始終を不思議そうに眺めていた。

「私のことは言わなくていい、不思議な人よ、愛すべき人よ」とツァラトゥストラは言い、相手のベタベタした愛情表現を拒んだ。「まずは、あなたのことを語ってくれ。あなたは、かつて巨万の富を投げ捨てて、進んで乞食になった人ではないか。——

――みずからの富を恥じ、富める者たちを恥じ、最も貧しい者たちのところに逃れ、みずからの充実した心を彼らに贈ろうとした人ではないか。しかし彼らはその人を受け入れなかった」。

「そう、彼らは私を受け入れなかった」と、進んで乞食になった人は言った。「あなたの知っての通りだ。そこで私はついに、動物たちのところに、この雌牛たちのところに来たのだ」。

「そこであなたは学んだのだ」と、ツァラトゥストラは相手の言葉をさえぎって言った。「正しく与えることは、正しく受けることよりも、どんなにかむずかしいということを。そして、みごとに贈ることは、れっきとした芸術であり、善意が知略の限りを尽くして極める名人芸だということを」。

「今日では、とくにそうだ」と、進んで乞食になった人は答えた。「なぜなら、今日では、ありとあらゆる低劣なものが、おずおずと反乱を起こしては居直り、自分たちの流儀、すなわち賤民の流儀で傲慢になったからだ。

なにしろ、あなたも知っての通り、賤民と奴隷の大いなる反乱の時がやって来たのだ。ろくでもない、長期の、ゆっくりしたこの反乱は、いよいよ増大する一方だ。

今では、およそ慈善とか小さな施しとかはすべて、低劣な者たちを憤激させるばかりだ。あまりにも富める者たちは、用心したほうがいい！

今日、胴体にふくらみのある瓶《びん》のように、あまりに細い首からポタポタ少しずつ滴《したた》らせると――、そんな瓶は、今日、首をあえなく折られてしまう。

みだらな欲望、苦々しい嫉妬、疼《うず》くような復讐心、賤民の誇り。それらすべてが、私の目に飛び込んでくる。貧しい人は幸いだというのは、もはや真理ではない。天国は雌牛たちのもとにあるのだ」。

「では、なぜ天国は富める者たちのもとにないのか」とツァラトゥストラは試しに尋ねてみた。その柔和な人になれなれしく息を吹きかけてくる雌牛たちを避《よ》けながら。

「どうして私を試そうとするのか」と柔和な人は答えた。「あなた自身のほうが、私よりずっとよく知っているのに。それにしても、おお、ツァラトゥストラ、私を最も貧しい者たちのところへ行く気にさせたのは、何だったのか。それは、われわれ最も富める者たちに対する吐き気ではなかったか。

――最も富める者たちは、富にとらわれた囚人だ。冷たい目をして、いやらしい考えを抱き、どんなゴミの山からも自分の得になるものを拾い上げる。天に向かって悪臭を放つ、そういう汚い奴らには、吐き気がする。

――金メッキで偽造したこの賤民どもには、吐き気がする。奴らの先祖は、スリか、ハゲタカか、クズ拾いかだった。その奥方は、すぐ言いなりになる、みだらで忘れっぽい女たちで――要は、娼婦と何一つ変わるところがなかった。――

上を向いても賤民、下を向いても賤民！　今日、「貧しい」とは何だろう、「豊か」とは何だろう！　そんな違いなど私はもう忘れてしまった。――そこで私は逃げ出した。どこまでも、どこまでも逃げた。そしてついに、この雌牛たちのところに辿り着いたのだ」。

柔和な人はこう言って、自分の言葉に興奮し、荒い鼻息を立て、汗をかいた。雌牛たちはそれを見て、またもや不思議がった。ツァラトゥストラは、彼が激しい口調で語るのを、微笑を浮かべながらずっと見つめていたが、ここに至って黙って首を振った。

「山上の説教者よ、あなたは、そのような激しい言葉を使うとき、自分に乱暴を働いている。あなたの口も、目も、そのような激しい言葉向きには出来ていない。

あなたの胃にしても、そうだと思う。そのような怒り、憎しみ、沸き立つ感情は、あ、な、た、の胃には向いていない。あなたの胃は、もっと穏やかなものを欲しがっている。あなたは肉食の人ではない。

むしろ、あなたは菜食の人、根菜好きの人だと思う。おそらく、穀物を嚙みつぶして糧《かて》としているのだろう。あなたが、肉の喜びを疎《うと》ましく思い、蜜が好きなのはたしかだ」。

「あなたは私のことをみごとに言い当てた」と、進んで乞食になった人は、心が軽くなった様子で答えた。「私は蜜が好きだし、穀物を嚙みつぶして糧としてもいる。というのも、私は、口に入れて感じのいい、息を清らかに保てるものを求めてきたからだ。

――たっぷり時間のかかるもの、穏やかなひま人やのらくら者に恰好の、一日がかりで咀嚼できる仕事をも求めてきた。

むろん、この雌牛たちは、じつに大したものだ。反芻すること、日向《ひなた》で寝そべることを、発明してみせたのだから。雌牛たちは、心臓を膨脹させる重苦しい思想を一切差し控えてもいる」。

――「それなら！」とツァラトゥストラは言った。「私の動物たちにも会ってみたらいい、私の鷲と蛇に、だ。――彼らほどの動物は、今どき地上のどこにもいない。

ほら、この道を行くと、その先に私の洞窟がある。今夜はそこで客になるといい。そして、私の動物たちと、動物の幸福について語るといい。――

――私もそのうち戻る。それまで待っていてくれ。なにしろ今は、助けを求めて呼ぶ声が聞こえる。急いであなたと別れなくてはならない。私の洞窟で、あなたは新しい蜜、冷たくて新鮮な黄金のハチミツも見つけるだろう。どうぞ召し上がれ。

だが、今は、あなたの雌牛たちとさっさと別れることだ、不思議な人よ、愛すべき人よ。別れるのはさぞかし辛いだろうが。というのも、雌牛たちは、あなたの最も暖かい友だちであり先生なのだから！」――

「――私がいっそう愛する一人だけ除いて」と、進んで乞食になった人は答えた。「あなたは善い人だ。雌牛よりももっと善い人だ、おお、ツァラトゥストラ！」

「とっとと失せろ、ひどいおべっか使いめ！」と、ツァラトゥストラは悪意をこめて叫んだ。「あなたは、そういった褒め言葉や蜜のように甘いおべっかで、なぜ私を堕落させようとするのだ？」

「とっとと失せろ！」と彼はもう一度叫んで、心優しい乞食に向かって杖を振り上げた。そこで乞食は一目散に逃げ出した。

影

ところが、進んで乞食になった人が逃げ出して、ツァラトゥストラがふたたび一人になったとたん、彼は背後に、また別の声を聞いた。その声はこう叫んだ。「止まれ、ツァラトゥストラ！　待ってください。だって私は、おお、ツァラトゥストラ、私はあなたの影なのですから！」　しかしツァラトゥストラは待たなかった。というのも、彼の山にあまりに多くの人が押しかけ、押し寄せてきたために、彼は突如、不機嫌な気分に襲われたからである。「私の孤独はどこへ行った？」と彼は言った。

「まったくあまりにも多すぎる。この山々はごった返している。私の国は、もはやこ、この世のものではなくなった。私には別の山が必要だ。

私の影が私を呼ぶ、だって？　私の影など、どうでもいい！　影が追いかけてくるというのなら、ようし──逃げてやる」。

ツァラトゥストラは心の中でこう言って、逃げ出した。だが、彼の背後にいた者は、彼の後を追った。その結果、すぐさま三人が相前後して走る形となった。すなわち、先頭には、進んで乞食になった人、次に、ツァラトゥストラ、最後の三番手は、ツァラトゥストラの影である。三者が一列に走っているうちに、やがてツァラトゥストラは、自分がやっていることの愚かさに思い至り、不機嫌と嫌気をそっくり、えいやっと振り払った。

「なんとまあ！」と彼は言った。「われわれ年とった隠者や聖者には、昔から、愚の骨頂のようなことが起こってきたことか。

そう、私の愚かさも、山中でずいぶん成長したものだ。いま私に聞こえるのは、年とった阿呆の脚が六本、相前後してドタバタ走る音だ。

いったいツァラトゥストラが、影を恐れたりする必要があるのか。それに、結局のところ、影の脚は、私の脚よりも長いだろうに」。

ツァラトゥストラはこう言って、目元だけでなく腹の底から笑い、立ち止まって、うしろを急に振り向いた。――すると、ごらん、彼は、自分についてきた影を、あやうく地に突き飛ばしそうになった。[*21] 影は、それほど彼のすぐあとを追ってきたし、それほど弱々しかった。ツァラトゥストラは、自分の目で影をまじまじと見たとき、幽霊に出会ったかのように驚愕した。この追跡者は、それほど痩せ細り、黒っぽく、空ろで、老いさらばえて見えた。

「君は誰だ？」と、ツァラトゥストラはきつい口調で尋ねた。「ここで何をしているのだ？

それに、私の影だと名乗っているのはなぜだ？　私は君のことが気に入らない」。

「許してください」と影は答えた。「私があなたの影だということを。また、あなたは私のことが気に入らないのなら、どうぞ、おお、ツァラトゥストラ。その点で私はあなたとあなたの趣味を褒めたいくらいだ。

私は一放浪者だ。もう長いこと、あなたのあとをついてきた。いつも旅をしてきた。目的地もなければ、安住の地もない。だから、そう、ちょっと永遠のユダヤ人にでもなった気分だ。でも、私はしょせん、永遠でもユダヤ人でもない。

何ということだ、いつまでも旅を続けなければならないとは。風が吹くたびに舞い上がり、風来坊よろしく遠くへ吹き飛ばされていくとは。おお、大地よ、おまえは私にとってあまりに丸かった！

どんな地表にも、私はとにかく腰を下ろした。疲れた埃《ほこり》のように、鏡や窓ガラスの上で私は眠り込んだ。何もかもが、私から奪いとるばかりで、私に与えてはくれなかった。私は痩せ細って――影そっくりになった。

おお、ツァラトゥストラ、私はあなたのあとを一番長く追っかけてきた。あなたから身を隠すことはあったが、私はあなたの最良の影だった。あなたが坐るところならどこにでも、私も坐った。

あなたとともに、私は、最果ての極寒の国々までも、うろつき回った。冬空に雪の積もった屋根を好き好んで徘徊する幽霊のように。

あなたとともに、私は、いかなる禁断のもの、最悪のもの、最果てのものにも向かって行こうとした。私に何かしら徳のようなものが具わっているとしたら、それは、禁断のものに対して私が恐れを知らぬことだ。

あなたとともに、私は、自分がかつて心から尊敬していたものを破壊した。一切の境界石と偶像を打ち倒し、最も危険な願望を追い求めた。――そう、私はありとあらゆる犯罪を、一度は乗り越えたのだ。

あなたとともに、私は、言葉や価値や偉大な名前を信頼することをやめた。悪魔が一皮むければ、その名前も脱け落ちるのではないか。名前など表皮にすぎないのだから。ひょっとして、悪魔自身も――ただの表皮なのかもしれない。

「真理といえるものはない。何をしても許される」。そう私は自分に言い聞かせた。どんなに冷たい水の中にも、私は飛び込んで、頭も心も浸した。ああ、私はそのせいで、何度、赤いザリガニのように裸で立ち尽くしたことだろう。

ああ、一切の善、一切の羞恥、善人を敬う一切の信仰はどこへ行ってしまったのか。ああ、私がかつて持っていたあの無邪気なウソ、善人の無邪気さ、善人の高貴なウソの無邪気さは、どこへ行ってしまったのか！

そう、私はあまりにもしばしば、真理を追いかけて、そのすぐうしろまで迫った。すると真理は、私の頭を蹴とばした。幾度となく私は、ウソかと思った。そこで、ほら、はじめて私は思い知った――真理というものを。

あまりにも多くのことが、私に明らかとなった。すると、私には一切がどうでもよくなった。私の愛するものは、もう生きていない。――なのに、どうして自分自身を愛せるというのだろうか。

「欲望の赴くままに生きるか、さもなければ、まるっきり生きないか」、これぞ私の欲するところだ。至高の聖者だってそう願っている。――それなのに、ああ、どうしてこの私に――欲望があるだろうか。

この私に――まだ目的地があるだろうか。私の帆のめざす港があるだろうか。よい風向きがあるだろうか。ああ、どこへ行くべきかを知っている者だけが、どの風向きがよいのか、どれが追い風なのかも知っている。

私にまだ残っているのは何だろうか。疲れて、厚かましくなった心。風来坊の意志。ひらひら舞う翼。砕けた背骨。

わが安住の地を求めるこの探求。ツァラトゥストラ、あなたにはよく分かっている、安住の地を求めるこの探求が、じつは私の災難だったということが。私がそれに呑み込まれて、身を滅ぼすということが。

「どこにあるのか――わが安住の地は？」と私は尋ね、探しに探した。しかし見つからなかった。おお、永遠のどこにもある場所よ、おお、永遠のどこにもない場所よ、おお、永遠の――徒労よ！」

影はこう言った。その言葉を聞くと、ツァラトゥストラの顔は翳《かげ》った。「君は私の影だ」と、ついに彼は悲しみをこめて言った。

「君に迫っている危険は、小さなものではない、自由精神にして放浪者よ。君が過ごしてきたのは、ろくでもない昼だった。もっとろくでもない晩がやって来ないよう、気をつけることだ。

君のような風来坊は、しまいには、監獄に入れられても幸せだと思えてくるものだ。収監された犯罪者が眠るさまを、君は見たことがあるか。彼らは安らかに眠る。新たに手に入れた安心を味わっているのだ。

君も、とどのつまり、狭苦しい信心やら、頑固で強烈な妄想やらに陥らないよう、用心するがいい。これからは、狭苦しくて重苦しいあらゆるものが、君を誘惑してやまないだろうから。

君は目標を失った。ああ、この喪失をみすみす取り逃がし、鈍感に忘れ果てることが、君にどうしてできようか。この喪失とともに――道まで見失ったというのに、だ。

夢中でさまよい歩く、あわれな流浪の徒よ、疲れた蝶よ。君は今晩、一休みできる居場所が欲しいとは思わないか。そう思うのなら、私の洞窟に行くがいい。

この道を進んで行くと、向こうに私の洞窟がある。しかし今は、私は急いで君と再度別れよう。早くも私に影のようなものがまとわり付いてきた。

私は一人きりで歩きたい、私の周りがふたたび明るくなるように。そのためには、私はまだしばらく陽気に闊歩しなくてはならない。――でも、夕方には私の家で――ダンスを踊るとしよう！」――

ツァラトゥストラはこう言った。

正午

――そして、ツァラトゥストラは早足で歩きに歩いた。もう誰に会うこともなく、一人きりだった。どこまでいっても出会うのは自分だけで、孤独をたのしみ、すすり味わっては、思い起こされるのは良いことばかりだった――何時間もずっと。やがて正午の時刻になり、太陽がツァラトゥストラの頭の真上に懸かったとき、彼は、幹が曲がり、節くれだった一本の老樹のそばを通った。その老樹は、一本のブドウの木にぐるりと愛情豊かに抱きしめられ、姿がよく見えないほどだった。からみついた枝からは、黄色いブドウの房がたわわに垂れ下がり、旅人に差し出されているかのようだった。それを見かけたツァラトゥストラは、ちょっと喉《のど》の渇きをいやしたくなり、一房もぎ取ろうとした。だが、彼がさっそくブドウに腕を伸ばしたそのとき、またしても別の欲望が彼を襲った。すなわち、この完全な正午の時刻に、その老樹の木陰に身を横たえて眠りたい、という欲望であった。

ツァラトゥストラはその通りにした。そして、色とりどりの花の咲く草むらの静寂と秘密の中で、大地に横たわるやいなや、先ほどのちょっとした喉の渇きは忘れて、眠り込んだ。というのも、ツァラトゥストラのことわざに言うように、「他《ほか》はさしおいても一事が必要*22」

だからである。ただし、彼の目は開いたままだった。——なぜなら、その老樹を眺め、ブドウの木の愛情を眺め、どちらも賛嘆しては、いつまでも飽きることがなかったからである。眠りに落ちながら、ツァラトゥストラは心の中でこう言った。

「静かに、静かに！　世界は今まさに完全になったのではないか。[*23]　私の身に何かが起こりつつあるのではないか。

一陣のそよ風が、目には見えないが、鏡のように凪《な》いだ海の上を、軽やかに、羽毛《うもう》のように軽やかに、舞う。そのように——眠りが、私の上で舞う。

眠りは、私の目を閉じさせず、わが魂を目覚めさせておく。眠りは軽やかだ、そう、羽毛のように軽やかだ。

眠りは、どんなふうにしてかは知らないが、私を説き伏せて、内側から、媚《こ》びるような手で私をそっとはたき、私を強いる。そうだ、眠りは私を強いて、わが魂がくつろいで伸びをするようにさせる。——

——なんとゆったり伸びをして、眠たそうなことか、奇妙なわが魂は。正午だというのに、第七日目の夕暮れが、わが魂に訪れたのか。わが魂は、もうあまりにも長いこと、熟れた良き事物のあいだを幸せいっぱいに歩き回ったのか。

わが魂は、ゆったり伸びをしている。伸び伸びと——もっと伸び伸びと、だ。静かに横たわっている、奇妙なわが魂は。それはあまりに多くの良いものを、もう味わってきた。その黄金の悲哀が、わが魂にのしかかり、わが魂は口もとをゆがめる。

——このうえなく静かな入江に入港した一隻《せき》の船のように。——船は今や、長旅に飽き、不確かな海に疲れて、陸地にもたれかかる。陸地のほうが心変わりしないからではないか。

そのような船が、陸に横付けされてぴったり着岸している場合には——、一匹のクモが陸から船へクモの糸を張り渡すだけで十分なのだ。それ以上に強固なロープは、この場合には必要ない。

そのような疲れた船が、このうえなく静かな入江に停泊するように、私も今、大地にぴったり密着して休んでいる。大地を裏切らず、信頼し、待ち続けて、ほんのかすかな糸で大地につなぎ留められたまま。

おお、幸福よ、おお、幸福よ！　おまえは歌いたいのだな、おお、わが魂よ。おまえは草むらに横たわっている。しかし、今は、ひそやかでおごそかな時だ、牧人《まきびと》も笛を吹き鳴らすことがない。

畏れるがいい。暑い正午が田園にまどろんでいる。歌うな。静かに。世界は完全だ。

歌うな、草むらの鳥や虫よ、おお、わが魂よ。ささやくのはもうやめなさい。ほらごらん——静かに。年とった正午がまどろんで、口を動かす。今まさに、正午がひとしずくの幸福を飲もうとしているではないか。——

——黄金の幸福、黄金のワインの、熟成して褐色になったひとしずくを？　正午をかすめていくものがあり、幸福が笑う。これが——神の笑いだ。静かに！——

――「幸福なことに、幸福になるには何とわずかなものしか要らないことか」と私はかつて言った。自分としては、賢いつもりだった。だがそれは、冒瀆の言葉だった。このことを私は今、学んだ。賢い阿呆のほうがましな言い方をするだろう。

ごくわずかなもの、ごくかすかなもの、ごく軽いもの、トカゲのカサコソ走るさま、微風のひとそよぎ、さっとかすめるひと動き、瞬《また》く間の刹那《せつな》。――ほんのわずかなものが、最善の幸福の種類を作り出すのだ。静かに。

――私の身に何が起こったのか。耳を澄ますがいい。時間は飛び去ったのだろうか。私は落ちてゆくのではないか。私は落ちてしまったのではないか――耳を澄ますがいい。永遠の井戸の中へ落ちたのか。

――私の身に何が起こっているのか。静かに。私は刺された――ああ痛い――心臓を刺されたのか。心臓までやられたとは！　おお、裂けろ、裂けろ、心臓よ、そのような幸福のあとでは。そのように刺されたあとでは！

――どうしたことだ。世界は今まさに完全になったのではないか。円熟したのではないか。おお、黄金の丸い輪となった世界よ。――どこへ飛んで行くのだろうか。私はその輪を追いかけていこう。サッとすばやく！

静かに！――――」(ここでツァラトゥストラは伸びをして、自分が眠っていることを感じた)

「起きろ！」と彼は自分に言いきかせた。「この寝坊助《ねぼすけ》め、真昼の寝坊助め！　さあ、しっかりしろ、年とった脚よ！　時間だ、まだ働いてもらうぞ。おまえたちに歩いてもらう道は、まだたくさん残っている。――

もうたっぷり眠っただろう、どれだけ長く眠ったのか？　永遠の半分か。さあ、しっかりしろ、気の置けないわが心よ、こんなに寝たあとなら、今度こそ、どんなに長く――起きていられることか」。

（だが、そのときもう彼は、またも眠りに落ちていった。彼の魂は、彼に言い返し、抵抗し、ふたたび身を横たえた）――「私を放っておいてくれ、静かに！　世界は今まさに完全になったのではないか。おお、黄金の真球となった世界よ！」――

「起きろ！」とツァラトゥストラは言った。「この小さなどろぼう女め、日々をムダに過ごすのらくら女め。どうなっているのだ。相変わらず伸びをし、あくびをし、ため息をつき、深い井戸の底へ落ちていくのか？

おまえはいったい何者なのだ、おお、わが魂よ！」（ここで彼は、びっくり仰天した。というのも、一条の陽の光が天空から彼の顔に射し込んできたからである）

「おお、頭上の天空よ」と彼は、ため息をつきながら言い、身を起こした。「あなたは私を見つめているのか。奇妙なわが魂に耳を澄ましているのか。

あなたは、この一滴の露をいつ飲み込むのか、大地の一切の事物に降り注いだこの露を？――この奇妙な魂を、いつ飲み込むのか。――

――いつになったら、永遠の泉よ、朗らかなゾッとする正午の深淵よ、あなたは、いつになったら、わが魂をふたたびあなたの中に飲み込むのか？」

ツァラトゥストラはこう言って、身に覚えのない酔いから醒めたかのように、老樹の木陰の寝床から立ち上がった。すると、見よ、太陽は相変わらず彼の頭の真上に懸かっていた。そのことからして、ツァラトゥストラは長く眠ったわけではなかったと察してかまわないのである。

歓迎のあいさつ

長い間、あちこちうろついて探し回った甲斐もなく、ツァラトゥストラが自分の洞窟に戻ってきたのは、午後も遅くなってからであった。ところが、洞窟まであともう二十歩というところまで近づいたそのとき、彼の思いもよらぬことが起こった。あの大きな悲鳴を、またしても彼は聞いたのだ。しかも驚いたことに、今回は、その同じ叫び声が彼自身の洞窟から聞こえてきた。それは、長くて多重で奇妙な一つの悲鳴だった。ツァラトゥストラは、それが多くの声から合成されているのをはっきり聞き分けた。遠くから聞いたら、きっと、ただ一つの口から発せられた叫び声のように響いたことだろう。[*24]

そこで、ツァラトゥストラは彼の洞窟に駈け入った。すると、見よ、さっきの聞き物の次には、何という見物《みもの》が彼を待ち受けていたことだろう。というのも、そこには、彼がその日、通りすがりに出会った者たちが、勢揃いして並んで腰かけていたからである。つまり、右側の王と左側の王、老魔術師、法王、進んで乞食になった人、影、知的良心の保持者、悲しげな占い師、そしてロバ。最も醜い人間は王冠をかぶり、深紅の帯を二本締めていた。――というのも、およそ醜い者たちがみなそうであるように、彼も、着飾って美しく見せるのが好きだったからである。これら陰鬱な仲間の真ん中に、ツァラトゥストラの鷲が、毛を逆立てて不安げに立っていた。というのも、鷲はあまりに多くの質問を浴びて、返答を求められたが、彼の誇りは、それに答えることを許さなかったからである。賢い蛇が、鷲の首に巻き付いていた[*25]。

ツァラトゥストラは、これら一切を見て、大いに驚き怪しんだ。次いで彼は、来客を一人一人、気さくな好奇心でもって吟味し、彼らの心を読みとっては驚きをあらたにした。その間、集まった者たちは起立して、畏敬の念を抱いてツァラトゥストラが話すのを待った。ツァラトゥストラはこう言った。

「あなたがた、絶望した者たち、変人たちよ。私が聞いたのは、つまりは、あ、な、た、が、た、の悲鳴だったのか。今やっと分かった、今日一日探したのに甲斐なく見つからなかった、あの高等な人間をどこで見つけたらよいのか、も。――

――私自身の住む洞窟に、その当人、高等な人間は坐っていたのだ。だが何を怪しむことがあろう。私は彼を私のところに、蜜の捧げ物と、私の幸福というずる賢いおとりの呼び声で、みずからおびき寄せたのではなかったか。

それにしても、見たところ、あなたがたは打ち解けて仲良くするのが苦手なようだ。助けを求めて叫んだ者たちよ、あなたがたは、ここでせっかく一緒に坐っているのに、とげとげしく気持ちを害《そこな》い合っているのか。もう一人誰か加わらなくては。

――あなたがたをふたたび笑わせる者、いきで愉しい道化役者、風のようにいたずら好きの踊り手、老けたおどけ者の何某《なにがし》が。――あなたがたはどう思うか。

絶望した者たちよ、あなたがたの前で、私がこんなおしゃべりをするのを許してほしい。こんなお客さんには、そう、相応《ふさわ》しくないもてなし方だ。だが、あなたがたには分かるまい、何が私を図に乗った気分にさせているのかが。――

――あなたがた自身が、つまり、あなたがたの様子が、そうさせているのだ。許してくれ。絶望した者を眺めれば、勇気が出てくるというもの。絶望した人間を励ますことくらい――誰だってお手のものだと思っている。

こういった力を、あなたがたは私に与えてくれた――上等の贈り物だ、私の賓客たちよ。真心のこもった手土産《てみやげ》だ。さあ、では私からも、あなたがたにお土産を贈ろう。どうか気に障《さわ》らないでほしい。

ここは私の国、私の領地だ。だが、私のものは、今宵一晩は、あなたがたのものだということにしよう。私の動物たちもあなたがたに仕えさせよう。私の洞窟はあなたがたの安息所としよう。

ここでわが家のようにくつろいでいる者は誰一人、絶望するようなことがあってはならない。わが縄張り内では、私はどんな人も野獣から守ってあげよう。私があなたがたに提供する第一の贈り物、それは身の安全だ。

第二の贈り物は、私の小指だ。その指を一つ手始めに取ってくれたら、さあ、あとはもう手全体を握ってくれて結構。ついでに、心全体もどうぞ、と言いたい。ここまでよく来てくれた、ようこそ、わが客人たち！」

ツァラトゥストラはこう言うと、愛情と悪意をこめて笑った。この歓迎のあいさつが終わると、客人たちは再度お辞儀をし、畏敬の念を示して黙っていた。すると右側の王が、一同を代表して、ツァラトゥストラに返礼のあいさつをした。

「おお、ツァラトゥストラ、あなたがわれわれに手とあいさつとを贈ったその仕方で、あなたがツァラトゥストラだということが、われわれにはよく分かった。われわれを前にして、あなたは身を低くしてくれた。そのためわれわれの畏敬の念は、あやうく苦痛を覚えかけたほどだ。――

――それにしても、誰が、あなたのように、かくも誇りを抱きながら身を低くすることができただろうか。このことが、われわれ自身を奮い立たせる。われわれの目と心を慰めて元気にしてくれる。

それが見られるというだけで、われわれはこの山よりももっと高い山にも喜んで登ったことだろう。見たくてたまらないからこそ、われわれはやって来たのだ。曇った目を晴れやかにしてくれるものを見たいと思って来たのだ。

ほらごらん、助けを求めて叫ぶわれわれの声は一つ残らずもう止んだ。われわれの心根《こころね》はもう開け放たれ、恍惚としてきた。あともう少しで、われわれの気分は好き放題悪ふざけをし始めることだろう。

おお、ツァラトゥストラ、およそ地上に生長するもので、高く強い意志ほど喜ばしいものはない。それは大地の最も美しい植物だ。そうした木が一本あれば、風景全体がさわやかになる。

おお、ツァラトゥストラ、あなたのように生育する者を、私は笠松《かさまつ》の木にたとえよう。高々と、押し黙って、苛酷で、ひとりぼっちで、しなやかな最良の木の材質をそなえ、壮麗で、――

――ついには、おのれの支配を確立しようと、たくましい緑の枝々を伸ばして、風や嵐、その他、高山におなじみのどんなものにも強烈な質問を発し、

――いっそうたくましく返答する、一個の命令者、一個の勝利者。おお、そのような植物を見たいと思って、高い山に登ろうとしない者がいるだろうか。

おお、ツァラトゥストラ、あなたという木に接すれば、陰気な者、出来損ないの者でも、元気づけられる。あなたを見れば、落ち着きのない者でも安心し、心を癒される。

そう、あなたの山、あなたという木に、今日多くの目が向けられている。一個の大いなる

あこがれが、頭をもたげてきた。ツァラトゥストラとは何者なのだ、と疑問を抱くようになった者たちも少なくない。

あなたがかつてあなたの歌とあなたの蜜を耳に滴《したた》らせてあげた者、つまり、隠れ潜んでいる者たち、ひとりぼっちの隠者も、ふたりぼっちの隠者も、みな一斉に自分の心に向かってこう言った。

「ツァラトゥストラはまだ生きているのか。われわれは、もはや生きていても何の甲斐もない、一切は同じことだ、一切は徒労だ。さもなければ――われわれはツァラトゥストラとともに生きなければならない！」

「こんなに長い間、予告しておきながら、なぜ彼はやって来ないのか」と疑問を抱く者も多い。「孤独が彼を呑み込んだのか。それとも、われわれが彼のところまで赴くべきなのだろうか」と。

今や、孤独そのものがボロボロになり、崩壊しつつあるという事態が起きている。崩壊して、もはや死者たちを守っておけなくなった墓のように。至るところで、復活を遂げた死者たちが目撃されている。

今や、あなたの山の周りに、波がどんどん高く押し寄せてきている、おお、ツァラトゥストラ。あなたの山の頂上がどんなに高くても、多くの波があなたのところまで昇ってくるにちがいない。あなたの小舟は、もうこれ以上、安全な場所に置かれたままではすまなくなっている。

そして、現に今、われわれ絶望した者たちが、あなたの洞窟にやって来て、もはや絶望せずにいられるということ、これこそ、われわれ以上に優れた者たちがあなたを訪れる途上にあることを告げる目印であり、予兆にほかならない。――

――というのも、人間のあいだでの神の最後の名残《なごり》と言えるもの、それみずからがあなたを訪れる途上にあるからだ。すなわち、大いなるあこがれを、大いなる吐き気を、大いなる嫌気《いやけ》を抱くすべての人間たちが。

――もう生きたいと思わないか、さもなければ、ふたたび希望することを学ぶ――つまり、おお、ツァラトゥストラ、あなたから大いなる希望を学ぶか、のどちらかを選ぶ者たちすべてが、だ」。

右側の王はこう言い、ツァラトゥストラの手を取って口づけしようとした。だが、ツァラトゥストラは王の鄭重な態度を拒み、驚愕して後ずさりした。はるか遠くへと、黙って急に逃げ去るかのようであった。しかしそれも束の間、ツァラトゥストラはすぐ客人たちのもとに立ち戻り、曇りなき吟味する目で彼らを見つめ、そして言った。

「わが客人たち、高等な人間たちよ、私はドイツ風にはっきりと、あなたがたに話そう。私がこの山中で待っていたのは、あなたがたではなかった」[*26]。

(「ドイツ風にはっきりと、だって！　なんてこった」と、ここで左側の王が、横を向いて言った。「どうやらこの人は、この東方から来た賢者は、ドイツ人とやらをご存じないらしい。

いや、この人が言いたいのは「ドイツ的にがさつに」ということなのだ——ならばよし。近ごろでは、まだしも最悪とは言えない趣味だ」。)

「あなたがたは本当に全員、高等な人間なのかもしれない」とツァラトゥストラは言葉を続けた。「しかし私にとっては——あなたがたは十分に高くも強くもない。

私にとっては、というのは、私の内で今は沈黙しているものの、いつも沈黙しているとはかぎらない、あの情け容赦のないものにとっては、という意味だ。また、あなたがたが私の仲間だとしても、あなたがたは私の右腕ではない。

なぜなら、あなたがたのように、病んだ、か細い脚の上に立っている者は、自覚しているにせよ、自分に隠し立てしているにせよ、何よりまず、他人に労わられることを望んでいるからだ。

しかし、私の腕や私の脚を、私は労わらない。私は私の戦士を労わらない。あなたがたが、どうして私の戦いに役立つことができようか。

あなたがたと一緒では、私はどんな勝利も台無しにしてしまうだろう。あなたがたの中の少なからぬ者が、私が戦《いくさ》に臨んで打ち鳴らす太鼓の大音声《だいおんじょう》を聞くだけで、ひっくり返ってしまうだろう。

それに、あなたがたは、思うに、十分美しくもなければ、生まれもよくない。私の教えのために必要なのは、清らかで滑らかな鏡だ。あなたがたの表面に映すと、私自身の肖像まで歪んでしまう。

あなたがたの肩は、いくつもの重荷、いくつもの記憶で圧迫されている。いくつものろくでもない小びとが、あなたがたの片隅にうずくまっている。あなたがたの内部にも、隠れた賤民がいる。

あなたがたが上位の高等な種族だとしても、あなたがたの多くの部分は、ひん曲がっていて、奇形である。あなたがたを正しくまっすぐに鍛え直してくれる鍛冶屋《かじ》は、どこにもいない。

あなたがたは、橋にすぎない。もっと高等な者たちが、あなたがたを踏み越えて渡っていけばいいのだ。あなたがたは、階段ということなのだ。あなたがたを踏みつけて自分の高みに登ってゆく者に、腹を立ててはならない。

あなたがたの種子から、いつの日か、私の本当の息子といえる完全な後継者が育ってくれるかもしれない。だが、その日は遠い。あなたがた自身は、私の遺産と名前を受け継ぐ者たちではない。

私がこの山中で待っていたのは、あなたがたではなかった。あなたがたと一緒では、私は最後の下山を果たすことができない。あなたがたが私のところに来たのは、あなたがた以上に高等な者たちがすでに私を訪れる途上にあることを告げる予兆にすぎない。――

――その者たちは、大いなるあこがれ、大いなる吐き気、大いなる嫌気を抱く人間たち、つまり、あなたがたが神の名残と呼んだもの、ではない。

――否、否、三たび否！　私がこの山中で待っていたのは、別の者たちだ。彼らが来なければ、私はここから腰を上げるつもりはない。

――もっと高等な、もっと強い、もっと勝ち誇った、もっと陽気な者たち、心身ともにまっすぐ鍛えられている者たちを、私は待っている。つまり、笑うライオンたちが来なくてはならないのだ。

おお、私の客人たち、変人たちよ。――あなたがたは、私の子どもたちのことはまだ何も聞かなかったか。彼らが私を訪れる途上にあるということを。

私の園《その》のことを、私の至福の島のことを、私の新しく美しい種族のことを、私に語ってほしい。――あなたがたは、なぜそれを聞かせてくれないのか。

あなたがたの愛情から私が欲しいと願っているのは、この手土産だ。あなたがたが私の子どもたちのことを聞かせてくれることだ。そのために私は豊かになったのだし、そのために私は貧しくなったのだ。私があげてしまわなかったものなどあろうか。

――一つのものを手に入れるためなら、私はどんなものもあげてしまうだろう。つまり、この子どもたち、この生ける植え付け、私の意志と私の最高の希望が育つこの生命の木を、手に入れるためなら！」

ツァラトゥストラはこう言って、突如語るのをやめた。あこがれが彼を襲ったからである。心中の感動のあまり、彼は目と口を閉じた。客人もみな押し黙り、茫然と立ち尽くしていた。ただ、老いた占い師だけが、身振り手振りで合図をした。

晩餐

つまり、ここで占い師は、ツァラトゥストラと客人たちの挨拶をさえぎったのである。彼は、もう一刻の猶予もならぬといった様子で、せかせか前に出て来て、ツァラトゥストラの手をつかんで、こう叫んだ。「それにしても、ツァラトゥストラよ。

他はさしおいても一事が必要、とは、あなた自身の言うところだ[*27]。それで結構。今の私にとって、他のすべてをさしおいて一事が必要なのだ。

ちょうどよい潮時に一言述べさせていただく。あなたは私を食事に招待してくれたのではないかね。ここにいる者たちには、遠路はるばる訪ねてきた客も多い。まさかあなたは、話だけ聞かせてわれわれを追い払うつもりではあるまいね。

あなたがたにしても、揃いも揃って、やれ凍えるだの、溺れるだの、窒息するだの、その他の肉体上の我慢の限界だの、泣き言をさんざん私にこぼしたが、私の肉体上の我慢の限界については、誰も言わなかった。――」

（占い師はこう言った。ツァラトゥストラの動物たちは、この言葉を聞くと恐れをなして逃げ出した。というのも、彼らが昼のあいだ持ち込んでおいたものくらいでは、占い師一人の胃袋を満たすにも足りないことが分かったからである。）

「喉《のど》の渇きを含めてのことだ」と占い師は続けて言った。「ここにいると、川のせせらぎの音が聞こえてくる。知恵が語っているかのようだ。そう、倦《う》むことを知らぬ清らかな水の音。だが、私が欲しいのは——ぶどう酒だ。

誰もが、ツァラトゥストラのように生まれつき水しか飲まない人間というわけではない。水は、疲れた者、衰弱した者にも役立たない。われわれに与えられてよいのは、ぶどう酒だ。——めきめき快復し、即座に健康になるには、ぶどう酒をいただくにかぎる！」

占い師がぶどう酒を所望したこの機会をとらえて、口数の少ない左側の王も、珍しく発言した。「ぶどう酒なら」と彼は言った、「われわれが、つまり私と、私の兄である右側の王が調達しておいた。われわれはぶどう酒を十分持っている——ロバにたっぷり積んできた。ないのはパンだけだ」。

「パン？」とツァラトゥストラが答えて、笑った。「パンなど、隠者が持ち合わせているわけがない。だが、ひとはパンだけで生きるのではない。上等な子羊の肉によっても生きる。私は子羊を二匹持っている。

——このごちそうをさっそく屠《ほふ》り、サルビアで味付けして調理しよう。私の好物だ。根菜や果物も揃っている。うるさい美食家でも、これなら文句はあるまい。ほかに胡桃《くるみ》もあるし、胡桃のようにパチンと割って解き明かすのに絶好の謎もある。

では、すぐ晩餐ということにしよう。だが、一緒に食事をしたい者は、手も貸さなければならない。王たちもだ。ツァラトゥストラのところでは、王が料理人であってもおかしくないからだ」。

この提案に、一同は心から賛成した。ただ、進んで乞食になった人だけは、肉と酒と香辛料に抗議した。[*28]

「さては、この美食家ツァラトゥストラの言うことを聞くがいい!」と、彼はたわむれに言った。「われわれが高い山に登って洞窟までやって来たのは、こんなごちそうにあずかるためだったのだろうか。

ツァラトゥストラがかつて、「清貧こそ讃えられるべきだ」とわれわれに説いたことの意味が、今ようやく分かった。また彼が、乞食にはいなくなってもらいたい、と言った理由もだ」。

「そう言わず、機嫌を直してくれ」とツァラトゥストラは答えた。「私と同じく上機嫌でいてほしい。あなたは立派だ。あなたの習慣を変える必要はない。あなたの穀粒を噛み、あなたの水を飲み、あなたの菜食を讃えるがいい。あなたがそれで満ち足りて愉しければ、それでいいのだ。

私は、私の仲間にとっての掟でこそあれ、万人向けの掟などではない。私の仲間になるには、骨は強くなければならず、足も軽くなければならない。――

――戦いと祭りに嬉々として馳せ参じ、塞《ふさ》ぎの虫や夢想屋ではなく、どんな困難なことにも祭りに行くように進んで挑み、健康で健全でなければならない。

最善のものは、私の仲間と私のものになる。われわれにそれが与えられないのなら、われわれはそれを奪ってやろう。――最善の食物、最も清らかな天空、最強の思想、最も美しい女たち！」――

ツァラトゥストラはこう言った。すると、右側の王が答えて言った。「不思議なことだ。賢者の口から、かくも賢明な言葉を聞いたためしがあっただろうか。

そう、賢者が、博識に加えて、賢明でもあり、かつロバでないとは、世にも不思議なことだ」。

右側の王はこう言って、訝《いぶか》しんだ。するとロバが、王の言葉に応じて、悪意をこめて、「あっそう《イーアー》」[*29]と口をきいた。これが、歴史書で「晩餐」と呼ばれる、あの長い会食の始まりであった。さて、この会食で話題にのぼったのは、ほかでもない、「高等な人間」であった。

高等な人間[*30]

1

私がはじめて人間たちのところに行ったとき、私は隠者にありがちな愚行、大いなる愚行をやってのけた。つまり、私は市場に出ていったのだ。

そして、私が万人に向けて語ったとき、私は誰にも語っていなかった。その日の夕方、私の仲間になったのは、綱渡り師とその死体だった。私自身、死体も同然だった。

だが、新しい朝とともに、一個の新しい真理が私を訪れた。そこで私は、こう言うことを学んだ。「市場や、賤民や、賤民の喧騒や、賤民の長い耳が、私に何だというのだ！」

あなたがた、高等な人間よ、私から学びなさい。市場には、高等な人間のことを信じる者などいないということを。あなたがたが市場で語りたければ、そうするがいい。だが、賤民はまばたきをして、こう言うだろう。「われわれはみな平等だ」。

「あなたがた、高等な人間よ」――と、賤民はまばたきをしてこう言うだろう――「高等な人間など存在しない。われわれはみな平等だ。人間は人間だ。神の前では――人間はみな平等だ！」

神の前では！――だが今や、その神が死んだ。賤民の前では、われわれは平等でありたくはない。あなたがた、高等な人間よ、市場から立ち去ることだ。

2

神の前では！――だが今や、その神が死んだのだ。あなたがた、高等な人間よ。この神は、あなたがたの最大の危険だった。

神が墓に横たわって以来、あなたがたはようやく復活したのだ。今やはじめて、大いなる正午がやって来る。今やはじめて、高等な人間が――主人になるのだ。

おお、兄弟たちよ、この言葉が分かったか。あなたがたは驚愕している。あなたがたの心はめまいをおぼえているのか。あなたがたの前で、深淵がパックリ口を開いたのか。あなたがたの前で、地獄の犬がキャンキャン吠えているのか。

よし、さあ、あなたがた、高等な人間よ。今やはじめて、人間の未来という名の山が陣痛に襲われる。神は死んだ。今やわれわれは欲する――超人が生まれることを。

3

心配で仕方ない人は、今日こう尋ねる、「どうしたら人間をこのまま維持できるだろうか」と。だがツァラトゥストラは、ただ一人の最初の者として、こう尋ねる、「どうしたら人間を克服できるだろうか」と。

私が気に懸けているのは、超人だ。超人こそ、私の第一のただ一つの気がかりなのだ――人間などではない。隣人でも、最も貧しい人でも、最も悩める人でも、最も善き人でもない。――

おお、兄弟たちよ、人間のどういう点を私は愛せるだろうか。それは、人間が一個の移行であり、没落だという点だ。そして、あなたがたのうちにも、愛と希望を私に抱かせる多くのものがある。

あなたがた、高等な人間よ、あなたがたが軽蔑しているということ、それが私に希望を抱かせる。なぜなら、大いなる軽蔑者は、大いなる尊敬者だからだ。

あなたがたが絶望しているということ、そこには尊敬に値する点がたくさんある。というのも、あなたがたは屈従する仕方を学ばなかったからである。小賢しさというものを学ばなかったからである。

じっさい今日では、ちっぽけな人間どもが主人になってしまった。彼らがそろって説いているのは、従順であり、謙遜であり、利口さであり、勤勉であり、気配りであり、ほかにも延々と続くちっぽけな徳目である。

女々しいもの、奴隷根性、とりわけ賤民どものごたまぜ。そんな代物が、人間のあらゆる運命を支配する主人になろうとしている。――ああ、吐き気、吐き気、吐き気！

そんな代物が、飽きもせず繰り返しこう尋ねる、「どうしたら人間を維持できるだろうか、最も良く、最も長く、最も快適に？」かくして――奴らは、今の世の中を支配する主人に収まっている。

今の世の中を支配するこの主人どもを克服してくれ、おお、兄弟たちよ。――このちっぽけな人間たち、彼らは超人にとっての最大の危険なのだ。

あなたがた、高等な人間よ、克服してくれ、ちっぽけな徳を、ちっぽけな利口さを、砂粒のような気配りを、アリのようにウヨウヨいる奴らを、あわれむべき逸楽を、「最大多数の幸福」を！――

屈従するよりはむしろ、絶望するがいい。そう、私があなたがたを愛するのは、あなたがた、高等な人間が、今の世の中に生きることを心得ていないからだ。つまり、あなたがたの生き方こそ――最善だからだ！

4

おお、兄弟たちよ、あなたがたは勇気を持っているか。あなたがたは勇ましいか。他人に見られて発揮する勇気ではなく、もはや神にすら見つめられることのない隠者の勇気、鷲の勇気を持っているか。

冷たい心とか、鈍いラバとか、目の見えない者とか、酔っ払いとかを、私は勇ましいとは呼ばない。勇ましいといえるのは、恐怖を知りつつも恐怖を抑える者だ。奈落の底を覗きながら誇りを失わない者だ。

鷲のまなざしで深淵を覗く者、鷲のカギ爪で深淵を摑む者、そういう者こそ、勇気の持ち主なのだ。――――

5

「人間存在は邪悪だ」——最高の賢者たちはみなそう言って私を慰めた。ああ、今日でもそれが真実であってくれさえしたら。というのも、悪こそは人間の最善の力だからだ。

「人間は、より善く、かつより悪くならなければならない」——と私は教える。最悪のものは、超人の最善のもののために必要である。

ちっぽけな人たちに説教したあの男にとっては、彼が人類の罪に悩み、それに耐えたのは、善いことだったのかもしれない。しかし私からすれば、大いなる罪は大いなる慰めに思えて嬉しくなる。——

だが、こういったことを、長い耳の持ち主たちは聞かされたことがない。あらゆる言葉が、どんな口にもふさわしいわけではない。なかなか精妙で深遠な事柄だ。羊の爪でつかまえようとしても、そうは問屋が卸さない。

6

あなたがた、高等な人間よ、私が生きているのは、あなたがたを劣悪にしたものを優秀にするためだと思うか。

それとも、私は、あなたがた悩める者を、これからは安眠させようとしているとでも思うか。それとも、あなたがた放浪者、道に迷った者、間違って登った者に、もっと歩きやすい新しい道を教えてやろうとしているとでも？

否、否、三たび否！　あなたがたのような人間のますます多くの者たち、ますます優れた者たちが、破滅しなければならない。——というのも、あなたがたはますます生きにくく、生きづらくならなければならないからだ。そうであってこそ——

——そうであってこそ、人間は、稲妻に打たれて砕け散る、あの高みにまで生長してゆくのだ。稲妻に打たれるほど十分に高く！

数少ないもの、長期のもの、はるか遠くのものへと、私の思いと私のあこがれは向かう。あなたがたのちっぽけで、たくさんの、つかのまの悲惨が、私に何だというのか。

あなたがたは、まだ十分に悩んでいない。というのも、あなたがたは、自分のことで悩んでいるからだ。まだ人類のことで悩んでいないからだ。そうではないと言うのなら、あなたがたはウソをついたことになる。あなたがたはみな、私の悩みの種を悩んでいるのではない。——

7

稲妻が被害を及ぼさないというだけでは、私には不十分だ。私は稲妻をよそへ逸らそうとは思わない。私としては、稲妻にうまく——働いてもらいたいのだ。——

私の知恵が雲のように集まって、すでに久しい。それはますます静かになり、暗くなっている。いつの日か稲妻を生み出すはずの知恵は、すべてそういうものなのだ。——

私は、今の世の人たちを照らす光でありたくはない。光と呼ばれたくはない。彼らの目を——私はくらませてやりたいのだ。私の知恵の稲妻よ、彼らの目を突き刺して、失明させてやれ。

8

あなたがたの能力を超えたものを欲するな。自分の能力を超えたものを欲する者たちにあっては、ろくでもないニセモノがまかり通るものだからである。

とりわけ、彼らが偉大なことをなしとげたいと欲するときには、だ。というのも、彼らは偉大なことに対する不信を目覚めさせてしまうからだ、この精妙な贋金作りにして俳優たちは。——

——あげくには、彼らは自分自身をも偽ってしまう。やぶにらみの目付きで、うわべだけ取り繕い、中身は虫に喰われているくせに、強烈な言葉と、徳の貼り紙と、光り輝くニセの仕事を隠れ蓑にする。

あなたがた、高等な人間よ、この点、よくよく用心することだ。なにしろ、今日では正直ほど貴重で稀有なものはないと思うからだ。

現代は、賤民の時代ではないのか。賤民は、何が偉大で何が卑小か、何がまっすぐで正直なのかを知らない。彼らは無邪気にひん曲がっていて、ウソばかりつく。

9

今日では、よほど不信を抱かなくてはならない、あなたがた高等な人間、果敢な者たち、あけっぴろげの者たちよ。あなたがたが根本に据えている理由は隠しておいたほうがいい。現代は賤民の時代だからだ。

賤民がかつて理由なしに信じることを学んだ事柄を、理由を示して——ひっくり返してやることが誰にできようか。

それに、市場で人びとを納得させるのに使われているのは、身ぶりだ。なのに、理由など示したら、賤民は不信を募らせるだけだ。

市場で真理が勝利を収めるようなことがあったら、よくよく疑って、自問してみることだ。「どんな強力な誤謬が真理の助太刀をしてくれたのかな」と。

学者たちにも用心するがいい。彼らはあなたがたを憎んでいる。というのも、彼らは不毛だからだ。彼らは冷たく乾いた目をしている。彼らにかかると、どんな鳥も毛をむしられて横たわる。

学者たちは、ウソをつかないと自慢している。だが、ウソをつけない無力さは、真理への愛には程遠い。用心することだ。

熱病を免れているからといって、認識には程遠い。冷え切った精神など、私は信じない。ウソもつけない者には、真理の何たるかは分からない。

10

高く登りたいと思うなら、自分の脚を使うことだ。高いところへ運んでもらおうと思ってはならない。他人の背中や頭に乗っかろうとしてはならない。

あなたは、馬を使って登ろうというのか。目的地へ急ぐには、馬を駆って山を登ればいいというのか、わが友よ。あなたの萎えた足も、馬に便乗するというわけだな。

目的地に着いて、馬から飛び降りるとき、高等な人間よ、あなたは、ほかでもないあなたの山頂で——転ぶことだろう。

11

あなたがた、創造者、高等な人間よ。われわれに身ごもることができるのは、自分の子どもだけだ。

説き伏せられたり、信じ込まされたりするな。あなたがたの隣人とは、いったい誰のことなのだ。それに、あなたがたがいくら「隣人のために」励んでも、――隣人のために創造することはできないのだ。

あなたがた、創造者よ、そんな「誰々のために」など、忘れてしまうことだ。あなたがたの徳がまさに欲するのは、あなたがたが「誰々のために」とか「何々の目的で」とか「かくかくの理由で」とかいった大義名分では何事も行なわない、ということだ。こういった偽りのちっぽけな言葉が聞こえないように、あなたがたの耳を塞ぐべきだ。

「隣人のために」など、ちっぽけな人間たちの徳にすぎない。彼らは「人間相和《あいわ》して」とか「おたがい助け合おう」とか言い合っている。――彼らには、あなたがたの利己心に与《あずか》る権利も力もないのだ。

あなたがた、創造者よ、あなたがたの利己心には、身ごもっている人ならではの用心と神慮がそなわっているのだ。誰もまだ目で見たことのないもの、その果実を、あなたがたは愛のかぎりを尽くして、護り、労わり、養っている。

あなたがたが愛のかぎりを尽くすところ、つまりあなたがたの子どものもとには、あなたがたの徳も全部そろっている。あなたがたの仕事、あなたがたの意志こそ、あなたがたの「隣人」にほかならない。いつわりの価値を信じ込まされないことだ。

12

あなたがた、創造者、高等な人間よ。産まずにいられない者は病気に罹《かか》っている。また、産み終えた者は不浄である。

女たちに訊いてみるといい。楽しいから産むのではない。ニワトリや詩人が鳴くのは、苦しいからだ。

あなたがた、創造者よ、あなたがたには不浄なところがたくさんある。それは、あなたがたが母とならなければならないからだ。

新しい子ども、おお、なんと多くの新しい汚物も一緒に生まれてきたことか。脇によけるがいい。産み終えた者は、自分の魂を洗い清めなくてはならない。

13

自分の実力以上に有徳であろうとするな。また、できそうにないことを自分に求めようとするな。

あなたがたの祖先の徳が残してきた昔の足跡をたどるがいい。祖先の意志があなたがたと一緒に登るのでなければ、あなたがたはどうして高く登ろうというのか。

初子《ういご》になろうとする者は、末子《まつし》にもなってしまわないよう気をつけるがいい。あなたがたの祖先が悪徳を発揮した所で、あなたがたが聖者顔《づら》をするのはやめたほうがいい。

祖先が女と強い酒とイノシシを好んだのに、その子孫が純潔をおのれに求めたとしたら、どうなるだろうか。

たわけというものだ。そういう子孫が妻を一人、もしくは二人、もしくは三人持つにとどめたなら、彼にしては上出来だと私は思う。

また、彼が修道院を建て、その門戸に「聖人への道」と書いたとすれば、――私は言ってやろう。「どこへだって？　またぞろ新種のたわけというわけか」。

彼は自分のために監獄兼避難所を建てたのだ。それでうまくいけばいい。だが、私はうまくいくとは思わない。

孤独の中では、ひとがその中に持ち込んだものが成長する。内なる獣もだ。そういうわけで、多くの人には孤独は勧められない。

砂漠の聖者ほど汚《きたな》らしいものが、これまで地上に存在しただろうか。彼らの周りには、悪魔が出没しただけでなく、――ブタも出没した。

14

オズオズと、恥ずかしがり、不器用に、まるで飛びそこなったトラのように、そんなふうにあなたがたが忍び足で去ってゆくのを、あなたがた、高等な人間よ、私はしばしば見た。出たサイコロの目が悪くて、あなたがたは失敗したのだ。

しかし、あなたがた、賭博者よ、それがどうしたというのだ。あなたがたは、賭けをして遊び、笑い飛ばすことを、つまり、どのように賭けをして遊び、笑い飛ばすべきなのかを、学ばなかったのだ。われわれはいつだって、大いなる嘲笑と賭博のテーブルに就いているのではないか。

それに、あなたがたが大きなことに失敗したとしても、だからといって、あなたがた自身が――失敗だったのだろうか。それに、あなたがた自身は失敗だったとして、だからといって――人間が失敗だったのだろうか。では、人間が失敗だったとして――それもよし、それで結構だ。

15

物事は、高等な種類であればあるほど、成功することはまれだ。あなたがた、高等な人間よ、あなたがたは揃いも揃って――失敗作ではないのか。

元気を出しなさい、そんなことが何だろう。できることはまだたくさんあるのだから。自分自身を笑うことを学ぶことだ。そう笑うべくして笑うことを、だ。

あなたがたが失敗作で、中途半端な作品だとしたところで、何の不思議があろうか。あなたがた、半ば壊れた者たちよ。あなたがたの中で押し合いへし合いしているのは――人間の未来ではないか。

人間にとって最も遠いもの、最も深いもの、星の高さにあるもの、そのとてつもない力。それらすべてが、あなたという鍋の中でひしめき合って、泡立っているのではないか。

鍋がいくつも壊れたとしても、何の不思議があろうか。自分自身を笑うことを学ぶことだ。そう笑うべくして笑うことを。あなたがた、高等な人間よ、おお、できることはまだたくさんあるのだ。

そう、何と多くのものがもう成功したことか。この地上は、小さくて上等で完全な物事、上出来のものに何と満ちていることか。

あなたがた、高等な人間よ、小さくて上等で完全な物事を、身の回りに置くがいい。その黄金の円熟は、心を癒してくれる。完全なものは、希望を教えてくれる。

16

これまでこの地上で犯された最大の罪とは、何であったか。「この世で笑っている人びとはわざわいだ[*31]」と言った、あの人の言葉ではなかったか。

あの人自身は地上で、笑いの種を何も見出さなかったのだろうか。それは、彼の探し方が下手だっただけだ。子どもだって、笑いの種くらいすぐ見つけられるのに。

彼は――愛し方が足りなかった。足りていたら、われわれ笑う者たちをも彼は愛したことだろう。だが彼は、われわれを憎み、嘲《あざけ》った。われわれが泣き叫び、歯がみするだろうと予告した。

だいたいひとは、愛していないからといって、すぐ呪わなければならないものだろうか。それは――悪趣味だと私は思う。だが、彼はそうした。有無を言わさぬこの絶対者は。彼は賤民の出身だった。

彼自身の愛し方が足りなかっただけだ。足りていたら、彼が人びとに愛されなかったからといって、あれほど腹を立てなかっただろう。およそ大いなる愛は、愛を求めたりはしないものだ――それ以上を求めるから。

そういう有無を言わさぬ絶対者は、すべて避《よ》けたほうがいい。その手の輩《やから》は、哀れな病める者たちだ。賤民の輩だ。この世の生に対する彼らの見方はろくでもない。彼らはこの地上に邪悪なまなざしを向ける。

そういう有無を言わさぬ絶対者は、すべて避けたほうがいい。彼らの脚は重たく、彼らの心は鬱陶しい。――彼らは踊ることを知らない。そういう者たちに、どうして大地が軽いものとなりえようか。

17

善きものは万事、曲がりくねった道を通って目標に近づく。猫のように背中を曲げては、近づいてきた幸福を目の前にして、心の中でゴロゴロ喉《のど》を鳴らす。――善きものは万事、笑う。

歩き方だけで、その人が自分の道を歩んでいるかどうかが分かる。私が歩いているところを見るがいい。自分の目標に近づいた者は、踊り出す。

そう、私は立像にはならなかった。石柱のように、硬く、鈍く、突っ立ってはいない。私は疾走するのが好きだ。

地上に沼地があり、分厚い憂愁があるとしても、軽やかな脚の持ち主は、泥をさっさと飛び越えて、ピカピカの氷の上を舞うように踊る。

兄弟たちよ、心を高く引き上げよ、高く、もっと高く。だが、脚のことも忘れるな。脚も高く引き上げよ、あなたがた、よき踊り手よ。もっといいのは、逆立ちすることだ。

18

笑う者のこの王冠、このバラの花輪の王冠。私はみずから、この王冠を頭上に載せた。私はみずから、私の笑いは神聖だと言ってのけた。今日これだけのことをやれる強者は、私のほかには誰もいないことが分かった。

踊り手《ダンサー》ツァラトゥストラ、軽やかに舞う人ツァラトゥストラは、目配せしてすべての鳥に合図を送り、飛び立つ準備をする。すっかり用意を整えて、至福のあまり浮わついて有頂天になる。——

占い師ツァラトゥストラ、笑いの占い師ツァラトゥストラ。せっかちでイライラすることもなければ、有無を言わさぬ絶対者でもなく、躍り上がったり横跳びしたりするのが好きな人。そういう私はみずから、この王冠を頭上に載せた。

19

兄弟たちよ、心を高く引き上げよ、高く、もっと高く。だが、脚のことも忘れるな。脚も高く引き上げよ、あなたがた、よき踊り手よ。もっといいのは、逆立ちすることだ。

幸福なときでも重苦しい動物はいる。はじめから足の不恰好な者もいる。逆立ちしようと懸命になるゾウのように、彼らは懸命に奇妙な努力をする。

だが、幸福を前にしておどけるほうが、不幸を前にしておどけるよりましだ。不恰好に踊るほうが、足を引きずって歩くよりはましだ。とにかく私の知恵から学びとるがいい。最悪のものにも、二つくらいは良い裏側があるということを。——

――最悪のものにも、踊るのにお誂《あつら》え向きの両脚がある。あなたがた、高等な人間よ、とにかく、自分自身のれっきとした脚で立つことを、私から学ぶがいい。

とにかく、憂愁の調べを吹き鳴らし、ありったけの賤民の悲哀を吹聴するのはやめなさい。おお、今日、賤民お気に入りの道化役者のなんと哀れに思えることか。だが今日は、賤民の世の中なのだ。

20

山の洞窟から吹きおろす風のように、やってみせてくれ。風はおのれの吹き鳴らす笛の音に合わせて踊ろうとする。風に足蹴にされて、海はブルブル震え、跳ね上がる。

ロバに翼を与え、雌ライオンの乳を搾る、このいきで奔放な精神を讃えよう。それは、今日の一切とすべての賤民に、嵐のように襲いかかる。――

――あざみの頭のようにトゲトゲしく思い煩う頭を吹き飛ばし、しおれた葉っぱや雑草を片っ端から吹っ飛ばす。この荒々しくいきで自由な嵐の精神を讃えよう。それは、沼地のように底知れぬ憂愁の上でも、さわやかな草原と同じように踊るのだ。

やせ犬のような賤民を憎み、出来損ないの陰気な奴らをどいつもこいつも憎む。この自由精神の中の自由精神を讃えよう。この笑う嵐は、根暗な目付きの潰瘍《かいよう》病みどもの目に、埃《ほこり》を吹き込んでやるのだ。

あなたがた、高等な人間よ、あなたがたの一番まずいところは、あなたがたがみな、そう踊るべくして踊ることを学ばなかったことだ――自分自身を超えて踊ることを、だ。あなたがたが失敗作だからといって、そんなことはどうでもいい。

できることはまだたくさんあるのだ。とにかく、自分自身を超えて笑うことを学びなさい。あなたがた、いきな踊り手よ、心を高く引き上げよ、高く、もっと高く。そして、いきに笑うことも忘れないことだ。

笑う者のこの王冠、このバラの花輪の王冠、あなたがた、兄弟たちよ、私はあなたがたにこの王冠を投げてあげよう。笑いは神聖だと私は言ってのけた。あなたがた、高等な人間よ、私から学びなさい――笑うことを。

憂鬱の歌

1

このように語ったとき、ツァラトゥストラは洞窟の入口近くに立っていた。彼は、最後の言葉を言い終えると、客人たちのところから抜け出し、しばらくの間、外に逃れた。

「おお、私を取り巻く清らかな香り」と彼は叫んだ。「おお、私を取り巻く至福の静けさよ。ところで、私の動物たちはどこへ行った。おいでおいで、私の鷲と蛇よ！

　言っておくれ、私の動物たちよ。彼ら高等な人間は、揃いも揃って――どうも、よくない臭いがするのではないか。おお、私を取り巻く清らかな香りよ。今やっとしみじみ分かった、私の動物たちよ、私がおまえたちをどんなに愛しているかを」。

　――そしてツァラトゥストラはもう一度、「私はおまえたちを愛している、動物たちよ」と言った。彼がこう言うと、鷲と蛇は彼のほうに身を寄せてきて、上を向いて彼を見つめた。そんなふうにして、三者は物静かに寄り添い、仲良く空気を嗅いでは、しきりに吸い込んだ。というのも、高等な人間のところより、こちらの外のほうが、空気がよかったからである。

2

　だが、ツァラトゥストラが洞窟からいなくなるやいなや、老魔術師は立ち上がり、狡猾な目付きで周りを眺めて、こう言った。「出て行ったぞ。

　あんたたち、高等な人間よ――私もツァラトゥストラその人と同じように、この阿諛追従《あゆついしょう》の名前で、あんたたちの心をくすぐってやろう――、さっそく私は、魔法で騙す私の悪霊に襲われている。私の憂鬱な悪魔に。

——そいつは、あのツァラトゥストラの根っからの敵対者だが、大目に見てやってくれ。

さて、この悪霊はあんたたちの前で魔法を披露するつもりだ。そいつに絶好の時がやって来た。私などがこの悪霊に戦いを挑んでもムダだ。

あんたたちが揃いも揃って、どんなに偉そうな言葉で名乗ろうとも、やれ「自由精神」だの、「誠実な人」だの、「知的贖罪者」だの、「束縛から解放された者」だの、「大いなるあこがれを抱く者」だのと自称しようとも——

——あんたたちは残らず、私と同じく、大いなる吐き気に悩んでいるのだ。あんたたちにとって、古い神は死んだのだし、まだ新しい神が揺りかごの中でおむつに包まれて寝ているわけではない。——あんたたち全員を、私の悪霊つまり魔法の悪魔は気に入っている。

あんたたち、高等な人間よ、私にはあんたたちのことが分かっている。彼のことも——私はあの怪物のことも分かっている。私はツァラトゥストラを心ならずも愛している。私にはしばしば、ツァラトゥストラは一個の美しい聖なる仮面のように思われる。

——一個の不思議な仮装大会のように思われる。私の悪霊、憂鬱な悪魔は、この仮装大会がお気に入りなのだ。——私がツァラトゥストラを愛しているのも、私の悪霊のせいだと思われてならない。——

おや、そいつがさっそく私に襲いかかり、私を無理強いし始めた。この憂鬱の霊、この夕暮れの悪魔が。そう、あんたたち、高等な人間よ、そいつは発情している——

――目を見開いて見るがいい。――そいつは発情して、裸で近づいてくる。男だか女だか私にはまだ分からない。しかし近づいてきて、私を無理強いする、ああ、目と耳を開いて、よく見聞きするがいい。

昼の音は静まり、今や万物に夕暮れが訪れる。どんなに良いものにも訪れる。さあ、聞くがいい、見るがいい、あんたたち、高等な人間よ。男にせよ女にせよ、この夕暮れの憂鬱の霊が、どんな悪魔なのかを！」

老魔術師はこう言った。そして、狡猾な目付きで周りを眺めてから、竪琴《ハープ》を手にとった。

3

空の明るさは失せ、
早くも露が慰めのように
大地に降りそそぐ。
そのさまは目には見えず、耳にも聞こえない。――
というのも、慰めとなってくれる露は、
すべての優しい慰めと同じく、柔らかな靴を履いているからだ。――
憶えているか、熱き心よ、憶えているか、

かつておまえが、どんなに渇望していたかを。
天空の涙、露の滴《したた》りを欲しがり、
身を焦がし、疲れ切って、どんなに渇望していたかを。
そんなとき、黄ばんだ草の小道を行くと、
意地悪な夕日のきらめきが、
おまえの周りの鬱蒼とした木立に射し込んだ。
まばゆい夕焼けのきらめきが、他人の不幸を見て喜んでいた。

「真理の求婚者だって？　おまえが？」――と夕日のきらめきは嘲《あざけ》った――
「いや、ただの詩人にすぎない！
狡猾に忍び寄る一匹の猛獣だ。
口を開けば必ずウソをつく。
分かっていながら、わざとウソをつかざるをえない。
むやみに獲物を欲しがり、
色とりどりの仮面をかぶり、
自分自身に対しても仮面をかぶり、
自分自身も獲物にしてつけ狙う――
そんなおまえが――真理の求婚者だって？

いや、道化にすぎない！　詩人にすぎない！
口ぶりだけは色とりどりで、
道化の仮面を通して、色とりどりの叫び声を上げる。
ウソだらけの言葉で橋を架けて、昇り降りする。
七色の虹の架け橋を、
偽りの天空と
偽りの大地の間に架けては、
あちこち彷徨《さまよ》ったり、浮遊したりする。——
道化にすぎない！　詩人にすぎない！

い、い、い、
そんなおまえが——真理の求婚者だって？
物静かでどっしりと動かず、滑らかで冷たい
石像にされて、
神の柱像になったことは、おまえにはない。
神殿の前に立て置かれて、
神の門衛役を務めたことはない。
いや、そんなふうに真理が立像と化すことに敵意を燃やし、
神殿の前よりはましだと、どんな荒野にも棲みつく。

ネコの気まぐれを存分に発揮し、
どんな窓からも飛び込んでは、
どんな偶然の中にもサッと押し入る。
どんな原始林をも嗅ぎつけて、
病的なまでにあこがれて探し回る。
おまえは原始林の中で、
色とりどりの模様の猛獣たちに交じって、
罪なほど健康で、色きらびやかに走り回りたいのだ。
物欲しげな口元をして、
至福の嘲笑、至福の地獄、至福の嗜虐《しぎゃく》で、
掠奪したり、忍び歩いたり、窺ったりして*32走り回りたいのだ。――

あるいは、鷲のように、
長い長い間、深淵をじっと覗き込みたいのだ、
自分自身の深淵を。――
おお、なんとその深淵がここで口を開き、
下の方へ、奥の方へ、
いよいよ深い底へと渦巻いて続いていることか。――

と、そのとき、
突然、まっしぐらに、
翼をサッとはためかせて
子羊に襲いかかる。
激しい飢えに駆られて急襲し、
子羊を欲しがる。
どんな子羊の心優しさにも恨みを抱く。
羊らしく、子羊らしく、おとなしい縮れ毛をして、
子羊やら羊やらの善意に満ちた目付きをした、
灰色のどんな生き物にも、憤怒をたぎらせるのだ。

こんなふうに
鷲のように、豹《ひょう》のようになりたいと、
詩人はあこがれる。
これが、千の仮面をつけたおまえのあこがれだ。
おまえは道化だ！　おまえは詩人だ！

そんなおまえから見れば、人間は

神でもあれば羊でもある。——
おまえは、人間における神を引き裂いた、
人間における羊を引き裂いたように。
引き裂いては笑うのだ——

これが、これこそが、おまえの至福にほかならない。
一個の豹にして鷲の至福なのだ。
一個の詩人にして道化の至福なのだ！」——

空の明るさは失せ、
早くも三日月が鎌の形をして青く光り、
深紅に染まった空のあいだを
妬ましげに忍び歩く。
——昼を憎んで、
抜き足差し足忍び足で、
バラの吊り床《ハンモック》のような空を、
鎌で刈っては沈んでゆく。
夜のほうに降りて、青ざめて沈んでゆく。——

そのように、かつて私自身も
真理を求める狂気に駆られて、
昼を求めるあこがれに駆られて、
昼に疲れ、光を浴びて病気になり、
――下方に、夕暮れのほうに、影のほうに沈んでいった。
一個の真理によって
身を焼かれ、渇きをおぼえて。
――まだ憶えているか、憶えているか、熱き心よ、
そのときおまえが、どんなに渇望していたかを――
私があ、い、い、い、りとあらゆる真理から
追放されてしまえばいいのに、と。
道化にすぎない！
詩人にすぎない！

学問

魔術師はこう歌った。そこにいた一同は、鳥の群れのように、魔術師の狡猾で憂鬱な欲望の網にまんまと引っかかってしまった。虜《とりこ》にならずにすんだのは、知的良心の保持者だけだった。彼は魔術師から竪琴をすばやく奪い取って、こう叫んだ。「空気を入れろ、よい空気を中に入れろ。ツァラトゥストラを中に入れろ。あんたのせいで、この洞窟は鬱陶しくなり毒気で淀んでしまった。ろくでなしのこの老いぼれ魔術師のせいで、だ。

巧妙なこのイカサマ師め、あんたは誘惑して、未知の欲望の密林へと誘い込む。あんたのような者たちが、真理についてああだこうだと騒ぎ立てるのは、わざわいだ。この手の魔術師に用心しないどんな自由精神も、わざわいだ。彼らの自由はもうおしまいだ。あんたのお説教にかどわかされ、牢獄へ逆戻りさせられるからだ。――

――この年とった憂鬱な悪魔め。あんたの嘆き節から誘惑の笛の音が響いてくる。あんたは、純潔を讃えることでひそかに情欲をかき立てる者たちに似ている！」

良心の保持者はこう言った。だが、老魔術師はまわりを見回して、自分の勝利を味わい、良心の保持者によって与えられたイヤな感じなど意に介さなかった。「静かに」と彼は控え目な声で言った。「いきな歌は、いきにこだま[*33]したがるものだ。いきな歌のあとでは、長い沈黙が続かなくてはいけない。

ここにいるご一同、高等な人間は、みなそうしている。あんたには私の歌があまり分からなかったのだろう。あんたには魔法の才といったものが乏しいのだ」。

「私を褒めてくれるのだな」と良心の保持者は答えて言った。「私はあなたとは違う、と言っているのだから。それで結構。それにしても、そのほかのあなたがたは、どうなっているのだ。みんなしてみだらな目付きをして、のんきに坐っているとは。——

あなたがた、自由な魂よ、あなたがたの自由はどこへ行った！　まるで、いかがわしい裸踊りの娘たちを長いあいだうっとり見つめている者たちのように私には思われる。あなたがたの魂までうっとりして踊り出す始末だ。

あなたがた、高等な人間よ、あなたがたの内部には、この魔術師が、魔法で騙す自分の悪霊と呼ぶ代物が、私よりいっぱい詰まっているに違いない。——私とあなたがたとは、きっと違う存在なのだ。

そう、ツァラトゥストラが洞窟に帰ってくるまで、われわれは一緒に十分話し合い、考え合ったのだから、私に分からないはずがない。私とあなたがたとは違う存在なのだ。

この山の上でも、あなたがたと私が求めているものは、違うのだ。つまり私が求めているのは、いっそうの確実性なのだし、だからこそ私はツァラトゥストラのところに来たのだ。なぜならツァラトゥストラこそは、今なお最も堅固な塔にして意志だからだ。——

——一切がぐらつき、あらゆる大地が揺れている今日でも、そうだ。ところが、あなたがたが求めているのは、あなたがたの目付きを見るかぎり、いっそうの不確実性だと私にはっい思われてしまう。——いっそうの戦慄を、いっそうの危険を、いっそうの地震を、あなたがたは求めているのだ。あなたがた、高等な人間よ、私にはついそう思われるので、この思いなしを大目に見てほしい。あなたがたが欲しくてたまらないのは、——

——あなたがたが欲しくてたまらないのは、最悪の最も危険な生なのだ。私にはそんな生は怖くて耐えられない。野獣の生を、森林、洞窟、険しい山々と、迷路のような谷底を、あなたがたは欲しがっている。

そして、あなたがたの一番のお気に入りは、危険から救い出してくれる導き手ではなく、あなたがたをどんな道からも逸らせ、迷わせる導き手、つまり誘惑者なのだ。だが、そのような欲望があなたがたに本当にあるとしても、それでもやはり、そんなものはありえないと私には思われる。

なぜなら、恐怖こそは——人類の先祖代々の根本感情にほかならないからだ。恐怖から、ありとあらゆるものが説明できる。原罪も原徳もだ。私の徳も、恐怖から生じてきた。すなわち、学問という徳も。

なぜなら、野獣に対する恐怖を——人類は、はるか昔から長い年月をかけて飼い馴らしてきたからだ。その野獣の中には、人間が自分自身の内部に宿し、恐怖の的となっている獣もいる。——ツァラトゥストラが「内なる獣」と呼んでいるものだ。

そのような長期にわたる古い恐怖が、ついには洗練され、精神化され、知性化されて——

今日では学問と呼ばれるようになった、と私には思われる」。——

良心の保持者はこう言った。しかし、ちょうどそのときツァラトゥストラが洞窟に戻ってきて、話の最後のところを聞き、推測すると、良心の保持者に向かって手にいっぱいのバラの束を投げつけて、相手の「真理」とやらを笑い飛ばした。「何だって！」とツァラトゥストラは叫んだ。「私はたった今、何たることを聞かされたことか。そう、あなたが阿呆か、それとも私自身が阿呆かのどちらかだ、と私には思われる。私はあなたの「真理」とやらをサッとすばやく逆立ちさせてやろう。

なぜなら、恐怖などは——われわれの例外にすぎないからだ。むしろ、勇気こそ、つまり冒険や、不確かなもの、誰も挑んだことのないものにふれる悦び——そういった勇気こそ、人類の前史の全体にほかならない、と私には思われる。[*34]

最も荒々しく最も勇気ある動物にそなわるすべての徳を、人間は妬み、奪い取った。かくしてはじめて人間は——人間になった。

この勇気、ついには洗練され、精神化され、知性化され、鷲の翼と蛇の賢さをそなえた、この人間の勇気こそ、思うに、ひと呼んで——」

「ツァラトゥストラ！」と、そこに居合わせた全員が口を揃えて叫び、加えて大笑いした。すると、何か重たい雲のようなものが、彼らから離れて飛んで行った。魔術師も笑い、抜け目なく言った。「よし、退散したぞ、私の悪霊は！

あいつは騙し屋でウソつきの欺《あざむ》く霊なのだから、あいつには気をつけろと、私自身があんたたちに言ったではないか。

とくに、あいつが裸で現われるときには気をつけろ、と。だが、あいつの悪だくみに対して、この私に何ができよう。あいつや世界を創造したのは、この私だとでも？

さあ、機嫌を直して愉しくやろう。ツァラトゥストラが険悪な目付きをしているなら――、見物《みもの》というものだ。彼は私に腹を立てているのだ。――

――夜が更けるまでには、彼は私のことが好きになり、私を褒めることを学び直すだろう。そういった愚行を犯すことなしには、彼は長く生きられないのだ。

彼は――敵を愛するのだ。彼ほど、この道を心得た達人に、私は出会ったことがない。その代わり、彼は復讐する――友人に、だ」

老魔術師はこう言った。高等な人間たちは拍手喝采して応じた。すると、ツァラトゥストラは、歩き回って、悪意と愛情をこめて、友人たちと握手を交わした。――あたかも、一同に何らかの償いをし、謝罪しなければならない人のようだった。だが、そうして洞窟の入口に近づいたとき、ごらん、外のよい空気と彼の動物たちのことが、彼にはまたもや愛《いと》おしくなった。――そこで、彼は洞窟の外に抜け出そうとした。

砂漠の娘たちのもとで

1

「出て行かないでください」と、そのとき放浪者は言った。彼はツァラトゥストラの影と名乗った男だった。「私たちのところに居てください。さもないと、古くからの鬱陶しい悲哀が、またもや私たちに襲いかかるでしょう。

あの老魔術師は、さっそく最悪の余興をわれわれに披露してくれた。ほら、そこの善良で敬虔な法王は、目に涙を浮かべて、またもや憂鬱の海にすっかり乗り出している。

二人の王様は、私たちの前では機嫌のいい顔をしてみせるかもしれない。なぜなら、今日、王様というのはそういうそぶりがいちばん上手だからだ。でも、誰も見ていなければ、賭けてもいい、王たちだって悪ふざけをやり散らかすに違いないのだ。――

――流れゆく雲、湿っぽい憂鬱、垂れ込めた空、盗まれた太陽、泣きわめく秋風といった悪ふざけを。

――泣きわめき、助けを求めて叫ぶわれわれの悪ふざけを。おお、ツァラトゥストラ、私たちのところに居てください。ここには、話したくてうずうずしている多くの隠された不幸がある。多くの夕暮れ、多くの雲、多くの鬱陶しい空気がある。

あなたは私たちに、強壮な男の食事と力強い箴言をご馳走してくれた。食後のデザートに、軟弱で女々しい霊がわれわれにまたもや襲いかかるのを許さないでください。

周りの空気を強壮かつ晴朗にしてくれるのは、あなただけだ。これまで私は、あなたの洞窟の中ほどかぐわしい空気をこの世で吸ったことがあっただろうか。

じっさい私は多くの国々を見てきた。私の鼻はさまざまな空気を試しに吸って、良し悪しをかぎ分けられるようになった。そして今、あなたのところで私の鼻孔は最大の悦びを味わっているのです。

ただし――そう、例外があった――おお、ある古い想い出が浮かぶのを許してください。ある古い食後の歌を歌うのを許してください。かつて私が、砂漠の娘たちのもとで作った歌です。――

――なぜなら、その娘たちのところには、同じようにかぐわしい、澄んだ東洋の空気があったからです。あそこでは私は、曇りがちで湿っぽくて憂鬱な古いヨーロッパから、このうえなく遠ざかっていたのだ。

当時私は、そういった東洋の娘たちを、そして、どんな雲にも思想にも曇らされることのない別の青い天国を、愛していた。

彼女たちが、踊らないとき、どんなにおとなしく坐っていたか、あなたたちには分かるまい。深遠に、かといって思想など持ち合わせず、小さな秘密のように、リボンを結んだ謎のように、デザートの胡桃《くるみ》のように、おとなしく坐っていた。――

色とりどりで、じつに異様だった。でも雲のかけらもなく、謎といっても解きやすかった。そんな娘たちのために、私は当時、食後のデザートの詩篇を一つこしらえた」。

放浪者にして影である男は、こう言った。そして、まだ誰も答えないうちに、老魔術師の竪琴をもう手に取って、脚を組み、落ち着き払って、賢そうに周りを見回した。――鼻孔でゆっくりと、尋ねるように空気を吸い込んだ。まるで、新しく訪れた国で新しい異国の空気を味わう人のように。それから男は、唸《うな》るような調子で歌い始めた。

2

砂漠は成長する。砂漠を内に秘めた者は、わざわいだ。[*35]

――こりゃ厳粛だ。
じつに厳粛だ。
荘厳な始まりだ。
アフリカ式に厳粛だ。
ライオンにふさわしい、
いや、モラルを説く咆《ほ》えザルにふさわしい。――

――でも、あなたたち向きじゃない、
とても可愛らしい女の子たちよ、
あなたたちの足元に、
はじめて私は、
ヨーロッパ人として、ヤシの木の下に
坐ることを許された。セラ。

ほんとうに不思議だ。
今ここに私は坐っている。
砂漠の近くでありながら、もう
砂漠からこんなにも遠い。
荒涼としたところがまだどこにもない。
なぜって、奥まで呑み込まれているからだ、
このほんの小さなオアシスに。――
――ちょうどオアシスがあくびをして
可愛らしい口を開けたところだった。
あらゆる口の中で最もよい匂いのする口を。
私はその中に落ちた。

奥の奥まで転がり落ちて——あなたたちのところに出た。
とても可愛らしい女の子たちよ。セラ。

いいぞ、かのクジラよ、それいけ。
こんなふうにお客さんを
もてなしてくれるのなら。——お分かりかな、
私の教養たっぷりの当てこすりが？
いいぞ、クジラのお腹《なか》！
そんなふうにそのお腹が、
かくも可愛らしいオアシスのお腹であったなら、
このオアシスみたいに。でも、私は疑わしいと思う。
——そのためにこそ、私はヨーロッパからやって来たのだ。
どんな年増の奥方よりも
疑り深いヨーロッパから。
神よ、ヨーロッパを改善してください。
アーメン！

今ここに私は坐っている、

このほんの小さなオアシスに、
ヤシの実のように。
茶色になり、すっかり甘くなり、金色の果汁に満ち、
娘の丸い口元に恋い焦がれる。
いやむしろ、あこがれの的は、娘の初々《ういうい》しく、
氷のように冷たく、雪のように白く、鋭利な
歯並びで嚙まれること。そんな渇望に、
どんな熱きヤシの実の心も駆られているのだ。セラ。

いま名ざした南国の果実に
似て、あまりにも似て、
ここに私は転がっている。小さな
羽ばたく甲虫の群れに、
ブンブン踊り回られ、飛び回られて。
それと同様に、もっと小さく、
もっと愚かで、もっと悪意に満ちた
願いや思いつきに悩まされている。――
あなたたちに取り囲まれている。

あなたたち、物言わぬ、いわくありげな
若い雌ネコ、
ドゥドゥとズライカよ。
——要するに、スフィンクス攻めに遭っているのだ、
多くの気持ちをこめて一言で言うと、そうなる。
（神様、お許しください、
こんな罪深い言葉遣いを。）
——ここに私は坐っている、最上の空気を嗅ぎながら。
ほんとうに楽園の空気、
明るくて軽い、黄金の縞のある空気、
こんなにかぐわしい空気は、
月からでも降ってきたのだろう——
偶然そうなったのか、
それとも、調子に乗りすぎて起こったのか、
昔の詩人がそう語ったように。
でも、懐疑家の私は、それも疑わしいと思う。
そのためにこそ私はやって来たのだ、
ヨーロッパから。

どんな年増の奥方よりも
疑り深いヨーロッパから。
神よ、ヨーロッパを改善してください。
アーメン！

このすばらしい空気を呑み込もうと、
鼻孔を杯《さかずき》のようにふくらませて、
未来もなく、記憶もなく、
私はここに坐っている、あなたたち、
とても可愛らしい女の子たちよ。
そして、ヤシの実を見つめている。
ヤシの実が、踊り子のように
体を曲げ、身をくねらせ、腰を振っている。
――ずっと見つめていると、こちらまで腰が動き出す。
その踊り子は、どうもそう思われてならないが、
あまりにも長い間、危険なほど長い間、
いつも、ずっと一本脚で立っていたようだ。
――そのため彼女は、どうもそう思われてならないが、

もう一方の脚を忘れてしまったようだ。
いなくなってしまった双子の大切な片割れを、
とにかく私は探してやったが、ムダだった。
――つまり、もう一方の脚を。――
彼女のとても可愛らしい、とても可憐な
襞《ひだ》のひらひらするキンキラのスカートの
聖域近くまで探したが、見つからなかった。
そう、あなたたち、美しい女の子たちよ、
私の言うことをすっかり信じる気があるのなら、
彼女は失くしてしまったのだ。
もうないのだ、
永遠にないのだ、
もう一方の脚は。
おお、その可愛らしいもう一方の脚はかわいそうだ。
どこに――いるのだろう、見捨てられて嘆いているのか、
一人ぼっちの脚は。
もしかすると、獰猛な
金髪の縮れ毛の物凄いライオンの前で

怖がっているのかもしれない。それとも、とっくに
噛み切られ、ガリガリ齧《かじ》られて――
かわいそうに、ああ、ひどい、ガリガリ齧られるとは。セラ。

おお、泣かないでおくれ。
優しい心よ。
泣かないでおくれ、あなたたち、
ヤシの実の心よ、ミルクの胸よ。
砂糖キビでできた心の
小袋よ。
もう泣かないでくれ、
青ざめたドゥドゥよ。
しっかりしろ、ズライカよ、元気を出せ。
――それとも、ひょっとすると、
強壮剤や強心剤のたぐいが、
ここでは必要なのか。
もったいぶった箴言とか、
厳粛な励ましの言葉とかが？

さあ、出てこい、お偉いさんよ。
偉そうな徳、ヨーロッパの威厳とやら。
吹け、繰り返し吹け、
徳のふいごを。
さあ！
もう一度咆えろ、
モラルを説いて咆えろ、
モラルを説くライオンとして、
砂漠の娘たちの前で咆えろ。
――というのも、徳をわめき立てる声は、
あなたたち、とても可愛らしい女の子たちよ、
何にも優って、
ヨーロッパの熱情であり、ヨーロッパの熱望だからだ。
そして、ここに私はもう
ヨーロッパ人として立っている。
ほかにはどうすることもできない、神よ、助けたまえ。
アーメン！

砂漠は成長する。砂漠を内に秘めた者は、わざわいだ。

目覚め

1

放浪者にして影である男が歌ったあと、洞窟の中は急に騒がしくなり、笑いにあふれた。集まった客人はみな一斉にしゃべり出し、ロバまで元気はつらつとなり、もはや黙っていなかった。そのためツァラトゥストラは、来客にちょっと反感をおぼえ、からかいたくなった。とはいえ、彼らの愉しげな様子は、ツァラトゥストラにとって喜ばしいことだった。というのも、彼らの様子は、快復したしるしだと思われたからである。そこで、ツァラトゥストラは外にそっと抜け出し、鷲と蛇にこう言った。

「さて、彼らの苦悩はどこへ行った？」とツァラトゥストラは、先ほどのちょっとうんざりした気分を早くも脱して、安堵の息をついて言った——「私のところにいるうちに、助けを呼んで叫ぶということは、どうやら忘れてしまったようだ。

――叫ぶことは、残念ながらまだ忘れていないが」。そう言ってツァラトゥストラは自分の耳を塞いだ。というのも、ちょうどその時、ロバの「あっそう《イーアー》」という声が、高等な人間たちの歓喜の騒ぎ声と奇妙に混じって聞こえてきたからである。

「彼らは陽気にはしゃいでいる」と彼は続けて言った。「ひょっとして、彼らを招いた主人は困っているかもしれないのに。それに、彼らは笑うことを私から学びはしたが、彼らが学んだのは私の笑いではない。

しかし、そんなことが何だというのだ。彼らは老人だ。彼らなりに快復し、彼らなりに笑うというわけだ。私の耳は、もっとろくでもないことを聞かされても我慢してきたし、無愛想になったりはしなかった。

今日という日は、一つの勝利だ。あいつはもう退散した、重さの地霊、私の宿敵は！ 今日は何とよい終わりを迎えようとしていることか。ろくでもない重苦しい始まり方をした今日だったが。

そして、今日は終わりを迎えようとしている。もう宵がやって来た。いきな騎手である宵が、海を渡ってご到着だ。真紅の鞍《くら》にまたがって身を揺らしながら、幸せそうに家路を急ぐそのさまといったら！

天空は、明るいまなざしでこれを見つめている。世界は深く横たわっている。おお、あなたがた、私のところにやって来た変人たちよ、私のところで生きることは、それだけでもう甲斐のあることなのだ！」

ツァラトゥストラはこう言った。するとまた、高等な人間たちの叫び声やら大笑いやらが洞窟からどっと聞こえてきた。そこで彼はふたたび語り始めた。

「彼らは食いついてきた。私のエサは効き目があった。彼らの敵、重さの地霊にしても、彼らから失せた。彼らは自分自身を笑うことをもう学んだ。私は聞き間違いをしていないだろうね。

私の男性的な食事、生気みなぎる力強い箴言は、効き目があった。そう、私が彼らに食べさせたのは、腹のふくれる野菜などではない！　そうではなく、戦士の食事、征服者の食事だ。新しい欲望を、私は目覚めさせてやった。*36

新しい希望が彼らの四肢にみなぎっている。彼らは胸をふくらませている。彼らは新しい言葉を見つけた。やがて彼らの精神は、自由気ままに深呼吸をし始めるだろう。

そのような食事は、もとより子ども向きではないだろう。老いた女や若い女のあこがれを満たすものでもないだろう。女子どものはらわたをいっぱいにするには、別の説法が要る。

私は彼らの医者でも教師でもない。

この高等な人間たちから、吐き気が消えた。よし、これは私の勝利だ。私の国では彼らは安全だし、どんな愚にもつかぬ羞恥も逃げ出す。彼らは何でも打ち明ける。

彼らは心中を打ち明ける。よい潮時が彼らに戻ってくる。彼らは祭りに興じ、反芻する。

——彼らは感謝するだろう。

これは最善のしるしだと私は思う。彼らは感謝するだろう。そう遠くないうちに、彼らは祝祭を考えついて、自分たちの往年の喜びのために記念碑を建てるだろう。

彼らは快復しつつある人たちだ！」ツァラトゥストラは愉しげに心の中でこう言って、遠方を見つめた。鷲と蛇は彼に身を寄せてきて、彼の幸福と沈黙に敬意を表した。

2

だが突如、ツァラトゥストラの耳は戦慄に襲われた。なぜなら、さっきまで喧騒と哄笑に満ちていた洞窟が、急に、死んだように静まり返ったからである。——彼の鼻は、濛々《もうもう》と立ちこめる香煙のかぐわしい香りを嗅いだ。松の実を焦がしたような香りだった。

「何が起こったのだ？　彼らは何をしている？」と彼は自問し、入口のほうにそっと近づいた。そして、客人たちに気づかれないように、彼らの様子を窺った。すると、何とまあ、摩訶不思議なことよ！　何というものを彼は目の当たりにせざるをえなかったことか。

「彼らは揃って、ふたたび信心深くなった。彼らは祈っている。気がおかしくなっている！」——と彼は言い、大いに驚き怪しんだ。まことにその通り！　高等な人間たち全員、つまり、二人の王、失業した法王、ろくでもない魔術師、進んで乞食になった人、放浪者にして影である男、年とった占い師、知的良心の保持者、そして最も醜い人間が、揃いも揃って、子どもたちや信仰の篤《あつ》い老婆のように、跪《ひざまず》いて、ロバを拝んでいた。ちょうどその時、最も醜い人間が、ゴボゴボ喉を鳴らし、鼻息を荒くし始めていた。あたかも、名状しがたい何かが彼の中からほとばしり出てくるかのようであった。彼が本当にそれを言葉にしたとき、見よ、それは、礼拝の的とされて恭《うやうや》しく香煙を焚《た》かれたロバを讃美する、敬虔かつ奇妙な連禱であった。その連禱はこう聞こえてきた。

アーメン！　そして、讃美、栄光、知恵、感謝、賞賛、権勢が、永遠不滅にわれらにありますように！

――すると、ロバはこれに応えて、あっそうと《イーアー》*37嘶《いなな》いた。

神は、われらの重荷を背負い、僕《しもべ》の姿に身をやつして、心から忍耐強く、決して否《ナイン》とはおっしゃいません。それに、神を愛する者は、神を懲らしめるのです。

――すると、ロバはこれに応えて、あっそうと《イーアー》嘶いた。

神は何もおっしゃいません。みずから創造された世界に、いつも然《ヤー》りとおっしゃられる以外には。そのようにして神は、ご自身の世界を讃えられるのです。何もおっしゃらないのは、神の抜け目なさであり、だからめったに不正のとがめを受けないのです。

――すると、ロバはこれに応えて、あっそうと《イーアー》嘶いた。

目立たない姿で、神は、この世を通り抜けて行かれます。からだは灰色で、ご自身の徳をその中に包み隠しておられます。知性をお持ちでも、覆い隠しておられます。でも誰もが、その長い耳を信じております。

——するとロバはこれに応えて、あっそう《イーアー》と嘶いた。

神が長い耳をお持ちで、然り《ヤー》としかおっしゃらず、決して否《ナイン》とはおっしゃらないのは、何という隠れたる知恵でしょう！　神は世界を、ご自身の姿に似せて、つまり、できるだけ愚かしく創られたのではないでしょうか。

——すると、ロバはこれに応えて、あっそう《イーアー》と嘶いた。

あなたは、まっすぐな道も、曲がった道も歩まれます。人間が何をまっすぐと考え、何を曲がっていると考えるかは、あなたはほとんど気にされません。善悪の彼岸に、あなたの国はあるのです。天真爛漫とは何かを知らないことが、あなたの天真爛漫さなのです。

——すると、ロバはこれに応えて、あっそう《イーアー》と嘶いた。

ご覧なさい。あなたは誰も突き放すということがない。乞食であろうと、王様であろうと。あなたは幼な子が近づくこともよしとされる。悪ガキどもがあなたを誘うときでも、あなたは馬鹿の一つ覚えのようにあっそう《イーアー》と言われるのです。

——すると、ロバはこれに応えて、あっそう《イーアー》と嘶いた。

あなたのお気に入りは、雌ロバと新鮮なイチジクです。あなたはどんなごちそうも軽蔑したりはなさらない。お腹が空《す》いてたまらなければ、アザミだってあなたの心をそそるのです。そこに神の知恵というものがあるのです。

——すると、ロバはこれに応えて、あっそう《イーアー》と嘶いた。

ロバ祭り

1

連禱がここまで来たとき、ツァラトゥストラはもう我慢できなくなって、ロバよりもっと甲高《かんだか》い声で自分でもあっそう《イーアー》と叫び、気が変になった客人たちの中に躍り入った。「あなたがた、人の子らよ、いったいここで何をしているのだ？」と彼は叫んで、拝んでいる者たちを地面から引き離した。「あなたがたをツァラトゥストラ以外の誰かが目撃したら、ただではすまないぞ。

誰もがこう判断するだろう。新しい信仰をあみ出すようなあなたがたは、神を一番ひどく冒瀆する輩《やから》か、あらゆる老婆の中で一番愚かな婆さんに違いない、と。

それから、老法王よ、あなたまでそんな恰好でこのロバを神として拝んだりして、それで自分自身とどう折り合いがつくのか」。——

「おお、ツァラトゥストラ」と法王は答えた。「許してほしい。しかし神のことについては、あなたより私のほうが啓蒙されている。それに、これは当然のことなのだ。つまり、影も形もない神を拝むくらいなら、こういった姿の神を拝むほうがましなのだ。この言葉の意味するところを、つくづく考えてほしい、高貴な友よ。こういった言葉に知恵が隠れていることを、あなたならすぐ察してくれるはずだ。

「神とは一個の知性《ガイスト》である」――と言った者は、この世でこれまで不信仰への最大の躍進をやってのけた者だ。そんな言葉を口にしたら、この世ではもう容易に取り返しがつかないというのに。

私の老いた心は、地上にまだ拝むべきものがあるというので、欣喜雀躍《きんきじゃくやく》している。おお、ツァラトゥストラ、老いた敬虔な法王の心に免じて、許してほしい！――」

――「それから、あなたもだ」とツァラトゥストラは、放浪者にして影である男に向かって言った。「あなたは自由精神と名乗り、そう思い込んでいたはずだが？　それなのに、こんな偶像崇拝やら坊主礼拝やらをここでやらかすのか。

あなたは、あのいかがわしい褐色の娘たちのところでやったことより、そう、もっといかがわしいことをここでやらかしている、このいかがわしい新興宗徒よ！」

「いかがわしいのはたしかだ」と、放浪者にして影である男は言った。「あなたは正しい。しかし私に、その代わりに何ができるだろう！　古い神は、おお、ツァラトゥストラ、あなたがどうしたいと言おうとも、生き返ってくるものなのだ。

一切の責任は、最も醜い人間にある。あの男が、神をまたしても甦らせたのだ。かつて神を殺したのは私だ、などと言っているようだが、神々の場合、死んだかどうかは、つねに先入見の域を出ないのだ」。

――「それから、あなたもだ」とツァラトゥストラは言った。「ろくでなしの老魔術師よ、あなたは何たることをしでかしたのだ。あなたのような人が、こんなロバの神様を信じるということになれば、この不信仰の時代に、誰がこれから、あなたという人を信じるというのか。

あなたがしでかしたのは、愚かなことだった。あなたのような利口な人が、どうしてこんな愚かなことをしでかすことができたのだ！」

「おお、ツァラトゥストラ」と、利口な魔術師は答えた。「あなたは正しい。愚かなことだった。――私も、ひどくつらい思いがした」。

――「それから、あなたもだ」とツァラトゥストラは、知的良心の保持者に向かって言った。「鼻に指でもあてて、よく考えてみるがいい。そもそも、ここで行なわれていることは、あなたの良心に何も反しないのか。あなたの知性は、こんな祈禱やら、こんな信心ぶった連中の濛々《もうもう》たる空気やらに甘んずるには、あまりに潔癖ではないのか」。

「ここには何かがある」と良心の保持者は答えて、鼻に指をあてた。「それどころか、この芝居には、私の良心が心地よく感じる何かがある。

おそらく、私は神を信じるべきではないのだろう。しかし、神がこんな姿で現われるのなら、最も信ずるに足るように思われてならない。

最も敬虔な人たちの証言によれば、神は永遠に存在するのだという。それほど時間に余裕があるのなら、のんびりやれるはずだ。できるかぎり、ゆっくりと、愚かに。そういう神様なら、こういったやり方でも大いにはかどるというものだ。

それに、ありあまるほど知性を持ち合わせている者は、愚かで馬鹿げたものにうつつを抜かしたがるものらしい。おお、ツァラトゥストラ、自分の胸に手をあてて考えてごらんなさい。

あなたこそ——そうだ、あなただって、どうやら知恵がありすぎて、ロバにでもなりかねない勢いだ。

完璧な賢者は、いちばん曲がりくねった道を行きたがるのではないか。おお、ツァラトゥストラ、百聞は一見に如かず。——あなた自身が紛れもない証拠ですよ」。

——「それから、最後に、あなたもだ」とツァラトゥストラは言い、最も醜い人間のほうを振り向いた。その人は、相変わらず地面に横になっていて、腕をロバのほうに持ち上げていた(なぜなら、ロバに酒《ワイン》を飲ませていたからである)。「言ってほしい、名状しがたい者よ、あなたはそこで何をしたのか。

あなたは変身でもしたかのように見える。あなたの目は燃えさかっている。あなたは崇高な者のマントを身にまとって、自分の醜さをおおっている。あなたは何をしたのだ?

あの人たちが言っていることは、いったい本当なのか。あなたが神をふたたび甦らせたのか。何のためにだ? 神が殺され、片付けられたのは、それなりの理由があってのことではなかったのか。

あなた自身、目覚めさせられたかのように見える。あなたは何をしたのだ？　あなたとも、あろう人が、どうして回心したのか。あなたともあろう人が、どうして改宗したのか。言ってほしい、名状しがたい者よ」。

「おお、ツァラトゥストラ」と最も醜い人間は答えた。「あなたは人が悪い！

彼はまだ生きているのか、それとも生き返ったのか、それとも徹底的に死んでしまったのか。――それを一番よく知っているのは、われわれ二人のうちのどちらだろう？　私のほうこそあなたに訊きたい。

だが、一つのことだけは、私も知っている――あなた自身から以前教わったことだ、おお、ツァラトゥストラ。底の底まで徹底的に殺そうとするなら、笑うにかぎると。

「怒りによってではなく、笑いによってこそ殺せるというもの」。――あなたは以前そう言った。おお、ツァラトゥストラ、隠れたる者、怒りなき殺戮者、危険な聖者――あなたは人が悪い！」

2

そういう次第で、ツァラトゥストラは、こんな悪ふざけの返事ばかり返ってくるのに驚き呆れ、洞窟の入口のほうに取って返し、客人全員に面と向かって力強い声でこう叫んだ。

「おお、揃いも揃っていたずら好きのおどけ者の道化師諸君よ。どうしてあなたがたは、私の前でとぼけたり、隠し立てしたりするのだ。

だって、あなたがたはみな、嬉しさと意地悪さのあまり、心をそわそわさせているではないか。それは、あなたがたがやっと童心に帰れた、つまり信心深さを取り戻せたためなのだ。——

——あなたがたがやっと、子どもじみたことをまたもやってのけた、つまりお祈りをし、両手を合わせ、「神さま」と言えたためなのだ。

こうなったら、こんな子ども部屋みたいになった私の洞窟から、出て行ってもらいたい。今日わが家は、子どもじみた騒ぎでてんやわんやのありさまだ。外に出て、子どものように大はしゃぎして熱くなったあなたがたの心を、冷《さ》ますがいい。

もちろん、あなたがたは幼な子のようにならなければ、あちらの天国には入ることができない。（ここでツァラトゥストラは、天のほうを指《ゆび》さした。）

しかし、われわれは天国に行きたいとはまったく思わない。われわれは大人だ——だから、われわれは地上の国を欲するのだ」。

3

それから、もう一度ツァラトゥストラは話し始めた。「おお、私の新しい友人たちよ」と彼は言った。――「あなたがた、変人たち、高等な人間よ、私はあなたがたのことが気に入ってきた。――

――あなたがたが、またもや愉しい気分になってくれたからだ。あなたがたは一斉に花を咲かせたかのようだ。あなたがたにめぐってきた花咲く頃には、新しい祭りが必要だと私は思う。

――勇ましいちっぽけな無意味とか、何かしらの礼拝とロバ祭りとか、昔ながらの愉快なおどけ者ツァラトゥストラとか、あなたがたの心に吹いて晴れ晴れさせる突風とかが必要なのだ。

今宵とこのロバ祭りのことを忘れないでほしい、あなたがた、高等な人間よ。あなたがたが私の洞窟で、それを発明したのだ。これはよい徴候だと私は思う。――そういった発明ができるのは、快復しつつある人たちだけだからだ。

また、あなたがたがふたたびこのロバ祭りを行なうときには、あなたがたのために行ない、私のためにも行ないなさい。そしてまた、私の想い出のために行ないなさい」。

ツァラトゥストラはこう言った。

夜の放浪者の歌*[38]

1

そうこうするうちに、一人また一人と洞窟から出ていった。外では、冷たい夜が、瞑想に誘うかのようであった。ツァラトゥストラ自身も、最も醜い人間の手を取って連れ出した。夜の世界と、丸い大きな月と、洞窟の傍らにある銀色の滝を見せてやりたいと思ったのである。しばらくして彼らはそこに相並んで、静かに佇《たたず》んだ。老人ばかりであった。しかし心は安らかで、昂然としていた。そして、地上がこんなに心地よいのはどうしてだろうと心中訝《いぶか》しんでいた。夜は、秘め事を洩らすかのように、彼らの胸にひしひしと迫ってきた。ツァラトゥストラは、またしても心の中で思った。「おお、私はあなたがたのことが気に入ってきた。あなたがた高等な人間のことが！」――しかし、彼はそれを口には出さなかった。彼らの幸福と彼らの沈黙を尊重したからである。――

そのとき、驚嘆すべきその長い一日の中でも最も驚嘆すべきことが起こった。最も醜い人間が、これを最後とばかり、もう一度ゴボゴボ喉《のど》を鳴らし、鼻息を荒くし始めた。そして、それが言葉となって漏れ出てきたかと思うと、見よ、彼の口から一個の問いが丸ごとはっきり飛び出てきたのであった。深遠かつ明快なその良い質問は、彼の言うことに耳を澄ませた全員の胸を心底ゆり動かした。

「お集まりの友人諸君」と最も醜い人間は言った。「君たちはどう思うか。今日一日のために——私はこれまでの生涯、生きていてよかったと、はじめて満足できた。

しかし私のそれだけの証言では、まだ十分とは言えない。この地上に生きるのは、甲斐のあることなのだ。つまり私は、ツァラトゥストラと一日を過ごし、祝祭を挙げることで、大地を愛することを学んだ。

「これが——生きるということだったのか」と私は死に向かって言おう。「よし、ならばもう一度[*39]！」

わが友人たちよ、君たちはどう思うか。君たちは、私と同じように、死に向かって言いたいとは思わないか。「これが——生きるということだったのか。ツァラトゥストラのために、よし、ならばもう一度！」と」——

最も醜い人間はこう言った。もうすぐ真夜中だった。そのとき何が起こったか、君たちは信じられるだろうか。高等な人間たちは、最も醜い人間の質問を聞くやいなや、突如、自分たちが一変したこと、快復したことに気づいた。そして、誰のおかげでそうなったかということにも気づいた。そこで彼らは、ツァラトゥストラのもとに駆け寄り、各人各様の仕方で、感謝したり、お辞儀したり、愛撫したり、手に口づけしたりした。笑う者もいれば、泣く者もいた。老いた占い師は、嬉しさのあまり、踊り出した。そのとき占い師は甘美な酒《ワイン》をしたか飲んでいたとの諸説もあるが、それ以上に彼が甘美な生をしたたか味わっていたこと、一切の疲労ときっぱり縁を切っていたことは間違いない。そのときロバも踊り出したとする説すらある。とすれば、最も醜い人間が先ほどロバに酒を飲ませたのも無駄ではなかったことになる。その説の通りだったかもしれないし、その通りではなかったかもしれない。だが、たとえ本当はあの晩ロバは踊らなかったとしても、あのとき起こったことは、ロバの踊りなどより、もっと大きな、もっと不思議な奇蹟だった。要するに、ツァラトゥストラの口ぐせを借りれば、「それが何だというのか！」というわけである。

2

こういったことが最も醜い人間の身に起こったとき、ツァラトゥストラは、さながら酔っ払いのように立っていた。目から眼光は消え、舌はもつれ、足元はフラフラしていた。そのとき、ツァラトゥストラの魂をどんな思想が襲ったかは、誰にも推測がつかない。少なくとも明らかなのは、彼の精神が、後方に引き下がったかと思うと、前方に飛び退《の》いては、はるか彼方に脱《ぬ》け出ていたことである。あたかも、「二つの海のあいだにそびえる山の背をさすらうように、

——重たい雲のように過去と未来のあいだをさすらっていた[*40]」と書き記されている通りである。だが次第に、高等な人間たちがツァラトゥストラを介抱しているうちに、彼は少しず

つ意識を取り戻して、尊敬する彼のことを心配して集まった者たちを手で押し戻した。しかし無言であった。ところが突然、彼は急いで頭を振り向けた。何かが聞こえてきたからのようであった。彼は指を口にあてて言った、「ついて来なさい」。

するとあたりはたちまち静まり返り、秘めやかとなった。谷のほうから鐘の響きがゆっくりと立ち昇ってきた。ツァラトゥストラは、その音に耳を澄ませた。高等な人間たちも同様であった。それから、彼はもう一度、指を口にあて、ふたたび言った。「ついて来なさい。ついて来なさい。真夜中になろうとしている！」――しかも彼の声は一変していた。だが、彼は相変わらずその場から動こうとしなかった。あたりはますます静まり返り、秘めやかとなった。誰もが耳を澄まし、ロバまでも、そして、ツァラトゥストラの栄《は》えある動物である鷲と蛇も、ツァラトゥストラの洞窟も、大きな冷たい月も、夜そのものまで、耳を澄ませた。ツァラトゥストラは、三たび手を口にあてて、言った。

「ついて来なさい。ついて来なさい。ついて来なさい。さあ出かけよう。時間だ。夜の中へ出かけよう！」

3

あなたがた、高等な人間よ、真夜中になろうとしている。私はそこで、あなたがたの耳に何事かを告げることにしよう。あの古い鐘が私の耳に告げる通りのことを。――

――あの真夜中の鐘が私に語るように、秘めやかに、恐ろしく、心をこめて語ろう。あの鐘は、一人の人間が体験する以上のことを体験してきた。

——あなたがたの祖先の心臓の痛切な鼓動を、えんえんと数えてきた。——ああ、ああ、それはなんと溜め息をつくことか、夢の中でなんと笑うことか、あの古くて深い、深い真夜中は！

静かに、静かに！　昼間には声に出すことを許されなかった多くのものが、今は聞こえてくる。冷えた空気の中、あなたがたの心臓の騒ぎもすっかり収まった今、——

——今や、それが語り出す、聞こえてくる。夜になると冴えてくる魂に、それは忍び込んでくる。ああ、ああ、それはなんと溜め息をつくことか、夢の中でなんと笑うことか。

——あなたには聞こえないのか。秘めやかに、恐ろしく、心をこめてあなたに語ってくる声が、あの古くて深い、深い真夜中が？

おお、人間よ。注意して聞くがよい。[*41]

4

ああ、苦しい。時間はどこへ行ったのか。私は深い泉の中に沈んだのではないか。世界は眠っている。——

ああ、ああ、犬が吠える。月が照っている。私の真夜中の心臓が今まさに考えていることをあなたがたに告げるくらいなら、私はいっそ死にたい、死にたい。

私はもう死んだのだ。終わったのだ。クモよ、おまえは私の周りに何を張りめぐらせるのか。血が欲しいのか。ああ、ああ、露が降りる。時は来た。――

――私をゾーッと凍りつかせる時が、こう尋ねに尋ねに尋ねる。「それに堪えるだけの心臓を持っているのは誰なのだ？

――大地の主人となるべきは誰なのだ？　「大小の河川よ、おまえたちはこう流れなければならない！」と命じようとするのは誰なのだ？」

――時は近づいた。おお、人間よ、高等な人間よ、注意して聞くがよい。この話は、上等な耳向きのもの、あなたの耳向きのものだ。――深い真夜中は何を語るか。

5

わが身が運ばれてゆく。わが魂は踊る。昼の仕事よ、昼の仕事よ、大地の主人となるべきは誰なのだ？

月は冷たく、風は黙っている。ああ、ああ、あなたがたはもう十分高く飛んだのか。あなたがたは踊ったのか。だが、脚はしょせん翼ではない。

あなたがた、上手な踊り手《ダンサー》よ、今や、すべての悦びは終わった。酒《ワイン》は滓《おり》と化した。どの杯《さかずき》も壊れて、墓は口ごもっている。

あなたがたは十分高く飛ばなかった。今や墓は、つっかえつっかえ、こう話す。「死者をなんとか救ってくれ。なぜこんなに長い夜なのか。月はわれわれを酔っぱらわせているのではないか」。

あなたがた、高等な人間よ、墓をなんとか救ってやりなさい。死体を蘇らせなさい。ああ、虫はかじって何をまだ掘っているのか。時は近づいた、時は近づいた。——鐘は、低い音で唸《うな》っている。心臓は、軋《きし》んだ音をまだ立てている。木喰い虫、心臓をかじる虫は、まだ掘っている。ああ、ああ、この世は深い。

6

甘美な竪琴《リラ》よ、甘美な竪琴よ。私はおまえの音色《ねいろ》が好きだ。おまえの酔っ払ったヒキガエルのような音色が好きだ。——なんと遠くから、はるか遠くのほうから、おまえの音色は私のところにやって来ることか。遠くから、愛を湛《たた》えた池のほうから！

古い鐘よ、おまえは甘美な竪琴だ。あらゆる苦痛が、おまえの心臓に分け入ってきた、父の苦痛、先祖の苦痛、太古の祖先の苦痛が。おまえの語る言葉は熟れた。——

——黄金の秋の午後のように、隠者の私の心臓のように熟れた。——今や、おまえは語る、「世界そのものが熟れた、ブドウの房は褐色になった、

——今や、世界そのものが死のうとする、幸福のあまり死にたいと思う」と。高等な人間よ、あなたがたには、その匂いがしてこないか。秘めやかに湧き出て、立ち昇ってくる匂い

が。

——永遠の香り立つ匂い。昔ながらの幸福から発する、バラのように麗《うるわ》しい、褐色の黄金の匂い。

——酔っぱらった真夜中の死の幸福から発する匂い。その幸福がこう歌う。この世は深い、昼が考えた以上に深い！

7

やめてくれ、構わないでくれ。おまえの相手となるには、私はあまりに清らかだ。私に触《さわ》らないでくれ、今まさに私の世界は完全になったのではないか。

おまえの手で触《ふ》れられるには、私の肌はあまりに清らかだ。私に構わないでくれ、愚かで、がさつで、鬱陶しい昼よ。おまえより真夜中のほうが明るいのではないか。

最も清らかな者たちが、大地の主人になるべきだ。最も知られざる者たち、最も強い者たち、どんな昼にも増して明るく深い真夜中の魂たちが。

おお、昼よ、おまえは私に縋《すが》ろうとするのか。私の幸福に触ろうとするのか。おまえからすると、私は豊かで、孤独なのか、宝石の埋蔵された山坑《やまあな》、黄金の貯蔵庫なのか。

おお、世界よ、おまえは私を欲しがっているのか。おまえからすると、私はこの世のものなのか、霊的なのか、神的なのか。それにしても、昼と世界よ、おまえたちは、あまりに野暮だ。

――もっと利口な手つきをするがいい。もっと深い幸福に、もっと深い不幸に、何かしら神のようなものに、手を出すがいい。私には手を出すな。

――奇妙な昼よ、わが不幸は、わが幸福は深い。しかし私は神でも神の地獄でもない。この世の苦痛は深い。

8

奇妙なこの世界よ、神の苦痛は、おまえの苦痛よりも深い。神の苦痛に手を出すがいい。私には手を出すな。私とは何だろう！　酔っぱらった甘美な一個の竪琴だ。――真夜中の竪琴、ヒキガエルのような鐘。この鐘は、誰にも理解されないのに、語らざるをえない。語る相手は、耳の聞こえない者たち、つまりあなたがた、高等な人間だ。というのも、あなたがたは私のことを理解しないからだ。

往《い》った、往ってしまった。おお、青春よ。おお、正午よ。おお、午後よ。今や、夕暮れと夜と真夜中がやって来た。――犬が吠える。風が吹く。

――この風は、一匹の犬ではないのか。クンクン鳴く。キャンキャン鳴く。遠吠えする。ああ、ああ、何というため息を、何という笑いを、ゼイゼイ喉を鳴らす何という喘《あえ》ぎ方を、この真夜中はすることか。

酔っぱらいの女詩人たるこの真夜中は、今や何という素面《しらふ》の語り方をすることか。彼女は飲み過ぎて、酔いを通り越してしまったのだろうか。目が冴えてしまったのか。昔を思い出して、噛みしめているのか。

——年とった深い真夜中は、自分の苦痛を思い出して、夢の中で噛みしめている。いや、それ以上に、自分の悦《よろこ》びを思い出して、噛みしめている。なぜなら、苦痛が深いとしても、悦びは、胸の張り裂ける苦悩よりも深いからだ。

9

ブドウの木よ。どうしておまえは私を讃美するのか。おまえを切ったのは私なのに。私は残酷だ。おまえは血を流している。——残酷さに酔い痴れている私を讃えるおまえは、何を欲しているのか。

「完全になったもの、熟したものはすべて——死にたいと思うのだ」。——そうおまえは言う。ブドウ摘みのナイフに祝福あれ。しかし、未熟なものはすべて、生きたいと思う。ああ切ない！

苦痛は言う、「消えていなくなってくれ、苦痛よ」と。しかし、苦悩するものはすべて、生きたいと思う。そうして、成熟し、悦びに満ち、あこがれを抱こうとする。

——より遠いもの、より高いもの、より明るいものに、あこがれを抱こうとする。「私は後継ぎを欲する」と、苦悩するものはみな言う。「私が欲するのは、子どもだ。私自身ではない」。――

しかし、悦びは後継ぎを欲しない、子どもを欲しない。――悦びは、自分自身を欲する。永遠を欲する。回帰を欲する。一切が永遠に自己同一であることを欲する。

苦痛は言う、「心臓よ、破れよ、血を流せ！　脚よ、歩け！　翼よ、飛べ！　苦痛よ、高々と舞い上がれ！」と。よし、それいけ！　おお、おなじみのわが心臓よ！　苦痛は言う、「去ってくれ！」と。

10

高等な人間よ、あなたがたはどう思うか。私は、占い師なのか。夢見る人なのか。酔っぱらいなのか。夢占い師なのか。真夜中の鐘なのか。

ひとしずくの露なのか。永遠のほのかな香りなのか。あなたがたには聞こえないか。あなたがたには匂わないか。今まさに私の世界は完全になった。真夜中は正午でもあり、――

苦痛は悦びでもあり、呪いは祝福でもあり、夜は太陽でもある。――去る者は去るがいい。そうでないなら、学ぶがいい。賢者は阿呆でもあると。

あなたがたはかつて、何らかの悦びに対して然《ヤー》りと言ったことがあるか。おお、わが友人たちよ、そうだとすれば、あなたがたは、一切の苦痛に対しても然《ヤー》りと言ったことになる。

万物は、鎖でつなぎ合わされ、糸で結び合わされ、深く愛し合っている。——

——あなたがたがかつて、一度あったことを二度あってほしいと思ったとすれば、あなたがたがかつて、「私はおまえが気に入った、幸福よ、束の間よ、瞬間よ」と言ったとすれば、あなたがたは、一切が戻ってくることを欲したのだ。

——一切をふたたび、一切を永遠に欲したとすれば、一切が鎖でつなぎ合わされ、糸で結び合わされ、深く愛し合うことを欲したとすれば、おお、そのようにしてあなたがたは、この世界を愛したのだ。——

——あなたがた永遠なる者よ、あなたがたは、この世界を永遠に、あらゆる時に愛しなさい。そして、苦痛に対しても言うがいい、「過ぎ去ってくれ、しかしまた戻ってきてくれ」と。というのも、すべての悦びは——永遠を欲するからだ。

11

すべての悦びは、万物の永遠を欲する。蜜を欲し、滓を欲し、酔っぱらった真夜中を欲し、墓を欲し、涙のように墓に降りそそぐ雨露《あめつゆ》の慰めを欲し、金色に染まった夕焼けを欲する。——

——悦びを欲しないものが、何かあろうか。悦びは、どんな苦痛よりも、いっそう渇望し、いっそう熱烈で、いっそう恐ろしく、いっそう秘めやかだ。悦びは自分自身を欲する。

自分で自分に嚙みつく。円環の意志が悦びの中をのたうち回る。――

――悦びは、愛を欲する。憎しみを欲する。あまりに豊かであり、惜しみなく与え、投げ捨て、誰かに自分を奪ってもらいたいと乞い、奪い取る者に感謝し、他人《ひと》に憎まれることを好んでしたがる。――

――悦びは、かくも豊かであるから、苦痛を渇望し、地獄を欲し、憎しみを欲し、屈辱を欲し、身体障碍を欲し、世界を欲する。――というのも、この世界は……、おお、あなたがたはこの世界のことをよくご存じだから、言うまでもあるまい。

あなたがた、高等な人間よ、悦びはあなたがたにあこがれている、この手に負えないほどの至福の悦びは。――あなたがたの苦痛に、だ、あなたがた、失敗作の者たちよ。すべての永遠の悦びは、失敗作にあこがれる。

というのも、すべての悦びは自分自身を欲するからだ。それゆえ、悦びは、胸の張り裂ける苦悩をも欲する。おお、幸福よ、おお、苦痛よ。おお、張り裂けるがいい、心臓よ。あなたがた、高等な人間よ、とにかく学ぶことだ、悦びは永遠を欲するということを。

――悦びは、万物の永遠を欲する。深い、深い永遠を欲するのだ。

12

私の歌を、もう覚えてくれたかな。その歌が何を言いたいか、察してくれたかな。よし、それいけ。あなたがた、高等な人間よ、さあ、私の輪唱を歌っておくれ。
自分たちでその歌を歌っておくれ。歌の名は「もう一度！」、その心は「いつまでも永遠に！」だ。あなたがた、高等な人間よ、歌っておくれ、ツァラトゥストラの輪唱を！

おお、人間よ。注意して聞くがよい。
深い真夜中は何を語るか。
「私は眠りに眠り――、
深い夢から、いま目覚めた。――
この世は深い、
昼が考えた以上に深い。
この世の苦痛は深い、――
悦びは――胸の張り裂ける苦悩よりも深い。
苦痛は言う、「去ってくれ！」と。
だが、すべての悦びは永遠を欲する――、
――深い、深い永遠を欲するのだ」。

しるし

翌朝、ツァラトゥストラは寝床から飛び起きると、腰に帯を巻いて洞窟の外に出た。暗い山間《やまあい》から昇る朝の太陽のように燃えて、力強かった。

「大いなる天体よ」と、かつて言ったように、彼は言った。「深い幸福の目よ、あなたの光で照らされる者たちを、もしあなたが持たなかったとすれば、あなたの幸福とはいったい何だろうか。

あなたはもう目を覚まし、昇ってきて、惜しみなく与え、分かち与えてくれているのに、彼らが寝室でぐずぐずしているというのでは、恥を知る誇り高いあなたとしては、どんなに腹立たしく思うことだろう。

まったく、彼らはまだ眠っている、あの高等な人間たちは。この私は目を覚ましているというのに。だから彼らは私の本当の道連れではないのだ。私がこの山の中で待っていたのは、彼らではなかった。

私の仕事、私の昼に、私は向かうつもりだ。しかし彼らには、私の朝のしるしの何たるかが分かっていない。私の足音は——彼らには起床の合図ではない[*42]。

彼らはまだ私の洞窟で眠っている。彼らの夢は、私の真夜中をまだ咀嚼中なのだ。この私に聴き従う耳は——、聴従する耳は、彼らの体のどこにも付いていない」。

――太陽が昇ったとき、ツァラトゥストラは心の中でこう言った。そのとき彼は、おやと思って空を見上げた。というのも、頭上に、鷲の鋭い鳴き声が聞こえたからである。「よし！」と彼は上を向いて叫んだ。「気に入った、ばっちりだ。私の動物たちは目覚めた。私が目覚めたからだ。

私の鷲は目覚め、私と同じように太陽を拝んでいる。鷲は鋭い爪で新しい光を摑もうとする。おまえたちこそ、私にお似合いの動物だ。私はおまえたちが好きだ。

しかし、私にお似合いの人間が、私にはまだいないのだ」。――

ツァラトゥストラはこう言った。するとそのとき、彼は突然、自分の周りを無数の鳥が取り囲み、飛び回っている音を聞いた。――翼をはためかせ、彼の頭の周りに押し寄せてくる鳥の大群のおびただしさに、彼は目を閉じたほどであった。そう、それは雲のように彼を襲った。新しい敵に矢のような雨を降り注ぐ雲のように。しかし、ごらん、それは愛の雲であった。しかも、新しい友に降り注いだのである。

「何が起こったのだ？」とツァラトゥストラはびっくりして心の中で考えた。そして、洞窟の出口のそばにある大きな石にゆっくり腰を下ろした。ところが、彼が自分の周りや上や下に両手をやって、やさしい鳥たちを押しとどめようとしていると、ごらん、いっそう不思議なことが起こった。というのも、彼はそのとき、ふさふさした毛が密生している暖かい何ものかに、ふと手を突っ込んだからである。と同時に彼の前で、ある唸《うな》り声が轟《とどろ》いた。――

柔和なライオンの咆哮《ほうこう》が長々と響き渡ったのである。
「しるしが来た」とツァラトゥストラは言った。彼の心は一変した。そして本当に、あたりが明るくなったとき、彼の足元には一匹の逞《たくま》しい黄色い動物が横たわっていた。頭をツァラトゥストラの膝に寄せてきて、愛情たっぷりに彼から離れようとしなかった。その様子たるや、昔の主人に再会した忠犬のようであった。愛情の熱烈ぶりにかけては、ハトの群れもライオンに負けていなかった。ハトがライオンの鼻をかすめて飛ぶごとに、ライオンは頭を振って、訝《いぶか》しみ、そして笑った。

これらすべてに対して、ツァラトゥストラはたった一言洩らすのみだった。「私の子どもたちが近くにいる。私の子どもたちが」。――そう言ったきり、彼は完全に黙ってしまった。しかし、彼の心はゆるみ、目からは涙がこぼれ落ちて、手を濡らした。彼はもう何ごとも気にとめず、身じろぎ一つせず、動物たちを払いのけることもせず、そこに坐っていた。ハトたちは飛び去り、飛び来たって、彼の肩にとまっては、彼の白髪を撫でるといったふうに、倦《う》むことなく情愛を示し、小躍りして喜んだ。逞しいライオンは、ツァラトゥストラの手を濡らす涙を、たえず舐めては、遠慮がちに吼え、唸った。動物たちの様子は、このようであった。――

こうしたことはすべて、長い時間続いたとも言えるし、短い時間だったかもしれない。というのも、本当を言えば、そのような事柄にふさわしい時間など、地上には存在しないからである。――さて、そうこうするうちに、高等な人間たちも、ツァラトゥストラの洞窟で目を覚まし、仲良く整然と一列になってツァラトゥストラに会いに行って朝の挨拶をしようと思った。というのも、彼らは目覚めたときツァラトゥストラがもう彼らのところにいないことに気づいたからである。だが、彼らが洞窟の戸口までやって来て、彼らの足音が一足先に外に伝わると、ライオンはひどく驚き、ツァラトゥストラから瞬時に向き直り、荒々しく咆え立てて、洞窟めがけて突進した。高等な人間たちは、ライオンの咆哮を聞くや、異口同音に悲鳴を上げて、逃げ戻り、たちまち姿を消してしまった。

ツァラトゥストラ自身は、あっけにとられ、坐っていた場所から身を起こし、あたりを見回し、茫然と立っていた。自分の心に尋ね、一人きりで思案するばかりだった。「私は何を聞いたのだろうか」と、ようやく彼はゆっくりと言った。「今起こったのは何事だ？」

やっと記憶がよみがえってきた。彼は一目見ただけで、昨日と今日のあいだに生じた一切のことを理解した。「そう、ここに石がある」と彼はひげを撫でながら言った。「この石の上に、私は昨日の朝、坐っていた。そこに、あの占い師がやって来た。それから私は叫び声をはじめて聞いた。助けを求めて叫ぶ、その大いなる悲鳴を、今また私は聞いた。[*43]

おお、高等な人間よ、昨日の朝、あの老占い師が私に予告したのは、あなたがたの危急のことだったのだ。――

――彼は私を誘惑して、あなたがたの危急という試練にかけたのだ。「おお、ツァラトゥストラ」と彼は言った。「私はあなたを、あなたの最後の罪に誘惑するためにやって来たのだ」と」。

「私の最後の罪に、だって？」とツァラトゥストラは叫び、自分自身の言葉に腹を立てて笑った。「私に取って置かれてきた最後の罪とは何だろうか」。

――そして、もう一度ツァラトゥストラは思いに沈み、大きな石の上にふたたび腰を下ろして考え込んだ。突然、彼は躍り上がった。――

「同情だ。高等な人間に対する同情だ！」と彼は大声で叫んだ。彼の顔つきは一変し、青銅のように硬くなった。「よし、それに費やす時は終わったのだ。

私の苦悩とか、私の同情とか――そんなものが何だというのだ。いったい私は幸福を求めているのか。私が求めているのは、私の仕事だ。

よし、ライオンは来た。私の子どもたちは近くにいる。ツァラトゥストラは熟れた。私の時は来た。――

これこそ私の朝だ。私の昼が始まろうとしている。さあ、来い、大いなる正午よ！」――

――

ツァラトゥストラはこう言って、彼の洞窟をあとにした。暗い山間《やまあい》から昇る朝の太陽のように燃えて、力強かった。

『ツァラトゥストラはこう言った』了*44

訳　注

第一部

＊1（一五頁）　初版（一八八三年一月頃成立）では「第一部」とは記されていなかった。「第二部」（一八八三年七月頃成立）が出版されてはじめて、「第一部」という言い方がなされるようになった。

＊2（一七頁）　初版の目次には、「ツァラトゥストラの序説」（と「ツァラトゥストラは語る」）という見出しは見られず、その代わり、「超人と最後の人間」と題された最初の章で始まり、続く章が並ぶという形になっていた。ただし初版本文には、その「超人と最後の人間」という見出しの代わりに、「ツァラトゥストラの序説」という見出しが付いていた。「超人と最後の人間」は、サブタイトルであったとも考えられる。Vgl. *Nietzsche Werke. Kritische Gesamtausgabe*, begründet von Giorgio Colli und Mazzino Montinari, Ab. VI, Bd. 4, Berlin: Walter de Gruyter, 1991, S. 952ff.

＊3（一七頁）　この第1節は、前年に出された『愉しい学問』三四二番（初版では末尾）とほぼ同じである。著者によって次作が事前に紹介されたわけである。『愉しい学問』では主人公の故郷は「ウルミ湖」――現在のイランにあるゾロアスターゆかりの「オルーミーイェ湖」――のほとりとされていたが、その地名はここでは削られている。それ以上に大きな違いは、『愉しい学問』では段落分けのない丸ごとの一断章であったものが、本書では細かく段落分けされていることである。本書がニーチェの著作の中では格段に読みやすい理由の一つは、これである。

＊4（二一頁）　本書が『愉しい学問』の続きだと言えるのは、前注で述べたように最後と最初がほぼ同一の文章であるからだけではない。永遠回帰思想の予示と展開という連続性ゆえのみでもない。『愉しい学

問』の中心をなす思想が、本書では前提とされていることも理由の一つである。つまり、『愉しい学問』一二五番で「狂人」によって発せられた言葉「神は死んだ」を、ツァラトゥストラは序説の第2節で再確認し、その時代認識に従って第3節でおもむろに「超人」思想を展開し始める。神の死から、人間の克服へ、そして超人へ、は一種の三段跳びなのである。

＊5〔二五頁〕　大演説をぶったはずのツァラトゥストラだが、民衆は聞く耳をもたず、それどころか彼の言葉は、市場でこれから始まる綱渡り師の曲芸の前口上だと受け取られる。だがそれはたんなる誤解ではない。ツァラトゥストラが描き出す「移行であり没落である」人間のありさまを、綱渡り師は忠実に実演してみせるからである。あたかもツァラトゥストラは、綱渡り師が墜落死するのを実況中継するアナウンサー、もしくは狂言回しのようである。それればかりではない。主人公は、破滅を恐れるなと説く自分のいわば身代わりとして綱渡り師が滅びるのを目撃する。超人思想にはじめからケチが付き、深刻な反省を迫られることに注意しよう。

＊6〔三六頁〕　綱渡り師のむごたらしい死、道化師のゾッとするささやき、墓掘り人たちの罵声、と緊張感のある場面が続いたあと、ここで読者はプッと吹き出すことになる。死体を背負って人里離れた夜道を歩いていると「腹を空かせた狼の吠える声がしきりに聞こえた」となれば、ふつう「彼は恐ろしくなった」と来るはずだが、「彼自身も空腹になってきた」とある。狼など物ともしない屈強の男という印象のみならず、野性味ある主人公の健やかな食欲ぶりを覗かせ、絶妙のユーモアを醸し出している。

＊7〔四〇頁〕　「一人で棲む世捨て人（Einsiedler）」をもじって、「二人で棲む世捨て人（Zweisiedler）」と言われているが、実際に二人で暮らしているわけではなく、自分の内に棲むもう一人の自分と対話して過ごす「孤独・独居（Einsamkeit）」の状態を指している。第一部「友」の章の冒頭を参照。

＊8〔四三頁〕　「ラクダからライオンへ、さらに子どもへ」という三段階の変身は、かのスフィンクスのなぞなぞ「朝には四本足、昼には二本足、夕には三本足の生き物って何？」を思い起こさせる。つまり、

ツァラトゥストラの物語のはじめに置かれた本章は、読者に関門のように立ちはだかる怪物のなぞなぞと解されるのである。そのように三段階に変化《へんげ》するのは「精神・知性（Geist）」であるが、だからといって、それでなぞが解けたわけではない。本書を読むこと自体が、なぞなぞ遊びに付き合うことであり、そういう遊び心をもっているか否かを読者は試されているのである。

＊9〔五一頁〕　第一部本論二番目の本章は、「まだら牛」という名の町にある学園の倫理学担当の教授の講義をツァラトゥストラが聴きに行く、という異色の設定である。夜の安眠のために昼にはせっせと徳を積みなさい、と説くその講義内容は他愛ないようだが、「三段階の変身」とはまた違った意味で、第一部全体の序論的意味合いがある。第一部で問題となるのは「徳」というテーマだということが、先んじて宣言されているからである。

＊10〔五六頁〕　この章から本格的に第一部の本論「ツァラトゥストラは語る（Die Reden Zarathustra's）」が始まる。この世の背後に別の「本当」の世界をでっち上げ、それに比べればこの世など不完全なかりそめの世界にすぎないとする形而上学的思考とは、現実の自分のみじめさを肯定できない弱さから発したものだという。弱者のルサンチマン（反感・怨恨）の回路の暴露は、次章の「肉体の軽蔑者」でも続く。第一部ではほかにも「死の説教者」や「隣人愛」の章で、ルサンチマン批判が繰り広げられる。

＊11〔五六頁〕　本章のこの主導命題「肉体とは、大いなる理性である」に顕著なように、「大いなるX」という命名法は、意味転換をもたらす表現実験として本書でしばしば用いられる。「ふつうはXとは言われないが、よくよく考えるとXと言うべきものを含んでおり、それをあえてXと呼ぶことで、Xに関する理解自体がひっくり返るような、きわめつけのX」を意味する。ここでは、理性とは正反対と見なされてきた肉体をあえて「大いなる理性」と表現することで、伝統的な「理性」概念そのものが覆されている。序説第3節には、「大いなる軽蔑」という言い方が出てきた。これは「自己軽蔑」の謂いであった。

＊12〔六二頁〕　本章のこの主導命題「苦しみをひめた情熱が、君の徳となり、情熱にひそむ喜びとなっ

た」では、苦は悪であり不幸だと一面的に解する功利主義道徳に抗して、「苦しみをひめた情熱(Leidenschaften)」と「情熱にひそむ喜び(Freudenschaften)」は一対のものだとされている。後者はドイツ語にはなく、ニーチェの造語だが、こう並べてみるとさして違和感がないほど、はまっている。この二語が巧みに組み合わされている本章のタイトル„Von den Freuden- und Leidenschaften"は「情熱にひそむ喜びと苦しみ」と訳した。

＊13〔六三頁〕　本章は、「徳の講座」とどこか似て、ツァラトゥストラが「まだら牛」という名の町の裁判所に出かけていって、強盗殺人犯を裁く法廷を傍聴するという一風変わった設定である。死刑は復讐からではなく、犯罪者に対する「同情」、もしくは彼の魂に対する敬意からなされるべきだ、とする死刑肯定論が打ち出される。

＊14〔六七頁〕　この章のタイトル「読むことと書くこと」は、本質的な補足を必要としていることが、この箇所から窺える。「読むことと書くこと」と並んで、もう一つ、「考えること」が問題になっているのである。「読書」よりも「著述」のほうが重要だが、「著述」以上に重要なのが「思考」である。

＊15〔六八頁〕　「君たちは、崇高な高みを欲しがるとき、上を見上げる」からここまでが、第三部のモットーとして掲げられることになる。

＊16〔六八頁〕　この箴言は、『道徳の系譜学』第三論文でモットーとして掲げられ、その含意を解釈することが禁欲主義批判の主要目標だとされている。

＊17〔六九頁〕　本書でしばしば言及される「重さの地霊(der Geist der Schwere)」の初出箇所である。

＊18〔七〇頁〕　第一部にはツァラトゥストラの独白中心の、動きの少ない章が少なくないが、この章では珍しく、主人公が滞在中の町の郊外を散策し、そこで一人の若者と出会って対話するという、動きのある設定になっている。ツァラトゥストラが、自信喪失した若者に「君」と優しく呼びかけて熱いエールを送っているのが印象的である。傷つきやすい青年を鼓舞している点では、「情熱にひそむ喜びと苦し

み」、「市場のハエ」、「創造者の道」の章に似た趣がある。

＊19〔七五頁〕　第一部前半の締めくくりとして、この世の生を受け入れられず現世を悪しざまに言うペシミストのありようが、以下で列挙される。⑴欲望を破滅的に抱え込む態度（とめどなき放蕩に溺れる快楽主義と、苦行で自分を痛めつける禁欲主義）。⑵生のマイナス面ばかり見て死にあこがれる「魂の肺病病み」の「生ける棺」のごとき態度。⑶世に愛想を尽かしながらも執着する自分を悟りすまして自嘲する態度。⑷「生＝苦」として生を全否定することで自殺を事実上説いている論理的自己否定の態度（死の説教者の典型）。⑸性欲は罪だとして禁止・抑圧する生殖否定の態度（純潔の美徳）。⑹子どもを産んだらその子どもがかわいそうだとする反出生主義の態度。⑺自分の生は疎んじていながら他人には同情をかけて生を背負いこませる余計なお世話的態度。⑻仕事に忙殺されては憂さ晴らしに躍起となり、じつは生に倦んでいるにすぎない活動型人間の態度。――批判されるべき人間類型を枚挙し対比的に性格づける手法は、本書によく見られる。

＊20〔七九頁〕　本章の――現代のわれわれから見れば過激な――好戦思想は、第四部の「王たちとの対話」の章で再検討されることになる。それとともに注意すべきは、次章「新しい偶像」では、近代国民国家もしくはナショナリズムが完膚なきまでに批判されるという点である。

＊21〔八二頁〕　ツァラトゥストラの近代国民国家批判は、民族論と一体だということが分かる。「民族」とは何かは、第一部後半の「千の目標と一つの目標」の章で立ち入って論じられる。

＊22〔八六頁〕　近代国家という「新しい偶像」から逃れよと説かれたあと、本章では、近代大衆社会が批判されていく。その拠点となるのは、同じく「孤独・独居」である。本章で展開されるような激越な大衆批判は、第三部の「通り過ぎるということ」の章で、ツァラトゥストラのエピゴーネンによって猿真似されることになる。

＊23〔九二頁〕　本章の純潔批判では、純潔を後生大事と心得る本性上淫乱なタイプと区別して、純潔なん

かクソ食らえと言い放つ「根っから純潔な」タイプが描かれる。

＊24〔九七頁〕　本章の友情論には、いくつもの意味がこめられている。前章の性欲論に続くモラリスト風人生論の味わいをもつとともに、冒頭に顕著なように孤独論の展開でもある。のちの隣人愛批判や同情道徳批判のために、友情とは何かをあらかじめ示しておく手筈にもなっている。もう一つ、のちの——現代のわれわれには偏って見える——女性論への布石という意味合いもある。その核心は、距離を置いた「友情」と親密な「愛情」との対比にある。

＊25〔九八頁〕「力への意志（Wille zur Macht）」概念の初出箇所。「訳者あとがき」を参照。

＊26〔九八頁〕　価値創造を行なった古代民族の代表例として名指しされているのが「ギリシア人」だけであることに注意。ペルシア人、ユダヤ人、ゲルマン人は暗に言われているのみである。

＊27〔一〇〇頁〕　超人という「一つの目標」を掲げてはじめて「人類」は体をなす、という考えは突飛なように見える。だが、たとえば「人知を超えた人工知能の創造」を総がかりで目論む「地球人」は、似たことを考えていないだろうか。あたかも創造神の地位にありつこうとでもするかのように。

＊28〔一一二頁〕　場面設定を踏まえると、老婆のこの発言——本章の冒頭から「一つの小さな真理」と言われているが、現代人には問題発言に映るに違いない——は、こう敷衍できよう。「ツァラトゥストラよ、あなたはなかなか女性に理解を示しているようだが、女という生き物はあなたが思っている以上に利口だから気をつけなさい。まともに張り合ったら、経験の少ないあなたはきっと勝てないし、してやられるだけだから、女のところへ行くときには、せいぜい用心して、脅しの小道具でも忍ばせて、なんとか面目を保つようにするがいい」。ツァラトゥストラが老婆の教えどおり鞭を懐中に忍ばせていることは、第三部の「もう一つの舞踏の歌」の章の第1節の終わりで明らかになる。

＊29〔一一三頁〕　本章のこの主導命題「小さな復讐は、何も復讐しないよりも人間的である」は、人間性の奥底に復讐心を見出す鋭い洞察を示して余りあるが、本書の復讐論としては、まだ序の口である。第

二部後半の「救い」の章では「復讐の精神からの解放」が難題として掲げられることになる。

＊30〔一一八頁〕「結婚への意志」は「超人へのあこがれの矢をもたらす」ものであるべきだ、とする敷居の高い結婚観、子作り・子育て論は、荒唐無稽に見えて、そのじつ現代人の消極姿勢に意外と近い。

＊31〔一二三頁〕「ふさわしい時に死ね」という、超人思想ならではのハイレベルの教えが、自分自身に突き刺さってくることを、ツァラトゥストラは自覚している。物語の主人公は、自分が死ぬにふさわしい時を探しているのである。自分がおめおめ生きているのは、まだその時ではないからだ、と弁解し、奇妙にも詫びているのはそのせいである。

＊32〔一二七頁〕第一部締めくくりの本章は、三節に分かれるが、第1節から第2節へ、また第2節から第3節への移行において、ツァラトゥストラの声が「変わった」とされる点に注意。まず、教え子からの贈り物を題材に「惜しみなく与える徳」をイメージ豊かに教示する、啓発的な教師。次に、テンションを上げて、大志を持てと若者を鼓舞する、情熱的な教師。最後に、弟子に訣別を迫るかのような言葉を残して去って行く、挑発的な教師。幾度も変身をとげる可塑性がツァラトゥストラの人格にはある。

＊33〔一三〇頁〕「そして、君たちがそろって私のことを知らないと言ったとき」からここまでが、第二部のモットーとして掲げられる。第二部で再会を果たすときにも「別の目をして」いると予告されている。気になるのは「三度目に君たちのもとを訪れるだろう」とも予告されていることである。本書の第四部までの物語はその前で終わっており、「大いなる正午」の到来はついに無気味な黙示録的イメージでおりにふれて暗示されるのみである。

第二部

＊1〔一三六頁〕まがまがしい夢がめでたい兆しだったということ。第二部後半の「占い師」の章では、ツァラトゥストラの弟子がそういう夢占いをしている。

＊2〔一四〇頁〕「真理への意志（Wille zur Wahrheit）」の本書における初出箇所。ニーチェは初期の遺稿「真理の情熱について」、とりわけ「道徳外の意味における真理と虚偽について」の中で「真理への愛」や「真理への衝動」を根底から批判して以来、真理を求める哲学の根本志向に疑問符を突きつけてやまなかった。その批判的態度は本書でも堅持されているが、しかし本書における「真理への意志」概念の位置価は、消極的なものにとどまるものではない。第二部の二番目の序論ともいえる本章は、その主導命題「意志することは、解放する」からして、第二部で展開される「意志」論の幕開けをなすが、その文脈で「真理への意志」という言葉がはじめて出てくることに注意すべきである。

＊3〔一四二頁〕第二部半ばの「詩人」の章で、この「詩人はウソつきだ」発言は弟子によって蒸し返されることになる。

＊4〔一四三頁〕「もはや意志しない、もはや評価しない、もはや創造しない、とは！」から、この最後までの八段落がそっくり、『この人を見よ』の自著解説の「ツァラトゥストラ」第八節で引用されている。

＊5〔一四四頁〕本章から、第二部の本論に入る。第二部前半では、ツァラトゥストラにとって問題視すべき人間類型、「同情者たち」、「司祭たち」、「有徳者たち」、「汚い奴ら」、「毒ぐもタランチュラ」、「有名な識者たち」が、次々に容赦なく批判されてゆく。

＊6〔一四八頁〕「ああ、同情者が犯したほどの大いなる愚行が」からここまでが、第四部でモットーとして掲げられる。第四部では、「神の死同情起因説」の二通りの敷衍がなされるとともに、同情批判がツァラトゥストラ自身に幾重にもはね返ってくることになる。

＊7〔一四九頁〕ツァラトゥストラは「司祭たち」の苦悩をいたましく思い、苦痛に襲われる。そして、「私は、彼らと同じ苦悩を抱えていたし、今でも抱えている」とまで言う。つまり彼は、司祭たちに「共苦（Mitleiden）」つまり「同情」を催しそうになり、そうならないように「苦痛と戦った」のである。ニーチェの「敵」だと公言する一方で、「血」のつながりがあることを自認していることに注意しよう。ニーチェの

宗教批判は他人事ではなく、身内批判なのである。

＊8〔二五五頁〕以下、「有徳者」のタイプが列挙されていく。⑴「鞭で打たれて身もだえすることこそが、徳だと思っている」被虐趣味の、いわゆるマゾヒスト。⑵「自分たちの悪徳が怠けることを、徳と称している」消極的有徳者。⑶「下方へ引っ張られて」破滅する、反動的求道者。⑷「石を積んで下方へ降りていく荷車のように、足取り重くギイギイ音を立てる」やせ我慢型。⑸「居間時計のようにネジを巻いてもらった」機械仕掛けのような勤勉の精神。⑹「一握りほどの正義を誇りとし、その正義のためにありとあらゆるものに対して悪事を働く」テロリスト。⑺「自分たちの沼地に腰をおろし、蘆の蔭」でじっとしているヒキガエルのようにおとなしい生き物。⑻「身ぶりを愛して、徳とは身ぶりの一種なのだと考える」慇懃なタイプ。⑼「「徳が必要だ」と言うことを、徳だと思い込んでいる」規律主義者。⑽「人間のうちに高貴さを見ることができない」人間侮蔑者。⑾「高揚させられ鼓舞されたい」、「仰天してひっくり返されたい」と願うことを徳だと称する感激屋や驚愕屋。

＊9〔二五九頁〕原語はGesindel。辞書を引くと「ならず者、無頼の徒、やくざ」といった訳語が載っている。生田長江の本邦初訳では「愚衆」と訳されたが、改訳時に「賤民」と訳され、以後定番となった観がある。ただ、ここで批判の俎上に載せられているのは、卑しい俗衆というより、知をひけらかす下賤で汚らしい精神のことである。章中にピタッと収まる訳語として「汚い奴ら」を選んだ。

＊10〔二六四頁〕社会的正義を自称する平等主義にひそむ復讐心をあばく本章は、本書の傑作章の一つである。主人公が毒ぐもに咬まれて狂い踊りをさせられそうになる結末も見事である。

＊11〔二七二頁〕第四部の「ヒル」の章で「知的良心の保持者」は、この一文「精神とは、みずからの生命に斬り込む生命のことである」を暗唱してみせる。

＊12〔二七四頁〕ここから、第二部の間奏曲《インテルメッツォ》とも言うべき三つの「歌」が始まる。三章とも「ツァラトゥストラはこう歌った」で締めくくられる。一曲目の「夜の歌」は、『この人を見よ』の自著解説の「ツ

アラトゥストラ」第七節で全文引用されており、ニーチェがいかに気に入っていたかが分かる。

＊13（一七五頁）この一句「最も小さな裂け目こそ、橋渡しするのが最も難しい」は、第三部の「快復しつつある人」第2節で、ツァラトゥストラ自身によって繰り返される。

＊14（一七九頁）この「舞踏の歌」と、第三部最後から二番目の章「もう一つの舞踏の歌」は、照らし合わせて読むべき一対をなす。たんなる戯《ざ》れ歌に見えて、じつは、生への愛（生の肯定）と知への愛（知恵の愛求）の間でゆれ動く生の哲学者の恋《エロース》の悩みを活写して間然するところのないラヴソングである。

＊15（一八二頁）ツァラトゥストラは、少女たちとの艶っぽい歌と踊りの時間が過ぎて夕暮れになると、急に憂鬱な気分に襲われる。「お前はまだ生きているのか」、「なぜ、何のために」、「まだ生きているのは愚かなことではないのか」と畳みかけるように自問し、あげくは「夕暮れになったことを、許してほしい」と、不条理にも弟子たちに懇願するありさまである。この奇妙な場面を読み解くには、『曙光』三一七番「夕暮れの判断」が参考になる。そこでニーチェは、創造や享楽が終わったあと、あるいは老後に、ひとが憂鬱になるのは精力を使い果たしたからであり、疲れから判断も的外れになりがちだ、と指摘している。

＊16（一八七頁）「墓の歌」は、間奏曲の締めくくりとして、第二部の本題たる「意志」に言い及んで終わり、次章「自己克服」への橋渡しをしている。不死身のアキレウスは、踵《かかと》だけが弱点だったのに対して、弱点だらけのツァラトゥストラは、意志だけは強靱で不死身だ、とここでは言われている。だがじつはその意志も、無力さを抜きがたく秘めていることが、やがて明らかとなる。

＊17（一八八頁）第二部のこの中心章「自己克服」では、そのタイトルに表わされている通り、みずからを超えて高まろうとする生の根本的なあり方が「力への意志」という用語で定式化されているが、それとともに重要なのは、そうした力への意志の際立った発現形態として「真理への意志」が位置づけられていることである。最初に呼びかけられる「最高の賢者たち」とは、哲学史上の歴代の哲学者たちのこ

とだと解されるから、彼らにそなわる「真理への意志」とは、「知への愛」つまり哲学を指すと考えられる。哲学とは、思考によって一切を支配しようとする意志のことだ、というのである。

＊18〔一九二頁〕「生きんとする意志（Wille zum Dasein）」が、ショーペンハウアーの思想を念頭に置いて言われているのは明らかだが、もう一つ背景として思い浮かぶのは、ソクラテスの「大切にすべきは、ただ生きること（*zēn*）ではなく、よく生きること（*eu zēn*）だ」という教えである。「生きんとする意志」ではなく「力への意志」こそが生の原理たりうる、とするニーチェの発想は、古代ギリシアの徳観念を源泉としていたと考えられるのである。

＊19〔一九四頁〕本章から、第二部後半に入る。「崇高な人」、「教養の国」、「純粋無垢の認識」、「学者」、「詩人」、「大いなる出来事」、「占い師」、「救い」と、ツァラトゥストラと近しい面をもつ人物類型が取り上げられていく。第二部前半ではツァラトゥストラの「敵」の類型が批判されていたが、後半の各章での批判は同時にツァラトゥストラの自己批判でもある。しかもその自己反省の度合いは、章が進むにつれてエスカレートしていき、「占い師」と「救い」の章に至っては、本人が持ちこたえられないほどの烈しさをおびてくる。

＊20〔一九四頁〕「おごそかな人」、「知的贖罪者（Büsser des Geistes）」とも呼ばれている Erhabener を、「悲壮な人」と訳すのも一つの工夫であろうが、「美」や「優美」と対比される「崇高」という美学上の概念が問題になっていることからして、やはりここは「崇高な人」と訳すのがよいと思われる。

＊21〔一九九頁〕Land der Bildung は「文化の国」とも訳せる言葉で、カタカナ書きで「カルチャーランド」としてもよい。ニーチェが生きた「現代」と地続きの、二一世紀のわれわれの住む「現代」には、様々な意匠を競うポップカルチャーが全盛である。ニーチェ早分かり本もなかなかの人気である。

＊22〔二〇八頁〕第一部の「純潔」の章でもそうであったように、本章で「純粋無垢の認識」という理念自体は、何ら否定されていない。生殖への意志をあっけらかんと肯定する認識の理想は、じつにプラト

ンのエロース論以来の王道であり、ニーチェはそのリバイバルを果たそうとしているのである。

＊23〔二〇九頁〕　古典文献学の大学教授職を辞したニーチェは、しかし学者一般を辞めたわけではなく、むしろ正真正銘の学者であろうとし続けた。そのこだわりは、第四部の「ヒル」や「学問」の章によく表われている。それらと突き合わせて本章は読まれるべきである。

＊24〔二一二頁〕　第二部二番目の章「至福の島にて」に既出。

＊25〔二一三頁〕　まとめるとこうなる。「「詩人はウソつきだ」とツァラトゥストラは言った。ツァラトゥストラは詩人である。ツァラトゥストラの言ったことは真か偽か」。これは、かの「クレタ人のパラドクス」と同型である。――「クレタ人はウソつきだ」とエピメニデスは言った。エピメニデスはクレタ人である。エピメニデスの言ったことは真か偽か」。

＊26〔二一五頁〕　以上のツァラトゥストラの詩人論では、ゲーテ『ファウスト』第二部フィナーレ――「およそ滅びやすいものは／比喩にすぎない。／足らざるところのあるものが／ここでは出来事となる。／名状しがたいことが／ここで成し遂げられた。／永遠に女性的なものが／われわれを引き上げる」――が、逐一パロディー化されている。また、「天空」、「大地」、「神々」、「死すべき者ども」のセットは、ヘルダーリンの歌う古代世界を思わせる。さらに、「ハト小屋」の比喩と、「老いた女たちが毎晩語り合っているお話」は、プラトン『テアイテトス』を想起させる（ステファヌス版でそれぞれ一九七C以下、一七六B参照）。何より、詩人批判の矛先が「超人」思想にまで及んでいる点に注意したい。

＊27〔二二三頁〕　火山島の地下で「火の犬」と呼ばれる無政府主義活動家と革命論対決を果たして戻ってきたツァラトゥストラは、自身の構想する「大いなる出来事」――哲学による革命――の時が近づいたという予兆を受けながら、自分でもまだよく分かっていない。しかし、次章からまさに永遠回帰思想との格闘が始まることになる。

＊28〔二二五頁〕　占い師の言葉にショックを受け、これほど重度の憂愁に落ち込む主人公の様子は尋常で

はない。「一切は空しい。一切は同じことだ。一切はすでにあったことだ！」という思想は、人類が古来言い伝えてきた知恵であり、新しくも何ともない。それを聞いて見る影もなく意気消沈するツァラトゥストラは、いかに近代の進歩思想の洗礼を受けているかを露呈している。

＊29〔二三二頁〕本書中の雄篇の一つである本章は、前半で「天才＝逆さまの障碍者」という平等論を展開し、読み応えがある。しかし、それではまだ話は終わらない。取り返しのつかないことが起こり、その事実を受け入れることができないとき、その無力さとどう折り合いをつけるか。「復讐の精神からの解放」という極めつけの課題がここに姿を現わすことになる。運命愛の体得への試練は第四部まで続く。

＊30〔二四〇頁〕前章の最後のほうで「人間たちと一緒に暮らすのは難しい」とぼやいたツァラトゥストラは、本章で三つプラス一つの「賢い世渡り法（Menschen-Klugheit）」を伝授してみせる。この列挙の仕方は、デカルト『方法叙説』第三部の「暫定的道徳」を思わせる。デカルトと同様、ツァラトゥストラの場合も、哲学革命を完遂するためには、まず世間と折り合いをつける必要があったのである。ニーチェは『人間的、あまりに人間的』初版（一八七八年）の「序に代えて」で、デカルトの四番目の――哲学の道をひたむきに進めという――モラルを（ラテン語版からドイツ語に訳して）長々と引用しており、大学を辞める前後、座右の銘にしていた形跡がある。

＊31〔二四七頁〕一人きりの真夜中、「最も静かな時」という女主人の発するきつい命令――永遠回帰思想との対決に向かうのだ、という内なる呼び声――に、ツァラトゥストラは怯む。だが、「最も大いなる出来事」は「最も静かな時」に「音もなく静かに」やって来る、という革命論は、「大いなる出来事」の章でツァラトゥストラ自身が述べていたことである。「世界を導く」思想は「ハトの足どりでやって来る」とするこの一節は、哲学革命を夢見たハイデガーが重視したところでもあった。一九五七年フライブルク連続講演「思考の根本命題」第二講演（拙訳『ブレーメン講演とフライブルク講演』、『ハイデッガー全集』第七九巻、創文社、二〇〇三年、所収、一二一頁）参照。

第三部

＊1（二五二頁）「最も静かな時」の沈黙の声に背中を押されて、孤独な思索に帰って行くツァラトゥストラは、至福の島の尾根を越える道を選んで登り、夜の闇を港へと急ぐ。悲壮な覚悟の一人旅だが、その道すがらにも自虐の笑いがある。主人公が永遠回帰思想と格闘する第三部に全体として厳粛な雰囲気が漂っているからといって、まじめさを笑い飛ばすあそび心が基調をなすことを忘れないようにと、この自己引用のモットーはクギを刺している。

＊2（二五五頁）この引用閉じカッコ（」）に相当するドイツ語式記号（“）は、批判的学習版の原文では、次段落の最後――「私になお残されていたものなのだ」――に付されている（クレーナー版には引用閉じ記号は欠）。しかしこの引用は、ツァラトゥストラに「おまえ」と呼びかけてくる「時」の言葉から始まっていたので、その呼びかけの言葉が終わるこの箇所に、引用閉じカッコを置くほうがよい。

＊3（二五九頁）第二部からの続きで、主人公が至福の島を去ってゆく姿を描いた序章的な「放浪者」に続く、第三部二番目の本章「幻影と謎」は、本書で永遠回帰思想の最初の告知がなされる章として有名である。ツァラトゥストラは、海を渡る船中ではじめは黙っていたが、やがて船乗りたちに、自分の見た謎めいた幻影を語り始める。――荒涼たる山道をとぼとぼ登っていくツァラトゥストラの肩には、小びとの姿をとった「重さの地霊」が乗っていて、「どんなに高く投げられた石も必ず落ちる」と、ツァラトゥストラの向上心を萎えさせるような言葉を浴びせる。ツァラトゥストラは「おまえか、それとも私か」と受けて立ち、「勇気」でもって対抗しようとする。しかしこれを実体的にツァラトゥストラと地霊の対決の場面と解すべきではない。幻影を見ているのはツァラトゥストラ自身であり、彼の中で自己内対話が繰り広げられているのだからである。「瞬間」と書かれた門の前に立ち、過去へ通じる永遠と未来へ通じる永遠を指し示すツァラトゥストラに、小びとは「真理というのは、どれも曲線なのだ。時間そ

れ自体が、一個の円環なのだ」と言い返す。これに対してツァラトゥストラが「そう安易に考えるな」と戒めるからといって、それをまじめに受け取らないほうがいい。この掛け合いも一種の自己内対話であり、ツァラトゥストラは自分で自分を笑い物にしているのである。

＊4〔二六六頁〕　この変身した牧人を、「超人」だと説明して分かったつもりになるのは、やめたほうがいい。それで話が済むなら、その高笑いがツァラトゥストラの「心を蝕む」ことなどなかろう。これまでの超人思想や意志論をもってしては太刀打ちできない圧倒的な何かに襲われ、生きることにも死ぬことにも耐えられないほどだと悄然としている主人公の姿を見出し、読者としても途方に暮れざるをえないのが、本章の幕切れなのである。

＊5〔二六七頁〕　第二部終盤から第三部の「幻影と謎」の章までツァラトゥストラの調子は最悪だった。ところが、旅に出て四日後には「すべての苦痛を克服し」、欣喜雀躍して、自分に思いがけず訪れた幸福を、怪しみながらも受け入れている。その乱高下ぶりには驚かされる。恐るべき「深淵の思想」との「最後の戦い」に臨む前の平静さと言うべきかもしれない。

＊6〔二七三頁〕「不本意な幸福」の到来した一夜を過ごし、気分が高ぶって寝つけないツァラトゥストラは、日の出前に甲板に出て、明け初めようとする天空を眺めながら、偶然に満ちた世界を肯定し承諾する壮大な散文詩を歌う。第三部の終章「七つの封印」で歌われる恍惚の境地が先取りされるかのようである。

＊7〔二七七頁〕　この一文「世界は深い――、これまで昼が考えも及ばなかったほど深い」は、若干改変されて、第三部と第四部のそれぞれ終幕近くの「もう一つの舞踏の歌」と「夜の放浪者の歌」で繰り返される。

＊8〔二七九頁〕　大都会に偉そうに建ち並ぶ豪勢な建築を眺めて、「こりゃ、卑小すぎて中には入れない。おもちゃの人形のお家のようだ」と皮肉を飛ばしている。二〇世紀に始まった鉄筋コンクリートの超高

層ビル群をツァラトゥストラが見たら、どう評するかは想像に難くない。

＊9〔二八三頁〕 同じ動詞活用の畳みかけ（Ich diene, du dienst, wir dienen）が、次々章の「通り過ぎるということ」に出てくる。

＊10〔二八三頁〕「卑小にする徳」と呼ばれているのは、この「従順さ（Ergebung）」である。二一世紀の今日、気がつくと、従順さの徳は子どもから大人まで広く浸透している。

＊11〔二九四頁〕 本章「オリーブ山にて」は、第二部の間奏曲と同じく「ツァラトゥストラはこう歌った」で締めくくられ、真冬の仮住まいの侘しさを叙情豊かに歌い上げている。だがそれをツァラトゥストラが歌ったという設定には、違和感が拭えない。むしろニーチェが自身の冬の日常生活を詩的に描いたもののように見える。どこの「オリーブ山」なのかも謎である（まさかイエスが登ったエルサレムの小山ではあるまい）。著者が一人暮らしのつれづれに記した散文詩を本書に紛れ込ませたということか。

＊12〔二九六頁〕「卑小にする徳」の章でツァラトゥストラが吐いた言葉と同じ。そこでは「支配者たちまでもが偽善ぶって、こんなお祈りをする」と言われていた。これに対して、ツァラトゥストラのサルは、民衆や乞食が「王侯貴族を仰ぎ見ては、こうお祈りをする」と言っており、月並みな発想にとどまっている。のみならず、ツァラトゥストラは、このおどけ者が大都会を批判しつつ大都会を出て行く気のないこと、つまり大衆批判が彼自身にはね返ってくるということがないことを、鋭く指摘している。このように自己反省の有無という点では、ツァラトゥストラとそのエピゴーネンとは決定的に異なる。しかし、見た目にはその違いは分からない。

＊13〔三〇七頁〕 ツァラトゥストラが、第一部で弟子たちを熱心に育てた町に久しぶりに立ち寄ると、教え子たちは離反し、「われわれは信心深さを取り戻した」とうそぶいている。先生がぼやきたくなるのも当然であろう。この章の最後に、「神の死」新解釈が提出されているのは注目に値する。ある古い神が「唯一の神のみが存在する。私以外の何者をも神としてはならない」と荒唐無稽なことを言い放ったの

で、神という神が腹をかかえて大笑いし、笑いすぎて絶滅してしまったという。第四部の同情起因説とはまた違った珍説である。

＊14〔三〇八頁〕　本書で「孤独」と訳したドイツ語 Einsamkeit は、くつろいで自己内対話にはげむことのできる、思索にとっての本来的境地を表わす。「独居」と訳してもよい。これと対比されているのが、「見捨てられていること（Verlassenheit）」である。こちらは、人がたくさんいても、いやたくさんいるからこそ一人ぼっちで取り残されていることを思い知らされる、追い詰められた状態を指す。ニーチェが本章で区別している、一人でいることのこの二通りのあり方は、ハンナ・アーレントの「独居（solitude）／孤独（loneliness）」の区別に受け継がれることになった。しかもその背景には、アーレントと（ニーチェ好きの）夫ハインリヒ・ブリュッヒャーとの対話があったと見られる。一九四九年一二月一五日付のブリュッヒャーのアーレント宛書簡を参照。「ニーチェの言っていることがわかってきた。ひとりでいることと見捨てられていることとは別ものだ、と」（『アーレント＝ブリュッヒャー往復書簡』ロッテ・ケーラー編、大島かおり・初見基訳、みすず書房、二〇一四年、一三七頁）。

＊15〔三一六頁〕　三大悪のように罪悪視される「肉欲」、「支配欲」、「我欲」に、いかに「人間的な善さ」がそなわっているかを、ツァラトゥストラは正義の女神のように天秤にかけて説き明かす。世界を創造した神の正義を弁護すべく、悪に満ちているかに見える世界がいかに最善に出来上がっているかを示そうとしたのが、ライプニッツの『弁神論』であった。ツァラトゥストラはそれを換骨奪胎するかのように「神のいない世界最善観《オプティミズム》」を企てるのである。

＊16〔三二三頁〕　本章では、タイトルが期待させるのとは異なり、「重さの地霊」は登場人物としては出てこない。ツァラトゥストラが宿敵に対抗してあそび心を発揮し、モラリスト風箴言を繰り出すという趣であり、第一部の「読むことと書くこと」の味わいに近い。

＊17〔三三〇頁〕「三つの悪」、「重さの地霊」にもその趣はあったが、本章「新旧の石板」は、ツァラトゥ

ストラのこれまでの教えのダイジェストであり、次章「快復しつつある人」で永遠回帰思想との対決に踏み出すための助走である。全30節と長めだが、本章の中心は、中盤（第13〜17節）で繰り出されるペシミズム批判にある。ペシミズムの克服はツァラトゥストラにとって依然として根本問題なのである。

＊18〔三五五頁〕　原書（批判的学習版）の「私は（Ich）」を、「君たちは（Ihr）」に変えて読む。「すべきである（sollt）」と続いていることからして、誤植と見られる。クレーナー版では正しく記されている。ほぼ同じフレーズが出てくる第一部「戦争と戦士」の章でも、「君たちは（Ihr）」となっている。

＊19〔三七一頁〕　「それなのに、おまえたちは一部始終を見物しているだけなのか」。永遠回帰思想が深められてゆくなかで、全文強調されて出てくるこの文章は、決定的に重要である。ツァラトゥストラは鷲と蛇に、自分が悶え苦しんでいる姿をおまえたちは残酷にも傍観していただけだ、と言っているが、それを責められる筋合いは、病人を一生懸命看護してきた動物たちにはない。ツァラトゥストラも、べつに鷲と蛇を責めているのではない。自分も残酷だし、人間という生き物は、見ることに快を覚える残酷な動物だ、と再確認しているのである。いかなる悲劇であれ、それをまじまじと見てとることは快をもたらす。同じことの永遠回帰にしても、それがいかに救いのないものに見えようとも、その真相を見抜くことは快をもたらす。そしてそのかぎりでギリギリ肯定の可能性があるのである。

＊20〔三七七頁〕　ツァラトゥストラは本章では、動物たちの歌う永遠回帰ソングを、ついに黙って聴いているだけである。むしろ彼は、自分自身の魂との対話に集中していく。それが、次章「大いなるあこがれ」の内容となる。永遠回帰思想が最終的に行き着くところは、本章の先にあることが分かる。

＊21〔三七八頁〕　「大いなるあこがれ」とは、ふつうあこがれとは呼ばれないが、ある意味で極めつけのあこがれ、という意味である。「死へのあこがれ」がそう呼ばれている。

＊22〔三八二頁〕　精神的成長を遂げてきた魂が、その遍歴の末に、みずからのあり余る充溢を喜び、白鳥の歌を歌って、死へと旅立つ。ツァラトゥストラは、今まさに自分の魂が死にゆくことを言祝《ことほ》いでい

る。死地を求めてきた身からすれば、満願成就を拒否するいわれはない。それは、この世の生から見れば倒錯かもしれないが、純然と思考することを求めてやまない精神にとっては、恍惚の瞬間である。哲学史上の前例としては、プラトンが『パイドン』で描いた、死にあこがれるソクラテスが思い浮かぶ。本章は、魂の形而上学のこの原典の本歌取りとも解される。

＊23〔三八三頁〕　前章の最後で「歌うがいい」と言われたツァラトゥストラの魂が、本章と次章で絶唱を披露する。「快復しつつある人」でも予告されていた、物語のフィナーレである。とりわけ本章は、『ツァラトゥストラはこう言った』全編の核心をなす。第二部であそび心のままに歌われたように思われた「舞踏の歌」のリプライズ（取り返し）だが、「生」と「知恵」との三角関係に悩むツァラトゥストラが、ついに生と離別して知恵へ赴くという展開は、本章ならではである。その場面、つまり第2節に最大の山場がある。

＊24〔三八八頁〕　ツァラトゥストラがささやいた「あること」とは何であったと推察されるか。ここをどう解釈するかに永遠回帰思想全体の理解が懸かっている。この推察は「訳者あとがき」に記したので、そちらを参照。要するに、観照的生において生は知恵とイコールだという発見的再認のドラマがここにはある。その一方で、生が最後に「あなたはそのことを知っているの？　知る人は誰もいないのに」と言っているのは、空とぼけである。知恵を発揮して生きる観照的生は、この世的には死も同然でありながら、まぎれもなく生である、とは古来言い伝えられてきたところであり、そのような観照の幸福を知らない哲学者はいない。

＊25〔三九〇頁〕「大いなるあこがれ」の章が『パイドン』の本歌取りだとすれば、本章「七つの封印」は、プラトニックラヴの原典『饗宴』の絶頂をなす「永遠との合一」の恋愛道の取り返しである。『ツァラトゥストラはこう言った』は、プラトン主義者ニーチェの真骨頂を示した作品なのである（「訳者あとがき」参照）。ついでに言えば、事の終わった第四部の物語は、『饗宴』でのアルキビアデスの乱入の場

面を思わせるドタバタ劇となる。

第四部・最終部

＊1〔四〇一頁〕 第三部のフィナーレまで読んできた読者は、死にあこがれ、生と別れて、永遠と合体したはずのツァラトゥストラが、第四部で、歳を重ねて白髪になったものの、依然ピンピンしているのを見出す。つまり、主人公はまだ死んでいなかった。観照的生は、この世を抜け出る絶頂の瞬間、一種の仮死状態を迎えるが、肉体的死と同じではない。第四部でも、最後から二番目の章「夜の放浪者の歌」で、同じ法悦の瞬間が訪れる。

＊2〔四〇四頁〕『愉しい学問』二七〇番を参照。

＊3〔四〇七頁〕 第四部にも序章が二つある。「蜜の捧げ物」の章は、いわばツァラトゥストラの生存確認という面があり、「ツァラトゥストラの千年王国」発言まで飛び出す意気軒昂ぶりが描かれていたが、翌日の朝は、また違う出だしである。この二番目の序章から丸一日経った次の朝の場面が、最終章「しるし」である。そのたった一日の間に、主人公がどれだけ多くの客人と、どれだけ多くの会話を交わし、どれだけ多くの歌を楽しんだか、を考えると目が眩むほどだが、他方では、劇作の古典的約束事に従っていることが分かる。

＊4〔四〇九頁〕 この声の正体は、第四部後半幕開けの章「歓迎のあいさつ」で判明する。

＊5〔四一〇頁〕 第四部の個性豊かな登場人物は、「高等な人間（der höhere Mensch）」と呼ばれる。後半には、そう題された長い章も出てくる。いずれも、ツァラトゥストラの教えにかぶれ、世の中になじめず、取り残されて、精神に失調をきたした、時代の落伍者たちである。逆に言えば、第三部で批判されていたような「従順さ」の徳をよしとせず、わが道を行く反抗精神の持ち主ばかりである。それゆえツァラトゥストラとしては、自分に近しいものを持ち、そのために苦しんでいる彼らに、つい同情しそ

うになる。その同情の誘惑を主人公がいかにして乗り切るか——これが第四部のテーマとなる。

＊6〔四一一頁〕　占い師のペシミズムに押され気味のツァラトゥストラだが、「至福の島」のことが話題になるや、急に元気になり、強気を取り戻す。第一部の「まだら牛」の町の弟子たちが「離反した」ことに、第三部では失望を味わったはずだが、第二部で教え、「至福の島」に残してきた弟子たちは、いまだに自分の教えを守って健在であり将来有望だと、ツァラトゥストラはゆるぎなく確信している。その確信がどこから来ているかは、明らかではない。

＊7〔四一四頁〕　二人の老王は兄弟ということになっており、右側の王は古代ギリシア神話のアガメムノン（ミュケーナイ王）を、左側の王はメネラオス（スパルタ王）をもじっているように思われる。トロイア戦争のギリシア軍のこの総大将と副大将は、（女性がらみで）散々な目に遭ったことで知られる。

＊8〔四一六頁〕　先に、右側の王は、「われわれ王様が今さら何だというのだ（Was liegt noch an uns Königen!）」と嘆いたが、それを聞いてツァラトゥストラは嬉しくなって、二人の王の前に姿を現わした。というのも、ツァラトゥストラ自身かつて、「今さら王様が何だというのだ（Was liegt noch an Königen!）」と言ったことがあり、「われわれ王様が何だというのだ（Was liegt an uns Königen!）」と言い放つ王たちを好ましく感じたからだ、というのである。じっさい、第三部の章「新旧の石板」第12節には、「今さら王侯が何だというのだ（Was liegt noch an Fürsten!）」とある。ここでは「王侯（Fürsten）」という言い方だが、同じ章の第21節では、「今はもう王様の時代ではない（Es ist die Zeit der Könige nicht mehr）」と、「王様（Könige）」という語も使われている。「新旧の石板」には、近代になって平等主義（的民主主義）が浸透して伝統的な支配階級が体をなさなくなったことの指摘と、新しい貴族階級の出現を待望する思想が見られる。本章は、そこで言われたことの再論となっている。

＊9〔四一八頁〕　王が言っていることは、第二部の章「鏡をもった子ども」に出てきたツァラトゥストラの夢とそっくりである。

＊10〔四一八頁〕第一部の「戦争と戦士」に既出。ここではむしろツァラトゥストラの好戦思想が時代遅れになったことがほのめかされている。

＊11〔四二五頁〕第二部の「有名な識者たち」に既出。第四部のこの傑作章「ヒル」の学問談義は、第二部の「学者」とも併せて読むと味わい深い。

＊12〔四二七頁〕この魔術師にはリヒャルト・ワーグナーのイメージが投影されている、として見切るのはもったいない。魔術師の熱唱する歌を聴いて、さすがのツァラトゥストラも同情を覚えてしまうほどである。お涙頂戴式の演技に途中で我慢できなくなったツァラトゥストラは、杖で打ちすえて歌をやめさせるが、では詩作として出来が良くないのか、と言えば、そうは言えない。これはニーチェの自信作なのである。

ニーチェは『ツァラトゥストラはこう言った』第四部を私家版で刷って知人に贈った。それを引き継いだ友人のペーター・ガストが、「ディオニュソス讃歌」の詩篇と合わせて一書として公刊した（後注＊38参照）。ニーチェ自身は「ディオニュソス讃歌」だけを独立の詩集として出そうと考えていたようだが、第四部と詩篇が深い関係にあるのはたしかである。「ディオニュソス讃歌」と銘打たれた九篇の連作のうち三つは、ほぼそのままの形で第四部に出てくる。この「魔術師」の歌と、後半の「憂鬱の歌」と「砂漠の娘たちのもとで」の三つである。いずれも相当の長さを持ち、詩集の中心を形づくる。ガストが編集して一八九一年に出版した第四部は、本文中に埋め込まれたこの三つの歌を除く六篇を、付録「ディオニュソス讃歌」として巻末に収めている。「魔術師」の歌も、ニーチェが丹精込めて作った作品であり、本人もまさか駄作だとは思っていない。「ディオニュソス讃歌」中の詩としては、「アリアドネーの嘆き」というタイトルが付けられ、最後に数行の付加がある。

魔術師が「俳優」、「贋金作り」、「ウソつき」なのは、ツァラトゥストラにとって何ら他人事ではない。魔術師批判は、第二部の「詩人」の自己批判の続行なのである。

＊13〔四三一頁〕この一行は、批判的学習版では前連の最後に置かれているが、クレーナー版に従って、この連の最初に置いた。

＊14〔四三四頁〕第二部に出てくる「崇高な人」のタイプは、「知的贖罪者」とも呼ばれていた。また「詩人」の章では、詩人が自分自身にまなざしを向け、うんざりして成長したのが「知的贖罪者」だとされていた。詩人は「孔雀の中の孔雀」、「虚栄の海」だとも言われていた。

＊15〔四三九頁〕第四部前半の最大の読みどころは、この「失業」と、次の「最も醜い人間」の二章にある。第四部のモットーに掲げられた、第二部三番目の章「同情者たち」からの引用のうち、「人間に同情したおかげで、神は死んだのだ」という、いわば神の死同情起因説が、この二章にそれぞれ登場する「最後の法王」と「最も醜い人間」の迫真的な証言によって、肉付けされてゆくしくみである。

＊16〔四四〇頁〕第一部序説第2節でツァラトゥストラと対話を交わした「森の聖者」のこと。

＊17〔四四三頁〕年老いて衰弱した神が、人間への同情によって窒息死した、という最後の法王の言い分は、荒唐無稽なように見える。だが、既成宗教があまりに古臭くなり、訴える力を失くしたことを挽回しようとして、同情のモラルをはじめとする博愛精神を売り物にするようになった結果、世俗道徳の二番煎じに成り下がり、宗教としては体をなさなくなった、と考えればよい。これはキリスト教に限らず、近代における宗教全般の隘路である。

＊18〔四四八頁〕第四部に登場する高等な人間たちにツァラトゥストラは多かれ少なかれ同情を催しそうになるが、実際に同情に襲われたと明言される場面は、ここだけである。ツァラトゥストラばかりではない。目の前に「最も醜い人間」が現われて、同情を催さない者はいない。そう、何かしら醜さをもたない人間などいないからである。

＊19〔四五三頁〕あまりに醜怪で正視に耐えないほどだという「最も醜い人間」は、人間存在の最も醜い面、つまり誰もが心の奥底に秘めている最暗黒面、の形象化と解すると、分かりやすい。そうはいって

も、人間の醜い内面を覗き込んで同情した神が、人間に逆恨みされて殺された、という神殺し説は、奇想天外に見える。しかし、内面性の暗闇に目覚め、自意識過剰となった近代的自我が、神による内部監視を要らぬお節介と感じるようになり、ついには神の観念自体をお払い箱にした、と考えればよい。

ただし、最も醜い人間の実存には、そのような一般化に尽きない非常に困難な問題がひそんでいる。自己存在をいかにして肯定するかというこの問題は、「夜の放浪者の歌」の章まで持ち越しとなる。

＊20〔四五六頁〕「山上の説教者」と言えば、「マタイによる福音書」の「山上の垂訓」が有名である。まなざしからして「善意そのもの」であるような「柔和な人」というイメージは、イエスを思わせる。だとすると、ニーチェはここでイエス・キリストの甦りを登場させたのかと言えば、そこまでは言えないだろう。ツァラトゥストラは相手に、「あなたは、かつて巨万の富を投げ捨てて、進んで乞食になった人ではないか」と言っている。どうやら彼が「みずからの富を恥じ、富める者たちを恥じ、最も貧しい者たちのところに逃れ、みずからの充実した心を彼らに贈ろうとした」のは、有名なことのようである。裕福な家庭に生まれながら、その富を一切擲《なげう》って貧しい人たちへの慈善にはげんだ聖人として古来有名なのは、アッシジの聖フランチェスコ（一一八二―一二二六年）である。そもそも歴代の修道士たちは「キリストに倣って」生きたのだから、風貌が宗祖と似てくるのは不思議ではない。ただし、この「進んで乞食になった人」の甦りは、信仰心をもはや失っている。

＊21〔四六三頁〕ここでツァラトゥストラは影を「突き飛ばしそうになった」とされている。運動する物体と、静止する物体がぶつかるとき、静止する物体のほうがはね飛ばされるのがふつうである。運動している分エネルギーが大きくなるからである。ところが、止まったツァラトゥストラと走ってきた影とが正面衝突して、影のほうが突き飛ばされたというのだから、いかに影が「弱々しかった」かが分かる。「影」が軽いのは当たり前かもしれないが、「ツァラトゥストラの影」は、人格的存在として現われている。「痩せ細り」、「空ろ」でありながら、相当強烈なキャラクターである。そう、この影こそまさに

ツァラトゥストラの分身中の分身、ドッペルゲンガーにほかならない。「高等な人間」はみな多かれ少なかれ主人公の分身なのだが、最後に真打ち登場といったところである。他方、第二部の「大いなる出来事」で飛来した「ツァラトゥストラの影」との関係は、不明である。

＊22（四六八頁）　のちの「晩餐」の章の最初にも出てくる言葉。「ルカによる福音書」の有名な「マルタとマリア」姉妹の話に、「必要なことはただ一つだけである」（一〇・四二）とある。『愉しい学問』二九〇番は「一事が必要」と題され、自分自身に満足することが肝腎だとされている。

＊23（四六九頁）　この「世界は今まさに完全になったのではないか」は、本章で三度繰り返されるばかりでなく、「夜の放浪者の歌」第7節にも「私の世界は……」という言い方で出てくる。お昼の小休止すら、第四部の永遠回帰思想の掘り下げに連なってゆくことが分かる。

＊24（四七三頁）　第四部の二番目の序章でツァラトゥストラが聞いた「助けを求めて叫ぶ声」の正体が、かくして判明する。つまりあれは、高等な人間たちの多重唱であった。

＊25（四七四頁）　高等な人間が九名、動物三匹とツァラトゥストラも入れると一三名。イエスとその弟子たちもそうであったように、密な議論をするのにちょうどいい人数である。

＊26（四七九頁）　大勢の客人を自宅に招待しておいて、「私がこの山中で待っていたのは、あなたがたではなかった」とあっさり言ってのけ、平然と繰り返す正直者も珍しい。だが、同情を批判するツァラトゥストラからすれば、それがおもてなしというものなのだろう。

＊27（四八三頁）「正午」の章にも出てきたツァラトゥストラの口癖。

＊28（四八五頁）「ひとはパンのみにて生きるにあらず。神の言葉によっても生きる」としたイエスの有名な言葉の後半を、ツァラトゥストラが引きとって「上等な子羊の肉によっても生きる」と述べたことに、進んで乞食になった人は抗議している。ここで注意すべきは、彼の抗議の理由が、「肉食や美食はいかがなものか」というものであり、不敬虔だからではない、という点である。菜食主義者や清貧主義者

は、神の死後にも少なからずいる。

＊29〔四八六頁〕 イエスと弟子たちとの「最後の晩餐」が踏まえられているのは言うまでもないが、ソクラテスとその友人たちとの「饗宴」も重ね合わせてよいだろう。

＊30〔四八六頁〕 ツァラトゥストラの教えダイジェストのような本章は、全体として「破滅のすすめ」とでも言うべき内容をもつ。賤民の時代の落伍者たる「高等な人間」は、近代平等主義へのアンチテーゼとして造形されていることが分かる。後半の第14節以降は、自分自身を笑い、自分自身を超えて笑うことを学べ、と説かれて締めくくられる。

＊31〔五〇〇頁〕「あなたがた 今満腹している人たちは、わざわいだ。飢えるようになるからである。あなたがた 今笑っている人たちは、わざわいだ。悲しみ泣くようになるからである」(『新約聖書』「ルカによる福音書」六・二五。日本聖書協会一九五五年改訳版による)。

＊32〔五一一頁〕 批判的学習版の lügend（ウソをついたりして）を、クレーナー版に従って lugend（窺ったりして）と読む。

＊33〔五一五頁〕 批判的学習版の wiederhallen をクレーナー版に従って widerhallen（こだまする）と読む。

＊34〔五一八頁〕 学問の起源に「恐怖」を置くか「勇気」を置くか。ツァラトゥストラはここでは、この二通りの学問理解を二者択一のように考え、後者に軍配を上げている。だが、恐ろしいものに向き合うことを人知の根本に置く点では、恐怖起源説も勇気起源説も同じである。じっさい、永遠回帰思想に向き合ったツァラトゥストラを最初に襲ったのは恐怖であり、だからこそ勇気が求められたのである。

＊35〔五二二頁〕 第一行と最終行に出てくるこの詩句「砂漠は成長する……」を、ハイデガーはフライブルク大学一九五一／五二年冬学期講義「思惟とは何の謂いか」(『ハイデッガー全集』第八巻、四日谷敬子訳、創文社、二〇〇六年所収）で幾度となく引き、講義のモティーフに据えている。「砂漠」を厳粛に

「ニヒリズム」と解するだけでは、いきなヨーロッパ人のざれ歌の晴朗なエロティシズムは、残念ながら抜け落ちてしまうが。

＊36〔五三三頁〕　ツァラトゥストラが高等な人間たちに「目覚めさせてやった」のは、男性的な「新しい欲望」だけではなかった。彼らの信心深さも目覚めさせられ、偶像崇拝が復活することになる。

＊37〔五三五頁〕　ロバの言葉は原文では „I-A“ であり、ドイツ語の „ja“（はい・然り）をもじっている。神に擬された偶像の発する言葉として、「あっそう」と和訳してみた（人間宣言後の昭和天皇が行幸先で連発した生返事として有名）。現代人に崇拝される偶像（アイドル）としては「ＡＩ」が思い浮かぶ。

＊38〔五四四頁〕　本章は、従来の版では「酔歌（Das trunkene Lied）」というタイトルが付けられてきたが、コリ&モンティナリ編のグロイター批判的全集版では（批判的学習版でも）「夜の放浪者の歌（Das Nachtwandler-Lied）」（別の訳し方をすれば「夢遊病者の歌」）と題されている。東北大学附属図書館には、ニーチェ発病後の一八九一年にペーター・ガストによって編集、公刊された『ツァラトゥストラはこう言った』第四部——著者自身が私家版を出したのは一八八五年——が所蔵されており、それを見るとたしかにDas Nachtwandler-Liedとなっている。Friedrich Nietzsche, *Also sprach Zarathustra,* Vierter und letzter Theil, Leipzig: C. G. Naumann, 1891, S. 119.

＊39〔五四五頁〕　第三部の章「幻影と謎」の第1節ではツァラトゥストラが——「勇気はこう語る」として——発したこの言葉を、ここでは最も醜い人間が語っていることに注意しよう。醜怪きわまりなく生まれたという重荷を背負って生きてきた彼が、同じ人生をもう一度繰り返したいと言い切っている。第二部の「救い」の章で課題とされた、「そうあった」に対する復讐の精神からの解放が、あらためて問題になっていることが分かる。本章での答えは、最高の快楽の瞬間がありさえすれば、いかなる運命も愛することができる、というものである。

＊40〔五四六頁〕　第三部の最終章「七つの封印」の第1節からの引用。ツァラトゥストラの魂がひそかに

歌った永遠回帰肯定の忘我の境地が、いつしか筒抜けとなり、周知の事実となっている。

＊41〔五四八頁〕 以下、第三部の「もう一つの舞踏の歌」第3節が（第三、四行を除いて）一行ずつ肉付けされてリフレインされていく。

＊42〔五五八頁〕 従来の版では「私の酔歌を（an meinen trunkenen Liedern）」となっていたが、批判的学習版では「私の真夜中を（an meinen Mitternächten）」となっている（一八九一年版ではそうなっている）。

＊43〔五六一頁〕 ちょうど一日前、占い師と話していたときに聞いた「高等な人間」の「助けを求めて叫ぶ声」を――その声の正体は「歓迎のあいさつ」の章ですでに判明していたが――、今度こそツァラトゥストラは間近に聞いたわけである。一日遅れで前兆を確証するかのように。かくして主人公は、高等な人間一同と一緒に、同情の誘惑を追い払ったことになる。

＊44〔五六二頁〕 最後のこの言葉は、批判的学習版（と一八九一年版）に見られる。

訳者あとがき

ここに、ニーチェの主著『ツァラトゥストラはこう言った』の新訳をお届けする。

フリードリヒ・ニーチェ（一八四四—一九〇〇年）は、『人間的、あまりに人間的——自由精神のための書』（一八七八年）を皮切りに、同書第二部上巻『さまざまな意見と箴言』、下巻『放浪者とその影』、『曙光』、『愉しい学問』と、毎年一冊ずつ著作を公刊している。長年体調不良に悩まされ、教授職を辞すという危機を乗り越えて、一八八三年に満を持して発表したのが、『ツァラトゥストラはこう言った』第一部である。著者三八歳。第二部も同年に出した。翌八四年には第三部を出版、さらに八五年には第四部を著わしている。四〇歳を迎えようとする実りの時期に心血を注いで完成させた、文字通りの主著である。

西洋哲学史上屈指のテクストであり、ドイツ文学史上の最高峰の一つであり、現代日本で最も愛読されている古典に数えられる本書は、これまで繰り返し日本語に訳されてきた。

(1)生田長江訳『ツァラトゥストラ』新潮社、一九一一年
(2)加藤一夫訳『ツァラトゥストラは斯く語る』春秋社、一九二九年
(3)登張竹風訳『如是説法 ツァラトゥストラー』山本書店、一九三五年

(4)竹山道雄訳『ツアラトストラかく語りき』弘文堂書房、一九四一―四三年
(5)土井虎賀寿訳『ツァラトゥストラかく語りぬ』三笠書房、一九五〇年
(6)佐藤通次訳『ツァラトゥストラはかく語りき』角川書店、一九五一―五二年
(7)浅井真男訳『ツァラトゥストラはかく語った』筑摩書房、一九六〇年
(8)高橋健二・秋山英夫訳『こうツァラッストラは語った』河出書房新社、一九六一年
(9)手塚富雄訳『ツァラトゥストラ』中央公論社、一九六六年
(10)吉沢伝三郎訳『ツァラトゥストラ』理想社、一九六九年
(11)氷上英廣訳『ツァラトゥストラはこう言った』岩波書店、一九六七―七〇年
(12)薗田宗人訳『ツァラトゥストラはこう語った』白水社、一九八二年
(13)小山修一訳『ツァラトゥストラ』鳥影社、二〇〇二―〇三年
(14)丘沢静也訳『ツァラトゥストラ』光文社、二〇一〇―一一年
(15)佐々木中訳『ツァラトゥストラかく語りき』河出書房新社、二〇一五年

このように、主な訳書を挙げるだけで一五種類にのぼる。これほど邦訳が多種ある哲学書も珍しい。プラトンとデカルトの主著が思い浮かぶ程度である。文学書でもこれに匹敵するのはシェイクスピアやゲーテの代表作くらいではなかろうか。

一世紀以上にわたる本書邦訳史上、流麗な文語体で多くの近代文学者に影響を与えた(1)生田訳（初訳明治四四年）――改訳大正一〇（一九二一）年、昭和一〇（一九三五）年――に

次いで画期的だったのは、岩波文庫の⑾氷上訳（昭和四二―四五年）であろう。それ以降の訳書は、半世紀以上にわたって読み継がれてきたこの名訳のお蔭を蒙っている。本訳書も例外ではなく、その恩恵に対する敬意も込めて書名は氷上訳に倣った。とはいえ、二一世紀にはニ一世紀にふさわしい新しい『ツァラトゥストラはこう言った』があってよいと考え、あえて新訳を世に送り出す次第である。どこがどう新しくなったかは、これはもう、本書を読んでいただくしかない。要するに、すみずみまで刷新したつもりである。

翻訳史を顧みて改めて気づくのは、ニーチェの日本語訳が主にドイツ文学方面の訳者によってなされてきたことである。その点では、哲学方面の訳者を揃えた理想社版『ニーチェ全集』（一九六二―七〇年）は注目に値する。それが理想社普及版（一九七九―八〇年）を経て、ちくま学芸文庫版（一九九三―九四年）で読み継がれていることは喜ばしい。

ニーチェ哲学専門研究の訳者による⑽吉沢訳は、詳細な訳注が付されているのが特徴で、ちくま学芸文庫版ではさらに訳注が増補され、本文を圧倒しているほどである。そこまでいかなくとも、それなりに訳注の付された⑷竹山訳（の新潮文庫版）、⑺浅井訳、⑼手塚訳には、私も昔から親しんできた。グロイター批判的全集版に準拠した白水社版『ニーチェ全集』の⑿薗田訳は、批判的学習版コメンタリーを採り込んだ訳注を付けている。仕掛けに満ちたニーチェの最高傑作を詳解したくなるのは当然だが、親切な訳注がかえって味読の邪魔になることもある。そういう意図から、氷上訳には訳注が一切付いていない。近年の訳、たとえば⒁丘沢訳や⒂佐々木訳はその路線にあり、本訳書もそちらに近い。つまり本書では、訳注は抑え気味にして、訳文を読むだけで原文の味わいが楽しめるよう、できるかぎり努めた。

もとより、ドイツ語の韻やテンポやニュアンスや言葉あそびを日本語に再現するのは不可能だが、だからといって妥協はせず、かねてより私がモットーにしている「声に出して読める哲学書」をめざした。これは、世に言う超訳つまり改作・翻案とはまるで異なる。原文の素の味を活かしつつ、硬すぎも柔らかすぎもせず日本語として読みやすい訳文に定着させること、それが一番の直訳だというのが私の考えである。この点、同じく講談社学術文庫で二〇一七年に出した拙訳『愉しい学問』のスタンスとまったく変わっていない。

翻訳についてはひとまず以上とし、以下、テクストの内容について述べる。

*

『ツァラトゥストラはこう言った』は、古代ペルシアのゾロアスター教の開祖とされる伝説上の人物に擬して、著者ニーチェが架空の哲学者を造形し、その言行を語ってみせたフィクションである。つまり、本書はツァラトゥストラの物語である。

物語は、物語として味わうにかぎる。物語である以上、「筋《ミュトス》」というものがあり、それが進むにつれて、意味がだんだん明らかとなる。読者は、物語の筋に身をゆだね、登場人物たちの会話や主人公の独白に耳を澄ませ、そこに聴きとれる主題のゆくえを追っていけばいいしくみである。

当たり前のようで、筋立てを重んじるという原則は非常に重要だと思う。特定の章だけ取り出して解釈し、これが本書の根本思想だと分かったつもりになるのはいただけない。あくまで、ツァラトゥストラの物語が最初から最後まで全編を費やして表わしている中心主題を、筋立てに即して丁寧に読みとることが肝要である（本訳書の訳注も、なるべく読者が筋立てを追うための手助けになるようなものをめざした）。

　では、『ツァラトゥストラはこう言った』の中心主題とは何か。

　これについてはニーチェ自身が、前作『愉しい学問』初版の末尾ではっきり告げている。最後から二番目の断片三四一番「最重量級の重み」で「同じことの永遠回帰」の思想のエッセンスが述べられ、いちばん最後の三四二番「悲劇が始まる」では、『ツァラトゥストラはこう言った』序説の第1節が、ほぼそっくり先取りされている。著者がみずからの中心思想と見定めた永遠回帰思想の書としてツァラトゥストラの物語を叙述したことは、ここに明らかである。

　以上の初歩的な事実確認から分かってくることが幾つかある。

　まず、ニーチェは、永遠回帰思想を言い表わすのは容易なことではない、と考えたということ。この名状しがたい深淵の思想は、『ツァラトゥストラはこう言った』――の少なくとも、一筋の展開を示している第一部から第三部まで――の長大な叙述をもってして、ようやく仄めかすことができると考えられたのである。それでも十全な表現に至ったとは言えず、さらに書き継がれたのが第四部である。さらなる続編を期待させて物語は幕を閉じるものの、やはり第一部から第三部までを中心に据えて、さらに第四部をその本質的補足として、ニーチェの永遠回帰思想はまずもって理解されるべきである。

次に、にもかかわらず、『ツァラトゥストラはこう言った』全編中に、永遠回帰思想の理解に直接資するくだりは、そう出てこない。読者をじれったくさせる思わせぶりな筋立てを通してはじめて、中心主題がおもむろに姿を現わす、という仕掛けになっている。だから、一足飛びに第三部だけ読んでも空振りに終わる。物語は最初から読むにかぎる。

ツァラトゥストラが序説早々打ち出すのは、「超人」思想である。神の死後、人類は現状に甘んじることなく高みをめざし、没落も辞さず、遠大な目標に向かって突き進んでいくべきだとするその思想は、次いで、生きとし生けるものは現状以上をめざすという原理、つまり「力への意志」説にもとづくことが明らかとなる。ところが、超人思想を根拠づける力への意志説が定式化される第二部半ばから、物語は転調し、暗転していく。

そしてその先にようやく姿を現わすのが、永遠回帰思想なのである。この世に新しいものなど起こらない、一切は同じことの繰り返しだ、とするペシミスティックな思想である。それに襲われることを、主人公は、予感するだけで調子を崩すほど嫌がり、そこから逃れようとジタバタする。ツァラトゥストラにとって永遠回帰思想とは、まずもって、それに触れたら破滅しかねない恐ろしい代物なのである。

この筋立ては、いくら強調してもしきれないほど重要である。永遠回帰思想を考えるうえでの第一の手がかりが、そこにひそんでいるからである。

物語だから感情移入すればいいというわけではないが、ツァラトゥストラが抱く不安や恐れを素通りしては物語を味わうことはおぼつかない。では、なぜツァラトゥストラは永遠回帰思想に逃げ腰なのか。勇気を振りしぼって対決しなければ、と力み返るほど、それほどまがまがしい思想と見なされているのはどうしてか。

それはやはり、永遠回帰思想がツァラトゥストラにとって、せっかく我がものとした超人思想も力への意志説も、それにぶち当たるやガラガラ崩れ落ちるほどの恐るべき脅威だと感じられたからであろう。その襲来を受けて激しい吐き気を催し、七転八倒して苦しみ悶える主人公の姿。その痛々しい憔悴ぶりを気にも留めずに、あたかも永遠回帰思想が力への意志説と難なく両立するかのようにすらすら説明する解釈者たちは、物語として味わう気はないようである。それを書くために哲学者が主著を捧げたその物語を、である。

だが、もしそうだとすれば、いよいよ不思議の感は強まる。この世に新しいことなどない、同じことがえんえんと繰り返すのみだ、という思想が、なぜそこまで脅威なのか。

そもそも、「一切は同じことだ、一切はすでにあったことだ」という回帰思想は、第二部後半に登場する「占い師」——原語 Wahrsager は生田初訳では「卜者《ぼくしゃ》」と訳されたが、一九二一年改訳で「預言者」と改訳され、以来「預言者」、「予言者」と訳されてきた——が語っているところであり、古来の人類の知恵に属する。ツァラトゥストラが古代の賢者だとすれば、抵抗なく受け容れても不思議ではない。ところがツァラトゥストラは、この言い古された「真理」を聞くや、狼狽し、調子を崩す。そして、その後は徐々に永遠回帰思想との格闘に入っていく。これはどういうことだろうか。

ツァラトゥストラは、どうやら古代の賢者にはなりきれていない。著者がそうであったように、この主人公は近代思想の洗礼を受けている。それはそうだろう。最初から「神は死んだ」と告げているのだから。この近代ならではの時代認識からツァラトゥストラは出発し、そこを拠点として思索を繰り広げる。次に打ち出される「超人」思想は、人類が旧来のあり方を脱して新次元に乗り出すべきことを説く。その飛躍に満ちた変革志向は、著者の生きた一九世紀に興《おこ》り、近代という時代を主導してきた進化思想と無縁ではなかろう。少なくともそれが、人類の新しい始まりを待望する思想であることは間違いない。

そして、近代の総決算のような超人思想を基礎づける生命観と自然観、つまりは存在論的原理として打ち出されるのが、「力への意志」説なのである。

そう考えてみれば、永遠回帰思想ほど超人思想と相容れない思考様式もないことになる。たとえ歴史の新しい段階を迎えたかのように見えようと、それはかつてあったことのぶり返しにすぎず、その新しさの追求そのものがムダだとする思想であってみれば。

近代という時代は、その自称 the modern age からして、もっぱら modernity つまり新しさに価値を置く。それを表わす極めつけのイメージが、人間を超えたポスト近代の新人類、つまり超人なのである。ところが、そんな「新しい時代《モダン・エイジ》」などたんなる幻想ではないのか、と疑問符を突きつけるのが、一切は同じことの繰り返しだとする思想なのである。永遠回帰のヴィジョンからすれば、超人だってえんえんと再来してくるだけなのだ。

それゆえ、ツァラトゥストラがなかなか永遠回帰思想を受け容れられないのも当然なのである。たんに超人思想のほうを切り捨てればいいという話ではない。超人思想とリンクする形で、ツァラトゥストラは力への意志説を摑みとったはずだからである。みずからの根本原理を手放すことは、哲学者としての破綻を意味する。

力への意志と同じことの永遠回帰は、いかにして両立可能か。ここに問題の中心がある。第二部終盤から第三部クライマックスまでは、この問いを我がものとし、その答えを探し求める主人公の孤独な思想的格闘の物語なのである。

ここに一つの問いが浮上する。力への意志説は果たして近代由来なのだろうか。

超人思想は、古代の神人や半神の観念に淵源するとも解されるが、神の死と人間中心主義の克服というそのモティーフからして、近代という時代の刻印をどぎつく受けている。進化論に対抗して唱えられたこの近代進歩思想の極みは、二〇世紀に各種のスーパーマン人気をもたらした。「超-」という小辞は、モダンの先を行こうとする「ポストモダン」志向を言い当てるものとなった。どちらの言い回しもとうに陳腐化してしまったが。

しかし、超人思想はともかく、力への意志説そのものは、近代思想に解消されないものをもつ。『ツァラトゥストラはこう言った』のみならずニーチェの公刊著作における「力への意志」の語の初出箇所である第一部の章「千の目標と一つの目標」は、民族論である。古代の諸民族がそれぞれ異なる評価基準をもっていたとされ、しかも、古代ギリシア人に典型的な徳の追求が語られる文脈ではじめて、「力への意志」という言葉が登場する。これは偶然とは思われない。力への意志とは元来、優れていること・力量を意味する「徳」を競い合った古代自由人の上昇志向のほうから考えられている、と解されるのである。

　力への意志について総論的に語られるのは、第二部の「自己克服」の章である。そこでは、歴代の哲学者とおぼしき「最高の賢者たち」の抱く「真理への意志」が、俎上に載せられる。徳の中には「知性的徳」もあり、とくに「知恵《ソフィア》」を求めて競い合うのが「知への愛《フィロ・ソフィア》」であった。「真理への愛」と言いかえてもよい。古代ギリシアにおける哲学の誕生とは、力への意志という地盤から「真理への意志」が育《はぐく》まれたことだと考えられるのである。

　そして、第三部のフィナーレをなす「七つの封印」の章で、永遠回帰を肯定するツァラトゥストラが最終的に到り着く境地は、「永遠との合体」である。

　哲学者にとって愛求の的である「知恵」とは、究極的には「永遠の真理」との合一に帰着する。だとすれば、真理への意志を貫徹しようとする者が、同じことの永遠回帰を肯定するのはむしろ当然である。永遠であってこそ真理はその名に値するのだとすれば。

　永遠の真理との合体。古来それは哲学者の理想であった。この理想に最終的に向かっていくのが、ツァラトゥストラの物語なのである。第三部終盤では、近代の超克の行き着くところ、永遠を欲してやまなかった古代哲学者の愛欲がぶり返している。その一途《いちず》さは、プラトン『饗宴』で、ソクラテスが謎の女性ディオティマに伝授されたとして語り出す恋愛道《エロース》に通じている。「大いなるあこがれ」の章では、死へのあこがれが歌われるが、そのあっけらかんぶりたるや、『パイドン』の本歌取りではないかと思われるほどである。

ツァラトゥストラの物語は、古代哲学者が語ったミュトス（筋・神話）をなぞっている。第三部最後から二番目の「もう一つの舞踏の歌」の章で、「生」と別れて「知恵」のもとに赴く主人公の謎めいたふるまいからも、そう推察される。若い女に擬せられた「生」を見捨てようとするツァラトゥストラは、この愛人に向かって、何とささやいたか――「私はいったんこの世の生に別れを告げる。しかしふたたび戻ってくる。知恵と一つになって永遠の生を生きることによってだ」。あえて伏せられているセリフだが、このように語ったと見るほかない。つまり、生への愛と知への愛との間で板挟みになった主人公が、別離と再会の言葉を言い残したと解するのが自然である。

知恵を発揮して生きる観照《テオーリア》的生は、この世的には死も同然でありながら、まぎれもなく生である。そのような観照の至福を、ツァラトゥストラは味わったのである。

力への意志の発現形態としての真理への意志の貫徹は、永遠回帰の全的肯定に最終的に行き着く。かくして力への意志説は、永遠回帰思想と両立可能となるのである。

超人思想という近代的装いをとって打ち出されたかに見える力への意志説は、永遠回帰思想との相克をくぐり抜けて、真理への意志という形態のうちに古代の知恵との両立可能性を見出す。この思想的純化のドラマが、ツァラトゥストラの物語であった。そしてそれは、古典的プラトニックラヴの再演を意味せざるをえない。何という大胆などんでん返しが仕掛けられていたことだろうか。

他方で、そのような形而上学的思考への先祖返りは、近代人の目から見れば噴飯物である。少なくとも、永遠回帰の全的肯定には、新しさを欲しがる近代人の嗜好に対する自虐に近い自己批判が含まれており、そこには、悲劇性に劣らず喜劇性が濃厚である。その意味では、ツァラトゥストラの物語は、悲劇であるとともに喜劇、あるいはむしろパロディーと言うべきである。だからこそニーチェは、主人公の愛のささやきを黙説法で示したのだ。

ツァラトゥストラの物語は、ソクラテス的対話篇と似て、悲喜劇仕立てである。それどころか、著者ニーチェは、最後に笑いをとろうとしている。形而上学の克服を唱えていた当人がプラトン主義の軍門に降《くだ》ったというオチは、お笑いというほかない。

そう言ってしまうと身も蓋もないようだが、だからといって物語の格が下がるわけではない。逆である。かくも重層性に富んだ哲学ドラマもまれであろう。荒唐無稽ですらある筋をいかに立派に語るかが大事なのだ。いや、むしろ細部が大事だと言っていい。

たとえば、鷲と蛇というツァラトゥストラの動物たちは、永遠回帰思想の代弁者である。第三部後半の章「快復しつつある者」で、主人公が永遠回帰思想と格闘してダメージを受けているのに対して、鷲と蛇はいとも軽々と同じ思想を語ってみせる。これは偶然ではない。自然的存在である生き物たちは、永遠回帰を体現する存在だからである。ツァラトゥストラが、鷲と蛇の歌う永遠回帰ソングを「手回しオルガンの歌」と評するのは、べつに貶めているのではない。第一、彼らのようにかくも見事に自然界の永遠回帰の掟を歌うことが、他の誰にできるというのだろうか。ツァラトゥストラにだってできはしない。そうした困難さに突き当たって主人公が沈思黙考しているさまが、動物たちとの対話という形で言い表わされているのである。その描写の巧みさには驚かされる。

同じことは、第三部前半の「幻影と謎」の章に出てくる小びととの対話に関しても言える。ツァラトゥストラが自分の宿敵と見なす「重さの地霊」――と本書では der Geist der Schwere を訳した――が、一個のおどけ者として登場し、主人公と対話を交わす。その際、重さの地霊が「どこまでもまっすぐというのは、すべてウソだ」、「時間それ自体が、一個の円環なのだ」と言い放つのに対して、ツァラトゥストラは「そう安易に考えるな」と応じている。だがこれをもって重さの地霊の浅慮がたしなめられていると片付けるのは、早計である。むしろ、突っ込まれて一本取られた感のある側が、苦しまぎれに言い返すコミカルな場面と考えたほうがいい。第一、小びとと対話する幻影を見ているのは、ツァラトゥストラ以外の誰でもない。主人公自身が自己内対話に励み、永遠回帰思想にアプローチしていく過程が、そのようなイメージで巧みに表現されているのである。

このように、永遠回帰思想の開陳には滑稽さが伴う。そこには、こみ上げてくる笑いがある。

超人思想は、永遠回帰思想とは矛盾する、と先に述べた。しかし、矛盾をやり過ごしたかに見える第四部でも、「今やわれわれは欲する――超人が生まれることを」と言われている（「高等な人間」第2節）。それればかりではない。超人思想と同じくらい永遠回帰思想と対立していると思える思想が、ツァラトゥストラに力強く萌《きざ》している。「子ども」待望論である。子どもとは総じて、新しい時代を担っていく存在であり、その意味でツァラトゥストラも自分の子ども、つまりは思想的継承者を求めている。だが、子どものもたらす新しさなど、永遠回帰思想からすれば、同じことの繰り返し以外の何物でもない。新世代の到来に希望を抱くなど徒労もいいところだ、ということになりかねない。

このように、ツァラトゥストラの新しさ志向は結局、清算されず、依然として彼の根本を形づくっている。そのこだわりが最後の最後で判明するしくみなのである。ただしここでも、新人に次の時代を託す発想が近代に固有だとは必ずしも言えないことに気づく。同じことの繰り返しだと重々承知で、子どもたちの未来について有意味に語ることは十分可能である。いや、それが健全な次世代育成というものだろう。

このように、根本的に両立しがたいものの併存、原理の複数性が、ツァラトゥストラの物語の重層性を至るところで形づくっている。逆に言えば、相矛盾する思想の共存を認めなくては、この物語を読み味わうことはおぼつかない。

この一筋縄ではいかない物語の流れを押さえるために、各部それぞれのメインテーマ（オモテ）とサブテーマ（ウラ）を、ここでざっとおさらいしておこう。

第一部では、すでに強調してきたように「超人」思想が華々しく語られるが、それとつかず離れずの重要主題として繰り返し論じられるのが「徳」である。なぞなぞのような「三段階の変身」の章で幕を開けてすぐの「徳の講座」の章から、第一部最終章の「惜しみなく与える徳」まで、古代自由人仕込みのツァラトゥストラの徳倫理が講じられる。それとともに第一部にちりばめられているのは、辛辣なモラリスト的箴言と考察である。

第二部では、上述の通り、超人思想を基礎づける「力への意志」説が唱えられる。前半では、その力の張り合いの思想からして、ツァラトゥストラの敵である人物類型が、「同情者たち」を皮切りに批判の俎上に載せられる。後半に浮上するのは、「ペシミズム」のテーマである。これは、ツァラトゥストラが自己の内面を見つめる過程で萌してくる。とくに「占い師」とそれに続く「救い」の章で、主人公のペシミストぶりがあらわとなる。

第二部最後から第三部全体を通じて、ツァラトゥストラが自己への沈潜にのめり込んでいくさまが描かれる。縷言《るげん》してきた通り、第三部では「永遠回帰」思想との対決が前面に躍り出るのだが、その思索の深まりの条件として大事にされるのが、「孤独」である。非本来的孤独を意味する「見捨てられた状態（Verlassenheit）」との対比で言えば、本書で「孤独」と訳したEinsamkeitは、むしろ「独居」と訳すべきかもしれない。

第四部では、近代道徳第一条として第二部でも標的とされていた「同情」の問題が深められてゆく。自分の思想にかぶれておかしくなった「高等な人間」にツァラトゥストラがつい同情しそうになる、という設定を通してである。彼らは最終的に見放されるが、それはツァラトゥストラの後継者たりえないからである。これに対して、最終章「しるし」では、未来を担うにふさわしい「子ども」がやって来るという予感とともに、物語は閉じられる。

あとがきの枠内で全四部を丁寧に解説することは、むろん断念せざるをえない。訳注では物語の読み筋を若干補足しておいた。ツァラトゥストラの物語をその重層性において一章ずつ読み解くという悦ばしい作業は、本訳書と平行して準備してきた別書『快読 ニーチェ『ツァラトゥストラはこう言った』』に譲る（講談社選書メチエで近刊予定）。

なお、本訳書の巻末には、通例の人名索引に代えて、本書に登場するキャラクターや動物のたとえを拾い集めて作った「登場人物・人間類型・動物たち」索引を付した。「重要語・重要語句」索引とともに、ニーチェの造形した物語世界を読み味わう一助にしていただければ幸いである。

＊

ニーチェ畢生の書を訳すことは、私の長年の夢であった。二〇一七年に『愉しい学問』の新訳を出したときお世話になった頼もしき編集者、互盛央さんに上手に乗せられて、身の程知らずの仕事を引き受け、拙いながらも納得のいく形で訳書を世に送り出すことができた。本書の産みの親とも言うべき互さんに、深甚なる感謝を表わしたい。

『愉しい学問』のときと同じく、本書のカバー写真は、写真家の小岩勉さんに提供いただいた。小岩さんは、お忙しい中、東北の山野に出かけて、ツァラトゥストラの物語にぴったりの素晴らしい一枚を撮ってきてくださった。心より感謝申し上げたい。

また、東北大学大学院情報科学研究科博士後期課程の島田健司さんに、校正段階で助力を仰いだ。記して感謝したい。

『ツァラトゥストラはこう言った』を私が本腰を入れて読むようになったのは、一九九三年に東京女子大の哲学科に赴任し、授業で取り上げてからである。大袈裟でなく、読むたびに感動の嵐であった。以来三〇年、ほぼ毎年ニーチェの著作を学生とともに読んできた。二〇一四年に東北大に移って、『愉しい学問』を出してから、『ツァラトゥストラはこう言った』の訳文作りに取りかかった。その間ずっと東北大では一般教養の授業でニーチェ講読を続けてきた。教師のわがままに辛抱づよく付き合ってくれた歴代の学生諸君に、この場を借りてお礼を述べたい。

ツァラトゥストラならずとも、本書の未来の読者に淡い希望を託したくなるが、未来は訳者の与り知らぬところである。私にとって、ニーチェは哲学者そのものだった。その主著を読んで、これは自分のために書かれた本ではないかと何度思ったことだろう。そのような哲学書にめぐり会えたこと、そしてその書を自分で訳せたことを、無上の喜びとする。ちなみに、解説書の次に出したいと願っているのは、本訳書のオーディオ版である。

二〇二三年三月

森　一郎

ナ　行

ハ　行

マ　行

タ　行

サ　行

カ 行

重要語・重要語句

・本書を読み解くうえで重要と思われる語・語句を対象とした。
・「生」、「人間」など、あまりに一般的な頻出語は対象としなかった。
・「愛」、「意志」は、単独で出現する箇所は除外し、「超人への愛」、「力への意志」などの語句として出現する箇所のみを対象とした。
・索引項目に添えた原語が原文に名詞として出てくる箇所を対象とし、訳文に名詞的に出てきても原文では形容詞や動詞で出てくる場合は除外した。

ア　行

ラ　行

ワ　行

マ　行

ヤ　行

ナ 行

ハ 行

タ　行

サ 行

カ 行

登場人物・人間類型・動物たち

・登場人物、人名、人間類型のほか、「神」、「悪魔」、「超人」なども対象とした。
・「ツァラトゥストラ」は除外した。
・「知恵」、「生」のように一般名詞が擬人的に使われる場合も対象とした。
・物語に登場する動物や、動物種（や下位種）を対象とし、鳥、魚、虫などの類は除外した。
・動物がたとえに用いられている箇所も対象とした。

ア　行

索引

・訳語に併記するドイツ語原語の綴りは、批判的学習版に従った。
・本索引は訳語・原語対照表を兼ねるものとして作成したが、訳語と原語が一対一対応になっていない場合もある。紛らわしいものについては「→」で指示した。
・子項目に挙げたものは親項目には入れていない。
・原文にはなく訳文で補った語は対象としなかった。

KODANSHA

＊本書は、講談社学術文庫のための新訳です。

フリードリヒ・ニーチェ
1844-1900年。ドイツの哲学者。近代という時代の問題を一身に受け止め，西洋思想の伝統と対決し，現代思想に衝撃を与えた。代表作は，本書のほか，『愉しい学問』（1882年），『善悪の彼岸』（1886年）など。

森　一郎（もり　いちろう）
1962年生まれ。東北大学教授。専門は，哲学。著書に，『死と誕生』，『死を超えるもの』，『ポリスへの愛』ほか。訳書に，ニーチェ『愉しい学問』（講談社学術文庫）ほか。

講談社学術文庫

定価はカバーに表示してあります。

ツァラトゥストラはこう言《い》った

フリードリヒ・ニーチェ
森《もり》　一郎《いちろう》 訳

2023年6月8日　第1刷発行
2024年5月24日　第2刷発行

発行者　森田浩章
発行所　株式会社講談社
東京都文京区音羽 2-12-21 〒112-8001
電話　編集（03）5395-3512
販売（03）5395-5817
業務（03）5395-3615
装　幀　蟹江征治
印　刷　株式会社新藤慶昌堂
製　本　株式会社若林製本工場

ISBN978-4-06-532351-9

「講談社学術文庫」の刊行に当たって

これは、学術をポケットに入れることをモットーとして生まれた文庫である。学術は少年の心を養い、成年の心を満たす。その学術がポケットにはいる形で、万人のものになることは、生涯教育をうたう現代の理想である。

こうした考え方は、学術を巨大な城のように見る世間の常識に反するかもしれない。また、一部の人たちからは、学術の権威をおとすものと非難されるかもしれない。しかし、それはいずれも学術の新しい在り方を解しないものといわざるをえない。

学術は、まず魔術への挑戦から始まった。やがて、いわゆる常識をつぎつぎに改めていった。学術の権威は、幾百年、幾千年にわたる、苦しい戦いの成果である。こうしてきずきあげられた城が、一見して近づきがたいものにうつるのは、そのためである。しかし、学術の権威を、その形の上だけで判断してはならない。その生成のあとをかえりみれば、その根は常に人々の生活の中にあった。学術が大きな力たりうるのはそのためであって、生活をはなれた学術は、どこにもない。

開かれた社会といわれる現代にとって、これはまったく自明である。生活と学術との間に、もし距離があるとすれば、何をおいてもこれを埋めねばならない。もしこの距離が形の上の迷信からきているとすれば、その迷信をうち破らねばならぬ。

学術文庫は、内外の迷信を打破し、学術のために新しい天地をひらく意図をもって生まれた。文庫という小さい形と、学術という壮大な城とが、完全に両立するためには、なおいくらかの時を必要とするであろう。しかし、学術をポケットにした社会が、人間の生活にとってより豊かな社会であることは、たしかである。そうした社会の実現のために、文庫の世界に新しいジャンルを加えることができれば幸いである。

一九七六年六月

野間省一

西洋の古典

2196
アリス・アンブローズ編／野矢茂樹訳
ウィトゲンシュタインの講義　ケンブリッジ1932―1935年
規則はいかにしてゲームの中に入り込むのか。言語、意味、規則といった主要なテーマを行きつ戻りつ考察。「言語ゲーム」論が熟していく中期から後期に到る、ウィトゲンシュタインの生々しい哲学の現場を読む。電

2206
バルザック著／鹿島　茂訳・解説
役人の生理学
「役人は生きるために俸給が必要で、職場を離れる自由もなく、書類作り以外能力なし」。観察眼が冴え渡る抱腹絶倒のスーパー・エッセイ。バルザック他、フロベール、モーパッサンの「役人文学」三篇も収録する。電P

2242
ダンテ・アリギエリ著／原　基晶訳
神曲　地獄篇
ウェルギリウスに導かれて巡る九層構造の地獄。地獄では生前に悪をなした教皇、聖職者、作者の政敵が、神による過酷な制裁を受けていた。原典に忠実で読みやすい新訳に、最新研究に基づく丁寧な解説を付す。電P

2243
ダンテ・アリギエリ著／原　基晶訳
神曲　煉獄篇
知の麗人ベアトリーチェと出会い、地上での罪の贖いの場＝煉獄へ。ダンテはここで身を浄め、自らを高めていく。ベアトリーチェに従い、ダンテは天国に昇る。古典の最高峰を端整な新訳、卓越した解説付きで読む。電P

2244
ダンテ・アリギエリ著／原　基晶訳
神曲　天国篇
天国では、ベアトリーチェに代わる聖ベルナールの案内により、ダンテはついに神を見て、合一を果たし、三位一体の神秘を直観する。そしてついに、三界をめぐる旅は終わる。古典文学の最高峰を熟読玩味する。電P

2245
ジョン・メイナード・ケインズ著／山形浩生訳
お金の改革論
インフレは貯蓄のマイナスをもたらし、デフレは労働と事業の貧窮を意味する――。経済学の巨人は第一次世界大戦がもたらした「邪悪な現実」といかに格闘したか。『一般理論』と並ぶ代表作を明快な新訳で読む。電

2248
生物学の歴史
アイザック・アシモフ著／太田次郎訳

人類は「生命の謎」とどう向き合ってきたか。古代ギリシャ以来、博物学、解剖学、化学、遺伝学、進化論などの間で揺れ動き、二〇世紀にようやく科学として体系を成した生物学の歴史を、SF作家が平易に語る。

2262
生きがい喪失の悩み
ヴィクトール・E・フランクル著／中村友太郎訳（解説・諸富祥彦）

どの時代にもそれなりの神経症があり、またそれなりの精神療法を必要としている――。世界的ベストセラー『夜の霧』で知られる精神科医が看破した現代人の病理。底知れない無意味感＝実存的真空の正体とは？

2273
ジャーナリストの生理学
バルザック著／鹿島　茂訳・解説

今も昔もジャーナリズムは嘘と欺瞞だらけ。大文豪が新聞記者と批評家の本性を暴き、徹底的に攻撃する。バルザックは言う。「もしジャーナリズムが存在していないなら、まちがってもこれを発明してはならない」。電P

2276
ウィトゲンシュタインの講義　数学の基礎篇　ケンブリッジ1939年
コーラ・ダイアモンド編／大谷　弘・古田徹也訳

後期ウィトゲンシュタインの記念碑的著作『哲学探究』に至るまでの思考が展開された伝説の講義の記録。数を数えるとは。矛盾律とは。数学基礎論についての議論が言語、規則、命題等の彼の哲学の核心と響き合う。

2303
ユダヤ人と経済生活
ヴェルナー・ゾンバルト著／金森誠也訳

資本主義を発展させたのはユダヤ教の倫理であって、プロテスタンティズムはむしろ阻害要因でしかない！ヴェーバーのテーゼに真っ向から対立した経済学者の代表作。ユダヤ人はなぜ成功し、迫害されるのか……。電P

2304
西洋中世奇譚集成　魔術師マーリン
ロベール・ド・ボロン著／横山安由美訳・解説

神から未来の知を、悪魔から過去の知を授かった神童マーリン。やがてその力をもって彼はブリテンの王家三代を動かし、ついにはアーサーを戴冠へと導く。波乱万丈の物語にして中世ロマンの金字塔、本邦初訳！電P

西洋の古典

2308
ソースティン・ヴェブレン著／高　哲男訳
増補新訂版　**有閑階級の理論**

産業消費社会における「格差」の構造を、有史以来存在する「有閑階級」をキーワードに抉り出す社会経済学の不朽の名著！　人間精神と社会構造に対するヴェブレンの深い洞察力は、ピケティのデータ力を超える。

電P

2326
D・P・シュレーバー著／渡辺哲夫訳
ある神経病者の回想録

フロイト、ラカン、カネッティ、ドゥルーズ&ガタリなど知の巨人たちに衝撃を与え、二〇世紀思想に不可逆の影響を与えた稀代の書物。壮絶な記録を明快な日本語で伝える、第一級の精神科医による渾身の全訳！

電P

2339
A・G・バウムガルテン著／松尾　大訳
美学

人間にとって「美」とは何か？　「美学」という概念を創始し、カントやヘーゲルら後世に決定的な影響を与えた画期の書。西洋文化の厚みと深みを知る上で決して避けては通れない大古典作品の全訳、初の文庫化！

電P

2367
ジャン＝ジャック・ルソー著／坂倉裕治訳
人間不平等起源論　付「戦争法原理」

身分の違いや貧富の格差といった「人為」で作り出された不平等こそが、人間を惨めで不幸にする。この不平等の起源と根拠を突きとめ、不幸を回避する方法とは？　幻の作品『戦争法原理』の復元版を併録。

電P

2368
A・アインシュタイン、S・フロイト／浅見昇吾訳（解説・養老孟司／斎藤　環）
ひとはなぜ戦争をするのか

アインシュタインがフロイトに問いかける。「ひとは戦争をなくせるのか？」。宇宙と心、二つの闇に理を見出した二人が、戦争と平和、そして人間の本性について真摯に語り合う。一九三二年、亡命前の往復書簡。

電P

2369
E・B・ド・コンディヤック著／山口裕之訳
論理学　考える技術の初歩

ロックやニュートンなどの経験論をフランスに輸入・発展させた十八世紀の哲学者が最晩年に記した、若者たちのための最良の教科書。これを読めば、難解な書物も的確に、すばやく読むことができる。本邦初訳。

電P

西洋の古典

2370・2371

人間の由来（上）（下）

チャールズ・ダーウィン著／長谷川眞理子訳・解説

『種の起源』から十年余、ダーウィンは初めて人間の由来と進化を本格的に扱った。昆虫、魚、両生類、爬虫類、鳥、哺乳類から人間への進化を「性淘汰」で説明。我々はいかにして「下等動物」から生まれたのか。 電P

2374

中央アジア・蒙古旅行記

カルピニ＋ルブルク著／護　雅夫訳

一三世紀中頃、ヨーロッパから「地獄の住人」の地へとユーラシア乾燥帯を苦難と危険を道連れに歩みゆく修道士たち。モンゴル帝国で彼らは何を見、どんな宗教や風俗に触れたのか。東西交流史の一級史料。 電P

2402

テレヴィジオン

ジャック・ラカン著／藤田博史・片山文保訳

精神分析中興の祖ラカンが一九七三年に出演したテレヴィ番組の貴重な記録。高弟J＝A・ミレールが問いかけ、一般視聴者に語られる師の答えは、比類なき明晰さをそなえている。唯一にして最良のラカン入門！

2403

ブルジョワ　近代経済人の精神史

ヴェルナー・ゾンバルト著／金森誠也訳

中世の遠征、海賊、荘園経営。近代の投機、賭博、発明。そして宗教、戦争。歴史上のあらゆる事象から、企業活動の側面は見出される。資本主義は、どこから始まり、どう発展してきたのか？　異端の碩学が解く。 電P

2406

愉しい学問

フリードリヒ・ニーチェ著／森　一郎訳

『ツァラトゥストラはこう言った』と並ぶニーチェの主著。随所で笑いを誘うアフォリズムの連なりから「永遠回帰」の思想が立ち上がり、「神は死んだ」という鮮烈な宣言がなされる。第一人者による待望の新訳。 電P

2407

革命論集

アントニオ・グラムシ著／上村忠男編訳

イタリア共産党創設の立役者アントニオ・グラムシの、本邦初訳を数多く含む待望の論集。国家防衛法違反の容疑で一九二六年に逮捕されるまでに残した文章を精選した。ムッソリーニに挑んだ男の壮絶な姿が甦る。 電P

西洋の古典

2408
プラトン著／三嶋輝夫訳
アルキビアデス　クレイトポン
ソクラテス哲学の根幹に関わる二篇。野心家アルキビアデスにソクラテスは自己認識と徳の不可欠性を説く（アルキビアデス）。他方、クレイトポンは徳の内実と修得法を教えるようソクラテスに迫る（クレイトポン）。

電P

2409
セーレン・キェルケゴール著／鈴木祐丞訳
死に至る病
「死に至る病とは絶望のことである」。この鮮烈な主張を打ち出した本書は、キェルケゴールの後期著作活動の集大成として燦然と輝く。最新の校訂版全集に基づいてデンマーク語原典から訳出した新時代の決定版。

電P

2410
ガリレオ・ガリレイ著／伊藤和行訳
星界の報告
月の表面、天の川、木星……。ガリレオにしか作れなかった高倍率の望遠鏡に、宇宙は新たな姿を見せた。その衝撃は、伝統的な宇宙観の破壊をもたらすことになる。人類初の詳細な天体観測の記録が待望の新訳！

電P

2418
ジョン・E・マクタガート著／永井　均訳・注解と論評
時間の非実在性
はたして「現在」とは、「私」とは何か。A系列（過去・現在・未来）とB系列（より前とより後）というマクタガートが提起した問題を、永井均が縦横に掘り下げてゆく。時間の哲学の記念碑的古典、ついに邦訳。

電P

2437
マルク・ブロック著／高橋清徳訳
比較史の方法
歴史学に革命を起こした「アナール派」の創始者による記念碑的講演。人はなぜ歴史を学ぶのか？　そして、歴史から何を知ることができるのか？　根本的な問いを平易に説いた名著を、全面改訂を経た決定版で読む！

電P

2444
チャールズ・H・ハスキンズ著／別宮貞徳・朝倉文市訳
十二世紀のルネサンス　ヨーロッパの目覚め
ローマ古典の再発見、新しい法学、アラビアの先進知識との遭遇、大学の誕生――イタリア・ルネサンス以前、中世の西欧ではすでに知的復興が行われていた！　世界史の常識を覆し、今も指標とされる不朽の名著。

電P

西洋の古典

2456

宗教改革三大文書 付「九五箇条の提題」

マルティン・ルター著／深井智朗訳

記念碑的な文書「九五箇条の提題」とともに、一五二〇年に公刊され、宗教改革を決定づけた『キリスト教界の改善について』、『教会のバビロン捕囚について』、『キリスト者の自由について』を新訳で収録した決定版。 電P

2457

言語起源論

ヨハン・ゴットフリート・ヘルダー著／宮谷尚実訳

神が創り給うたのか？　それとも、人間が発明したのか？——古代より数多の人々を悩ませてきた難問に果敢に挑み、大胆な論を提示して後世に決定的な影響を与えた名著。初の自筆草稿に基づいた決定版新訳！ 電P

2458

書簡詩

ホラーティウス著／高橋宏幸訳

古代ローマを代表する詩人ホラーティウスの主著。オウィディウス、ペトラルカ、ヴォルテールに連なる韻文による書簡の伝統は、ここに始まった。名高い『詩論』を含む古典を清新な日本語で再現した待望の新訳。 電P

2459

リュシス　恋がたき

プラトン著／田中伸司・三嶋輝夫訳

美少年リュシスとその友人を相手にプラトンが「友愛」とは何かを論じる『リュシス』。そして、「知を愛すること」としての「哲学」という主題を扱った『恋がたき』。「愛すること」で貫かれた名対話篇、待望の新訳。 電P

2460

メタサイコロジー論

ジークムント・フロイト著／十川幸司訳

「抑圧」、「無意識」、「夢」など、精神分析の基本概念を刷新するべく企図された幻の書『メタサイコロジー序説』に収録されるはずだった論文のうち、現存する六篇すべてを集成する。第一級の分析家、渾身の新訳！ 電P

2461

国家の神話

エルンスト・カッシーラー著／宮田光雄訳

稀代の碩学カッシーラーが最晩年になってついに手がけた畢生の記念碑的大作。独自の「シンボル（象徴）」理論に基づき、古代ギリシアから中世を経て現代に及ぶ壮大なスケールで描き出される怒濤の思想的ドラマ！ 電P

西洋の古典

2465

七十人訳ギリシア語聖書　モーセ五書

秦　剛平訳

前三世紀頃、七十二人のユダヤ人長老がヘブライ語聖書をギリシア語に訳しはじめた。この通称「七十人訳」こそ、現存する最古の体系的聖書でありイエスの時代の聖書である。西洋文明の基礎文献、待望の文庫化！

電P

2479

ホモ・ルーデンス　文化のもつ遊びの要素についてのある定義づけの試み

ヨハン・ホイジンガ著／里見元一郎訳

「人間の文化は遊びにおいて、遊びとして、成立し、発展した」――。遊びをめぐる人間活動の本質を探究、「遊びの相の下に」人類の歴史を再構築した人類学の不朽の大古典！　オランダ語版全集からの完訳。

電P

2495

エスの本　ある女友達への精神分析の手紙

ゲオルク・グロデック著／岸田　秀・山下公子訳

「人間は、自分の知らないものに動かされている」。フロイト理論に多大な影響を与えた医師グロデックが、心身両域にわたって人間を決定する「エス」について明快に語る。「病」の概念をも変える心身治療論。

電P

2496

ヨハネの黙示録

小河　陽訳（図版構成・石原綱成）

正体不明の預言者ヨハネが見た、神の審判による世界の終わりの幻。最後の裁きは究極の破滅か、永遠の救いか――？　新約聖書の中で異彩を放つ謎多き正典のすべてを、現代語訳と八十点余の図像で解き明かす。

電P

2500

仕事としての学問　仕事としての政治

マックス・ウェーバー著／野口雅弘訳

マックス・ウェーバーが晩年に行った、二つの講演の画期的新訳。『職業としての学問』と『職業としての政治』の邦題をあえて変更し、生計を立てるだけの「職業」ではない学問と政治の大切さを伝える。

電P

2501

社会学的方法の規準

エミール・デュルケーム著／菊谷和宏訳

ウェーバーと並び称される社会学の祖デュルケームは、一八九五年、新しい学問を確立するべく、記念碑的なマニフェストとなった本書を発表する。社会学とは何を扱う学問なのか？――決定版新訳が誕生。

電P

西洋の古典

2502・2503
世界史の哲学講義
G・W・F・ヘーゲル著／伊坂青司訳
ベルリン　1822／23年(上)(下)

一八二二年から没年（一八三一年）まで行われた講義のうち初年度を再現。上巻は序論「世界史の概念」から本論第一部「東洋世界」を、下巻は第二部「ギリシア世界」から第四部「ゲルマン世界」をそれぞれ収録。

2504
小学生のための正書法辞典
ルートヴィヒ・ヴィトゲンシュタイン著／丘沢静也・荻原耕平訳

ヴィトゲンシュタインが生前に刊行した著書は、たった二冊。一冊は『論理哲学論考』、そして教員生活を送っていた一九二六年に書かれた本書である。長らく未訳のままだった幻の書、ついに全訳が完成。

2505
言語と行為　いかにして言葉でものごとを行うか
J・L・オースティン著／飯野勝己訳

言葉は事実を記述するだけではない。言葉を語ることがそのまま行為をすることになる場合がある――「確認的」と「遂行的」の区別を提示し、「言語行為論」の誕生を告げる記念碑的著作、初の文庫版での新訳。

2506
老年について　友情について
キケロー著／大西英文訳

偉大な思想家にして弁論家、そして政治家でもあった古代ローマの巨人キケロー。その最晩年に遺された著作のうち、もっとも人気のある二つの対話篇。生きる知恵を今に伝える珠玉の古典を一冊で読める新訳。

2507
技術とは何だろうか　三つの講演
マルティン・ハイデガー著／森　一郎編訳

第二次大戦後、一九五〇年代に行われたテクノロジーをめぐる講演のうち代表的な三篇「物」、「建てること、住むこと、考えること」、「技術とは何だろうか」を新訳で収録する。技術に翻弄される現代に必須の一冊。

2508
閨房の哲学
マルキ・ド・サド著／秋吉良人訳

数々のスキャンダルによって入獄と脱獄を繰り返し、人生の三分の一以上を監獄で過ごしたサドのエッセンスが本書には盛り込まれている。第一級の研究者がついに手がけた「最初の一冊」に最適の決定版新訳。

西洋の古典

2509
物質と記憶
アンリ・ベルクソン著／杉山直樹訳

フランスを代表する哲学者の主著——その新訳を第一級の研究者が満を持して送り出す。簡にして要を得た訳者解説を収録した文字どおりの「決定版」である本書は、ベルクソンを読む人の新たな出発点となる。

2519
科学者と世界平和
アルバート・アインシュタイン著／井上　健訳（解説・佐藤優／筒井　泉）

ソビエトの科学者との戦争と平和をめぐる対話「科学者と世界平和」。時空の基本概念から相対性理論の着想、統一場理論への構想まで記した「物理学と実在」。平和と物理学、それぞれに統一理論はあるのか？

2526
中世都市　社会経済史的試論
アンリ・ピレンヌ著／佐々木克巳訳（解説・大月康弘）

「ヨーロッパの生成」を中心テーマに据え、二十世紀を代表する歴史家となったピレンヌ不朽の名著。地中海を囲む古代ローマ世界はゲルマン侵入とイスラーム勢力によっていかなる変容を遂げたのかを活写する。

2561
箴言集
ラ・ロシュフコー著／武藤剛史訳（解説・鹿島茂）

十七世紀フランスの激動を生き抜いたモラリストが、人間の本性を見事に言い表した「箴言」の数々。鋭敏な人間洞察と強靭な精神、ユーモアに満ちた短文が、自然に読める新訳で、現代の私たちに突き刺さる！

2562・2563
国富論（上）（下）
アダム・スミス著／高　哲男訳

スミスの最重要著作の新訳。「見えざる手」による自由放任を推奨するだけの本ではない。分業、貨幣、利子、貿易、軍備、インフラ整備、税金、公債など、経済の根本問題を問う近代経済学のバイブルである。

2564
ペルシア人の手紙
シャルル＝ルイ・ド・モンテスキュー著／田口卓臣訳

二人のペルシア貴族がヨーロッパを旅してパリに滞在している間、世界各地の知人たちとやり取りした虚構の書簡集。刊行（一七二一年）直後から大反響を巻き起こした異形の書、気鋭の研究者による画期的新訳。

西洋の古典

2566
全体性と無限
エマニュエル・レヴィナス著／藤岡俊博訳

特異な哲学者の燦然と輝く主著、気鋭の研究者による渾身の新訳。二種を数える既訳を凌駕するべく、原書のあらゆる版を参照し、訳語も再検討しながら臨む。次代に受け継がれるスタンダードがここにある。電P

2568
イマジネール
想像力の現象学的心理学
ジャン＝ポール・サルトル著／澤田　直・水野浩二訳

「イメージ」と「想像力」をめぐる豊饒なる考察――ブランショ、レヴィナス、ロラン・バルト、ドゥルーズなどの幾多の思想家に刺激を与え続けてきた一九四〇年刊の重要著作を第一級の研究者が渾身の新訳！電P

2569
ルイ・ボナパルトのブリュメール18日
カール・マルクス著／丘沢静也訳

一八四八年の二月革命から三年後のクーデタまでの展開を報告した名著。ジャーナリストとしてのマルクスの舌鋒鋭くもウィットに富んだ筆致を、実力者が達意の日本語にした、これまでになかった新訳。電P

2570
レイシズム
R・ベネディクト著／阿部大樹訳

レイシズムは科学を装った迷信である。人種の優劣や純粋な民族など、存在しない――ナチスが台頭しファシズムが世界に吹き荒れた一九四〇年代、『菊と刀』で知られるアメリカの文化文類学者が鳴らした警鐘。電P

2596
イミタチオ・クリスティ
キリストにならいて
トマス・ア・ケンピス著／呉　茂一・永野藤夫訳

十五世紀の修道士が著した本書は、『聖書』についで多くの読者を獲得したと言われる。読み易く的確な論しに満ちた文章が、悩み多き我々に安らぎを与え深い瞑想へと誘う。温かくまた厳しい言葉の数々。電P

2677
我と汝
マルティン・ブーバー著／野口啓祐訳（解説・佐藤貴史）

経験と利用に覆われた世界の軛から解放されるには、全身全霊をかけて相対する〈なんじ〉と出会わねばならない。その時、わたしは初めて真の〈われ〉となるのだ――。「対話の思想家」が遺した普遍的名著！電P

西洋の古典

2700
方法叙説
ルネ・デカルト著／小泉義之訳

われわれは、この新訳を待っていた――デカルトから出発した孤高の研究者が満を持してみずからの原点に再び挑む。『方法序説』という従来の邦題を再検討に付すなど、細部に至るまで行き届いた最良の訳が誕生！ 電P

2701
永遠の平和のために
イマヌエル・カント著／丘沢静也訳

哲学者は、現実離れした理想を語るのではなく、目の前の事実から出発していかに「永遠の平和」を実現できるのかを考え、そのための設計図を描いた――従来の邦訳が与えるイメージを一新した問答無用の決定版新訳。 電P

2702
国民とは何か
エルネスト・ルナン著／長谷川一年訳

「国民の存在は日々の人民投票である」という言葉で知られる古典を、初めての文庫版で新訳する。逆説的にもグローバリズムの中で存在感を増している国民国家の本質とは？　世界の行く末を考える上で必携の書！ 電P

2703
個性という幻想
ハリー・スタック・サリヴァン著／阿部大樹編訳

対人関係が精神疾患を生み出すメカニズムを解明し、いま注目の精神医学の古典。人種差別、徴兵と戦争、プロパガンダ、国際政治などを論じ、社会科学の中に精神医学を位置づける。本邦初訳の論考を中心に新編集。 電P

2704
人間の条件
ハンナ・アレント著／牧野雅彦訳

「労働」「仕事」「行為」の三分類で知られ、その絡み合いの中で「世界からの疎外」がもたらされるさまを描き出した古典。はてしない科学と技術の進歩の中、人間はいかにして「人間」でありうるのか――待望の新訳！ 電P

2749
宗教哲学講義
G・W・F・ヘーゲル著／山﨑　純訳

ドイツ観念論の代表的哲学者ヘーゲル。彼の講義は人気を博し、後世まで語り継がれた。西洋から東洋までの宗教を体系的に講じた一八二七年の講義に、一八三一年の講義の要約を付す。ヘーゲル最晩年の到達点！

西洋の古典

2750

プラトン著／三嶋輝夫訳

ゴルギアス

練達の訳者が初期対話篇の代表作をついに新訳。代表的なソフィストであるゴルギアスとの弁論術をめぐる対話が展開される中で、「正義」とは何か、「徳」とは何かが問われる。その果てに姿を現す理想の政治家像とは？ 電P